AF542187

Gisela Schinzel-Penth – Antonie Schuch

Zwerge, Wichtel und Gnome

Teil II

Zwerge, Wichtel und Gnome

Sagen aus dem deutschsprachigen Raum
Teil II Mitte und Norden

gesammelt und neu erzählt von
Gisela Schinzel-Penth und Antonie Schuch

AMBRO LACUS BUCH- UND BILDVERLAG MÜNCHEN

Zwerg als Ritter von C. Binzer um 1909

Titelbild: Ausschnitt aus Aquarell von Heinrich Schlitt (19. Jh.)

Deutsche Bibliothek-CIP-Einheitsaufnahme
Schinzel-Penth Gisela und Schuch Antonie
Zwerge, Wichtel und Gnome
Sagen aus dem deutschsprachigen Raum, Teil II – Mitte und Norden
Mitarbeit: Leonie Weidenbach
Covergestaltung, Layout und 6 Federzeichnungen von Heinz Schinzel
Lektorat: Antonie Schuch

EAN: 978-3-921445-42-6

Inhalt

Hinweis: Zahlen in Klammern im Text geben die Nr. der Anmerkung zum Text an.

Zwerg und Musikant. A. Schmiedhammer in Gartenlaube 1898 Nr. 31

Über die Zwerge

„Die Zwerge gelten für die Urbewohner der Erde und es nennt sie das Volk uralt, bergalt und aus Steinen geschaffen“.

So steht in einer alten Schrift. Weiter heißt es da, dass die Zwerge zwar eine menschenähnliche Gestalt haben, aber hässlich sind; ihre Gesichtsfarbe ist aschgrau oder schwarz, den im Verhältnis zum übrigen Körper übermäßig großen Kopf deckt ein breitkrempiger Hut oder die Tarnkappe, den übrigen Körper eine grobe Kleidung von grauer, oft schwarzer oder brauner Farbe. Sie haben kurze dürre krumme Beine, lange dürre Arme und einen riesigen Kopf mit Glotzaugen. In der Regel verfügen sie über ungeheure Kräfte. Gemeinsam ist allen Zwergen, dass sie von kleiner bis sehr kleiner Gestalt sind, von höchstens der Größe eines vierjährigen Kindes, also etwa einem Meter, bis hinunter zu Daumengröße.

Sie stehen unter eigenen Königen und wohnen im Innern der Erde, in Höhlen und Klüften; daher nennt man noch heute in Island das Echo die Zwergensprache (dvergmál). Unsichtbar machen sie sich durch die Tarnkappe (auch Nebelkappe genannt) *einen zauberischen Mantel. Wer einem Zwerg die Tarnkappe abgewinnt, erwirbt damit die Herrschaft über ihn und durch Anlegen der Tarnkappe Unsichtbarkeit und erhöhte Stärke. Haben aber die Zwerge die Macht, den Menschen zu nützen, so besitzen sie auch die Macht zu schaden und die Mythen und Volkssagen wissen viel zu erzählen, wie sie durch Berührung, Anhauchen oder Blick Krankheiten, z. B. den Weichselzopf* (3), *ja selbst Tod bringen können, Wechselbälge* (23) *statt der Kinder einlegen und dgl.* (2).

Ließ man im Zimmer einer Wöchnerin das Licht brennen, so sollten noch ungetaufte Kinder vor dem Raub durch Zwerge geschützt sein.

Zwerge gelten als Zwischenwesen zwischen Menschen und Geistern, sind also mit Eigenschaften von beiden ausgestattet: Einerseits sind sie unsterblich, uralt und geschlechtslos – auch wenn es Männlein und Weiblein, zumindest dem Aussehen nach, gibt – und mit gewissen geheimen Kräften ausgestattet, sie können sich unsichtbar machen, sind gefeit gegen Unbilden der Natur wie etwa Unwettern oder Feuersbrünsten – andererseits haben sie sehr menschliche Züge, zeigen Gefühle wie Freude oder Trauer, Liebe oder Hass.

Naturgeister, wie Gnome bestehen aus Leib und Seele, d. h. sie sind zweigliedrige Wesen. Der Geist fehlt; sie sind „untergeistig“. Es sind zurückgebliebene Wesenheiten aus früheren Erdzuständen (25).

Zwerge müssen essen, haben Lieblingsplätze oder Lieblingsspeisen, etwa Rosinen, Erbsen oder Hirsebrei, und fühlen sich – wohl wegen ihrer Wesensverwandtschaft mit ihnen – zu den Menschen hingezogen oder abgestoßen. *Auch auf Möhren waren sie so erpicht, dass sie für Möhren Geldstücke hingelegt haben* (12). Im Gegensatz zu den Riesen, die als unbeholfen, tölpelhaft und nicht sehr klug gelten, wird den Zwergen großes Wissen, Geschicklichkeit, Schnelligkeit, aber auch eine gewisse boshafte Schläue und große Rachsucht zugeschrieben.

Zwerge, so heißt es, lieben besonders die menschlichen Frauen und auch deren neugeborene Kinder. Frauen mussten früher immer Kopfbedeckungen tragen, wenn sie außer Haus gingen, weil man glaubte, dass sonst die Zwerge Macht über sie erlangen und sie mitnehmen konnten. Der Bann war nur gebrochen, wenn sie den Namen des Zwerges erraten konnten, vgl. Rumpelstilzchensagen (51).

Eine wichtige Stelle nehmen die Zwerge in der Mythologie, besonders in der germanischen, ein. Sie gehören zu den Dämonen und sind als Personifikation der im Innern der Erde wirksamen Naturkräfte anzusehen; daher befördern sie z. B. das Wachstum der Pflanzen... Besonders aber sind sie Erzeuger und Bearbeiter der edlen Metalle, weshalb sie als die kunstvollsten Schmiede dargestellt werden... (2)

Die Zwerge wohnen nicht nur in bestimmten Bergen, auch in Erdlöchern oder sogar unter menschlichen Behausungen (siehe Schrazellöcher 1). Dort leben und arbeiten sie als ganze Völker in familienähnlichen Gemeinschaften, manchmal kommen sie aber auch einzeln, als einsiedlerischer Eigenbrötler, vor. Sie suchen die Schätze im Erdinneren und fördern sie voller Fleiß zutage. Manchmal belohnen sie mit einem Teil davon Menschen, denen sie freundlich gesinnt sind. Oft bestrafen sie aber auch, wenn jemand zu große Neugier oder Raffsucht gezeigt hat, den Geboten der Zwerge nicht gefolgt ist oder ihnen etwas zu Leid getan hat. Dann kann es geschehen, dass Schätze, die Menschen aus der jenseitigen Welt der Zwerge heimlich mitgenommen oder geraubt haben, beim Übergang in die diesseitige Welt zu Staub zerfallen oder sich in Kohle verwandeln.

Oft machen sie auch Gemeinschaft mit den Menschen, die sie mit in ihre unterirdischen Bergpaläste nehmen und dort herrlich bewirten, deren Hilfe sie auch häufig in Anspruch nehmen, namentlich bei Geburten, bei Erbteilungen und großen Festen, zu denen sie sich die Benutzung von Sälen erbitten. Geleistete Dienste belohnen sie nicht selten durch Kleinode, die den Häusern und Familien besonders Heil bringen (2).

Die kleinen Gesellen lieben Musik und Tanz und lassen sich daher manchmal auf Hochzeiten oder anderen großen Festen sehen.

Übrigens werden die Zwerge zuweilen auch (Verwechslung mit den Elben) als seelische Geister, d.h. als Seelen der Verstorbenen betrachtet; diese Vorstellung bezeugen z. B. einige Namen, die die Zwerge in der deutschen Volkssage führen, wie Üllerken, Ölken, Alken, d. h. die Alten, Älteren (2).

Man ist nicht in jeder Gegend – so wie etwa in Völlan in Südtirol – der Auffassung, dass Zwerge nicht sterben können; es gibt viele Sagen, in welchen etwa der Herr der Zwerge stirbt. In manchen Regionen herrscht der Glaube, dass sie durch Menschen erlöst werden können und mit deren Hilfe auch die ewige Seligkeit erlangen können, sonst müssen sie bis zum Jüngsten Tag darauf warten.

Poltergeister und andere in Gestalt von zwergenhaften Gnomen auftretende Geistwesen, wie etwa die Kasermandln (28) oder gespenstische Weiblein oder Männlein, die zur Strafe für Verfehlungen in ihrem Erdenleben als Mensch, in der Ewigkeit bis zu ihrer Erlösung umgehen müssen, werden von den Leuten häufig ebenfalls zu den Zwergen gerechnet (6).

Kobolde (4 - 8), Klabauter, Puke (S. 192f), Barstukken (S. 390) und kleinwüchsige Trolle, Feuermännlein, Wald-, Feld- und Erdgeister (34) sind ebenfalls im Bewusstsein der Menschen schon seit Urzeiten verankert. Sie spielen auch heute noch in vielen Gegenden, vor allem in Island und den anderen skandinavischen Ländern, eine große Rolle im täglichen Leben. Dort legt man ihnen mancherorts sogar Speisen hin, verlegt Straßen, die angeblich durch ihr Reich führen, und achtet sie als heimliche Mitbewohner der Erde, die man nicht verärgern darf.

Zwerge sind in den jeweiligen Gegenden unter sehr unterschiedlichen Namen bekannt, darunter etwa als Böhlermännchen, Schrazel (1), Wichtel- oder Heinzelmännchen, Hinze, Overmännkes, Berg- oder Erdmandl, Venediger (32), Nörggele, Putz, Butzemann, Kasmandl, Eismandl, Heimchen, Quergel, Zinselmännchen, Gogwärgi, Schlätzla, Hütchen, Heugütl, Gupel, Erd- oder Waldgeist, Neunhollen (22) oder Hollen, Kröppel, Knechtchen, Unterirdische oder Unnersche, Fingerlinge, Chiemchen, um nur einige zu nennen.

Wegen der Fülle der Sagen, die es über Zwerge – allein schon im deutschsprachigen Raum – gibt, erfolgt hier, nach dem 1. Teil Süden, nun der 2. Teil Mitte und Norden. Bei zitierten Texten wurde behutsam die neue Rechtschreibung verwendet, außer bei sehr alten Schriften, etwa aus dem 16. oder 17. Jahrhundert.

Die Sagen sind grob geordnet nach bestimmten Regionen oder Bezirken, also nicht nach Ländern oder politischen Staatsgrenzen, die ja immer Änderungen unterworfen waren und sind. Auch die ehemals deutschsprachigen Gebiete im Osten im heutigen Tschechien, in der Slowakei oder in Polen wurden mit einbezogen.

Es kann hier nur ein Teil der vielen Geschichten, die überliefert wurden, erzählt werden – aber vielleicht einige besonders schöne oder volkskundlich interessante.

Gisela Schinzel-Penth

1. Wie die Wupper entstand

Es ist schon sehr lange her, zu einer Zeit, in der eine große Hungersnot im ganzen Land herrschte, wanderte der König der Zwerge einmal durch das Bergische Land, um Nachschau zu halten, wer von den Oberirdischen seine Hilfe benötigte oder verdiente. Auf dem langen Weg wurde er sehr hungrig, bekam aber nirgends etwas zu essen, weil die Leute selbst nichts hatten. Als er wieder in die Einsamkeit der Berge zurückgekehrt war, setzte er sich ganz schwach vor Hunger auf den Boden nieder. Da kam eine Frau des Weges, sah, dass der Kleine schon ganz ermattet war und bot ihm freundlich eine Handvoll Erdbeeren, die sie im Wald für ihre Kinder gesammelt hatte. Als sich der Zwerg daran gelabt hatte, dankte er der Frau für ihre Hilfe und sprach:

„Du hast ein gutes Herz und gibst von dem Wenigen, was du hast, dem der es braucht. Ich bin der König der Zwerge und ich will dir zum Dank Schätze aus den Bergen schenken. Was wünschst du dir? Gold, Silber oder edle Steine?"

„Davon können wir nicht herunterbeißen und unseren Hunger stillen", antwortete die Frau, „aber wenn du uns das Stück Land hier überlässt, dass wir uns darauf eine eigene Hütte bauen und den Boden bewirtschaften können, dann wären meine Kinder und ich sehr glücklich. Auch wünsche ich mir das Wohlwollen von dir und deinem Volk und wir wollen euch hier nicht stören."

„Ich schenke dir dieses Stück Land, das du dir gewünscht hast", lächelte der Zwergenkönig, „nun nimm einen Stock und grabe an der Stelle darauf, die ich dir zeigen werde."

Die Frau tat, wie er befohlen hatte; sie grub an der von ihm bezeichneten Stelle, wo nach kurzer Zeit zu ihrem höchsten Erstaunen aus dem unwirtlich scheinenden Boden eine frische Quelle hervorsprang. Immer mehr Wasser quoll aus dem Boden, wurde zum Rinnsal, das den Berg hinablief und im Tal schon zum kleinen Bach anwuchs.

„Dieses Wasser soll zum Quell deines Glückes werden, weil du mir deine Erdbeeren geschenkt hast, obwohl du sie für deine Kinder und dich selbst gebraucht hättest. Der Platz hier, Elberfeld soll er heißen, wird berühmt werden und dir und deiner Familie großen Reichtum bringen. Das Wasser wird zu einem großen Fluss werden, der dem Land Fruchtbarkeit schenken und es vom Hunger befreien wird."

Nach diesen Worten war der Zwerg plötzlich spurlos verschwunden, aber seine Worte gingen in Erfüllung.

2. Der Hammerschmied an der Wupper

Ein junger Hammerschmied aus Müngsten war einst sehr spät noch am rechten Ufer der Wupper auf dem Heimweg. Als er um Mitternacht an einer Stelle vorüberkam, die im Volksmund „bei den Zwergenhöhlen" genannt wurde, weil dort Höhlen das Ufer des Flusses durchzogen, erblickte er ein paar der kleinen Gesellen, die ausgelassen tanzten und johlten und dabei fröhlich ihre Nebelkappen in die Luft warfen. Er beobachtete sie schon eine Weile, als ein plötzlicher Windstoss die Kappe eines Zwerges in den Fluss wehte. Da brach ein arges Wehklagen aus, der Kleine, der seine Nebelkappe verloren hatte, stand verzweifelt am Ufer und heulte zum Steinerweichen, während die anderen versuchten, mit Ästen und Stangen die Kappe zu erreichen – vergeblich: Die wurde immer weiter abgetrieben. Der Hammerschmied hatte Mitleid mit den Kleinen, stieg ins Wasser, watete zur Kappe und fischte sie heraus. Dann gab er sie dem Zwerg, dem sie abhanden gekommen war. Dieser dankte ihm überschwänglich, setzte sie sogleich auf und verschwand – wie die anderen auch. Mit den Nebelkappen können sich die Zwerge ja unsichtbar machen.

Der Hammerschmied ging nach Hause, bereitete noch das Material für seine Arbeit am nächsten Tag vor und legte sich dann zur Ruhe. Als er am nächsten Morgen erwachte und in die Werkstatt ging, fand er zu seinem nicht geringen Erstaunen statt es Roheisens, das er am Abend zuvor an den Amboss gelehnt hatte, schon den fertigen Stahl vor. Und so ging es weiter: Untertags arbeitete der Hammerschmied, in der Nacht unsichtbare Kräfte. So wurde der junge Schmied in kurzer Zeit ein reicher Mann. Aber die seltsamen Vorgänge in der Nacht ließen ihm keine Ruhe. Daher legte er sich eines Abends nicht zur Ruhe, sondern auf die Lauer. Mit einem Mal sah er das kleine Männlein, dessen Nebelkappe er aus der Wupper gezogen hatte, am Amboss stehen. Es hatte seine Nebelkappe abgenommen, beiseite gelegt und hämmerte und schuftete mit einem Hämmerchen aus Silber mit Bärenkräften, die man dem kleinen Kerl nie zugetraut hätte. Der Schweiß lief ihm über das im Feuerschein rotglühende uralte Gesichtchen.

„Er will sich bei mir bedanken, weil ich ihm seine Kappe wiedergegeben habe", erkannte der Schmied ganz gerührt. „Da will ich ihm auch eine Freude machen!"

Schon am nächsten Tag ging er zum Schneider und ließ ein kostbares kleines Gewand aus rotem, mit Goldfäden besticktem Brokat anfertigen. Das legte er am Abend neben den Amboss, versteckte sich und wartete auf das Männlein. Als der Zwerg kam und gerade seinen kleinen Lederschurz anlegen wollte, entdeckte er das schöne Kleidungsstück. Voller Freude nahm er dieses, zog es über und rief:

„Nun sehe ich aus wie ein edler Herr! Da kann ich nicht mehr solch schmutzige Arbeit verrichten!" Sprach es, setzte seine Nebelkappe auf und war verschwunden; und er kam nie mehr wieder (11).

Der Hammerschmied aber war trotzdem zufrieden. Er war und blieb auch ohne die Hilfe des Zwerges ein reicher Mann, denn er war fleißig und ehrlich.

3. Der Zwerg Goldemar und woher Elberfeld seinen Namen hat

Eine Sage aus dem Kreis Düren, Landkreis Köln, darüber, woher die Stadt Elberfeld ihren Namen hat, erzählte Ludwig Bechstein 1853:

Im Jülicher Lande saß ein Edler, des Namens Nibelung von Hardenberg, dem gehörten die Schlösser Hardenberg, Hardenstein und Rauenthal, und bei ihm wohnte ein Zwergenkönig oder Elbe, der hieß Goldemar, der war dem Nibelung von Hardenberg und nicht minder dessen schöner Schwester gar sehr zugetan, gab Ratschlag und war hilfreich in allen Sachen. Und obschon der Elb Goldemar sich nicht sehen ließ, vielmehr stets unsichtbar blieb, so ließ er sich doch deutlich wahrnehmen; er trank Wein mit dem Ritter, spielte mit ihm und seiner Schwester am Brett und selbst mit Würfeln, und spielte auch die Harfe gar wundersam, dass kein Mensch auf Erden ihr solche Töne entlocken konnte. Wollte Nibelung sich überzeugen, ob wirklich der Elbe bei ihm sei, so fühlte er nach dessen Hand, und die war sehr klein, zart, weich und warm.

Dieser Elb trieb es also drei Jahre lang auf Hardenbergs Schlössern und beleidigte niemand; da geschah es, dass er beleidigt wurde, denn die Hausgenossen, denen seine Anwesenheit unverborgen war, wurden von Neugierde geplagt, ihn zu sehen und doch zu erfahren, wie der Elbe aussähe. Da streuten sie heimlich Asche auf den Fußboden und Erbsen, und Goldemar der Zwerg kam, sich nichts versehend, in den Saal und trat auf die Erbsen und glitt aus und fiel, und seine Gestalt drückte sich in die Asche ab. Die war aber gestaltet wie eines sehr jungen Kindes Gestalt, und die Füße waren ungestalt. Da kam der Elbe Goldemar nimmer wieder auf des Hardenbergs Schlösser. Er wandte sich anderwohin und entführte eine Königstochter, die hieß

Hertlin. Die Mutter dieser Königstochter starb vor Leid über der Tochter Verlust, letztere aber ward durch den sieghaften Helden Dietrich von Bern (10), *den alte Lieder feiern, befreit und von ihm geehelicht... Der Zwerg Goldemar aber habe, nachdem ihm Dietrich von Bern die Beute abgerungen, die Riesen zu Hilfe gerufen und Berge und Wälder ringsum schrecklich verwüstet. Die Stadt Elberfeld soll ihren Namen von nichts anderem tragen als von den Elben, auf deren Feld sie gegründet wurde.*

4. Warum die Zwergenhöhle bei Island gemieden wird

Bei Island an der Wupper, das viel älter ist als Elberfeld selbst, führte unmittelbar vom Fluss aus eine Höhle in die Uferböschung, die von den Leuten Zwergenhöhle genannt wurde, weil dort seit Urzeiten Zwerge gewohnt haben sollen. Diese hatten einen sehr hohen Ehrenkodex und duldeten kein Fehlverhalten – oder was sie dafür hielten – bei ihrer Höhle. Dort an der Wupper standen früher uralte Eichen und dichte Büsche, gesäumt von hohem Gras und verschiedenen schönen Stauden. Sie boten viele lauschige Plätze und Verstecke, die gerne von Liebespaaren genutzt wurden. Das aber war den Zwergen gar nicht recht. Wenn sie in ihrem Revier ein Pärchen antrafen, das es sich gerade gemütlich machen wollte, hagelte es auf die völlig Überraschten von allen Seiten Steine herab, wobei die zornigen Werfer unsichtbar blieben. Wollte ein Mann seine Liebste verteidigen und die Störenfriede verjagen, so wurden ihm – ebenfalls von unsichtbarer Hand – Steine oder Knüppel in den Weg geworfen, die ihn zu Fall brachten und ihn in Dornenhecken oder tiefe Pfützen stürzen ließen, bis er entnervt sein Vorhaben aufgab. Erst wenn die beiden das Gebiet der Zwerge wieder verlassen hatten, war wieder Ruhe. So kam es, dass sich an den schönen, lauschigen Platz an der Wupper bald keine Liebespaare mehr wagten.

5. Das Zwergenloch an der Wupper

Eine ähnliche Sage berichtet Otto Schell im Jahre 1897:

In der Kluse bei Elberfeld führte vor dem Bau der Bergisch-Märkischen Eisenbahn von der Wupper aus das Zwergenloch in den steilen Abhang des Döppersberges hinein. Dort war der Eingang zum

Reich der Schwarzelfen oder Zwerge. Von dort aus besuchten die kleinen, missgestalteten, aber gutmütigen Wesen bis in den Anfang des gegenwärtigen Jahrhunderts hinein die Kluse und lustwandelten im Schatten der Buchen und Eichen, unterhielten wohl auch, trotz ihres scheuen Charakters, mit den Menschen, wenn man ihnen redlich begegnete, einen freundlichen Verkehr. Denn diese Erdmännchen, die in den Spalten und Höhlen der Berge Schätze sammeln, prächtige Waffen schmieden und herrliche Paläste bauen, verstanden sich ganz gut mit den Menschen, auch als im Wuppertale an die Stelle des Garnbleichens andere Beschäftigungen getreten waren. Aber als die Eisenbahn gebaut wurde, schlug auch die Stunde der kleinen Leute.

6. Warum die Zwerge die Leute in Solingen verfluchten

In einem Berg an der Wupper wohnten früher Heinzelmännchen, die oft den Menschen bei schweren Arbeiten auf dem Feld oder im Haus halfen. Als Lohn dafür verlangten sie nur ein paar Essensreste, am liebsten Reisbrei, den sie für ihr Leben gerne aßen.

Damals wohnte an der Wupper, nahe Solingen, ein Scherenschleifer mit seiner Familie in einer armseligen Hütte. Nur an Feiertagen konnten sie sich Reisbrei leisten. Weil aber die Famlie von Jahr zu Jahr größer wurde, war der einzige Topf, den die armen Leute besaßen, bald zu klein. Da ging der Scherenschleifer, als wieder ein großes Fest vor der Türe stand, zu den Heinzelmännchen, die viele Töpfe besaßen, und bat demütig, ihm einen größeren Topf zu leihen, damit der Reisbrei, der darin gekocht werden sollte, für alle reichen würde. Gerne erfüllten die Zwerge seine Bitte. Die Familie aß den Brei aber niemals ganz auf, obwohl sie oft selbst noch nicht satt war, sondern brachte den Topf mit dem Rest am Abend den Zwergen zurück. Diese freuten sich königlich und schleckten ihn bis auf das letzte Reiskorn aus.

So ging das lange Zeit. Davon hörten auch einige Leute aus Solingen. Sie wollten sich einen Spaß machen und auch einen Topf von den Heinzelmännchen leihen. Als sie ihn den freunlichen Zwergen aber zurückbrachten, befand sich darin nicht ein Rest köstlichen Reisbreis sondern stinkender Unrat. Über die verdutzten und enttäuschten Gesichter der Kleinen wollten sich die Solinger Spaßvögel schier ausschütten vor Lachen. Die erzürnten Zwerge aber verfluchten die Solinger daraufhin: Von Stund an sollten alle Leute in Solingen krumme Beine haben! Und so geschah es.

7. Die unsichtbaren Hirten in Dierath

In früheren Zeiten halfen Zwerge am Rhein oft den Menschen bei ihren Arbeiten auf dem Feld oder mit dem Vieh. Man konnte sie dabei aber nicht sehen. In Dierath bei Leichlingen im Bergischen Kreis, das zu dieser Zeit nur aus einem einzigen Hof bestand, waren die Leute sehr dankbar für diese Hilfe, für die sie nichts oder nur sehr wenig geben mussten. Sie brauchten keine Hirten für ihre Tiere mehr und konnten die gesparte Zeit für andere Arbeit verwenden, die auf dem Hof ja reichlich vorhanden war. Am Morgen ließen sie die Kühe oder Ziegen einfach aus dem Stall, führten sie vor das Tor des Bauernhofes und überließen sie dann sich selbst. Sie wurden am Tor von den Unsichtbaren übernommen, die sie während des Tages auf die Weide führten, dort gewissenhaft hüteten und am Abend vollzählig und unversehrt wieder vor das Tor des Hofes brachten, wo sie von den Knechten oder Mägden in Empfang genommen und in den Stall geführt wurden.

Wie es heißt, konnte man die Zwerge selbst nicht sehen, wohl aber ihre Hirtenstöcke, weiße Stäbchen von etwa einer Elle Länge, die in der Luft schwebend von den unsichtbaren Hirten getragen wurden. Die Bewohner von Dierath stellten den Zwergen jeden Tag zum Dank ein Schälchen Milch und ein Butterbrot oder sonst etwas zu essen auf den Torpfosten, was von diesen auch immer verzehrt wurde. Das durfte nie vergessen werden, sonst wären die kleinen Helfer nicht mehr gekommen.

8. Die Schahollen an der Wipper

Auch in Börlinghausen, nahe bei der Wipper, halfen die Zwerge – in dieser Gegend Schahollen genannt – den Leuten beim Hüten ihrer Kühe. Sie wohnten im sog. Hüll-Lock. Die Bauern führten ihr Vieh immer auf einen bestimmten Platz vor dem Ort und belohnten ihre unsichtbaren Helfer mit einem Butterbrot, das sie dort auf eine Hecke oder einen Pfosten legten. Dann überließen sie die Tiere sich selbst. Wer sich aber auf die Lauer legte, konnte ein weißes Stöckchen, das in der Luft schwebte, sehen. Es trieb die Herde dorthin, wo es frisches Gras gab und brachte sie am Abend wieder zum Ausgangspunkt zurück. Das Butterbrot war dann verschwunden. Nach vielen, vielen Jahren wollten sich die Bauern einmal bei den Schahollen besonders bedanken und legten für das unsichtbare Schahölleken, das immer das Vieh hütete, ein schön angefertigtes kleines Kleidungsstück neben das übliche Butterbrot. Da rief das Zwerglein fröhlich:

„Ich driw nit ut	„Ich treib nicht aus
min Jahr is ut!“	mein Jahr ist aus!“

Und hütete fortan nie mehr das Vieh (11).

9. Die Zwerge auf Gut Kollenberg

Im Oberbergischen Land bei Radevormwald lebte einmal ein Pächter des Kirchengutes Kollenberg, der mit den Zwergen der Gegend auf sehr gutem Fuß stand. Er musste nie seine Kühe hüten, das übernahmen die Zwerge für ihn. Er stellte ihnen in kleinen Näpfchen Essen auf den Zaunpfosten und das war ihnen Lohn genug.

Im Herbst, als die Kühe wieder im Stall bleiben mussten, wollte sich einer der Heinzelmännchen bei der Ernte nützlich machen. Er war aber nur dazu in der Lage, einen einzigen Halm zu schleppen und stöhnte und ächzte dabei, als müsse er einen Baumstamm ziehen. Da sagte die Frau des Pächters ganz erbost:

„Was jammert er denn so, wenn er nur einen Halm trägt? Das ist doch wahrhaftig auch für einen Zwerg nicht schwer.“

Von Stund an waren die Zwerge verschwunden und kamen auch nie mehr zurück. Der Pächter und seine Frau aber gerieten in Armut.

10. Ritter Schott von Huneberg und Schwanau

Im Westerwald, zwischen Limburg und Siegen, lag einst die stolze Burg derer von Huneberg auf der Haardt, die ihren Namen auf die Hünen – was so viel wie Riesen bedeutet – zurückführten. Heute sind nur noch ein paar Steine davon übrig, völlig überwachsen und kaum noch zu finden. K. Geib erzählte im 19. Jahrhundert darüber:

Auf dieser Burg wohnte einst ein Ritter namens Schott, der war arm an Gütern, aber tapfer und frohen Mutes. Nur eines fehlte zu seinem Glück: eine Gefährtin in seiner Waldeinsamkeit. Weil aber die Töchter der Nachbarschaft reich und stolz waren, unterstand sich der arme Junker nicht, um die Hand eines adeligen Fräuleins zu werben.

Einmal zog er frühmorgens hinaus in den Wald. Es war ein schöner Tag, die Sonne vergoldete das taufrische Laub der Gebüsche, und die

Vöglein begannen in den stillen Tälern ihre Lieder. Als so der Ritter seines Weges zog, sah er auf einmal ein kleines Männlein von wunderlichem Aussehen im Gesträuch sitzen.

„Schenkt mir einen Bissen Brot", sagte das Zwerglein, „mich hungert sehr." Der Ritter langte in seine Waidtasche, nahm von seinem Brot und Käse und reichte es dem Alten. Das Zwerglein bedankte sich fein und zog freundlich schmunzelnd von dannen.

Einige Tage danach zog der Junker wieder in den Wald. Da vernahm er auf einmal eine klagende Stimme, die um Hilfe rief. Sogleich ging er dem Ruf nach und sah unter einem Baum einen schönen Knaben sitzen; der bat ihn gar inständig, er solle ihn doch nach Hause tragen, weil er sich im Wald verirrt habe und sich vor den Wölfen fürchte. Flugs hob der gute Ritter das Kind auf seinen Rücken und eilte lustig mit ihm von dannen nach einer ungefähr bezeichneten Richtung. Endlich kamen sie an ein schönes Schloss, das von einem Teich umflossen war.

„Wir sind am Ziel", rief der Kleine und sprang munter vom Rücken des Junkers zur Erde. Es plumpste, als wenn ein schwerer Stein niedergefallen wäre, der Ritter schaute sich um und erblickte mit Staunen das Zwerglein, das er vor etlichen Tagen hungrig getroffen hatte.

„Du wirst deinen Lohn finden", rief der Kleine, „geh nur ins Haus da über die hölzerne Brücke."

Mit diesen Worten verschwand der Zwerg, der Ritter aber ging neugierig und unverdrossen in das Schloss. Eine wunderschöne Jungfrau trat ihm entgegen. Die wohnte allein auf dem Schloss mit ihrer hochbetagten Mutter. Sie hießen den Fremdling herzlich willkommen und labten ihn gastlich mit Trank und Speise. Dem Junker aber ging das Herz auf bei dem Anblick der schönen, züchtigen Maid, und er fragte sie bald nach ihrem Stand und ihrem Herkommen. Da erzählte die Mutter, dass sie die Witwe eines Edlen von Schwanau sei, der auf dem Kreuzzug Friedrichs geblieben sei. Darauf begehrte der Junker die Hand des Fräuleins und erhielt sie.

Die Mutter aber fügte eine Bitte hinzu: „Wisst", sagte sie, „edler Ritter, dass eine Weissagung in unserem Haus besteht. Die letzte Erbin dieses Stammes soll großes Glück erlangen, wenn sie auch in der Ehe den Namen ihres Geschlechtes trägt." Gern fügte sich der Junker dem Antrag der Mutter und führte die Jungfrau als Braut von hinnen. Das Geschlecht der von Huneberg und Schwanau ist erloschen, man weiß nicht einmal mehr, wo das Schloss Schwanau gestanden ist.

Xanten. Stahlstich v. L. Rohbock, gest. v. I. Umbach. 19. Jh.

11. Siegfried und der Nibelungenhort

Siegfried, der Sohn des Fürsten Siegmund, der sein Schloss in Xanten hatte, war ein weithin berühmter Ritter, dessen Stärke, Heldenmut und edle Gesinnung überall am Rhein und bis weit in die umliegenden Länder bekannt war. Als er einst von Xanten aus den Rhein aufwärts zog und viele Abenteuer siegreich bestanden hatte, kam er auch ins Land der Nibelungen. Heinrich Sohnrey, schrieb 1880 darüber (9):

Die Nibelungen waren reiche und mächtige Zwerge, die den Nibelungenhort hüteten, einen unermesslich großen Schatz von Gold und Silber. Der König der Nibelungen war gerade gestorben, und seine Söhne, Schilbung und Nibelung, stritten sich um ihr Erbe.

„Wir wollen es teilen“, sprachen sie endlich. Da schleppten die Zwerge alles Gold und Silber aus dem Berge, mehr als hundert Wagen voll, damit es geteilt werde. Da nun Siegfried gerade durch den Wald daherkam, baten sie ihn, Schiedsrichter zu sein, und gaben ihm zu Dank dafür im Voraus ihres Vaters Schwert Balmung, das beste aller Schwerter. Siegfried zerlegte den Hort nach Recht und Gewissen in zwei völlig gleiche Teile. Das aber verdross die beiden Brüder, denn jeder hatte gehofft, den größeren Teil des Schatzes zu gewinnen. Als

Siegfried sich weigerte, noch einmal und anders zu teilen, riefen die undankbaren Zwerge zwölf Riesen herbei, die sich mit langen Stahlstangen auf Siegfried stürzten; Balmung aber, das gute Schwert half ihm, und er bezwang sie alle; auch Schilbung und Nibelung fanden den Tod. Da riefen die Zwerge:

„Siegfried soll König sein und Herr des Hortes!"

Alberich, der oberste Hüter des Hortes, war damit aber nicht einverstanden und griff Siegfried wütend an. Der Zwerg hatte ein herrliches Gewand an und saß auf einem kohlschwarzen Rösslein. Jedesmal, wenn er einen Schlag gegen Siegfried ausgeführt hatte, war er verschwunden, und Siegfrieds Schwert schlug in die Luft. Der Zwerg hatte nämlich eine Tarnkappe, die ihn unsichtbar machte, sobald er sie überzog. Endlich aber merkte der Zwerg dennoch, wie stark Siegfried war; er ergab sich und bat um Gnade. Siegfried sollte Herr des Hortes sein, und Alberich versprach, den Schatz treulich zu hüten, solange er lebe. Zum Zeichen dafür, dass er es treu und ehrlich meinte, schenkte er Siegfried die Tarnkappe. Auch den Riesen Kuperan zwang Siegfried zum Gehorsam. Dann ließ er den Schatz wieder in den Berg tragen, machte Alberich zum Hüter des Hortes und des Nibelungenlandes und ritt heim zu seines Vaters Burg.

Nach Siegfrieds Tod, so heißt es weiter, wurde der Nibelungenhort nach Worms, wo seine Witwe Kriemhild lebte, gebracht. Doch Hagen, der Siegfried ermordet hatte, stahl den Schatz bei dunkler Nacht mit einigen Helfershelfern und versenkte ihn an einer Stelle im Rhein, die nur er und seine Getreuen kannten. Er ließ alle schwören, den Ort niemals zu verraten. Bis auf den heutigen Tag weiß niemand, wo im Rhein sich der Nibelungenhort befindet.

12. Der Schuster von Immekeppel

In Immekeppel im Sülztal im Rheinisch-Bergischen Land gab es einmal einen ganz besonders kunstfertigen Schuster, der imstande war, sogar besser und feiner als alle Schuster von Köln zu arbeiten. Dennoch war sein Handwerk für ihn kein goldener Boden, denn er ging viel lieber in den Wald, um zu jagen, statt fleißig in seiner Werkstatt zu sitzen und Schuhe anzufertigen. So kam es, dass er bald keine Kunden mehr hatte und in Armut geriet.

Eines Abends, nach einem langen Tag ohne Jagdglück, setzte er sich verzweifelt unter einen Baum, verfluchte seine Jagdleidenschaft, die ihn fast um sein gesamtes Hab und Gut gebracht hatte, und wusste nicht mehr weiter.

„Was soll ich nur tun, was soll ich nur tun?" murmelte er ganz mutlos und niedergeschlagen vor sich hin. „Was soll ich nur tun?"

Plötzlich, er konnte nicht sagen, woher es gekommen war, stand ein kleines Männlein vor ihm. Es war nicht größer als drei Spannen (etwa 60 cm), aber sehr elegant gekleidet wie ein feiner Herr.

„Ich weiß, dass du ein sehr guter Schuster bist. Ich brauche neue Stiefel!" sagte es und hielt ihm einen kleinen Stiefel aus Rattenfell hin. „Mache mir gleich ein Paar Stiefel wie diesen. Es soll dich nicht gereuen."

Als der Schuster gerade erwidern wollte, dass er ja kein Material und auch kein Werkzeug dabei habe, zog der Zwerg alles Nötige hervor und hängte sogar eine kleine Lampe an einen Baumast, dass der Mann genug Licht für seine Arbeit hatte. Dann war er verschwunden. Mit großer Fingerfertigkeit gelang es dem Schuster, die gewünschten Stiefel fein und zierlich anzufertigen. Noch vor Mitternacht war er damit fertig. Da stand plötzlich wieder das Männlein vor ihm, freute sich über die Maßen über die schönen Stiefel und gab ihm zum Dank einen Draht. Dabei sprach es:

„Mache daraus eine Schlinge und lege sie in deinen Kohlgarten."

Der Schuhmacher tat, wie ihm der Zwerg befohlen hatte, fand am nächsten Morgen zu seiner Freude in der Schlinge einen Hasen und als er ihn zum Braten fertig machte, eine goldene Kugel in dessen Bauch, die einen Wert von etwa zehn Talern hatte. Von nun an bekam er jeden Freitag von den Zwergen im Wald so viel Arbeit, dass er in kurzer Zeit ein reicher Mann wurde. Der Zwerg hatte aber als Bedingung gestellt, dass der Schuster nie sagen dürfe, für wen er arbeitete. Das ging lange gut, und die Schuhmacherei blühte wieder auf.

Einmal aber, der Schuster saß mit einem anderen Schuhmachermeister gemütlich beim Bier, da gerieten sich die beiden darüber in die Haare, wer wohl der Bessere in ihrem Handwerk war. Da vergaß der Schuster sein Versprechen, holte ein Paar wundervolle kleine Tanzschühchen hervor, die er für die Königin der Zwerge angefertigt hatte, und brüstete sich damit. Im gleichen Augenblick erhielt er, obwohl niemand außer dem anderen Schuhmacher zu sehen war, eine saftige Ohrfeige und die Schühchen verschwanden vor ihren Augen.

Von Stund an ließ sich bei dem Schuster nie mehr ein Zwerg blicken und er musste sich sein Geld künftig genauso verdienen wie alle anderen Schuhmacher auch.

Heinzelmännchen. Aus Bechstein um 1853

13. Die Heinzelmännchen von Köln

Im Gebiet um Köln, den Rhein entlang, aber auch bis nach Aachen hin, wusste man um die freundlichen Heinzelmännchen oder Hinze, die den Menschen heimlich in der Nacht deren bei Tag gemachte Unordnung aufräumten, liegengebliebene oder dringend anstehende Arbeiten erledigten und solch gute Werke mehr verrichteten. Dabei wollten sie aber nicht beobachtet werden, sonst verschwanden sie und kamen nie wieder. Besonders schön hat im Jahr 1836 der Schriftsteller August Kopisch diese Sage in ein Gedicht gefasst:

Die Heinzelmännchen

August Kopisch

Wie war zu Köln es doch vordem
mit Heinzelmännchen so bequem!
Denn, war man faul, …man legte sich
hin auf die Bank und pflegte sich:
Da kamen bei Nacht,
eh' man's gedacht,
die Männlein und schwärmten
und klappten und lärmten
und rupften
und zupften
und hüpften und trabten
und putzten und schabten.
Und eh' ein Faulpelz noch erwacht,
war all' sein Tagewerk
bereits gemacht!

Die Zimmerleute streckten sich
hin auf die Spän' und reckten sich.
Indessen kam die Geisterschar
und sah, was da zu zimmern war,
nahm Meißel und Beil
und die Säg' in Eil;
sie sägten und stachen
und hieben und brachen,
berappten
und kappten,
visierten wie Falken
und setzten die Balken.
Eh' sich's der Zimmermann versah
klapp, stand das ganze Haus
schon fertig da!

Beim Bäckermeister war nicht Not,
die Heinzelmännchen backten Brot;
die faulen Burschen legten sich
die Heinzelmännchen regten sich
und ächzten daher
mit den Säcken schwer!
Und kneteten tüchtig
und wogen es richtig
und hoben
und schoben
und fegten und backten
und klopften und hackten.
Die Burschen schnarchten noch im Chor:
Da rückte schon das Brot,
das neue, vor!

Beim Fleischer ging es just so zu:
Gesell und Bursche lag in Ruh
indessen kamen die Männlein her
und hackten das Schwein die Kreuz und Quer.
Das ging so geschwind,
wie die Mühl' im Wind.
Die klappten mit Beilen,
die schnitzten an Speilen
die spülten
und wühlten
und mengten und mischten
und stopften und wischten.
Tat der Gesell' die Augen auf,
wapp, hing die Wurst schon da
zum Ausverkauf!

Beim Schenken war es so: Es trank
der Küfer, bis er niedersank;
am hohlen Fasse schlief er ein.
Die Männlein sorgten um den Wein
und schwefelten fein
alle Fässer ein
und rollten und hoben
mit Winden und Kloben
und schwenkten
und sengten
und gossen und pantschten
und mengten und manschten.
Und eh' der Küfer noch erwacht,
war schon der Wein geschönt
und feingemacht!

Einst hatt' ein Schneider große Pein:
Der Staatsrock sollte fertig sein;
warf hin das Zeug und legte sich
hin auf das Ohr und pflegte sich.
Da schlüpften sie frisch
in den Schneidertisch
und schnitten und rückten
und nähten und stickten
und fassten
und passten
und strichen und guckten
und zupften und ruckten.
Und eh' mein Schneiderlein erwacht,
war Bürgermeisters Rock
bereits gemacht!

Neugierig war des Schneiders Weib
und macht sich diesen Zeitvertreib;
streut Erbsen hin die andre Nacht.
Die Heinzelmännchen kommen sacht,
eins fährt nun aus,
schlägt hin im Haus,
die gleiten von Stufen,
die plumpen in Kufen,
die fallen
mit Schallen,
die lärmen und schreien
und vermaledeien.
Sie springt hinunter auf den Schall
mit Licht; husch, husch, husch, husch,
– verschwinden all'!

Oh weh, nun sind sie alle fort
und keines ist mehr hier am Ort!
Man kann nicht mehr wie sonsten ruh'n,
man muss nun alles selber tun.
Ein jeder muss fein
selbst fleißig sein
und kratzen und schaben
und rennen und traben
und schniegeln
und bügeln
und klopfen und hacken
und kochen und backen.
Ach, dass es noch wie damals wär'!
Doch kommt die schöne Zeit
nicht wieder her!

14. Die verscheuchten Zwerge bei Wildberg

Im ganzen nördlichen Ruhrgebiet an Rhein und Lippe gab es früher gute Erdgeister, die den Menschen bei der Ernte oder beim Viehhüten halfen, so auch in Hardt bei Wildberg nahe Dorsten, wo man die Unsichtbaren „Holen" nannte. Einmal machten sich dort ein paar dumme Jungen einen Spaß daraus, mit Steinen nach dem Vieh zu werfen.

„Lasst das sofort sein!" befahlen ein paar alte Leute ganz besorgt, „passt auf die Holen auf!"

Die Jungen aber lachten nur und fuhren fort, Steine nach den Tieren zu werfen. Dabei schlug ein Stein einem Zwerg die Tarnkappe vom Kopf, wodurch dieser sichtbar wurde. Zornig hieb der Kleine mit seinem weißen Stöckchen auf den verdutzten Jungen ein. Der erschrak darüber so sehr, dass er fallsüchtig wurde.

Von da an wurden die Zwerge nie mehr in Hardt gesehen.

15. Die Gefangene der Zwerge

Von Richrath bei Langenfeld im Rheinland wurde 1897 folgende unheimliche Sage aus einer Zeit, die noch ein paar hundert Jahre weiter zurückliegt, von Otto Schell erzählt:

Zu Richrath wurden noch vor kurzem in einem Steinbruch Höhlen gezeigt, in welchen in grauer Vorzeit Zwerge hausten. Einmal stahlen diese Zwerge eine Frau in der Nähe des Deilbaches und schleppten sie mit in ihre Höhle. Dort zwangen sie die arme Frau, ihre Schweine zu säugen. Lange Jahre weilte die Frau bei den Zwergen, welche im Allgemeinen gut und liebreich gegen sie waren. Aber die Sehnsucht nach dem hellen Sonnenlicht und ihrer lieben Heimat wuchs täglich bei der Frau, bis es ihr einmal gelang, aus der Höhle zu entfliehen. Sie gelangte bald auf den Hof, wo sie einst gewohnt hatte, aber niemand kannte sie mehr, und auch sie fand keinen alten Bekannten wieder. Traurig setzte sie sich auf einen Stein im Hof und begann bitterlich zu weinen. Einige Kinder drängten sich neugierig um das seltsame, fremde Weib. Der Anblick der lebensfrohen Kinder vermehrte ihren Schmerz, und mit doppelter Bitterkeit dachte sie an ihr Los in der finsteren Höhle bei den missgestalteten Zwergen. Als einige der Kinder zudringlich wurden, rief sie ihnen zu: „Stört meine Ruhe nicht, denn ich habe euch nicht unter meinem Herzen getragen.“

Dann ging sie fort und wurde nie wieder gesehen.

16. Kobold Heinz Hütlein

Eines Tages fiel im Kloster in Siegburg ein Küchenjunge aus, und da gerade Gäste erwartet wurden, war der Koch in großer Not. Da stand plötzlich vor ihm ein etwa drei Spannen großes Männlein mit einem uralten Gesicht, aus dem zwei wache lustige Äuglein blinkten; bekleidet war es mit einem kurzen Röckchen und auf dem Kopf prangte ein stattlicher Hut. Es sagte:

„Wenn du einverstanden bist, dann will ich die Arbeit des Küchenjungen übernehmen."

Dem Koch war sofort klar, dass er ein hilfsbereites Bergmännlein vor sich hatte und erwiderte: „Wenn du dir die Arbeit zutraust und meine Anweisungen befolgst, so kannst du gleich beginnen."

Der Kleine war fleißig und verrichtete rasch alle anfallenden Arbeiten. Benötigte der Koch Mehl, Eier oder sonst etwas, sogleich schleppte er alles heran. Ganz schnell war das fröhliche muntere Kerlchen bei allen beliebt. Er kannte auch alle Kräutlein, mit denen er Krankheiten, sowohl beim Gesinde als auch bei den Mönchen, heilte. Dabei bemerkten die Ordensmänner, dass der Zwerg die lateinische Sprache beherrschte. Jetzt zeigte auch der als sehr autoritär bekannte Abt, Dieter v. Drachenfels, Interesse an dem Zwerg. Er beorderte ihn in seine Amtsstube. Der hohe Kirchenmann war von dem Gespräch so angetan, dass der Gnom bald bei ihm ein und aus ging. Oft fragte der Herr ihn um Rat, und den er gab, war immer vortrefflich.

Eines Tages war der Abt sehr niedergeschlagen und sagte zu dem Kleinen: „Ich habe Angst, denn ich habe mich vor einiger Zeit auf ein ungutes Geschäft mit unserem Herzog Adolf v. Berg eingelassen. Deshalb trifft sich der Fürstenrat in Köln, um Ordnung in diese Sache zu bringen und Recht zu sprechen."

Der Kleine dachte kurz nach und antwortete: „Ich gehe jetzt kurz weg und in etwa einer Stunde komme ich wieder. Seid guten Mutes!"

Nach nicht mal einer Stunde kehrte er zurück und gab dem Abt einen Ring mit den Worten: „Herr, diesen unauffälligen Ring habe ich aus allerlei Pflänzchen geflochten. Tragt ihn bei dieser Zusammenkunft, dann könnt ihr die Gedanken Eurer Widersacher lesen und entsprechend reagieren."

Das Verfahren in Köln endete sehr gut für den Abt.

Gleich nach seiner Rückkehr rief er nach dem Zwerg und sagte: „Nur dir verdanke ich, dass die Sache in Köln einen so guten Ausgang für mich nahm. Um dir meine Verbundenheit zu zeigen, betrachte ich dich ab sofort als einen der Unsrigen. Ich lasse für dich ein Ordensgewand nähen und auch die dazugehörende Kette sollst du erhalten."

Stolz trug der Kleine die Kutte, aber von seinem Hut trennte er sich nicht; er saß nach wie vor auf seinem Kopf. Aufgrund dieses Hutes war der Heinzelmann überall als Heinz Hütlein bekannt.

Er hielt sich aber nicht nur hinter den Klostermauern auf. Unsichtbar durchstreifte er den Ort und die Umgebung, und wo Hilfe benötigt wurde, ging er zur Hand. Auf einem seiner Ausflüge kam er auch zum Haus eines sehr begüterten Kaufmanns, der schon in fortgeschrittenem Alter war. Dieser Mann hatte ein junges Weib, das ihn nur wegen seines Geldes und Vermögens geheiratet hatte. Ihr Lebenswandel war liederlich, was der Ehemann, der oft monatelang auf Geschäftsreise war, wohl ahnte.

Wieder einmal war eine Reise, die längere Zeit dauern sollte, fällig. Die Freude der Frau darüber war sehr groß, aber das zeigte sie nicht. Als der Abschied kam, umarmte sie heuchlerisch ihren Mann und schluchzend wünschte sie ihm eine gute Reise und Erfolg bei seinen Geschäften. Der Alte sagte:

„Auch mir fällt der Abschied schwer. Ich hoffe, du hast eine gute Zeit", und ohne sich dabei etwas zu denken, fügte er humorvoll dazu:

„Heinz Hütlein pass auf meine Frau auf!" Diesen einfach so dahingesagten Satz hatte Heinz Hütlein gehört, und pflichtbewusst wie er war, fasste er ihn als Auftrag auf.

Er eilte nach Hause, verrichtete rasch seine Arbeiten, und als es dämmerte, ging er zum Haus des Kaufmanns. Dort setzte er sich im Flur auf die breite Treppe, die zu den Räumen der Kaufmannsgattin führte.

Es dauerte nicht lange, da kam einer ihrer arbeitsscheuen jungen Freunde. Als dieser mitten auf der Treppe war, fiel er diese plötzlich hinunter. Aufgrund des Lärms stürzte die junge Frau aus ihrem Zimmer. Ihr Liebhaber rappelte sich auf, und sie war froh, dass er keinen Schaden genommen hatte. Beide gingen von einem Stolpern durch Unachtsamkeit aus. Dann stieg er erneut fröhlich die Stufen empor. Der Zwerg konnte es nicht fassen, dass der Kerl nicht das Weite suchte. Als er schon oben war, ließ ihn Heinz Hütlein über einen Stab fallen und mit einem Schubs warf er ihn die Treppe hinunter. Die Verletzungen waren erheblich.

Der Tagedieb verließ humpelnd, blutend und schimpfend das Haus. Er war sehr verärgert, dachte er doch, die Frau habe ihn zum Narren gehalten und die Stürze absichtlich herbeigeführt. Tief in der Nacht schlich ein anderer Taugenichts die Treppe hoch. Aber er erlitt das gleiche Schicksal wie sein Vorgänger. Jede Nacht lud das untreue Weib irgendwelche Liebhaber ein, und jede Nacht fielen sie die Treppe hinunter. Bald war sie als Hexe verschrien, die die Männer anlockt und übelst behandelt.

Auch tagsüber beobachtete Heinz Hütlein das Haus. Wenn die Frau am Fenster saß und einer vorbeiging oder –ritt, und es wagte ihr zuzuwinken, so blieb das nicht ungestraft! Jeden dieser Liebhaber, nach denen sie sehnsüchtig Ausschau hielt, ereilte sofort ein Missgeschick; plötzlich lag irgendein Gegenstand auf dem Weg, über den er fiel, oder das Pferd erschrak ohne ersichtlichen Grund und warf den Reiter ab. Auch flogen, wie von Geisterhand geschleudert, Dachziegel durch die Luft und verletzten die Männer. Sogar die junge Frau, wenn sie das Haus verließ, um einen ihrer Freunde aufzusuchen, blieb auf dem Weg dorthin von Missgeschicken nicht verschont. Deshalb getraute sie sich nicht mehr aus dem Haus zu gehen.

Nach vielem Nachdenken kam sie zu dem Schluss, dass nur ein Dämon ins Haus eingezogen sein konnte, der aus lauter Boshaftigkeit ihr Schaden zufügen will. Sie war ganz verzweifelt! Erstmalig wünschte sie sich die baldige Rückkehr ihres Mannes. Sie hoffte, dass er dem Spuk ein Ende setzen könne.

Endlich war es so weit! Der Hausherr war nur noch wenige Meilen von seiner Heimstatt entfernt. Da rannte ihm Heinz Hütlein, jetzt sichtbar, entgegen und schrie:

„Bin ich froh, dass du endlich zurück bist! Ich bin mit meinen Nerven total am Ende! Jetzt bin ich von meiner schweren Aufgabe befreit! Dem Himmel sei Dank!" Der glatzköpfige feiste Kaufmann schaute den Zwerg in der Kutte und dem großen Hut ganz verdutzt an und sagte: „Ich weiß nicht wovon du sprichst!"

Der Kleine war fassungslos und verärgert entgegnete er:

„Du hast mir bei deiner Abreise den Auftrag erteilt, auf deine Frau zu achten. Weißt du das denn nicht mehr? Diese Aufgabe habe ich gewissenhaft erfüllt. Glaubst du, es macht mir Spaß, ein so liederliches Frauenzimmer wie deine Frau zu bewachen und ihre vielen Liebhaber zu verscheuchen? Ist das der Lohn dafür, dass du dich nicht mehr erinnerst? Tag und Nacht hatte ich mit dieser Beauftragung zu tun!"

Jetzt dämmerte dem Alten, dass es sich bei dem Kleinen um Heinz Hütlein, den er noch nie gesehen, aber von dessen Hilfsbereitschaft er oft gehört hatte, handeln muss. Auch an den scherzhaft hingeworfenen Satz, „Heinz Hütlein, pass auf meine Frau auf", erinnerte er sich. Aber das Wort Lohn ließ ihn fast erstarren. Trotzdem fragte er ganz leise, was sich der Zwerg, den er auf keinen Fall zum Feind haben wollte, als Bezahlung vorstelle. Der stimmte ein schallendes Gelächter an und schleuderte ihm entgegen:

„Nichts will ich haben! Aber merk dir, einen Sack voll Flöhe und alle Säue des Landes gemeinsam zu hüten, ist wesentlich einfacher als auf solch eine Vettel, wie dein Weib es ist, achtzugeben! Und noch etwas! Verschon mich in Zukunft mit Aufträgen jeder Art!"

Ob dieser groben, aber sehr deutlichen Rede, war dem Alten sehr eigentümlich zumute. Seine Frau soll sich gebessert haben, ob es allerdings lange anhielt, darüber ist nichts bekannt.

Mit dem ruhigen friedvollen Leben in der Klosterküche war für ihn plötzlich Schluss! Ein neuer Küchenjunge, der Neffe des Kochs, trat seinen Dienst an. Er war ein heimtückischer, bösartiger, fauler Kerl. Es gelang ihm immer wieder, dass Heinz Hütlein seine Bösartigkeiten auszubaden hatte. Nicht genug damit, in unbeobachteten Momenten bewarf er den Zwerg mit Abfällen aller Art. Wenn der Kleine ihn bat und ermahnte, derlei Unfug zu lassen, dann lachte er ihm frech ins Gesicht und schnitt Grimassen. Lange ertrug Heinz Hütlein geduldig diese Gemeinheiten. Aber irgendwann war das Maß voll!

Hütlein. Aus Bechstein um 1853

Als der Lümmel es tagsüber wieder mal ganz schlimm getrieben hatte und am Abend in der Küche neben dem Herd eingeschlafen war, um sich vom Nichtstun zu erholen, packte ihn der Zwerg mit beiden Händen um den Hals und drückte ihm die Kehle zu. Dann warf er ihn ins ausgehende Feuer.

Am nächsten Morgen fand ihn der Koch halb verkohlt vor. Dieser verdächtigte sofort Heinz Hütlein des Mordes und er lief zum Abt und plärrte:

„Der Zwerg hat meinen Neffen getötet! Er warf ihn in die Glut und da ist er verbrannt. Bestraft den nichtsnutzigen bösen Zwerg hart und werft ihn sofort aus dem Kloster!"

Der Abt dachte an all das Gute, das der Zwerg zum Wohle der Abtei getan hatte, und auch daran, wie vielen Menschen er geholfen hatte. Deshalb sagte er barsch: „Ich verbiete dir solche Behauptungen zu verbreiten! Erwähne nie mehr etwas von dieser Sache! Sicher fiel der Junge durch eigenes Verschulden ins Feuer. Ich werde ihm, weil er dein Neffe ist und im Kloster gearbeitet hat, ein entsprechendes Begräbnis zukommen lassen. Und nun geh an deine Arbeit!"

Die Wut und der Hass des Kochs auf den Zwerg waren nicht mehr zu überbieten! Er drangsalierte den Kleinen auf jede erdenkliche Weise; er rempelte ihn an, so dass er zu Fall kam, verunreinigte sein Essen oder machte es ungenießbar usw. Aber irgendwann war auch hier das Maß voll und der Zwerg beschloss, diesen widerwärtigen Menschen aus dem Weg zu räumen.

Bald bot sich dazu Gelegenheit! Der Koch befand sich zu einer Tätigkeit auf der Klostermauer. Als er sich bückte, versetzte ihm Heinz Hütlein einen Stoß, so dass er in die Tiefe fiel. Das Pech von Heinz Hütlein war, dass diesen Vorgang viele Leute gesehen hatten und den Abt davon in Kenntnis setzten.

Obwohl der Abt hin und her überlegte, aber er musste den Zwerg aus dem Konvent weisen, so schwer es ihm auch fiel. Nie mehr durfte er das Kloster betreten.

Am nächsten Morgen lag der Habit des Kleinen, auf den er so stolz gewesen war, vor der Klosterpforte. Sämtliche Geschenke, die der Abt dem Zwerg in den vielen Jahren zugedacht hatte, und die Kette lagen daneben (17).

17. Die Rache des Zwergenkönigs

Neveling von Hardenberg hauste in seiner Burg auf dem Hardenstein. Ein Zwergenkönig namens Volmar wohnte ebenfalls dort in einer kleinen Kammer. Er war immer unsichtbar, aber mit lauter Stimme unterhielt er sich mit den Leuten. Stets wusste man, wo er sich gerade im Schloss aufhielt, denn seine Schritte hallten durch die Räume. Man erzählt, dass er sich in die Schwester des Burgherrn verliebt hatte und um diese freite. Vom Ergebnis ist nichts überliefert.

Ein vorwitziger Küchenjunge dachte sich: „Wenn man Tritte hört, dann muss es doch Fußspuren geben! Wenigstens möchte ich wissen, welche Spuren der Zwerg hinterlässt."

Deshalb streute er Asche. Aber das hätte er besser nicht getan! Als am nächsten Morgen der Koch die Küche betrat, erschrak er fast zu Tode! Der Bub steckte mit gebrochenem Genick auf dem Bratspieß.

18. Die zornigen Zwerge von Plattscheid

Ein besonders gutes Verhältnis mit den Zwergen hatte einst der Muhrbauer von Plattscheid. Für das geringe Entgelt von ein wenig Brei in einem kleinen Töpfchen und ein Stückchen Honigbrot, schleppten sie ihm nächtens alles Mögliche wie Heu, Korn oder Butter in Scheune und Haus, ohne dass er sich darum kümmern musste.

Einmal, alle im Haus hatten sich schon schlafen gelegt, ruhte der Muhrbauer ganz faul auf seiner Ofenbank, als er plötzlich ein Heinzelmännchen erblickte, das unter großem Stöhnen und Keuchen ein paar Kornähren in seinen Kornspeicher hinaufschleppte. Da rief der Bauer verärgert: „Stell dich doch nicht so an, wegen der paar Halme!"

„Wenn ich so viele Halme, wie ich keuchend hinaufgetragen habe, wieder hinuntertragen würde, wärst du ein armer Mann!" erwiderte der Zwerg zornig und warf die Ähren zu Boden.

„Ha, ha, ha! Da kannst du lange tragen, bis ich kein Korn mehr zum Brotbacken habe!" höhnte der Muhrbauer.

Diese Worte aber sollte er noch sehr bereuen. In kurzer Zeit, es waren nur einige Wochen vergangen, war sein Kornspeicher leer, er konnte nicht sagen, wie es geschehen war. Da riet ihm ein Schäfer, der sein Freund war, Asche auf die Treppe zum Speicher zu streuen, um zu erkennen, wer sein Korn forttrug. Am nächsten Morgen erkannte der Bauer in der Asche zahlreiche Spuren von kleinen Plattfüßen. Da wusste er, dass Zwerge das Getreide wieder forttrugen, so wie sie es vorher, um ihm zu helfen, hinaufgetragen hatten.

Voller Wut, ohne zu bedenken, wie sehr ihm die Kleinen früher geholfen hatten, streute er am nächsten Tag Erbsen auf die Treppe, damit sie ausrutschen und hinunterfallen sollten. In der kommenden Nacht legte er sich voller Schadenfreude auf die Lauer, und richtig, bald vernahm er ein Gepolter und Gekugele, verbunden mit lauten Schmerzensschreien, Ächzen und Stöhnen. Von da an ließen sich die Zwerge nie mehr blicken. Den Muhrbauern aber verließ das Glück, mit seinem Hof ging es bergab, und er verarmte schließlich völlig.

19. Das Gold von Leversbach

Riesige Schutthalden bei Leversbach zeugten davon, dass zu früheren Zeiten hier Bergwerke bestanden haben. Darüber schreibt Hoffmann im Jahr 1914:

Als das „Kupferbergwerk Aurora“ noch in Betrieb war, stieß man einst auf eine Goldader. Die Freude über den unerwarteten Fund war übergroß. Man glaubte, jetzt sei eine glückliche Zeit gekommen, und man beschloss, das Glück durch ein Fest zu feiern, um dann das Gold zu heben. Acht Tage lang wurde gefeiert, getanzt und fein gelebt. Nun ging man wieder an die Arbeit. Allein der ganze Schacht stand voll Wasser, so dass man es mit den damaligen Hilfsmitteln nicht mehr bewältigen konnte. Der Schacht war und blieb für immer verschlossen. Noch eine andere Sage knüpft sich an das Bergwerk. In dem Kupferwerk zeigten sich oft Heinzelmännchen. Ein Bergmann von Leversbach sah wiederholt zwei solcher Zwerge am Wasser pumpen. Er ging zum Geistlichen und teilte es ihm mit. Der Geistliche betete dort lange, um sie zu vertreiben. Von dieser Zeit an ließen sie sich nicht mehr blicken. Erst jetzt zeigte sich, wie nützlich die Arbeit dieser kleinen Pumper gewesen war, denn in den Schächten ließ sich das Wasser nicht mehr stillen.

Wie es weiter heißt, blieben die Zwerge für immer verschwunden; das Bergwerk aber musste schließen, weil es nicht mehr betrieben werden konnte.

20. Die versunkene Stadt Gression und die Römermännchen

Vor uralten Zeiten, als die Römer das Land besetzt hatten, soll eine schöne Stadt im Gebiet zwischen Köln und Aachen gelegen sein, die aber heute verschwunden ist. Sie hieß Gression (16) und soll – so weiß es die Sage – durch Überschwemmung oder feindliches Kriegsvolk zerstört worden und im Boden versunken sein. Sie soll sich etwa da befunden haben, wo heute Stolberg ist.

Viele Jahrhunderte lang wurde bei der Stadt Bergbau betrieben; man schürfte nach Kupfer, Blei und Eisen. Im Schieverling, der zwischen Gressenich und Diepenlinchen liegt, wurde Blei zutage gefördert. Im alten Bergwerk fand man, in den vierziger Jahren des 19. Jahrhunderts, unter einer Schicht von angeschwemmtem Sand nicht nur Schlacken, die noch Erz enthielten, sondern auch kleine alte Schmelzöfen, die mit Holzkohle von Hand beheizt werden konnten.

In den Bergwerken sollen einst ganz kleine Menschen gearbeitet haben, wie es heißt, waren es Römer – darum nannte man früher besonders Kleinwüchsige „Römermännchen“ (19).

Zaunert schreibt um 1924: *In einer anderen Sage heißt es, es wären Tataren* (Zigeuner gemeint) *gewesen, doch werden sie auch Heinzelmännchen genannt. Sie waren außerordentlich geschickt in der Arbeit, und der ganze Boden war ausgehöhlt durch Gänge und Gewölbe. Durch den großen Erzreichtum soll die Stadt Gression auch zugrunde gegangen sein, die Leute verfielen dadurch in Übermut und Völlerei. Es kam die Sündflut oder, nach anderer Sage, fremdes Kriegsvolk, zerstörte die Bergwerke und rottete die Bergleute aus.*

21. Die Erdmännlein von Wachtendonk

Ähnlich wie die Solinger (siehe S. 23), so verärgerten auch die Leute in Wachtendonk die kleinen Erd- oder Herdmännchen, die lange Zeit unter ihrem Rathaus wohnten. Diese besaßen einen großen Kupferkessel, den sie den Menschen der Stadt gerne bei Tag, wo die Zwerge ihn nicht benötigten, zur Verfügung stellten. Die Leute mussten ihn nur nach Gebrauch wieder reinigen und mit einer kleinen Gabe, etwa einem Stück Weißbrot, am Abend wieder vor das Rathaus stellen. Das ging lange gut.

Einmal aber wollte sich ein Wachtendonker, der nahe beim Rathaus wohnte – sogar sein Name ist bekannt, soll aber hier nicht genannt werden – einen Spaß mit den Kleinen machen: Statt ihnen ein Geschenk in den Kessel zu legen, machte er – wie es heißt – eine Schweinerei hinein.

Am nächsten Morgen war das ganze Getreide, das er im Oberstock seines Hauses gelagert hatte, verschwunden. Voller Zorn streute der Mann am nächsten Tag Erbsen auf die Stiegen, dass die Erdmännlein ausgleiten und hinunterfallen sollten. Das aber nahmen diese ihm besonders übel. Sie trugen in der nächsten Nacht alles, was nicht niet- und nagelfest war, aus seinem Haus fort. Der Mann verarmte völlig.

Wie weiter berichtet wird, zogen die Erdmännlein später in den Hülser Berg im Kemper Land, weil sie das Glockengeläute in Wachtendonk, das nach dem Kirchenbau eingeführt wurde, nicht ertragen konnten. Dort lebten sie etwa da, wo der Aussichtsturm steht. Die Bauern der Umgebung wussten aber nicht, wo der Eingang zu ihrer Höhle war, obwohl sie an manchen Stellen seltsame Geräusche, wie das Summen von Bienen – obwohl es dort keine gab – vernahmen. Solange die Zwerge im Hülser Berg hausten, ging es den Bauern gut. Wenn die Leute Getreide gemäht und auf dem Feld liegen gelassen hatten, weil es schon dunkel geworden war, wussten sie, dass die Zwerge in der Nacht kamen, es in die Tenne trugen, droschen und Stroh und Körner fein säuberlich getrennt dort lagerten.

Als einmal eine Überschwemmung des Rheins die Felder der Bauern bedrohte, gruben die Erdmännlein in der Nacht breite Rinnen, durch die das Wasser abfließen konnte und schützten so die Ernte der Bauern vor großem Schaden.

22. Die Killewittchen im Eschweiler Wald

Nahe bei Hastenrath gibt es einen Platz, der „Killewittchen" heißt. Er erinnert daran, dass im Eschweiler Wald vor Zeiten das „Kleine Volk" lebte. Die Zwerge wurden in dieser Gegend „Killewittchen" genannt. Sie waren sehr hilfsbereit gegenüber den Menschen, halfen bei der Ernte oder im Haus und räumten vergessene oder unordentlich abgestellte Sachen feinsäuberlich auf. Früher war an der Stelle auch ein großer Fels aus Kalkstein, in dem sich eine geräumige Höhle mit kleinen Steinbänken befand. Hier wohnten die Killewittchen.

Später wurde der Fels vom Bergwerksverein weggemacht. Nun sind die Killewittchen verschwunden.

23. Die Nachricht der Zwerge

Ein Mann von Kaufmannshof machte sich eines Morgens, noch bei Dunkelheit, auf denWeg, weil er eine weite Reise vor sich hatte. Beim Hülser Berg rief plötzlich, wie aus dem Nichts, denn es war niemand zu sehen, eine Stimme ganz laut:

„Kopmann, Lopmann, wenn du na Hüs kömms, dann segg, Hippken on Heppken sind dout (15)“*!*

„Kaufmann, Laufmann, wenn du nach Hause kommst, dann sage, Hippken und Heppken sind tot.“

Er blieb überrascht stehen, wollte aber dann weiter. Da rief die Stimme ein zweites Mal und noch ein drittes Mal. Nun wurde ihm ganz unheimlich zumute und er kehrte um. Daheim erzählte er seiner Familie, warum er schon wieder da war. Als er gerade wiederholte, was die unheimliche Stimme gerufen hatte, erklang aus dem Keller plötzlich ein jämmerliches Klagen:

„Dat es min lief Vader, dat es min lief Moder.“(15)

„Das ist mein lieber Vater, das ist meine liebe Mutter.“

Erschrocken sahen sich die Leute an und liefen dann rasch in den Keller hinunter. Dort standen noch zwei volle Krüglein, mit denen sich die Zwerge hatten Öl aus einem Fass holen wollen – sie selbst aber waren durch ein Kellerloch verschwunden.

Wie es weiter heißt, wurden diese Krüglein in Kaufmannshof noch lange zur Erinnerung an diesen Vorfall aufbewahrt, wurden später aber, als das Haus des Mannes dort abbrannte, ebenfalls zerstört.

24. Warum das Zwergenvolk vom Hülser Berg starb

Im Hülser Berg am Niederrhein wohnte vor Zeiten ein Volk von Zwergen. Einst verliebte sich deren König in die wunderschöne Tochter des Grafen von Krakauen in Krefeld, deren Bild er gesehen hatte. Er versuchte in das Schloss zu gelangen, konnte aber den Graben voll

Wasser, der es rundherum umgab, nicht überwinden. Wie er traurig am Ufer stand, begegnete ihm ein altes Weiblein, das ihn fragte, warum er denn so unglücklich schaue. Er erklärte, dass er nicht über das Wasser zu seiner Liebsten könne. Da verriet ihm die Alte einen Spruch: *„Fischlein, Fischlein, Timpatee,*
hol mich rasch wohl über den See! (15)

Wenn du das rufst, kommt ein Fisch und trägt dich über das Wasser!"

Der Zwergenkönig tat, wie ihm die alte Frau geraten hatte. Da kam ein großer Fisch, nahm ihn auf seinen Rücken und brachte ihn über den für ihn sonst unüberwindlichen See. Er begab sich in den Schlossgarten, wo er die schöne Grafentocher antraf. Die beiden verliebten sich ineinander und beschlossen, sich jeden Tag zur selben Stunde im Garten einzufinden. Lange Zeit ging alles gut.

An einem Tag aber kam überraschend der Graf in den Garten. Er sah gerade noch, wie der Zwergenkönig, nachdem er sich innig von seiner Liebsten verabschiedet hatte, auf dem Fisch über den See davonschwamm. Wütend über den Eindringling riss der Graf, zum Entsetzen seiner Tochter, seinen Bogen hoch und sandte ihm einen Pfeil hinterher. Dieser traf den Zwergenkönig tödlich. Er stürzte vom Rücken des Fisches ins Wasser und versank in der Tiefe des Sees.

Das Zwergenvolk wartete vergeblich auf die Rückkehr seines Königs. Als nach langer Suche der Tote endlich im See von Krakauen gefunden wurde, hob ein großes Wehklagen unter den Zwergen an. Dann begruben sie ihren Herrscher mit einer seltsamen Zeremonie:

Sie sangen immerfort folgendes Trauerlied:

„Op de See es groote Not,	Auf dem See ist große Not
es een Feschke bleven doot,	weil ein Fisch geblieben tot
wä neit möt der Liek well gohn,	wer nicht mit der Leiche will gehen,
kann die Koos betahlen.	kann die Kosten bezahlen.

Anner Hammer
Rotterdammr.
Tein, twentig, dörtig, värzig, fiffzig, sässig,
sewnzig, achtzig, negenzig, hongert. (15)"

Wenn es beendet war, stürzte sich einer der Zwerge in den See und ertrank. Die anderen sangen das Lied erneut und wieder stürzte sich einer in den See, um sein Leben zu beenden. So ging das, bis auch der letzte Zwerg den Tod gefunden hatte.

Seither gibt es keine Zwerge im Hülser Berg mehr.

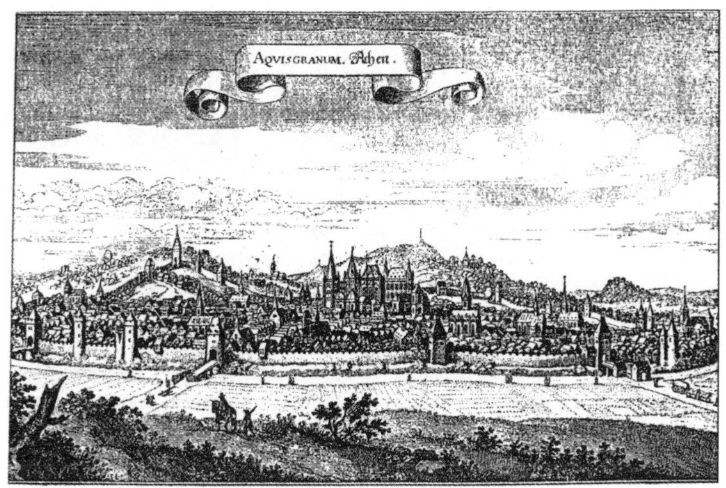

Alter Stich von Aachen.

25. Die Zwerge unter der Emmaburg von Aachen

In der Aachener Gegend soll es viele Zwerge und Kobolde gegeben haben. Sie wurden dort „Hinze“ genannt. Wie erzählt wird, wohnten sie früher in den zerklüfteten Felsen unter der Emmaburg. Von dort kamen sie zu bestimmten Zeiten in großen Scharen hervor, veranstalteten einen Höllenlärm, trieben allerlei Schabernack und machten sich dadurch bei den Leuten sehr unbeliebt. Kein Bannspruch, keine geheimen Zeichen an den Türen, keine geweihten Gegenstände, nichts konnte die störenden Hinze vertreiben, bis die Aachener eine Kapelle an den Felsen der Emmaburg bauten. Als zum ersten Mal die Glocken zur hl. Messe riefen, da verschwanden die Hinzemännlein, denn Glockengeläute verabscheuten sie und konnten es nicht ertragen.

Die Aachener waren froh und glaubten schon die Störenfriede endlich los zu sein, aber sie hatten sich getäuscht und es wurde noch viel schlimmer! Die Hinze waren nämlich in die Stadt selbst, zu einem alten gemauerten Turm nahe der Kölner Straße, gezogen, der durch einen unterirdischen Gang mit der Emmaburg verbunden war. Fortan wurde der Turm deshalb nur noch „Hinzenturm“ genannt.

Von nun an war jede Nacht ein Höllenlärm in der Stadt zu vernehmen, sodass niemand mehr schlafen konnte, weil die Hinze an die Häuser klopften, das Küchengeschirr durcheinanderwarfen, mit den Fensterläden klapperten oder in den Kellern unter den Häusern hin und her liefen. Die Leute wussten nicht, was sie dagegen unternehmen sollten, bis einmal ein fremder Wanderbursch in ihre Stadt kam, der von den Nöten der Bewohner gehört hatte. Er erklärte:

„Ich bin schon durch viele Orte gekommen, die unter einem Zwergenvolk zu leiden hatten, in Schlesien, in Sachsen, in Thüringen, in der Schweiz und auch am Rhein. Deshalb weiß ich, wenn man den kleinen Männlein am Abend ein irdenes oder eisernes Geschirr vor jedes Haus stellt, dann freuen sie sich, benutzen es während der Nacht und stellen es unbeschädigt am Morgen wieder jeweils vor das Haus, vor dem sie es gefunden haben. Und das Wichtigste dabei ist, dann geben sie Ruhe."

„Nützt es nichts, so schadet es auch nichts", meinten die Achener und taten, wie er ihnen geraten hatte. Von nun an waren ihre Nächte ungestört. Da quartierten sich einmal zwei Kriegsknechte aus fremdem Land in Aachen ein und wollten sich schier totlachen, als sie sahen, wie die Bürger am Abend Töpfe, Krüge und Kessel für die Zwerge vor ihre Häuser stellten.

„Hat man so etwas schon gehört", höhnten sie, „ihr Leute hier glaubt doch tatsächlich an Zwerge, die es gar nicht gibt! Aber passt auf, wir werden euch von ihnen befreien. Bringt uns genug Wein, dann werden wir heute Nacht Wache stehen und sie mit unseren Degen fortjagen, ha, ha, ha!" Als der Abend herannahte, hatten die zwei Kriegsknechte schon ordentlich gezecht und sich für ihre Nachtwache noch reichlich mit Wein versorgt. Sie setzten sich erst vor den Hinzenturm und riefen fröhlich: „He Hinze! Wo seid ihr?"

Dann, als sie schon richtig betrunken waren, rannten sie mit blank gezogenen Degen, wie auf der Suche nach den Zwergen, durch die Gässchen um den Turm und gröhlten: „Hinze, hier sind wir!" oder „Hinze lasst euch blicken, wo seid ihr?"

Das ging eine Weile so, dann war es mit einem Mal unheimlich still. Am nächsten Morgen fand man die beiden Krieger tot vor dem Hinzenturm. Sie hatten sich gegenseitig mit den Degen durchbohrt.

Wie es heißt, sind die Hinze aus Aachen erst verschwunden, als das Chorherrenstift erbaut wurde, weil dessen Glocken so laut und gewaltig läuteten, dass es die kleinen Männlein nicht mehr aushalten konnten und für immer fortzogen.

26. Die Övermännkes im Selfkant

Im Selfkant (13) befinden sich etliche, von Menschenhand aufgeworfene Hügel, sogenannte Bolleberge, die wohl Reste einer alten Grenzbefestigung sind. In einem von ihnen, bei Sint Jans Clus nahe Haaren, hausten früher Zwerge, die in der Gegend „Övermännkes" genannt wurden (14). Antonie Schuch schreibt dazu:

Diese friedliebenden Zwerge lebten in gutem Einvernehmen mit den Menschen. Gelegentlich baten die Kleinen, sich Geschirr ausleihen zu dürfen. Die Leute gaben ihnen dieses gerne, standen doch die Töpfe und sonstigen Gerätschaften am nächsten Morgen so blitzeblank, wie die Leute es selbst nicht schafften, vor der Tür. Gelegentlich stellten die Leute eine Schüssel mit allerlei Speisen vor die Tür, worüber die Kleinen sich sehr freuten. Auch dieses Geschirr wurde auf Hochglanz poliert zurückgegeben.

Ein boshafter Mahlknecht von der Kitschermühle entnahm einmal solch einem Schüsselchen die süße Milch mit den Brotstückchen und füllte es mit alten Schuhlappen. Freudig setzten sich die Zwerglein zum Essen und bemerkten diesen erbärmlichen Bubenstreich. Außer sich vor Wut sprang der Zwergenälteste auf und schrie (15):

> *„Ech be su aut wie dä Echterbosch,*
> Ich bin so alt wie der Echterbusch (Waldstück zwischen Echt und Roermond),
> *driemol gehaue, driemol geschnaue,*
> dreimal abgeholzt, dreimal beschnitten
> *en wer gewachse tot Müleasse,*
> und wieder gewachsen zu Mühlenachsen,
> *avell han mi Leve gen Schüenslappe egen Papp vonge!*
> aber habe mein Leben keine Schuhlappen im Brei gefunden!"

Ab diesem Tag waren die Kleinen wie vom Erdboden verschluckt und wurden nie mehr gesehen.

27. Die Övermännkes und die Glocke

Einst sollte eine Glocke für die Kirche von Höngen gegossen werden. Das, so wird überliefert, ärgerte die Övermännkes, die im Bolleberg „Agen Diek (18)" wohnten und von den Leuten für „Römermännchen (19)", also Menschen von ganz besonders kleinem Wuchs, und zudem für Heiden gehalten wurden. Die zornigen Övermännkes schlugen in der Nacht, nachdem der Glockenguss auf dem freien Feld stattgefunden hatte, der Glocke ein Ohr ab. Aber die Leute von Höngen hatten ihre Glocke bewacht und einen der kleinen Missetäter erwischt. Sie hielten ihn so lange gefangen, bis er den Schaden wieder behoben und das Ohr wieder an die Glocke gemacht hatte.

28. Die Heinzelmännchen von Pier

Nahe Jülich, am nördlichen Rand des Dorfes Pier, wohnten früher Heinzelmännchen. Ihre Höhle hatten sie in einem Hügel zwischen dem Bauweg und dem Schlammenweiher. Sie hatten eine besondere Kunstfertigkeit entwickelt, Getreide zu dreschen. Hans-Jörg Uther schreibt 1994 darüber:

In einer bestimmten Höhe brannten sie ein Loch in den Fruchtbarmen, und daraus rieselten dann die Körner, als ob die Frucht von unsichtbaren Händen gedroschen würde, in die bereit gestellten offenen Säcke; und wenn man am andern Morgen in die Scheune kam, standen die Säcke in Reih und Glied gefüllt da.

Wie alle anderen Zwerge, wollten sie dabei aber nicht gesehen werden und verrichteten daher die Arbeit nur in dunkler Nacht.

29. Die Heinzelmännchen bei Harzheim

Kleine Männchen mit lederartiger brauner Haut, mit braunen Joppen und braunen langen Hosen, halfen früher oft den Bergleuten, die nach Erzen gruben. Nahe dem Dorf Harzheim gab es am Weg nach Dreimühlen etliche Löcher im Boden, von den Leuten ‚Dachslöcher' genannt. Hier ließen sich die Heinzelmännchen oft blicken und gingen den Bergleuten, die gut zu ihnen waren und die sie daher mochten, zur Hand. Sie waren außerordentlich stark, was man ihnen bei der kleinen Körpergröße gar nicht zugetraut hätte. Die schwersten Steine schleppten sie mühelos. Sie schickten die Arbeiter sogar bisweilen nach Hause und versprachen:

„Wir machen das schon, ruht euch ein wenig aus."

Wenn die Bergleute wieder zurückkamen, war die ganze Arbeit in der Grube getan. Zum Dank mussten sie den Heinzelmännchen an eine vorher ausgemachte Stelle kleine Gaben legen, die von diesen gerne angenommen wurden, denn sie verschwanden jeweils, ohne dass einer der Bergmänner gesehen hätte, wann sie genommen worden waren. Die Zwerge waren für dieses geringe Entgelt sehr dankbar und arbeiteten dann oft doppelt so schnell, so dass die Gänge im Bergwerk viel rascher ausgehauen waren, als die Menschen es alleine gekonnt hätten. Die Knappen berichteten auch, dass sie oft wunderschöne Musik und auch Gesang in der Tiefe vernommen hätten, weil die Heinzelmännchen Musik und Gesang bei ihrer Arbeit besonders liebten.

Aber man durfte die kleinen Gesellen nicht ärgern oder ihnen einen üblen Streich spielen. Als einmal ein Bursche in jugendlichem Übermut Steine nach den Unsichtbaren warf, war es als würden diese eine ganze Steinlawine auslösen, ein solch furchterregendes Gepolter hob daraufhin im Bergwerk an, dass viele glaubten, es stürze ein, und die Flucht ergriffen. Am folgenden Tag, als der Bursche wieder im Bergwerk war, wurde er von unsichtbaren Händen derart verprügelt, dass er besinnungslos zu Boden stürzte und herausgetragen werden musste.

Lange Zeit war das Verhältnis zwischen Heinzelmännchen und Bergleuten gut. Als aber einige Knappen die Zwerge immer öfter neckten oder ärgerten, verließen diese das Bergwerk, und die Menschen mussten die ganze schwere Arbeit selbst erledigen. Da ging es rasch bergab mit dem Bergwerk, bis es endlich ganz geschlossen werden musste.

Die ‚Dachslöcher' bei Harzheim aber geben noch heute Zeugnis davon, dass hier einst nach wertvollen Erzen gegraben worden war.

30. Das goldene Pantöffelchen

In der Gegend von Bitburg, bei dem Ort Speicher an der idyllischen Kyll, wohnten in einer Felshöhle seit Urzeiten Wichtelmännlein. Nur sehr selten gelang es einem Menschen, eines von ihnen zu sehen, denn sie waren sehr scheu und kamen nur in dunklen Nächten heraus. Nach solchen Nächten, besonders wenn es geregnet hatte, konnte man vor dem Höhleneingang in der feuchten Erde winzige Fußspuren entdecken, wie von kleinen Vögelchen. Diejenigen, die einmal das Glück gehabt hatten, solch ein Zwerglein zu sehen, beschrieben es als winzig klein, nicht größer als ein Daumen, mit spitzem, hohem Hut. Die Kleinen waren freundliche Gesellen und den Menschen gut gesinnt. Wenn jemand aus Speicher ein Loch im Schuh hatte oder einen Riss in seiner Kleidung, so brauchte er das beschädigte Stück nur am Abend vor der Zwergenhöhle niederzulegen und konnte es am nächsten Morgen, feinsäuberlich gerichtet, wieder abholen.

Einmal wurde in einer Mühle in der Nähe, bis tief in die Nacht hinein, ein großes Hochzeitsfest gefeiert. Die Wichtelleute in ihrer Höhle hörten die fröhliche Musik und einige von ihnen wollten sich bei Dunkelheit zur Mühle schleichen und mitmachen.

„Tut das ja nicht!“ warnte sie ein ganz alter Zwerg. „Ihr wisst doch, wir dürfen uns nicht unter die Menschen mischen, denn wenn wir dort etwas verlieren, können wir nicht mehr zurück in unsere Höhle zu Unseresgleichen!“

„Aber wir wollen uns ja gar nicht zu den Menschen gesellen!“ erklärte der Jüngste von allen eifrig. „Wir wollen nur ein wenig zuschauen, sonst nichts, die Musik ist so schön.“

„Tut es nicht, das ist zu gefährlich!“ warnte sie der Alte nochmals eindringlich. Aber keiner hörte auf ihn. Der jüngste Zwerg und einige seiner Freunde liefen flugs aus der Höhle heraus und hin zur Mühle, so schnell sie nur konnten. Sie sahen schon von weitem die festlich erleuchteten Fenster und hörten lustige Gesänge und Tanzmusik.

„Lasst uns noch ein wenig näher ans Haus gehen“, meinte der Mutigste der Zwerge, „wenn wir auf die Haselnusssträucher vor den Fenstern klettern, können wir alles viel besser sehen.“

Gesagt, getan! Bald saß auf fast jedem Zweig vor den Fenstern ein Zwerglein und lugte neugierig in den beleuchteten Raum. Dabei stieß eines von ihnen aus Versehen an die Glasscheibe. Das gab zwar nur einen leisen Ton, aber trotzdem hörte ihn einer der Feiernden, schaute auf und entdeckte die Kleinen. „Wichtelmännchen! Schaut! Auf dem Busch vorm Fenster sitzen lauter Wichtelmännchen!“ rief er erstaunt und vergnügt zugleich. „Kommt, wir fangen eines!“

Da hörten alle zu tanzen auf und rannten aus dem Saal. Die Zwerge waren zu Tode erschrocken, sprangen vom Busch herab und liefen, so schnell sie es mit ihren kurzen Beinchen vermochten, in alle Richtungen davon, um sich zu verstecken.

„Jetzt sind alle weg!“ meinte einer der Burschen enttäuscht. „Jetzt erwischen wir sie nicht mehr.“

„Schaut! Schaut, was ich da gefunden habe!“ rief da der Bruder der Braut voller Freude.

„Ein Goldstück?“ fragte einer seiner Freunde erstaunt, als er den blinkenden Gegenstand in dessen Hand erblickte.

„Nein, ein winzigkleines Pantöffelchen aus Gold. So etwas Schönes habe ich noch nie gesehen!“ erwiderte dieser entzückt. Sorgsam packte er den Schatz in sein Taschentuch und steckte ihn damit in seine Brusttasche, dass er ihn nicht mehr verlieren konnte. Dann gesellte er sich wieder zu den Feiernden.

Inzwischen suchte das Wichtelmännlein, das sein Pantöffelchen verloren hatte, überall ganz verzweifelt danach und konnte es nicht finden. Es wusste ja nicht, dass der Bruder der Braut es gefunden und mitgenommen hatte. Nun konnte es nicht mehr in die Zwergenhöhle zu den anderen Wichtelmännlein zurück.

Wie es heißt, sucht es noch heute in dunklen Nächten weinend und klagend im ganzen Kylltal danach. Die anderen Zwerge aber verließen die Höhlen für immer und wurden nie mehr gesehen.

31. Das warnende Kräutermännlein an der Kyll

Ein armer Fischer, der kranke Kinder, Zwillinge, zuhause hatte, stand einmal ganz verzweifelt bis zum Abend bei der Fließener Mühle an der Kyll und versuchte Fische für sie zu fangen. Aber so oft er auch das Netz auswarf, all seine Mühe war umsonst. Da sah er auf dem Wasser mit einem Mal zwei junge Schwäne, die mühsam, schon richtig matt und schwach, den Fluss aufwärts zu schwimmen versuchten.

„Wenn ich meinen Kindern schon keinen Fisch bringen kann, so sollen sie wenigstens etwas Schwanenfleisch bekommen“, dachte der Fischer erfreut und wollte gerade sein Netz auswerfen, um die Tiere zu fangen; da erblickte er am Ufer ein grasgrünes kleines Männlein, das warnend den Finger hob und ihn davon abhalten wollte.

Er aber kümmerte sich nicht darum, warf sein Netz über die Schwäne und zog sie an Land. Zu seinem höchsten Erstaunen befanden sich aber nicht die Schwäne sondern zwei Forellen im Netz.

„Auch gut“, dachte er, „die werden meinen Kindern schmecken.“

Als er sich seinem Haus näherte, sah er über dessen Dach zwei Schwäne, die sich gerade in die Lüfte hoben und in der Dunkelheit verschwanden. Da wurde ihm ganz seltsam und unheimlich zumute und er lief, so schnell er konnte, ins Haus. Dort fand er seine beiden Kinder tot.

„Ach, hätte ich doch dem Kräutermännlein gefolgt", klagte er verzweifelt und untröstlich. Es war ihm klar geworden, dass die zwei Schwäne, die so schwach und krank auf der Kyll geschwommen waren und die er, trotz der Warnung des Kräutermännleins, gefangen hatte, seine eigenen Kinder gewesen waren.

Aus: Alräunchens Kräuterbuch um 1883

32. Der Zwerg als Lehrmeister

Ein Mädchen aus Gerolstein, das an der Kyll liegt, machte sich einmal schon sehr früh am Morgen, obwohl es gerade erst dämmerte, auf die Suche nach Erdbeeren im nahegelegenen Wald. Mit einem Mal, das Kind konnte nicht sagen, woher er so plötzlich gekommen war, stand vor ihm ein Zwerg, schön gewandet mit rotem Rock, Hut mit langer Feder und blitzblanken Lederstiefelchen. Er hatte auch ein silbernes Schwert umgegürtet. Etwas unfreundlich herrschte er das erschrockene Mädchen an:

„Was hast du schon um diese Zeit allein im Wald zu suchen!“

„I-ich b-brauche Erd- Erdbeeren für den Namenstagskuchen mei-meiner Mutter“, stotterte das Kind.

Besänftigt und viel freundlicher erklärte der Zwerg:

„Liebes Kind, trotzdem bitte ich dich, deine Beeren nicht hier zu suchen. Ich bin gerade dabei Hasen zu fangen. Die würdest du nur verscheuchen. Außerdem soll ich noch Forellen fischen. Suche deine Beeren woanders, du wirst schon genügend finden. Komm übermorgen am Abend wieder her, dann werde ich dich belohnen, weil du mich in Ruhe meine Arbeit hast verrichten lassen.“

Folgsam verließ das Mädchen den Platz und suchte woanders nach Erdbeeren für den Kuchen und wurde auch reichlich fündig. Am Abend des übernächsten Tages ging es wieder in den Wald zu der Stelle, wo es den Zwerg getroffen hatte. Der wartete schon und sagte:

„Komm mit!“

Als das Mädchen zögerte, nahm er es bei der Hand. Im gleichen Augenblick befanden sich beide, das Kind wusste nicht, wie das zugegangen war, im Inneren der Erde in einer Höhle aus grauem Gestein, das so reich von Silber- und Goldadern durchzogen war, dass sie hell erleuchtet war. Mitten im Raum befanden sich ein Tisch, der übersät war mit bunten Fäden aus Samt und Seide, und ein Amboss mit einem silbernen Hämmerchen darauf. Der Zwerg sprach ein paar geheimnisvolle Worte in einer fremden Sprache, da kamen aus den Silber- und Goldadern der Wand feine Drähte aus Silber und Gold heraus. Geschickt verknüpfte sie das Männlein mit den bunten Fäden auf dem Tisch und klopfte sie mit dem silbernen Hämmerchen auf dem Amboss zu einem herrlichen Geschmeide.

Staunend sah das Mädchen zu. Der Zwerg forderte es auf, es ihm nachzutun, aber das Mädchen war dazu nicht imstande. Da lächelte der Kleine freundlich und erklärte ihm sehr geduldig und so lange, bis es verstanden hatte, wie die Silber- und Golddrähte ineinander verschlungen und verknüpft werden mussten, um solch ein schönes Geschmeide zu bekommen. Das Mädchen probierte unter Anleitung des Zwerges sogar verschiedene Muster und wurde immer geschickter.

„Ich glaube, nun kannst du es“, meinte dieser nach längerer Zeit zufrieden. „Man nennt das Filigranarbeit. Damit kannst du, wenn du fleißig bist, später dein Brot verdienen und sogar reich werden.“

Dann schenkte er dem Kind einen Korb voll mit Knäueln aus Silber- und Golddrähten sowie bunten Fäden und mahnte es, immer zu üben, dass es die Muster nicht vergessen würde. Dann nahm er es bei der Hand. Im gleichen Augenblick stand es wieder im Wald, dort, wo es den Zwerg getroffen hatte. Der war verschwunden, aber der Korb mit den Knäueln war noch da. Freudig lief das Mädchen heim, erzählte, was geschehen war und woher es die kostbaren Drähtchen und Fäden hatte. Sie brachte die Kunst, diese zu wundervollen Mustern zu verarbeiten, auch den anderen bei. Damit konnten sich die Leute, die früher arm gewesen waren, viel Geld verdienen, denn die filigranen Werke waren bald überall sehr gefragt.

33. Der Tanzberg in der Eifel

Ein Berg, in der Nähe von Keldenich und Dottel gelegen, hat den Namen Tanzberg. Warum er so heißt, erklärt die Überlieferung so:

In früheren Zeiten war dieser Berg so reich an Erzen, dass die wertvollen Metalle ohne jede Mühe zutage gefördert werden konnten. Wo immer man auch eine Grube schaufelte oder eine Hacke ansetzte, es kam Erz hervor. Damals kam die Redensart auf, *der Bergmann könne schneller einen Sack mit Erz füllen als ein Müller einen Malter Körn zu mahlen vermöge.* Dieser so mühelos und rasch erworbene Reichtum aber machte die Bergleute überheblich und gottlos. Sie hörten auf zu arbeiten, bauten in ihre Stollen stattdessen lange Kegelbahnen, wo sie statt mit Kugeln frevelhaft mit feinen runden Käselaiben kegelten. Dazu feierten sie dort drinnen ausschweifende Feste, bei denen sie unmäßig tranken, tanzten und lärmten.

Die Bergmännlein im Inneren des Berges fühlten sich dadurch sehr gestört und machten ihren Unmut immer öfter durch ein dumpfes, drohendes Grollen vernehmbar, das die Feiernden aber nicht beachteten, weil sie sich ihre gute Laune nicht verderben lassen wollten. Als wieder einmal ein besonders lautes, ausgelassenes Fest im Stollen abgehalten wurde, hatten die Bergmännlein endgültig genug. Sie ließen den Tanzsaal, die Kegelbahn und alle darin befindlichen Menschen unter einer herabstürzenden Lawine aus Geröll verschwinden. Einzig Überlebende der schrecklichen Strafe war eine Frau, die gekommen war, ihren Mann abzuholen, und, durch ein ungutes Gefühl gewarnt, als sie das Donnern der Steine vernahm, noch rechtzeitig aus dem einstürzenden Stollen laufen konnte.

Seit dem furchtbaren Geschehen ging nie mehr jemand in diese Grube. Aber immer am Jahrestag des Unglücks soll man daraus Geigenmusik hören und seltsame Lichter, wie von Fackeln, sehen können.

34. Die Füße der Zwerge

Früher mussten die Bewohner der Eifel oft sehr schwere körperliche Arbeit verrichten, um sich ihr täglich Brot zu verdienen. Die freundlichen Heinzelmännchen halfen ihnen dabei oft des Nachts und freuten sich sehr darüber, wenn die Leute am anderen Morgen staunten, weil ihre Arbeit bereits gemacht war. Die Zwerge taten das gerne, wollten sich aber nicht dabei zuschauen lassen. Das ging lange Zeit gut, weil die Menschen die Wünsche der Zwerge beachteten.

Einmal aber, es war zur Zeit der Kirschenernte, nahe bei der Hohen Acht, da rätselte ein Bauer, als er seine Kirschen in der Nacht gepflückt und feinsäuberlich in Körbe sortiert vorfand, wie das hatte geschehen können und fragte im Dorf, ob ihm jemand heimlich geholfen habe. Aber alle verneinten dies. Da wunderte er sich sehr und fragte:

„Wer hat mir aber dann die Kirschen gepflückt?"

„Das müssen die Zwerge gewesen sein, die in der Hohen Acht wohnen!" vermutete einer der Gefragten und ein anderer erklärte:

„Sie sind schon seit vielen hundert Jahren hier. Sie sind ganz freundliche Gesellen und kommen immer bei Nacht, wo sie niemand sieht, und helfen bei der Arbeit. Es haben sie schon viele heimlich bei der Arbeit beobachtet, aber man darf sie nicht stören, sonst kommen sie nicht mehr. Sie haben fast immer ihre Füße mit Tüchern umwickelt, dass man ihre Füße nicht sehen kann."

„Warum wollen sie nicht, dass man ihre Füße sieht?" fragte der Bauer ganz neugierig. „Das wissen wir auch nicht, und es ist ja auch nicht wichtig", antworteten die Leute.

Dem Bauern ließ das aber keine Ruhe. Vor Anbruch der nächsten Nacht holte er einen Sack voll Asche und streute diese rings um den Baum. Dann kam er am anderen Morgen, um nachzuschauen, ob die Zwerge da gewesen waren. Es waren wieder alle Kirschen sorgfältig in Körbe gepflückt und zum Wegtragen aufgestellt, um den Baum herum aber waren zahlreiche Spuren von Gänsefüßen zu sehen.

„Die Zwerge haben Gänsefüße", rief da der Bauer und wollte sich schier ausschütten vor Lachen, „ha, ha, ha, Gänsefüße, das ist ja häßlich! Darum wollen sie die nicht zeigen! Gänsefüße, ha, ha, ha!"

Er verspottete und verlachte die kleinen Helfer, statt ihnen für ihre Arbeit zu danken, und erzählte den anderen Bauern im Wirtshaus, wie er die Kleinen überlistet hatte. Da wurden die Zwerge zornig, zogen sich ganz ins Innere des Berges zurück und halfen den Menschen nie mehr. Wie es weiter heißt, verwirrten sie dem Bauern, der sie mit seinem Hohn verjagt hatte, den Geist, bestraften aber zudem auch die anderen Dorfbewohner, weil sie fortan allen ihre Hilfe versagten (20).

35. Der goldene Pflug von Neuenahr

Im Inneren des Neuenahrer Berges, auf dem die Ruinen der Höhenburg Neuenahr (21) liegen, soll es früher viele Schätze gegeben haben. Man erzählte auch, dass im Brunnen der Burg, der aber verschüttet war und von dem niemand genau wusste, wo er lag, ein Pflug aus purem Gold versteckt sein sollte. Ein Bauer dieser Gegend, der gerne ein besseres Leben geführt hätte, weil ihm die schwere Arbeit am Hof gesundheitlich sehr zu schaffen machte, saß einmal, es war fast schon Mitternacht, völlig erschöpft vor seinem Haus und wollte sich ein wenig ausruhen, bevor er die übrigen Tätigkeiten, die nach der Mühsal des Tages immer noch zu erledigen waren, in Angriff nehmen wollte. Da stand plötzlich ein kleines Männlein vor ihm und sprach:

„Komm mit mir, ich kann dir helfen, wenn du mir vertraust und meinen Rat befolgst."

Gerne willigte der Bauer ein und wurde von dem Männlein zur Mitternachtsstunde an eine Stelle zwischen den Ruinen geführt.

„Genau hier, unter diesem Haselnussstrauch liegt ein Stein, der den Brunnen verbirgt", erklärte der Zwerg und deutete auf eine größere Steinplatte. „Hier musst du nur bei Vollmond um Mitternacht den Stein beiseite rücken, dann kannst du mit einer langen Angelschnur den goldenen Pflug heraufholen und wirst reich für dein ganzes Leben. Aber du darfst während des ganzen Vorganges kein einziges Wort sprechen oder sonst einen Laut von dir geben, was auch immer geschieht, sonst ist alles verloren und die Erdgeister geben den Schatz nicht her."

Freudig versprach der Bauer, alles so zu machen, wie ihm der Zwerg geraten hatte. Er konnte kaum erwarten bis es Vollmond war, obwohl nur ein paar Tage bis dahin vertreichen mussten. Er wagte kaum, etwas zu sagen, um nur ja das Schweigegebot einhalten zu können, was seiner etwas geschwätzigen Frau auffiel, so dass sie sich über das sonderbare Verhalten ihres Mannes wunderte. Diesem aber gelang es, niemandem etwas von seinem Vorhaben zu verraten.

Als endlich Vollmond war, schlich er sich um Mitternacht, mit den nötigen Werkzeugen bepackt, zum Haselstrauch bei der Burg und hievte den schweren Stein über dem Brunnen zur Seite. In einen hellen Schein, der ihm aus der Tiefe entgegenstrahlte, warf er seine Angelschnur hinein, bis sie am Grund des Brunnens angelangt war.

Er merkte, dass sie sich an irgendetwas Schwerem verhakt hatte und begann voller Vorfreude auf den goldenen Pflug, den er daran vermutete, die Schnur wieder hochzuziehen. Da stand plötzlich ein feuriger Ritter mit gezücktem Flammenschwert vor ihm und drang drohend auf ihn ein. Mit einem weithin gellenden Angstschrei ließ der Bauer die Angel fallen.

Kaum hatte er den Schrei ausgestoßen, war der Ritter, der nur Blendwerk gewesen war, verschwunden, aber auch der goldene Pflug war wieder in die Tiefe hinabgestürzt.

Verstört und zitternd kehrte der Bauer heim. Dort erholte er sich wieder von seinem Schrecken und wollte die Schatzsuche im nächsten Monat bei Vollmond nochmals versuchen. Aber der Brunnen beim Haselstrauch war spurlos und für immer verschwunden; und somit auch der goldene Pflug.

36. Der Ritter und der Teufelsweg

Falkenstein heißt eine Burg in der Südeifel bei Bauler im Gebiet von Bitburg-Prüm. Zur Burg hinauf führt der steile Teufelsweg. Diesen soll einst, zur Zeit der Ritter, Siegfried von Sezen mit Hilfe von Tausenden von Bergmännlein in einer einzigen Nacht erbaut haben. Das war die Bedingung des Falkensteiner Herrn gewesen, die dieser selbst für unerfüllbar gehalten hatte, Siegfried die Hand seiner schönen Tochter zu geben. Seither heißt der Weg „Teufelsweg".

Eine nahezu identische Sage, nur mit anderen Personen, wird vom Falkenstein bei Frankfurt in Hessen erzählt (vgl. S. 73).

Landskron und Heppingen. Abb. 19. Jahrhundert

37. Die Neunhollen in der Eifel

Die „Neunhollen" waren freundliche Zwerge, die während des Frühlings und des Sommers in Höhlen unter Baumwurzeln im Hochpochtener Wald in der Eifel wohnten. Wenn es aber Herbst wurde, die Blätter fielen und die Kälte ins Land zog, ließen sich die Kleinen mit den Herbststürmen zu einem nahe gelegenen Bauernhof tragen, wo sie den eisigen Winter in der Wärme am Kamin verbrachten. Sie dankten dem Bauern die Gastfreundschaft, indem sie im Haus bei vielerlei Arbeiten halfen und vor allem in der Nacht darauf achteten, dass das Feuer im Herd nie erlosch. Darum hießen der Bauer und seine Frau die Wichte im Winter auch gerne willkommen und boten ihnen Unterschlupf. Kam dann endlich der Frühling zurück, ließen sich die Neunhollen mit dem Wind wieder zurück in den Wald wehen.

Nun geschah es aber, dass auf dem Hof beim Hochpochtener Wald während des Sommers die gütige alte Bäuerin verstarb und schon kurz darauf ihr Platz von einer jungen und herzlosen Frau eingenommen wurde. Die hatte nur im Sinn, ihren Reichtum zu vermehren, beutete ihr Gesinde durch besonders lange Arbeitszeiten aus, schimpfte, wenn eine Magd nicht schnell genug war und drohte jedem mit Hinauswurf, der es wagte, gegen sie aufzumucken.

Die Neunhollen, denen Friede im Hauswesen sehr wichtig war, sahen das mit Sorge und wollten, dass wieder Ruhe einkehren sollte. Darum wollten sie der Bäuerin einen Denkzettel verpassen. In der Nacht buken sie vierzehn Brotlaibe und legten jeweils einen mitten auf jede der vierzehn Stufen, die zu den Schlafräumen ins Obergeschoß des Hofes führten. Als die Bäuerin am frühen Morgen noch bei Dunkelheit die Treppe hinuntergehen wollte, stolperte sie über die Brotlaibe, fiel die ganze Treppe hinunter, bis in die Küche hinein und knallte dort gegen die Geschirrwand, aus der alles Geschirr herausfiel und in Stücke zerbrach. Sie selbst kam zwar mit ein paar Schrammen und Prellungen davon, war aber künftig nicht friedlicher, wie die Neunhollen gehofft hatten, sondern noch unbarmherziger und herrschsüchtiger wie zuvor.

Alle im Haus hatten sehr unter ihr zu leiden. Aber, wie es schien, war das Glück der bösen Frau hold, denn ihre Kästen und Vorratskammern waren randvoll und das Rauchfleisch im Kamin hing so dicht, dass der Rauch kaum noch Platz hatte, abzuziehen.

Mitten im Winter, es war ein eiskalter Dreikönigstag, an dem der Schneewind nur so durch alle Ritzen blies, pochte es einmal zaghaft an die Türe des Bauernhauses; dabei waren die Worte zu vernehmen:

„Stellt die Leiter an die Wand,
nehmt das Messer in die Hand,
Lasst das Messer blinken,
schneid't ein Stück vom Schinken!"

„Das ist ja Allerhand!", schimpfte die Bäuerin und ging zur Haustüre, hinter der nun eine feine Stimme bat:

„Ich bin ein kleiner König,
drum gebt mir nicht zu wenig!" (15)

Wütend riss die Bäuerin die Türe auf und stand einem abgemagerten Kind mit riesigen Augen in einem vor Hunger ganz eingefallenen Gesicht gegenüber, das den Stern der Dreikönigssinger aus Goldpapier an einem Stock trug. Neben ihm stand seine Mutter, eine ausgemergelte Frau in ärmlicher, für die Witterung viel zu dünner Kleidung, und bat demütig: „Bitte gebt uns etwas zu essen. Ich habe meinen

Mann verloren und nicht genug Geld, meinem Kind etwas zu kaufen, dass es seinen Hunger stillen kann."

Die hartherzige Bäuerin empfand nicht die geringste Spur von Mitleid für die armen Menschen und schrie voller Zorn, weil diese es gewagt hatten, sie zu stören: „Schaut dass ihr weiterkommt, elendes Bettelpack! Arbeitet, dann habt ihr auch zu essen! Und nun fort mit euch, aber rasch, sonst hetze ich meine Hunde auf euch, die werden euch dann das Laufen schon beibringen!"

Da erhob sich mit einem Mal ein furchterregendes Brausen in den Lüften, als wollte – wie aus dem Nichts – ein schwerer Sturm über das Haus fegen und alles mitreißen, was er mitreißen konnte. Die Bäuerin schlug den beiden die Türe vor der Nase zu und lief rasch in die Küche, aber da purzelten schon die Speckseiten und die Würste, die im Rauchfang gehangen hatten, in das Kaminfeuer herab, zischten und fachten die Flammen zu einem hell auflodernden Feuer an. Das griff in kürzester Zeit auf die Küche und dann auf das ganze Haus über und legte es in Schutt und Asche. Die Bäuerin kam dabei ums Leben.

Die Neunhollen aber ließen sich im Qualm durch den Schornstein in den Sturm hinauswirbeln, wobei ihr gellendes Gelächter weithin schallte und von allen gehört wurde, die herbeieilten, den Brand zu löschen. Im nächsten Jahr suchten sich die Neunhollen einen anderen Bauernhof als Winterquartier, auf dem die Bewohner in Frieden, so wie sie es gerne hatten, miteinander lebten und barmherzig zu Mitmenschen waren, die um Hilfe baten.

38. Das unbarmherzige Bergmännlein in Kall

Vor vielen, vielen Jahren herrschte einmal eine fürchterliche Hungersnot im ganzen Land, auch in der Eifel. In Kall im Schleidener Tal starben viele Menschen, weil sie nicht wussten, was sie essen sollten. Die Überlebenden kauten stundenlang auf harten Brotenden oder Wurzeln herum, um ihren Hunger zu unterdrücken. Die Witwe eines Handwerkers, die drei kleine Kinder hatte, wusste sich in ihrer Not oft nicht anders zu helfen, als ihren ältesten Sohn zum Betteln zu schicken, wenn sie selbst mit ihrer Arbeit nicht genug für alle verdienen konnte, um das nötige Essen zu kaufen.

Wieder einmal stand der kleine Junge an einem Feldweg vor dem Dorf uns wartete auf barmherzige Leute, die ihm etwas gaben. Plötzlich stand ein Zwerg, viel kleiner als das Kind selbst, vor ihm. Er war wie ein Bergmann gekleidet und sprach: „Komm mit mir, ich will dir etwas zeigen. Dann hat eure Not ein Ende."

Der Junge war vorsichtig, denn es war ihm verboten worden, mit Fremden zu gehen. Dann aber dachte er an seine Mutter, die Tag und Nacht schuftete, um die Familie zu ernähren; er wollte ihr helfen und ging trotz seiner Bedenken mit dem Zwerg mit. Dieser führte ihn zu einem großen Strauch, der nicht weit vom Feldweg entfernt war und der eine schmale Spalte im Felsen dahinter verbarg. Der Zwerg und das Kind konnten gut hindurchschlüpfen, ein Erwachsener hätte sich mühsam hindurchzwängen müssen. Sie stiegen über eine alte Leiter, die sich dort befand, hinab in eine verlassene Erzgrube, in der noch zahlreiche glänzende Metallbrocken zu finden waren.

„Das ist sehr wertvoll. Das kannst du verkaufen und du wirst reich werden", erklärte das Bergmännlein. „Aber du darfst niemals jemandem sagen, wer dir diesen Schatz gezeigt hat, sonst musst du sterben!"

Der Junge versprach es dem Männlein hoch und heilig. Dann rannte er freudig heim und erzählte seiner Mutter von dem Schatz, nicht aber – wie versprochen – wer ihn ihm gezeigt hatte. Diese überzeugte sich erst in der Erzgrube, dass der Junge tatsächlich etwas gefunden hatte, und leitete dann alle notwendigen Schritte ein, die für den Abbau des Metalls und die Rechte des Schürfens notwendig waren.

Sie und ihre Familie litten von nun an keine Not mehr und kamen im Lauf der Jahre zu Wohlstand, ja sogar zu Reichtum. Aber sie wurden mit dem Reichtum nicht hartherzig, wie viele andere Wohlhabende, die in Saus und Braus leben und sich nicht um andere kümmern; sie behielten ein Gespür für die Nöte ihrer Mitmenschen und halfen, wo sie konnten. So profitierten auch alle Leute in den umliegenden Dörfern von der Grube und hatten Arbeit.

Das ging viele Jahre gut; der Junge war inzwischen fast schon ein Mann, und immer noch konnte aus der Grube reichlich Erz gewonnen werden, so, als sei der Vorrat unerschöpflich. Darüber wunderten sich die Leute und fragten, wie das wohl zugehen mochte. Der Junge aber verriet, wie er es versprochen hatte, niemandem das Geheimnis, obwohl sie es immer wieder von ihm wissen wollten. Da griffen die Neugierigen zu einer List. Sie überredeten den Jungen, mit ihnen ins

Wirtshaus zu gehen, gaben ihm viel Alkohol zu trinken, viel mehr als er vertrug, und als er berauscht war, entlockten sie ihm die Geschichte mit dem Bergmännlein.

Am nächsten Morgen, als er wieder nüchtern war, stieg der Junge wie immer in die Grube hinunter, um zu arbeiten. Als er gerade ein paar Erzbrocken in den Förderkorb legen wollte, stand plötzlich das Bergmännlein, das er seit der ersten Begegnung am Feldweg nie mehr gesehen hatte, vor ihm, blitzte ihn aus zornigen Augen an und sprach:

„Du hast dein Versprechen gebrochen, nun musst du dafür den Preis zahlen!"

Als kurz darauf die anderen Arbeiter den Förderkorb nach oben zogen, enthielt er zu ihrem Entsetzen kein Erz, nur den toten Jungen. Von da an wagte niemand mehr die Grube zu betreten und sie verfiel. Heute weiß man nicht einmal mehr, wo sie sich einst befunden hat.

39. Die Leiter am Teufelskadrig bei Lorch

Zwischen Lorch am Rhein und Assmannshausen liegt der Teufelskadrig (oder Teufelskädrig). Er ist 416 m hoch und der erste markante Berg des Hauptkammes vom Taunus, mit steil abfallender Felswand. Seinen unheimlichen Namen verdankt er folgender Sage:

Zur Zeit der Ritter war Sibo, der Herr von Lorch, einmal im Frühjahr, sehr ermüdet von einem langen Ritt durch Schneeregen und Sturm, erst spät in seine Burg zurückgekehrt. Er war nicht in der besten Laune und ließ, als noch an das Burgtor geklopft wurde, den Fremden kurzerhand abweisen. Der Torwächter war ein grober Kerl und meinte, höhnisch lachend: „Wenn du dich vor dem Regen schützen willst, kannst du ja unter der Zugbrücke schlafen!"

Der so ungastlich Abgewiesene war der König der Bergmännlein.

Am nächsten Morgen hielt sich die einzige Tochter des Burgherrn, die zwölfjährige Gerlind, vor der Burg auf, weil sie die ersten Frühlingsblumen für ein Kränzchen pflücken wollte. Doch sie kehrte nicht zurück. Besorgt ließ Herr Sibo überall nach ihr suchen, doch alle seine Leute kehrten ohne sie zurück. Nur einer der Ausgesandten berichtete, er habe einen Hirtenknaben am Fuß des Kadrig getroffen, der habe ihm erzählt, dass er gesehen habe, wie das Mädchen dort nach Blumen gesucht habe. Dann seien plötzlich kleine graue Männlein vom Kadrig herabgesprungen und -geklettert, hätten Gerlind gepackt und mit sich die riesige Felswand hinaufgezogen.

Schreckensbleich eilte Sibo sofort zum Kadrich und starrte hinauf. Er glaubte, ganz oben eine Bewegung zu erkennen und rief:

„Gerlind, Gerlind!“

Es antwortete ihm aber nur höhnisches Gelächter und jemand schrie böse: „Da hast du den Dank für deine Gastfreundschaft!“

Wohl versuchten der Ritter und seine Mannen, den steilen Felsen zu erklimmen und mit Hämmern und Meißeln Stufen in das Gestein zu schlagen. Aber die Bergmännlein warfen Tausende von Steinen auf sie herab, so dass sie ihr lebensgefährliches Vorhaben aufgeben mussten. Auch alle weiteren Versuche in den nächsten Wochen und Monaten scheiterten. Sibos Herz wurde von Kummer zerfressen und sein Haar wurde schlohweiß. Die Trauer um seine Tochter, von der er fürchtete, dass er sie nie mehr wiedersehen würde, nahm ihm jegliche Lebensfreude. So vergingen vier Jahre.

Da kam eines Tages, mit fröhlichem Hörnerschall angekündigt, der junge Ritter Ruthelm, der auf einem Kriegszug gewesen war, zurück. Er war Knappe bei Sibo gewesen und hatte von diesem das Kriegshandwerk erlernt. Als er hörte, was sich kurz nach seinem Weggang zugetragen hatte, versprach er seinem Lehrmeister:

„Ich werde Gerlind den grauen Männlein entreißen und sie zu Euch zurückbringen! Seid ohne Sorge, Herr.“

„Dann soll sie deine Braut werden, an dem Tag, an dem du mit ihr durch das Burgtor kommst“, versprach der alte Ritter und leise Hoffnung auf ein Wiedersehen mit der geliebten Tochter glomm in seinem Herzen auf.

Unverzüglich machte sich Ruthelm auf den Weg zum Kadrig, visierte scharf die steile Wand und versuchte, einen Weg hinauf zu erspähen. Da stand plötzlich ein graues Männlein auf einem Felsvorsprung und rief ihm zu: „He, Junker Ruthelm, wenn es dir gelingt, zu uns heraufzusteigen, dann sollst du Gerlind haben, aber nur dann!“

Sagte es, und war augenblicklich wieder im Berg verschwunden.

Ruthelm sah einem Vogel nach, der sich mühelos in die Lüfte schwang und über den Berg hinwegsegelte, und seufzte: „Ein Vogel müsste ich sein, dann könnte es mir wohl gelingen.“

Da erblickte er neben sich eine Zwergin. Sie lächelte ihn an und meinte: „Du brauchst keine Flügel zu haben, um Gerlind zu befreien. Ich werde dir helfen. Derjenige von uns Zwergen, der dir gerade versprochen hat, das Mädchen freizugeben, wenn du auf den Kadrig hinauf kommst, ist mein Bruder und unser König. Und er wird sein gegebenes Wort halten."

„Wie aber soll mir das gelingen?" fragte Ruthelm.

Da antwortete das Weiblein: „Im Wispertal liegt ein aufgelassener Stollen. Der Eingang dazu ist hinter einer riesigen Tanne, die mit einer Buche zusammengewachsen ist, verborgen. Läute das Glöckchen im Stollen, dann wird dir weitergeholfen."

Der junge Ritter bedankte sich höflich und machte sich gleich auf den Weg ins Wispertal, fand die zwei Bäume, den Stolleneingang und läutete das Glöckchen. Da trat ein uraltes graues Männlein mit einer Grubenlampe hervor und fragte nach seinem Begehr. Ruthelm erklärte ihm alles und bat um seine Hilfe, den Kadrig zu erklimmen.

„Dazu brauchst du viel Mut", meinte der Zwerg, „wenn du morgen früh vor Sonnenaufgang zum Kadrig kommst, kann es dir mit unserer Hilfe gelingen."

„Ich werde da sein", versprach Ruthelm, „mag es auch noch so viel Mut brauchen, ich habe diesen Mut."

Während er zur Burg in Lorch zurückkehrte, vernahm er im Wald Geräusche, als wären eine Menge Holzarbeiter am Werk. Er wunderte sich darüber, forschte aber nicht weiter nach, was es damit auf sich hatte. Am nächsten Tag, vor noch die Sonne aufgegangen war, fand er sich, wie versprochen, am Fuß des Kadrig ein. Da erblickte er zu seinem höchsten Erstaunen eine Leiter, die bis hoch auf den Gipfel des Berges hinaufreichte.

Nun wusste er, warum es Mut brauchte, dorthin zu gelangen. Er aber zögerte nicht und fing an, sie zu erklimmen. Anfangs ging es noch leicht, aber je höher er stieg, desto mehr begann die Leiter zu schwingen und er musste immer Pausen einlegen, bis sie wieder zur Ruhe gekommen war. Das kostete ihn sehr viel Kraft. Er versuchte auch, nicht nach unten zu schauen, weil er fürchtete, dann das Gleichgewicht zu verlieren und hinabzustürzen. Zuletzt zitterten seine Knie derart, dass er allen Mut und alle Kraft, die er besaß, zusammennehmen musste, um sein Ziel zu erreichen. Als er es endlich geschafft hatte, brach er oben fast besinnungslos vor Anstrengung zusammen.

Nachdem er sich ein wenig erholt hatte, machte er sich auf die Suche nach Gerlind. Er fand sie in einer kleinen Hütte in der Nähe und erklärte ihr, dass er gekommen war, sie zu befreien und sie zu heiraten, wenn dies auch ihr Wille sei. Überglücklich fiel ihm das Mädchen, das ihn ja seit Kindertagen kannte und ihn heimlich geliebt hatte, um den Hals. Sie wollten sich gerade auf den Heimweg machen, da bemerkten sie, dass sie von vielen grauen Männlein umringt waren. Deren König erklärte, zu Ruthelm gewandt:

„Ich werde mein Wort halten. Du darfst deine Braut heimführen zu Ritter Sibo. Richte ihm von mir aus, dass er nun genug dafür gebüßt hat, dass er mir einst seine Gastfreundschaft verweigert hat. Du, Ruthelm, musst aber nochmals die Leiter hinuntersteigen, um meine Bedingung ganz zu erfüllen. Doch sei ohne Sorge, Gerlind wird dich unten erwarten."

Der Abstieg über die schier endlos lange Leiter – später von den Leuten, die diese Geschichte erfuhren, „Teufelsleiter" genannt – war für Ruthelm aber nicht so schwierig, wie der Aufstieg. Die Zwerge verbargen die schaurige Tiefe durch dichte Nebel, auch schien die Leiter nicht mehr so stark zu schwanken, vielleicht, weil die grauen Männlein sie festhielten. Als Ruthelm endlich wieder unten angelangt war, standen Gerlind und das freundliche Zwergenweiblein, das ihm schon einmal geholfen hatte, vor ihm. Dieses reichte ihm und seiner Braut als Hochzeitsgeschenk ein Kästchen voll mit Edelsteinen.

Ritter Sibo war überglücklich, endlich seine geliebte Tochter wieder in seine Arme schließen zu dürfen. Es wurde ein großes Hochzeitsfest auf der Burg zu Lorch gefeiert, zu der jeder im weiten Umkreis eingeladen war, auch die grauen Männlein. Sie ließen sich zwar nicht blicken, aber jedesmal, wenn dem jungen Paar ein Kind geboren wurde, erschien die Schwester des Zwergenkönigs mit einem wertvollen Geschenk für das neue Menschlein.

40. Der Lemberger Zwerg und Ernesti Glück

Nahe Kreuznach, in Bingert am Lemberg in der Pfalz, lebte ein bildschöner junger Bursch. Er war arm wie eine Kirchenmaus, aber er hatte ein sonniges Gemüt. Nie war er unfreundlich, sang immer lustige Lieder und heiterte damit seine Kameraden auf. Ernst, so hieß der junge Mann, arbeitete hart im Bergwerk „Drei Züge". Mittags gingen die Knappen zum Essen zu ihren Familien nach Hause und fuhren dann wieder in die Grube ein.

Der Vater von Ernst war Waldarbeiter gewesen und von einer Fichte beim Baumfällen erschlagen worden, als der noch ein kleiner Bub war. Die Mutter verwand diesen Tod nie und starb einige Jahre später. Wohin sollte er also mittags gehen? Deshalb blieb er im Bergwerk zurück, aß seine mitgebrachten Brote und trank Wasser dazu.

Eines Tages schlief er nach dem Essen ein. Als er erwachte, lag um ihn herum Erz; zunächst meinte er, er träume, denn selbst hatte er das Material nicht gefördert. Als die Knappen zurückkehrten, spöttelten sie: „Du bekommst wohl nie genug. Wir alle arbeiten fleißig, aber du nimmst auch noch die Ruhezeit für die Arbeit her. Gut, Kamerad, wenn es dir gefällt, dann mach weiter so!"

Am nächsten Tag, als die Kumpel die Grube verlassen hatten, aß er seine Brote, sang ein paar lustige Lieder, lehnte sich ganz entspannt an die Wand, machte die Augen zu, atmete ruhig, so dass jeder glauben musste, er schliefe; aber gelegentlich blinzelte er kaum merklich, und so gewahrte er ein kleines Männlein, das mit dem Werkzeug der Bergleute ausgestattet war, und Erz von den Wänden haute.

Nach einer Weile öffnete Ernst die Augen, richtete sich auf und sagte „Glück auf!". Das Männchen, das ganz in seine Arbeit vertieft war, erschrak so heftig, dass es davonrannte. Aber es kehrte dann doch wieder zurück und meinte: „Jetzt hast du mich gesehen. Weil du ein frommer und rechtschaffener Mensch bist und immer so schöne melodische Lieder singst, über die ich mich freue, will ich dir bei deiner Arbeit helfen. Erzähl aber niemandem davon!"

Und der Zwerg barg weiterhin das Erz.

Dann hatte ein Knappe, der eine große Familie zu ernähren hatte, einen schweren Unfall, so dass er kaum noch arbeiten konnte. Die Bergwerksleitung wollte ihn deshalb entlassen. Ernst hatte großes Mitleid mit dem Familienvater und sagte zu ihm: „Ich will in meiner Freizeit für dich arbeiten und lege zusätzliche Schichten ein. Ich rede mit der Verwaltung, damit du bleiben darfst."

Man war mit dem Vorschlag des Burschen einverstanden und dadurch konnte der Kamerad bleiben. Natürlich leistete der Zwerg seinen Beitrag. Merkwürdigerweise waren die anderen Bergleute ob der vielen Zusatzarbeit, und vor allem wegen des vielen geförderten Erzes, nicht misstrauisch geworden.

Irgendwann verstummten die fröhlichen Lieder und Ernst, den der Berggeist inzwischen liebevoll mit Ernesti anredete, war traurig und niedergeschlagen. Natürlich fiel das dem Zwerg auf und er fragte ihn nach dem Grund. Ernst antwortete: „Ich liebe das schönste Mädchen in Hallgarten, und sie liebt mich auch. Aber ihr Vater ist ein schwerreicher Großbauer, der sagte, dass er seine Tochter keinem Hungerleider, der sich nur in eine betuchte Familie einschleichen möchte, um nichts mehr arbeiten zu müssen, und den großen Herrn spielen will, zur Frau gibt. Er ist unerbittlich."

Bergleute beim Zerkleinern der Erze. Holzschnitt aus G. Agricolas Bergwerksbuch von 1580

Der Zwerg überlegte und fragte dann: „Hast du denn nicht ein eigenes Stück Land, und sei es noch so klein?“ Er antwortete: „Ja, schon. Aber es ist nur ein klitzekleiner Streifen wertloses Land am Lemberg, auf dem etwas Gestrüpp aufgekommen ist, denn der Boden ist so schlecht und steinig, dass nichts darauf wächst. Meine Mutter wollte dieses Land immer verkaufen, um unsere Not ein wenig zu lindern. Aber niemand wollte es.“

Der Zwerg sagte: „In der nächsten Vollmondnacht treffen wir uns bei diesem Grundstück.“

Wie vereinbart, zeigte der Bursch dem Zwerg das kümmerliche Gelände. Der Knappe erwartete, dass der Zwerg den Kopf schütteln würde über die Erbärmlichkeit der Fläche.

Zu seinem Erstaunen lachte das Männchen, lief hin und her, schlug sich immer wieder vor Freude auf die Knie und schrie: „Das ist Ernesti Glück! Das ist Ernesti Glück!"

Der Bursche war ob dieses Freudenausbruchs ganz verdutzt. Aber schon erklärte der Kleine: „Du bist viel, viel reicher als dieser eingebildete Bauer! Grab morgen hier an dieser Stelle und du wirst Erz fördern. Und bald kannst du als reicher Mann um die Hand deiner Liebsten anhalten."

Nachdem der Berggeist ihm schon so lange im Berg geholfen hatte, zweifelte er keinen Moment an diesen Worten. Er entfernte das Gestrüpp und begann zu werkeln, so wie ihm geheißen. Und tatsächlich, er konnte aus dem Fleckchen Land so viel Erz abbauen, dass er bald der reichste Mann in der Gegend war.

Nun gab ihm der Großgrundbesitzer seine Tochter zur Frau. Es wurde ein großes Fest gefeiert und beide führten eine glückliche Ehe. Nie vergaß der Knappe den guten Zwerg, dem er all seinen Reichtum zu verdanken hatte. Auch hatte er immer ein Herz für Armen.

41. Das Bergmännlein und die Geißkammer

Eine Sage aus der Pfalz, die im 17. Jahrhundert spielt, erzählt Alexander Schöppner um 1852:

Als im Dreißigjährigen Krieg der Genaral Gallas mit seinen Kroaten in Kreuznach lag, wohnte zu Bingert eine arme Frau, die für eine Hexe galt. Sie hatte nichts als ein elendes Hüttchen und drei Geißen im Vermögen, aber eine bildschöne Tochter. Des Schulzen Sohn liebte das Mädchen, durfte sich's aber vor seinem Vater nicht merken lassen. Da kamen einst die Kroaten über die Nahe herüber und fielen im Dorf ein. Das Mädchen lief in den Wald am Lemberg, um seine Mutter zu suchen, die dort drei Geißen hütete. Im Lemberg aber war eine kleine Felsenhöhle hinter dichtem Gestrüpp, dahinein flüchtete sich die Alte mit ihrer Tochten und den Ziegen.

Die Kroaten hausten derweil übel in Bingert, steckten das ganze Dorf in Brand und stachen den Schulzen nieder. Er wurde nach der Höhle getragen, und Mutter und Tochter pflegten ihn dort aufs eifrigs-

te. Die Leute zogen großteils von Bingert nach Feil hinüber, der Schulze auch, und er vergaß gar bald die Wohltat, die er von den armen Frauen genossen hatte, die nun kein Häuschen mehr hatten und in der Höhle wohnen bleiben mussten. Mit Schrecken gedachten sie des kommenden Winters, und zu diesem Kummer kam noch die Botschaft, der Sohn des Schulzen müsse eine andere freien. Als sie einmal so betrübt in der Höhle saßen und weinten, trat plötzlich das kleine Bergmännlein zu ihnen und tröstete sie. Mit einem silbernen Fäustel klopfte es an die Felswand der Höhle und sagte: „Hier ist euer Reichtum. Geht hin, zeigt dem Pfalzgrafen an, ihr hättet eine reiche Mine entdeckt, und wenn er Halbpart gäbe, wolltet ihr's im kundtun."

Die Mutter dachte an Ernesti Glück und ging nach Kreuznach zu des Pfalzgrafen Amtmann. Der sagte den Halbpart zu. In der Höhle wurde darauf geschürft, und siehe da, es war wirklich eine reiche Mine. Der Kurfürst baute der Alten und ihrem schönen Töchterlein ein stattliches Haus, und der Schulze sah es nun gar gern, dass sein Sohn das Mägdlein zum Weib nahm. Die Halbschied der Grube aber kaufte der Kurfürst um schweres Geld den Leuten ab und betrieb noch am letzten unter den drei Gruben des Lembergs diese Geißkammer, wie sie nach jener Höhle heute noch genannt wird.

42. Das Heinzelmännchen bei Rennerod

Zwischen Rennerod und Waldmühlen im Westerwald liegt auf der rechten Seite der Straße ein kleiner Hügel, den die Leute „Houp" nennen. In einer Höhle darin wohnte einst ein Heinzelmännchen. Es soll etwa so groß wie ein zweijähriges Kind und von besonders schönem Aussehen gewesen sein, im Gegensatz zu anderen Zwergen, die meist missgestaltet sind und übergroße dicke Köpfe haben.

Dieses Heinzelmännchen kam bei Einbruch der Dunkelheit häufig nach Rennerod. Es brachte armen Leuten, die fleißig und gut waren, Geld oder Lebensmittel, was sie eben am notwendigsten brauchten, faulen oder bösen Menschen aber nichts. Wenn das Heinzelmännchen unsichtbar unterwegs im Dorf war, konnte es auch geschehen, dass einer, der im Wirtshaus zu oft und zu tief ins Glas geschaut hatte, auf dem Heimweg plötzlich eine solche Ohrfeige bekam, dass er zu Boden fiel, ohne dass er seinen Angreifer zu Gesicht bekam. Hochmütige, eitle oder arbeitsscheue Mädchen bekamen von ihm auch etwas ab.

Sie wurden von dem Zwerglein unversehens mit Schmutz beworfen, dass ihre Gesichter oder ihre Kleidung ganz schwarz und dreckig waren und sie sich schämen, ja manchmal sogar den Tanzboden verlassen mussten.

Besonders übel vermerkte es das Heinzelmännchen aber, wenn die Bauern einander belogen und betrogen. Einem Lügner konnte es geschehen, dass er vor aller Augen von unsichtbarer Hand eine solche Maulschelle bekam, dass er sie seiner Lebtag nicht mehr vergaß.

Auch eheliche Treue war dem Zwerg sehr wichtig. Jungen Menschen, die heirateten, schenkte er zur Hochzeit jedem, Braut und Bräutigam, ein Ringlein von feinstem Gold. Damit hatte es aber eine besondere Bewandtnis: Solang die beiden einander liebten und sich treu waren, blieben die Ringe schön und glänzend, stritten sie aber ständig miteinander oder waren einander böse, so wurden die Ringe rostig; war einer sogar dem anderen untreu, so verschwand dessen Ring, niemand konnte sagen wohin.

Wie sich jeder vorstellen kann, hüteten sich die Menschen daher, das Männchen zu verärgern, bemühten sich um einen guten Umgang miteinander und vermieden tunlichst Untreue. Sie hätten sich auf keinem Volksfest oder einer Tanzveranstaltung mehr sehen lassen können, wenn ihr Ring rostig oder gar verschwunden war.

Seit dem Dreißigjährigen Krieg ist das Heizelmännchen aus dem Houp verschwunden, niemand weiß, wohin.

43. Das stille Volk bei Schloss Plesse

Zwerge werden in Hessen oft auch „stilles Volk" genannt. Jakob und Wilhelm Grimm schrieben darüber um 1816:

Auf dem hessischen Bergschloss Plesse sind im Felsen mancherlei Quellen, Brunnen, Schluchten und Höhlen, wo der Sage nach Zwerge wohnen und hausen sollen, die man das stille Volk nennt. Sie sind schweigsam und guttätig, dienen den Menschen gern, die ihnen gefallen. Geschieht ihnen ein Leid an, so lassen sie ihren Zorn doch nicht am Menschen aus, sondern rächen sich am Vieh, das sie plagen. Eigentlich hat dies unterirdische Geschlecht keine Gemeinschaft mit den Menschen und treibt inwendig (unter der Erde) *sein Wesen, da hat es Stuben und Gemächer voll Gold und Edelgestein. Steht ihm ja etwas oben auf dem Erdboden zu verrichten, so wird das Geschäft nicht am Tage, sondern bei der Nacht vorgenommen.*

Dieses Bergvolk ist von Fleisch und Bein wie andere Menschen, zeugt Kinder und stirbt; allein es hat die Gabe, sich unsichtbar zu machen und durch Fels und Mauer ebenso leicht zu gehen als wir durch die Luft. Zuweilen erscheinen sie den Menschen, führen sie mit in die Kluft und beschenken sie, wenn sie ihnen gefallen, mit kostbaren Sachen. Der Haupteingang ist beim tiefen Brunnen (von Plesse)*; das nah gelegene Wirtshaus heißt zum Rauschenwasser.*

Mehr über sie, ihre Eigenschaften und Gewohnheiten schrieb Johann Letzner, ein Student aus Göttingen, der sich im Jahr 1743 auf dem Burgplatz von Plesse aufhielt. Ludwig Bechstein schilderte 1853 dessen Erlebnis mit dem stillen Volk:

Lange schlief er (auf dem Burgplatz der Ruine), *bis ein Donnerschlag und strömender Regen ihn weckten. Dunkel war es um ihn her, nur Blitze beleuchteten mit fahlem Schein die verwitternden Trümmer. Der Student betete, denn damals pflegten die Studenten noch zu beten, jetzt werden's wohl nur noch wenige tun – da kam ein Licht auf ihn zu. Ein kleines altes Männchen mit eisgrauem Bart trug's und hieß jenen ihm zu folgen. Das Männlein führte den Jüngling zum Brunnen, in dem ein Brettergerüst stand, darauf traten beide, und jetzt ging es wie auf der schönsten Versenkung eines Theaters sanft zur Tiefe bis auf den Wasserspiegel. Da wölbte sich eine Grotte, in der es trocken und reinlich war. Da sagte das Männlein: „Es steht dir nun frei, hier im Trocknen zu verharren, bis droben das Unwetter vorüber, oder mir in das Reich der Unterirdischen zu folgen."*

Der Student erklärte, letzteres wählen zu wollen, wenn keine Gefahr ihm drohe. Darüber beruhigte ihn das alte eisgraue Männlein, und so folgte er ihm gleich einem Führer durch einen gar niedern und engen Gang, der für das Männlein just hoch und weit genug war, aber für den Bruder Studioso nichts weniger als bequem, so dass ihm ganz schlecht wurde. Endlich traten beide aus dem Gange und sahen vor sich eine weite Landschaft, durch die ein rauschender Bach floss, mit Dörfern aus lauter kleinen Häusern, wie die chinesischen, und ganz kunterbunt bemalt wie die Wachtelhäuser.

In das schönste der Häuschen traten sie ein, und darin war des grauen Männleins werte Familie, der unser Studiosus Theologiä aus Göttingen vorgestellt wurde. Hierauf grüßten ihn die Anwesenden mit einer stillen Verbeugung. Dann stellte das Männlein dem Studenten die werte Familie vor, seinen Vater, das war ein ganz schneefarbiger Greis, und ebenso seine Mutter, beide so alt, dass sie nur noch auf Stühlen sitzen, nicht mehr stehen und gehen konnten; dann seinen

Großvater und seine Großmutter, die hatten beide kein Härlein mehr auf ihrem Kopf und kein Fleisch mehr auf ihren Knochen und konnten bloß liegen, dann des Männleins Frau, auch schon in den Sechzigen, und ihre Kindlein von dreißig bis vierzig Jährchen und die kleinen Enkelchen von etwa vierzehn bis fünfzehn Jahren. Dazu sprach der alte Großvater einige Worte des Grußes, der Gast aus der Oberwelt möge sich nur umsehen und ohne Furcht sein. Dann kam die jüngste Tochter, die war nur eines Schuhes hoch, doch dreizehn Jahre alt, und sagte: „Es ist angerichtet."

Das hörte der Student gern, dass die stillen Leutchen auch anrichteten. Und die Tafel war königlich, was die Geräte, Tafeltücher von Asbest gewebt, Teller und Löffel von Gold, Messer und Gabeln von Silber und dergleichen betraf. Das Essen war und schmeckte gut, und was das Trinken anlangte, so dünkte dem Studenten, er trinke den köstlichsten Wein, die Zwerglein aber behaupteten, es sei nur Wasser.

Nach Tische erzählte der uralte Vater dem Studenten viel von der Einrichtung des unterirdischen Reiches. Ihm und den Seinen, als geborenen Herren, gehorche alles willig und gern. Landstände habe das Land keine, und er als Regent halte auch keine Minister – die einen seien so teuer und so unnütz wie die andern. Es gebe in diesem stillen Reiche nur Friede, Zufriedenheit und Wohlwollen. Ein jeder tue ungeheißen seine Pflicht. Es gebe keine Zwiste, keine Kriege, keine sogenannte Politik. Man kenne hier unten keine Wühler als die Maulwürfe und Reitmäuse, und die stammten nicht aus dem unterirdischen Reiche.

Wie der Alte noch redete, erscholl ein Zeichen von einem stark geblasenen Horne; das Zeichen zum Gebet. Alles faltete die Hände und fiel auf die Knie und betete still und leise. Der Abend brach an, und es kamen Lichte auf großen silbernen Armleuchtern, und man ging in ein anderes Zimmer. Alles, was er bis jetzt gesehen, gehört und wahrgenommen, reizte gar sehr die Wiss- und Neubegier des Studenten. Er dachte, es müsse nicht übel sein, über diesen so wohlgeordneten Staat unter dem althessischen Boden eine Reisebeschreibung zu verfassen und herauszugeben zu Nutz und Frommen der Oberwelt, und wollte schon beginnen, sich Bemerkungen in seiner Brieftasche zu machen. Aber das alte Männlein verhinderte ihn daran und sagte: „Lass das! Ihr da oben lernt doch nicht, glücklich zu sein; ihr versteht das Befehlen so schlecht wie das Gehorchen. Ziehe hin und fürchte Gott, ehre den Herrscher und die Gesetze und scheue niemand!"

Der Studiosus fand es sonderbar, dass man die Gäste, die man erst eingeladen, gehen heiße, musste sich aber fügen. Er empfing noch einige Gaben mit auf den Weg und fand sich unversehens wieder oberhalb des Brunnens auf der Plesse. Der Morgen war prächtig angebrochen, und der Burgwald erschallte von Vogelstimmen. Der Studiosus besah die Gaben und fand, dass es Gold und Edelsteine waren von hohem Wert. Er hatte, wenn er diesen Reichtum gut und vernünftig anwandte, genug für sein ganzes Leben.

46. Der Ritter von Falkenstein und die Zwerge

Ein Ritter Kuno von Sayn liebte einst die schöne Tochter des Herrn von Falkenstein, einer Burg, die auf einer felsigen und zur damaligen Zeit unzugänglichen Bergspitze auf dem Altking nahe Frankfurt am Main lag. Als er aber bei ihrem Vater um ihre Hand anhielt, lachte dieser nur höhnisch, denn der einfache Ritter kam für ihn als Schwiegersohn nicht in Frage, und meinte:

„Gerne will ich Euch mein geliebtes Kind zur Frau geben, aber vorher müsst Ihr mir eine kleine Bitte erfüllen. Der Anstieg zu meiner Burg ist steil, gefährlich und mühsam. Wenn es Euch gelingt, in einer Nacht die störenden Felszacken zu beseitigen und einen Weg, auf dem gut zu reiten und zu gehen ist, anzulegen, dann könnt Ihr Hochzeit halten, Herr Ritter, sonst nicht!"

Da wusste Kuno von Sayn, dass sein Antrag abgelehnt worden war, denn das Verlangen des Falkensteiners hätte nicht einmal mit tausend starken und bienenfleißigen Männern in einer Nacht durchgeführt werden können. Traurig ritt er von dannen und schloss sich einem Kreuzzug ins Heilige Land an, um dort im Kampf den Tod zu finden. Er blieb aber am Leben und verzehrte sich nach wie vor nach seiner Liebsten auf Falkenstein. So kehrte er nach vielen Monaten zurück in die Heimat und überlegte, wie er sie doch noch freien könnte. Wie er so vor sich hingrübelnd und trüben Gedanken nachhängend durch einen seiner Wälder ritt, hörte er plötzlich seinen Namen rufen. Erstaunt blickte er sich um und erblickte ein kleines Erdmännlein in einer Felsspalte am Weg stehen. Es hatte ein uraltes Gesicht mit schneeweißem Bart und war mit einer braunen Kutte und einer gleichfarbigen Kappe bekleidet.

„Ich weiß, warum Ihr so traurig seid, edler Herr! Ihr sehnt Euch nach Eurer Liebsten auf dem Falkenstein, die sich ebenso voll Liebe nach Euch verzehrt. Ich kann Euch helfen, wenn auch Ihr mir und meinem Volk helft."

„Was müsste ich denn tun?" fragte der Ritter vorsichtig, denn er wusste nicht, ob der Zwerg gut war oder etwa mit dem Bösen im Bunde stand. „Wenn es nicht gegen den Willen des Allerhöchsten ist, will ich gerne alles tun!"

„Seit langer Zeit gräbt Eure Familie in unserem Reich in den Felsen nach Silber und anderen Metallen. Das stört unsere Ruhe. Wenn Ihr alle Gruben zuschütten und uns in Frieden leben lasst, so wollen wir Euch helfen, die Bedingung des Falkensteiners zu erfüllen und in einer Nacht den Weg durch die Felszacken zu seiner Burg anlegen."

Ritter und Zwerg. Aus Bechstein um 1853

„Gerne will ich das tun und gebe mein Ehrenwort als Ritter, dass ich alle Gruben zuschütten lasse und die Ruhe deines Volkes künftig nicht mehr stören werde, wenn ihr mir helft!"

Noch in der gleichen Nacht hob auf den Felsspitzen ein seltsames Treiben an: Tausende von Erdmännlein arbeiteten – so klein sie auch waren, doch mit Riesenkräften – an dem Werk. Und ehe noch der Hahn am Morgen krähte, war der Weg von Westen am Altking, wo die Zwerge wohnten, durch die Schärdter Höhle hindurch bis zur Burg Falkenstein fertig.

Voller Freude kleidete sich Kuno von Sayn in sein Festgewand und ritt als Erster den Pfad zum Falkenstein hinauf, wobei er sein Horn erschallen ließ, dass die Wächter auf den Türmen voller Verwunderung sein Herannahen auf dem Weg, der am Tag zuvor noch nicht dagewesen war, beobachten konnten. Er trat wieder vor den Burgherrn und tat ihm kund, dass die Aufgabe, die dieser ihm gestellt hatte, gelöst sei und er darum nochmals um die Hand seiner Tochter bitte.

Nun musste der Falkensteiner zustimmen und das Liebespaar heiraten lassen. Und er tat es sogar gerne, weil er sich so sehr über den neuen Weg zu seiner Burg freute. Ritter Kuno von Sayn aber ließ – wie er es dem Zwerg versprochen hatte – alle seine Silberminen zuschütten, damit sie wieder Ruhe in ihrem Reich hatten.

Bis auf den heutigen Tag heißt der von den Berggeistern gebaute Pfad zur Burgruine Falkenstein „Teufelsweg“.

45. Die Hollen

In Hessen kannte man, ebenso wie in der Eifel, die Hollen. Über sie schreibt Johann Wilhelm Wolf 1853:

Die Hollen waren kleine Berggeister, welche vor Zeiten hauptsächlich in dem Klugstein, dem weißen Berg gegenüber unweit Obernburg ihre Wohnsitze hatten. Sie entfernten sich erst von dort, als die Gegend sich mehr und mehr bevölkerte und sie durch den Bergbau in ihren friedlichen Wohnungen gestört wurden. Böse Menschen hatten viel von ihnen zu leiden, gegen gute aber bewiesen sie sich wohltätig und gefällig. Die Spinnerinnen hatten sich stets zu beeilen, ihren Rocken abzuspinnen, sonst kamen die Hollen hinein und verwuschelten alles. Wenn man an manchen Tagen an dem Weißenberg vorbeiging, konnte man in den Felsenritzen den Dampf von ihren Pfannkuchen riechen.

Früher sollen die Hollen auch in der Klus, einer Bergschlucht zwischen Volkhardinghausen und Landau, gewohnt haben:

In dem Gestein dort ist noch deutlich die Spur einer Wohnung zu sehen. Sie lebten von Wurzeln und Kräutern, Geld besaßen sie nicht. Eine aus Braunsen herbeigeholte Hebamme wurde mit Steinen (Edelsteinen) *belohnt, welche sie später zu hohem Preis verkaufte. Alte Hollen kommen oft zu Einwohnern benachbarter Ortschaften, doch nur in einzelne bestimmte Häuser, wahrscheinlich, wenn dieselben familienlos waren. In Twiste wurden sie durch eine List aus einem Haus vertrieben, da man sich gehütet hatte, sie zu beleidigen. Man machte nämlich bei dem Feuerherd eine Zeremonie, welche auf Zauberei deutete, worüber die Holle entrüstet das Haus verließ.*

Wo eine Holle eingekehrt war, da passierte so leicht kein Unglück. Insbesondere nehmen sich die Hollen der Pflege und Aufsicht der Kinder an. Als einst eine Holle aus einem Haus zu Twiste wieder in ihre Heimat zurückzukehren wünschte, wusste sie die Gegend nicht zu bezeichnen, wo sie denn zuhause war. Der Hausherr wusste besser Bescheid. Er nahm die Holle auf den Arm, um sie in die Klus zu tragen. Als sie jedoch in die Nähe des Bilsteins gekommen waren, verbat sich die Holle das Weitertragen mit der Äußerung, sie wolle sich nun schon zurechtfinden, weil sie diesen Berg bereits vor hundert Jahren gekannt habe.

Die Hollen verloren sich, als sich die jetzige Generation der Menschen vermehrte und ihr Treiben störte, es ihnen auch nicht mehr gelang, ihre Zwergrasse durch Stehlen von Kindern zu veredeln (22).

46. Wichtelmännchen und Wechselbalg

Wie in den meisten Gegenden in Deutschland, war man auch in Hessen, früher der Ansicht, dass die Wichtelmännchen zwar die Menschen oft necken oder ihnen gerne harmlose Streiche spielen, ihnen aber ansonsten helfen und Gutes tun. Man stellte sich die Zwerge etwa so groß wie wie den Daumen eines Mannes vor, wobei der Kopf übermäßig groß war. Außerdem konnten sie sich unsichtbar machen.

Als gefährlich galten die Wichtelmännchen früher nur für ein Neugeborenes; man verdächtigte sie nämlich, dieses zu rauben und dafür einen Wechselbalg (23) in die Wiege zu legen. So musste früher neun Tage hindurch im Zimmer, in dem sich der Säugling befand, ununterbrochen das Licht brennen, um zu verhindern, dass das Kind gegen einen Wechselbalg ausgetauscht wurde. Früher gab es in Hessen ein Spielzeug für Kinder, das man „Wichtelmännchen" nannte:

Es ist das Mark des Holunders, in dreiviertel Zoll lange Stücke zerschnitten; in jedes Stück wird der Länge nach ein dickköpfiger Nagel gesteckt: die Schwere des Nagelkopfes macht, dass das Ding, wie man es auch stellen oder legen mag, sich immer von selbst auf den Kopf stellt (24).

47. Die Frau unter den Wichtelmännchen

Eine seltsame Geschichte darüber, wie die Wichtelmännchen in Hessen wohnten und lebten, erzählt um 1854 Paul Lyncker:

Es ist noch gar nicht lange her, dass in Frankenberg eine Kinderfrau lebte, die viel wunderliche Dinge von den Wichtelmännchen zu erzählen wusste, denn sie hatte einmal ganze acht Tage unter ihnen zugebracht und ihr Tun und Treiben ihnen abgemerkt. In einer dunklen Nacht nämlich, da alle Nachbarn schon in tiefem Schlummer lagen, war die Frau durch ein starkes Klopfen an der Haustür geweckt worden. Sie sprang auf und lugte durchs Fenster, sah aber nichts als eine Laterne vor dem Haus. Da rief eine Stimme hinauf: „Werft Eure Kleider über und kommt mit mir; eine Frau harrt Eures Dienstes!"

Die Kinderfrau tat wie ihr geheißen, ging hinunter und folgte der Laterne, die schon eine Ecke voraus war, zweifelnden Schrittes nach, denn es kam ihr doch höchst seltsam vor, dass sie nur die Laterne sah und nicht den Menschen, der sie trug. So ging es durch mehrere Gassen, dann zum Klostertor hinaus und noch eine gute Strecke ins Freie; da blieb das Licht endlich stehn, es öffnete sich eine verborgene Falltür und viele Stufen führten in die Tiefe. Mit Zittern und Gebet folgte die Kinderfrau ihrem rätselhaften Führer und es währte nicht lange, so befand sie sich in einem hellen geräumigen Gemach mitten unter Wichtelmännchen, die sie freundlich willkommen hießen.

Ehe sie Zeit hatte, sich von ihrem Staunen zu erholen, trat aber schon eins der kleinen Männchen zu ihr heran und forderte sie auf, ihm zu der Frau zu folgen, um derentwillen sie gerufen worden war. Bald darauf kam denn auch ein ganz kleines niedliches Wichtelmännchen zur Welt und da sich Mutter und Kind wohlbefanden und alles gut von statten gegangen war, so hoffte die Kinderfrau am Morgen wieder zu den ihrigen zurückkehren zu können. Daraus wurde aber nichts; die Wichtelmännchen wollten sie durchaus nicht gehen lassen, bewirteten sie einen Tag besser wie den andern, und ließen's ihr an nichts fehlen.

Während dieser Zeit gingen die Wichtelmännchen oft fort und kehrten nicht wieder, ohne mit allerlei schönen Sachen beladen zu sein. Ehe sie weggingen, benetzten sie jedesmal ihre Augen mit einer Flüssigkeit, welche sie in einem Glas aufbewahrten. Der Alten war das nicht entgangen, und als einmal das kleine Volk wieder ausgezogen war, suchte und fand sie das Glas und tupfte ein wenig von dem Inhalt auf ihr rechtes Auge.

Acht Tage waren inzwischen vergangen und die Wichtelmännchen widerstanden nun nicht länger mehr den Bitten der alten Frau; sie erlaubten ihr, sobald es dunkel wäre, heimzukehren. Den Kehrdreck, der hinter der Tür liege, möge sie als Belohnung mitnehmen!

Sie war klug genug, das unscheinbare Geschenk nicht zu verschmähen, raffte den Kehrdreck in ihre Schürze und folgte guten Mutes der Laterne, die ihr, wie vor acht Tagen, von unsichtbarer Hand vorausgetragen ward. Nach einer halben Stunde langte sie wohlbehalten zu Hause an, zur großen Verwunderung ihres Mannes, der sich in den acht Tagen fast den Kopf zerbrochen hatte vor lauter Gedanken über ihr Ausbleiben.

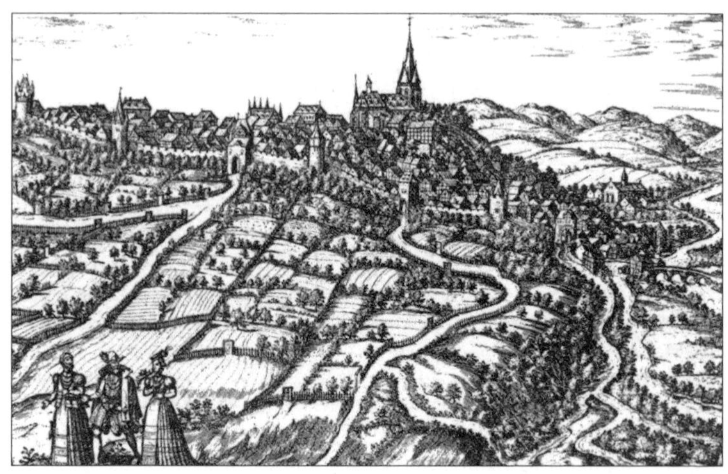

Frankenberg. Kupferstich um 1580

Nun erzählte sie ihm, wie das alles gekommen war und schüttete zum Schluss den Kehrdreck, den sie noch in der Schürze trug, vor ihn hin auf den Tisch. Ach wie bebten da die Herzen der beiden Alten vor Freude! Wie blinzelten ihre Augen und wie schwiegen sie so still, als fürchteten sie durch ein lautes Wörtchen, durch einen Jubelschrei das, was sie so entzückte, wieder wie ein eitles Traumbild verschwinden zu sehen! Endlich aber lösten sich ihre Zungen; ihr Staunen ging in Wor-

te über und jetzt sahen sie, dass es kein Traum, dass es die bare Wirklichkeit war: – ein Haufen von schimmernden Goldstücken lag auf dem Tisch!

Nach einiger Zeit war Jahrmarkt in Frankenberg. Die Kinderfrau, die nun so plötzlich reich geworden, ging zwischen den Krambuden umher, sah und kaufte mancherlei. Auf einmal bemerkte sie im Gedränge hier und dort zerstreut die Wichtelmännchen, wie sie ungesehen mit großer Geschicklichkeit die Tische und Läden plünderten. Und das sah sie mit dem rechten Auge, welches sie damals, als sie in der Wichtelwohnung war, mit jener Flüssigkeit benetzt hatte. Sie konnte es nicht über sich gewinnen, die kleinen Diebe unangeredet gehen zu lassen und sprach.

„Ei, was macht ihr da für Sachen?“

Die Wichtelmännchen erkannten sie wohl und fragten: „Mit welchem Auge siehst du uns?“

Sie antwortete. „Mit dem rechten.“

Da bliesen sie ihr in dasselbe und im Augenblick fiel es wie schwarze Nacht darüber. Sie sah die Wichtelmännchen nie wieder und blieb ihr Leben lang auf dem rechten Auge blind.

48. Die Zwerge und der verschwundene Bach

Einst plätscherte bei Breitscheid und Erdbach im Gebiet von Dillenburg ein kleiner Bach, der den Dorfbewohnern sehr nützlich war. Zwischen beiden Orten wohnten vor sehr langer Zeit einmal Zwerge. Sie hausten in den „Steinkammern“, zwei merkwürdigen Höhlen im Berg, näher zu Erdbach gelegen.

Einmal aber verärgerten die Leute von Breitscheid die Zwerge, heute weiß keiner mehr warum. Diese waren so zornig, dass sie den Breitscheidern den Bach wegnahmen und ihn unterirdisch weiterfließen ließen. Damit waren aber auch die Erdbacher bestraft, die sich immer mit den Zwergen gut verstanden hatten, weil sie auch keinen Bach mehr hatten.

Sie klagten den Zwergen ihr Leid und baten sie inständig, ihnen doch den Bach wiederzugeben. Diese ließen sich erweichen. So verschwand von da an der Bach zwar unterhalb von Breitscheid in der Erde, quoll aber am Fuß des Berges wieder ans Tageslicht, so dass die Leute von Erdbach wieder so viel Wasser hatten wie zuvor.

49. Der Riese und die Bergmännlein

Eine Sage aus grauer Vorzeit überliefert Karl Wehrhahn um 1922:
Auf einem Felsen in der Nähe von Eppstein hauste vor Zeiten der gewaltige Riese Martinus. Er war schrecklich anzusehen; denn er besaß nur ein Auge, und das stand mitten auf der Stirn. Seine Tage verbrachte er in süßem Nichtstun; er hatte eine ungeheure Esslust, verschlang am Spieß gebratene Kinder und trank ganze Tonnen voll Wein. Auf demselben Felsen und in den Klüften des Berges wohnte auch ein halbes Tausend rühriger Berggeister, kleine Männchen, freundlich und unter den Landesbewohnern gut gelitten. Der Riese Martinus, ihr Herr und Gebieter, behandelte sie grausam und hart. Schon bei Tagesanbruch rief er sie mit gewaltiger Donnerstimme zur Arbeit. Wer nur fünf Minuten zu spät erschien, wurde unbarmherzig die Bergwand hinuntergeschleudert, und mancher der friedlichen Gesellen hatte schon auf diese schreckliche Weise sein Leben eingebüßt.

Die Männlein mussten in dem Berg Goldkörner suchen und jeden Tag eine bestimmte Menge, nämlich hundert Körnchen, abliefern. Falls auch nur eins an der Zahl fehlte, hatten sie harte Strafe zu gewärtigen, und so gruben die armen Männlein, dass ihnen der Schweiß von der Stirn rann. Die grausame Behandlung und der harte Dienst Tag für Tag erregte in den Herzen der Bergbewohner Zorn und Bitterkeit gegen ihren Herrn. Ganz besonders aber wurden sie aufgebracht, als der Riese einen der ältesten ihrer Genossen in weitem Bogen die Bergwand auf das Leichenfeld hinabschleuderte, wo schon die Knochen so vieler Getöteter bleichten. In ihrem großen Kummer ging die Arbeit an diesem Tag nicht so vonstatten, dass sie ihre Aufgabe erfüllen konnten, und als sie abends heimkamen und dem Riesen nur neunundneunzig Körner auf die Goldwage schütteten, wurde Martinus furchtbar zornig. Da beschlossen sie, sich selbst zu befreien und den Riesen aus dem Weg zu räumen.

Bald bot sich ihnen eine passende Gelegenheit dazu. Der Riese feierte nämlich seinen 150. Geburtstag, für welchen Tag er allen Berggeistern ihre volle Freiheit versprochen hatte. Es war gerade im wundervollen Rosenmonat und golden leuchtete die Sonne vom blauen Himmel herunter. In festlichem Zug erschienen die Berggeister mit Blumensträußen in der Wohnung ihres Herrn. Als die kleinen Männlein nun noch einen wundervollen Gesang anstimmten, brachten sie den Riesen in die beste Geburtstagslaune, und er lud sie zu Gast ein, ließ eine große Tonne goldenen Rheinwein holen und trank mit ihnen nach Herzenslust, er selbst aus einem mächtigen Büffelhorn und die Männlein aus silbernen Bechern, so groß wie Fingerhüte.

In seiner Freude wusste der Riese kein Maß zu halten und empfand bald das Bedürfnis nach Ruhe. Die schlauen Männlein streuten eine Menge Blumen auf einer freien Fläche des Berges aus und ermahnten den Riesen, an dieser Stelle auszuruhen, wo er auch bald in tiefen Schlaf verfiel. Nun hatten die Männlein aus dem Bast verschiedener Waldgewächse ein Netz geflochten, wunderfest und unzerreißbar. Als der Riese dalag und schnarchte, warfen sie das leichte Netz plötzlich über ihn, befestigten es gehörig und weckten ihn dann mit lauter Stimme. Während er sich wütend erheben wollte, verwickelte er sich derart in die Maschen des Netzes, dass es den Männlein ein leichtes war, ihn zu überwältigen. Ohne Erbarmen schleppten sie den Unhold an die nächste Felswand und stürzten ihn in die gleiche Tiefe, in die der Riese so manchen ihrer Genossen geschleudert hatte.

Die Männlein verschwanden seit dieser Zeit aus den Klüften des Berges und wurden nicht mehr gesehen. Der Fels aber heißt noch heutzutags die Martinswand.

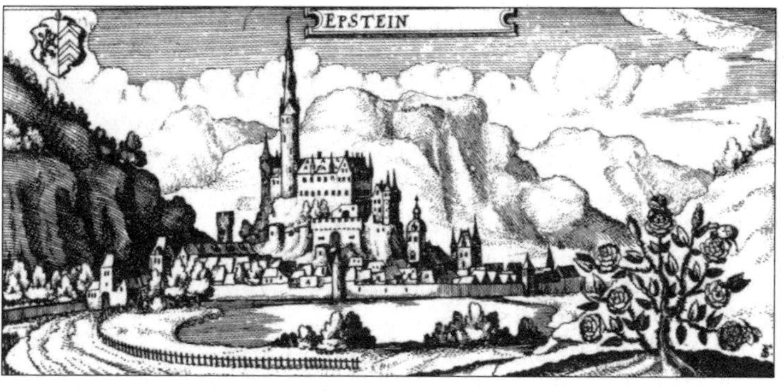

Eppstein. Kupferstich aus Politisches Schatzkästlein um 1628

50. Die Kornmännchen am Vogelsberg

Aus uralten Zeiten wird berichtet, dass einst in Rixfeld, das heute ein Stadtteil von Herbstein ist, nahe beim Vogelsberg, Zwerge gehaust haben sollen. Sie waren häßlich, mit ungemein großen Köpfen auf den kleinen Körpern. Sie galten als sehr boshaft, wohnten im reifen Korn und wurden daher „Kornmännchen" genannt. Wer sich dort hineinwagte und sie störte, dem spielten sie tückischen Schabernack. Vor allem Kinder wurden damals gewarnt, sich in Kornfeldern mit hohen Ähren zu verstecken, weil sie dort den bösen Zwergen begegnen konnten.

51. Das graue Männchen auf Boyneburg

In Hessen im Werra-Meißner-Kreis befindet sich auf einem Höhenrücken zwischen Eschwege und Sontra eine verfallene Burg, die Boyneburg, auch „Bemelburch" genannt. Hier soll sich etwa um 1750 ein seltsamer Vorfall abgespielt haben. L. Bechstein schreibt 1853:

In der Mitte des vorigen Jahrhunderts sind einmal unterschiedliche boineburgische Jäger an einem nassen Herbsttage auf dem Burgberge zusammengekommen und haben Schutz vor dem Regen in der Ruine des alten Schlosses gesucht.

Da fanden sie ein altes kleines graues Männlein mit schneeweißem Haar sinnend auf Moos und Steinen sitzen. Sie redeten es an, fragten es dies und das, allein das Männlein gab ihnen keine Antwort.

Darüber wurden die Jäger böse und gaben dem Männlein einige Schläge, aber es verzog darob keine Miene, weder zum Lächeln noch zum Schmerz, es blieb sein Antlitz still und kalt und sein Mund geschlossen. Da banden sie das Männlein mit Hundeleinen und führten es also gefesselt herab zu ihrem Herrn nach Reichensachsen, da sollte es, meinten sie, schon Rede und Antwort geben, allein es tat dies ebensowenig als droben. Es deutete auch keinen Wunsch an, rührte nicht an Trank und Speise, achtete keiner Freundlichkeit und keines Zürnens. Nun dachten die Herren, die Zeit werde es schon mürbe machen, sperrten es in ein wohlvewahrtes Gemach, ließen dieses zum Überfluss von außen bewachen, aber am andern Morgen – andere sagen, nach drei Tagen – da war das Männlein verschwunden, hatte aber zum Andenken ein Vergissmeinnicht auf den Tisch gesetzt, das jenem Veilchen täuschend ähnlich, welches ein gewisser Hofnarr zu Meißen unter den Hut des Hofmeisters legte, der über das erste gefundene Veilchen gedeckt war, als welche sonderbare Historie im Treppenhaus des Meißner Schlosses in Stein gehauen zu erblicken ist.

52. Die Wichtel als Schuhmacher in Eschwege

Philipp Hoffmeister schrieb 1860 Sagen, Schwänke und Geschichten aus Hessen nieder, darunter auch diese:

In der alten Reichsstadt Eschwege lebte ein Meister Jobsen, ein armer Schuhflicker. Eines Abends saß er auf einem Schemel, schon nahe Mitternacht und spärlich erleuchtete die Lampe das Stübchen. Finstere Sorgen trübten sein Inneres und der Gedanke, wie er sich mit Weib und Kind ehrlich durchbringen wolle in dieser schweren Zeit, lag ihm hart auf der Seele. Da schreckte ihn plötzlich ein Männlein auf, das wie gezaubert vor ihm stand und sagte: „Meister Jobsen, warum so grämlich? Will dein Geselle werden."

„Bist mir auch der rechte Gesell", sprach Jobsen verdrießlich und verwundert.

„Bin's nicht allein, bin's nicht allein", sprach das Männlein, „schneid Leder zu, schneid Leder zu, wir machen dir feine Schuh!" Sprach's und verschwand.

Staunend und sinnend saß Jobsen noch eine Weile auf seinem Schemel und dachte: Das Glück reicht dir vielleicht die Hand, willst des Männleins Rede nicht verachten. Kannst Geld gewinnen, kannst reich werden. Flugs springt er, holt Leder, schneidet es zu Schuhen zurecht und legt sich müde dann zu Weib und Kind.

Da trippelt und trappelt es zu Tür und Fenster herein, bald sitzt eine Schar kleiner munterer Gesellen um den Tisch herum und als Jobsen am andern Morgen erwacht, da steht manch Paar feiner Schuhe auf dem Tisch, aber die Gesellen sind verschwunden.

Entzückt erzählt er seinem Weib das Abenteuer der vorigen Nacht und bringt die Schuhe zum Markte. Dann kauft er Leder ein und wohl zugeschnitten legt er's am Abend wieder zurecht. Des Nachts kommen die kleinen Gesellen und am andern Morgen findet er die schönsten Schuhe.

So geht es eine Zeitlang fort, die feinen Schuhe finden viele Käufer und werden gut bezahlt, so dass Jobsen viel Geld gewinnt. Da spricht er zu seinem Weib: „Müssen doch den fleißigen Gesellen einmal etwas zugute tun. Kauf' Braten ein, back' Kuchen, bring Wein herbei."

So geschah es. Speis und Trank wurden am Abend auf den Tisch gestellt, sowie auch zugeschnittenes Leder. Allein wie wunderten sie sich, als sie am andern Morgen wohl neue Schuhe fanden, doch die

Speisen waren unberührt und vom Wein nichts gekostet. „Müssen es anders anfangen", sprach Jobsen, ging aufs Tuchhaus, kaufte rotes Zeug und ließ beim besten Schneider Röcklein und Höschen anfertigen. „Wie werden sich die Gesellen freuen", dachte er, „wenn sie die schönen Kleider finden? Wie werden sie flugs die schmutzigen Mäntel von sich tun?"

Des Nachts trippelt's und trappelt's wieder zu Tür und Fenster herein, und wie die Gesellen die schmucken roten Wämse finden, da werfen sie hurtig ihre schmutzigen Mäntel weg, putzen sich und hüpfen auf Tisch und Bänken herum. Sie jubeln, schauen in den Spiegel und singen: „Hör, wie so knapp, und sollen machen Schuh lapp?"

Damit hüpfen sie zur Tür und zum Fenster hinaus und sind nicht wiedergekommen. Meister Jobsen aber ging es gut sein Leben lang.

53. Das Graumännlein im Gederner Schloss

Vor sehr langer Zeit, vielleicht als noch statt des Schlosses die Wolframburg auf dem Schlossberg bei Gedern stand, heiratete eine junge Fürstin den Schlossherrn von Gedern.

Schon kurz nach der Hochzeit begegnete ihr, als sie gerade ihr Schlafgemach verließ, ein kleines graues Männlein. Das schaute die junge Frau sehr freundlich an und begleitete sie von da an auf Schritt und Tritt. Für alle anderen Schlossbewohner unsichtbar, war es Tag und Nacht an ihrer Seite.

Das war ihr unheimlich und daher erzählte sie alles dem Hofkaplan und fragte ihn um Rat, was dies zu bedeuten habe und was sie tun solle. Der Priester schlug ihr vor: „Edle Frau, fragt das Männlein, warum es Euch ständig begleitet und was es von Euch will. Und erklärt ihm, dass Ihr ihm seinen Wunsch erfüllen werdet, wenn er nicht gegen die Gebote Gottes verstößt."

Die Fürstin bedankte sich für den Rat. Wohl versuchte sie etliche Male, das Männlein anzusprechen, aber, obwohl es immer freundlich lächelte, brachte sie es nie fertig. So vergingen viele Jahre, in denen das Männlein die Fürstin treu wie ein kleiner Hund begleitete.

Eines Tages aber blieb es ganz unerwartet und ohne Erklärung fort. An dem Tag fühlte sich die Fürstin sehr unwohl und starb plötzlich, obwohl ihr vorher nichts gefehlt hatte.

54. Der Abzug der Wichtel aus dem Dosenberg

Am Südhang des Dosenbergs, an der Schwalm, liegen die Wichtellöcher, auch Wichtelhöhlen genannt. Die Gänge führen weit in das Gestein aus Muschelkalk hinein und verzweigen sich. Man kann noch heute hineingehen, nur zwei Seitenarme der Gänge sind eingefallen und daher unpassierbar. Emil Schneider erzählt zu Beginn des letzten Jahrhunderts, was ihm die Leute der Gegend darüber berichtet haben:

An der Schwalm bei Uttershausen liegt der Dosenberg; dicht am Ufer gehen zwei Löcher hervor, die waren von alters her Aus- und Eingänge der Wichtelmänner. Zu dem Großvater des Bauern Tobi in Singlis kam öfter ein Wichtelmännchen freundlich auf den Acker. Eines Tages, als der Bauer Korn schnitt, fragte es, ob er in der künftigen Nacht für reichen Goldlohn Fuhre durch die Schwalm übernehmen wolle. Der Bauer sagte zu; abends brachte der Wichtel einen Sack voll Weizen als Handgeld in des Bauern Haus. Nun wurden die vier Pferde angeschirrt, und der Bauer fuhr zum Dosenberg. Der Wichtel lud aus den Löchern schwere, unsichtbare Lasten auf den Wagen, die der Bauer durchs Wasser auf das andere Ufer brachte.

So fuhr er hin und her von abends zehn bis morgens vier Uhr, dass die Pferde endlich ermüdeten. Da sprach der Wichtel: „Es ist genug; nun sollst du auch sehen, was du gefahren hast.“

Da sah der Bauer, wie das weite Feld voll Wichtelmännchen war. Darauf sagte der Wichtel: „Viel tausend Jahre haben wir im Dosenberg gehaust, jetzt ist unsere Zeit um, wir müssen in ein anderes Land; im Berg aber bleibt so viel Gold zurück, dass die ganze Gegend genug daran hätte.“

Dann lud der dem Tobi seinen Wagen voll Gold und schied. Der Bauer brachte mühsam seinen Schatz nach Hause und war ein reicher Mann geworden. Seine Nachkommen sind noch vermögende Leute, die Wichtelmännchen aber für immer aus dem Land verschwunden.

55. Die Eilingsburg bei Kissingen

Ein Ort, wo sich früher ebenfalls Zwerge aufgehalten haben sollen, war die Eilingsburg bei Bad Kissingen. Der Sagenforscher Alexander Schöppner schrieb um 1848 darüber:

Die Saale fließt an einem Berg vorüber, der die Patzeleiten genannt wird. In dem östlichen steilen, dichtbewaldeten Abhang steht der Sandsteinfelsen zutage. Dieser Platz heißt Eilingsburg. In den Felsen führt die Wichtelhöhle; an deren Eingang soll ein hoher Raum sein, gleich einer Kammer, von dem aus ein schmaler, niedriger Gang bis Aura führen und nach aller Sage ganz kleinen Leuten, Wichtelen genannt, zum Aufenthalt gedient haben soll.

In Lindes an der Saale in der Lindesmühle, lebte in alten Zeiten ein Müller, den diese Wichtelen zum reichen Mann machten, denn sein Speicher war immer voll Getreide. Einst stieg ein Wichtel über die Treppe nach dem Speicherboden. Obgleich er nur eine Kornähre trug, so kreischte er doch wehleidig und unaufhörlich. Darüber wurde der Müller zornig und rief:

„Du Blutkröt, wie kreischt du über dein Ährla Korn?" Auf diese rauhe Rede trugen die Wichtelen alles Getreide fort und machten den Müller zum armen Mann.

Vom Schloss Aura führt ein unterirdischer Gang weg; denn einst wollten die jungen Edelleute den in diesen Gängen verborgenen Schatz suchen. Als sie aber vordrangen, sahen sie drei Gestalten um einen Tisch herum sitzen, der ganz mit Gold bedeckt war; sie erschraken und liefen so schnell davon, dass einer über den anderen fiel.

Dem Sagenforscher Friedrich Panzer wurde um 1848 die obige Sage mündlich von einem 82-jährigen Greis mitgeteilt.

56. Die Häuschen im Kahlgrund bei Krombach

Endlich war es so weit! Ein Nachfolger war gefunden! Der alte Förster konnte seinen wohlverdienten Ruhestand antreten. Der neue Jäger, ein junger sympathischer Mann, kam zu ihm, um sich in die neue Tätigkeit einweisen zu lassen.

Der Alte sagte: „Gern war ich hier im Kahlgrund jahrzehntelang tätig. Das Haus ist bereits geräumt und du kannst hier sofort einziehen. Die Leute sind allesamt freundlich und mit Wilddieben hatte ich schon lange nichts mehr zu tun. Aber einen guten Rat gebe ich dir! Meide den dichten kleinen Wald zwischen Steinbach und Oberschur in Richtung der Kahl. Dort befinden sich einige Häuschen, in denen kleine Zigeunerinnen wohnen, und die sind den Leuten nicht wohlgesinnt."

„Warst du schon mal dort und hast Bekanntschaft mit diesen Geschöpfen gemacht?“ „Nein, Nein! Wo denkst du hin! Die Leute haben es mir erzählt. Ich habe die kleinen Hüttchen aus weiter Entfernung betrachtet. Ich habe mich nicht hingetraut“, sagte der alte Mann.

Der junge Jäger dachte: „Wo ich bisher meinen Dienst versah, im hohen Spessart, von da bin ich allerhand gewöhnt. Aber dass ein erfahrener Waidmann, wie mein Vorgänger, so leichtgläubig ist, hätte ich nicht erwartet. Kleine Zigeunerinnen! Was soll daran schlimm sein? Mir ist bekannt, dass diese Frauen dunkelhäutig und sehr schön sind. Wenn ich mein neues Revier erkunde, gehe ich selbstverständlich zu diesen kleinen Häuschen und durchstreife das umliegende Areal. Vielleicht freuen sie sich, wenn sie Besuch bekommen!“

Schon bald ging er zu diesem dichten Wäldchen. Er hatte gerade einen Hasen erlegt, und den wollte er den Weiblein zum Geschenk machen. Forsch betrat er eines der Häuschen. Es war leer. Auf sein Rufen meldete sich niemand. Daraufhin betrat er die anderen Hüttchen. Auch diese schienen unbewohnt zu sein. Er schüttelte nur den Kopf über die Behauptungen der Leute und verließ die Stätte.

Wochen später wurde der Jäger auf seinem Pirschgang, am frühen Abend, von einem schweren Unwetter überrascht. Da er sich in der Nähe der kleinen Häuschen befand, beschloss er, in einem davon Unterschlupf zu nehmen, um das Ende des Gewitters abzuwarten. Lange Zeit wütete das Unwetter; deshalb war es ihm unmöglich, den Heimweg anzutreten. Also beschloss er, in der Hütte zu übernachten.

Er erwachte um Mitternacht, weil er merkwürdige Geräusche gehört hatte. Als er die Augen aufschlug, war er umringt von vielen kleinen Weibchen, und auch die Stube war voll von ihnen. Der Jäger erschrak! Waren es doch nicht lieblich aussehende kleine Zigeunerinnen, sondern abscheuliche Wesen mit riesigen Köpfen und affenähnlichen Gesichtern. Sie stürzten sich auf ihn, schlugen mit ihren kleinen Fäustchen auf ihn ein, zwickten ihn und zerkratzten jede freie Hautstelle. Er war wie gelähmt und musste diese Misshandlungen über sich ergehen lassen. Als in weiter Ferne ein Hahnenschrei zu hören war, ließen die Zwerginnen von ihm ab und verschwanden.

Der Jäger rappelte sich nach einiger Zeit hoch, verließ unter qualvollen Schmerzen und hinkend das Hüttchen, und schlich, mehr krabbelnd als gehend, nach Hause. Künftig mied er, wie sein Vorgänger ihm empfohlen hatte, dieses kleine Gebiet seines Reviers.

57. Die Zwerge im Jossagrund im Spessart

Eine fast märchenhaft anmutende Geschichte aus dem Spessart überliefert Alexander Schöppner um die Mitte des 19. Jahrhunderts:

Die fleißigen Zwerge waren auf der Wanderschaft. Sie hatten den Menschen redliche Dienste geleistet, hatten gegraben, gesät, geerntet, aufgebaut und niedergerissen, wie man es gewünscht hatte; aber sie hatten nichts davon gehabt als die traurige Überzeugung, dass das uralte Sprichwort „Undank ist der Welt Lohn" leider nur zu wahr sei. Darum waren sie auf der Wanderschaft; sie wollten den Undank, den sie überall geerntet hatten, nicht länger ertragen, sondern lieber in ein fernes, unbewohntes Land ziehen und allen Umgang mit den Menschen aufgeben, so schmerzlich sie ihn auch vermissen würden; denn die Zwerge haben die Menschen sehr lieb und wohnten unter ihnen, solange es nur immer ging.

Auf ihrer Wanderschaft waren die Zwerge in den Spessart und endlich in den Jossagrund gekommen. Damals war der Spessart nicht so bevölkert wie jetzt, und tagelang waren die Zwerge gezogen, ohne auf eine menschliche Wohnung zu stoßen; die geringen Mundvorräte, die sie mitgenommen hatten, waren bald aufgezehrt, der tausendjährige dichte Eichenwald ließ in seinem Schatten weder genießbare Wurzeln noch Früchte wachsen, und die Zwerge litten den bittersten Mangel. Sie schleppten sich weiter, solange sie die matten Beine tragen konnten; als es nicht mehr ging, lagerten sie sich in das hohe Heidekraut und sahen ergeben ihrem Tod entgegen.

Da kam ein Bauersmann des Weges. Er hatte sich ein Bund Holz im Wald geholt und kehrte eben heim. Er musste durch die Heide, sein Fuß strauchelte über einen der kleinen Leute, den er beinahe zertreten hätte; denn obwohl sie längst ihre Nebelkappen abgeworfen hatten und deshalb sichtbar waren, verbarg sie doch das Heidekraut seinen Augen. Erschrocken prallte er zurück; dann aber erfüllte tiefstes Mitleid seine Seele, als er den erbärmlichen Zustand der Zwerge sah; er brauchte nicht zu fragen, was ihnen fehle: der helle Hunger schaute aus ihnen.

Er forderte sie auf, ihre letzten Kräfte zusammenzunehmen und ihm zu folgen; er sei zwar ein armer Mann, mehr mit Kindern als mit Glücksgütern gesegnet, aber ein Stückchen Brot werde sich doch noch für sie finden – und in seinem Keller sei mehr Platz, als ihm lieb sei.

Die Zwerge wurden durch die Hoffnung ihrer Rettung neu belebt und folgten dem Mann zu seiner Hütte, die zum Glück nicht sehr entfernt war. Dort quartierten sie sich ein in den leeren Keller; sie erhielten von dem Bauersmann, was seine Armut vermochte, und in einigen Tagen hatten sie sich wieder erholt.

Als die Zwerge aus dem Keller hervorkamen und sahen, wie sich der Mann abmühte, um auf einem Stückchen steinigen Landes ein paar Getreidehalme zu erzielen; wie er sich plagte, im Wald oder vom sumpfigen Grund eine Handvoll Gras für die mageren Kühe, deren Milch seinen zahlreichen Kindern die karge Nahrung gab, zusammenzubringen, hatten sie alle Unbilden vergessen, die ihnen die Menschen angetan hatten. Sie hatten mit einem einfachen „Vergelt's Gott" – und das war mehr, als ihnen je die Menschen gegeben hatten – scheiden wollen, aber nun sprachen sie zu dem Mann:

„Du hast uns beherbergt und gespeist mit dem, was du dir und deinen Kindern entziehen musstest; das werden wir dir vergelten. Wir sind nicht so schwach, wie du uns ansiehst; in uns lebt nur ein Wille, und darum sind wir zusammen stark wie Riesen. Wir werden dich in deiner Landwirtschaft unterstützen, und du wirst mit uns zufrieden sein; aber bleib du auch freundlich gegen uns, wie du es bisher warst!"

Der Bauersmann hatte zwar kein großes Vertrauen auf die Riesenkraft der kleinen Bürschchen, aber er dachte: „Wenn's auch nicht viel nützt, kann's doch nicht schaden"; und er ließ sie nach ihrem Gutdünken schalten und walten.

Am Tag blieben die Zwerge in ihrem Keller; aber sobald es Nacht geworden war, wurde es dort lebendig wie in einem Ameisenhaufen; und wenn der Bauersmann morgens aus seiner Hütte trat, fand er bald einen berghohen Haufen des besten Grases vor seiner Tür liegen, bald eine Arke Holz; bald sah er einen großen Sumpf mit Abzugsgräben versehen und zu den schönsten Wiesen angelegt, bald ein großes Stück Wald gerodet und von den Baumwurzeln und dem Steingeröll gereinigt, dass er nur einzusäen brauchte, um einer guten Ernte gewiss zu sein.

Bei seinen nunmehr ausgedehnten Besitzungen fand er leicht Mittel, sich einen größeren Viehbestand anzuschaffen; die Zwerge bauten ihm Stallungen, und das Vieh gedieh bei dem ausgesuchten Futter wunderbar. Und als die Zeit der Ernte kam, fiel sie so reichlich aus, dass sie zehn so kleine Scheuern, wie der Bauer eine besaß, gefüllt hätte. Auch da halfen die Zwerge; sie bauten ihm eine schöne große Scheuer, wie er noch keine im Traum gesehen hatte. Jetzt war dem Mann auch die Wohnung zu klein; er musste nur den Wunsch äußern, und die Zwerge bauten ihm zwei Häuser, die Palästen glichen.

Der Mann war nun der reichste Bauer im Spessart. Er nahm eine Menge Knechte und Mägde, obgleich er sie der Zwerge wegen nicht gebraucht hätte, und lebte wie ein Fürst. Die Zwerge aber wohnten nach wie vor im Keller der Hütte und begnügten sich mit der früheren einfachen Kost.

So vergingen einige Jahre.

Als die Zwerge nichts mehr für den Mann zu tun hatten, kamen sie zu ihm und baten, er möge ihnen gestatten, dass sie auf seinem Eigentum ein Haus für sich selbst erbauten; der Keller, in dem sie wohnten, sei doch gar zu dumpf und unfreundlich.

Mit dem Reichtum aber war der Mann hart geworden wie die Felsen des Spessarts. Er fuhr die Zwerge zornig an, was sie mit dem Haus tun wollten; das nehme ihm zuviel Platz weg. Hätten sie bisher im Keller gewohnt, so könnten sie auch ferner da wohnen. Ein neues Haus für sie sei reine Verschwendung; so kleines Volk brauche gar kein großes Haus; und wenn ihnen ihre jetzige Wohnung nicht recht sei, so könnten sie sich weiter packen; er habe sie ohnehin lange genug gefüttert.

Die Zwerge waren erst überrascht von seiner Antwort, die sie nicht im Entferntesten erwartet hatten, aber bald weckte der neuerliche Undank ihren alten Groll gegen die Menschen. Sie verließen den Keller und zogen in eine benachbarte Mühle.

Von dort aus kamen sie nächtlicherweise und holten das Getreide aus der Scheuer des Bauern, denn die liebe Gottesgabe wollten sie nicht verderben. Sie mahlten es auf der Mühle und verschenkten das Mehl an arme Leute.

Dann zündeten sie die Scheuer und die Wohnhäuser des Bauern an, und die Flammen verzehrten sein Hab und Gut; die Felder, die sie selbst gerodet hatten, bewarfen sie mit Steinen, dass der Bauersmann drei Menschenalter gebraucht hätte, um sie wieder wegzuschaffen; die Abzugsgräben der Wiesen verstopften sie, dass der alte Sumpf wieder entstand – der Bauer wurde der arme Mann, der er vormals gewesen war und nichts besaß als seine alte Hütte, sein Stückchen Feld und ein paar magere Kühe und der sein kümmerliches Brot aß und Wasser trank bis an sein Ende. Die Zwerge aber wanderten weiter; wo sie hingekommen sind, ist nicht bekannt geworden.

58. Schloss Partenstein

Oberhalb von dem Dorf Partenstein im Spessart liegt die Ruine eines Jagdschlosses, das einst den Grafen von Rieneck gehörte und Schloss Partenstein heißt. In dem verschütteten Weinkeller dort soll sich neben kostbarstem, noch trinkbarem Wein auch ein reicher Schatz befinden.

Ende des 18. Jahrhunderts wollte einmal ein vorwitziger Knabe das verfallene Schloss danach durchsuchen. Er kam aber nicht weit. Plötzlich, er wusste nicht, woher der so plötzlich gekommen war, stand ein Zwerg mit dickem Kopf vor ihm und vertrat ihm den Weg. Darüber erschrak der Schatzsucher derart, dass er umdrehte und schleunigst das Weite suchte. Lange noch aber hallte ihm das hämische Gelächter des Zwerges in den Ohren. Er wagte nie mehr, das verwunschene Schloss zu betreten.

59. Der Zwerg und die betrügerischen Grenzsteinsetzer

Auch bei Alzenau, Kreis Aschaffenburg, hütet ein Zwerg versunkene Schätze in einem Schloss bei Michelbach. Adalbert von Herrlein berichtet um 1851 in seinen „Sagen des Spessart" davon:

In der Kerteslbachswiese, einem Tale zwischen der Kälberauer und Michelbacher Markung, ist eine kleine Anhöhe, worauf vor Zeiten ein Schloss gestanden. In dem Schlosskeller befindet sich ein Kessel bis zum Rande mit Gold gefüllt; dabei steht ein Tisch und darauf ein Glas Wein und an dem Tisch sitzt ein graues Männlein mit einer Feder hinter dem Ohr, das beständig rechnet und das Geld zählt und wieder in den Kessel wirft und das Männlein wird nicht älter und das Weinglas nicht leer, obwohl schon Jahrhunderte darüber hingegangen sind.

Wenn's Mittag wird, da klopft's im Keller; das Männlein schlägt seine elf Schläge auf den Deckel des Kessels, worin es seinen Schatz geborgen – und es erwachen drei schwarze Gestalten, die in dem

Winkel des Kellers schlafend lagen, und gehen, freilich nicht jedermann sichtbar, hinaus an ihre Arbeit und messen die umliegenden Felder, schlagen Pflöcke und setzen Steine, die sie ehemals verrückten, an ihren rechten Ort (29).

Mit dem zwölften Glockenschlag verschwinden sie in ihre unterirdische Behausung und schlafen wieder bis Mitternacht, um dann abermals an ihre ewig vergebliche Arbeit zu gehen, jetzt sind sie aber feurig. Schlägt die Mitternachtsstunde aus, so kehren die feurigen Feldschieder zu dem Männlein zurück, in dessen Sold sie falsch maßen und Steine setzten.

Das Männlein empfängt sie mit höllischem Grinsen und beginnt aufs Neue zu rechnen und zu zählen, während die Feldmesser in ihren Todesschlaf sinken. So schaurig es drunten im Schlosskeller auch aussieht, die Habsucht hat es doch versucht, dem Männlein sein Geld wegzuholen.

Erst in den 1830er Jahren wagten es kecke Leute, in dem Hügel zu graben. Sie fanden verschiedene Geschirre, warfen sie beiseite und sahen sie später nicht wieder, endlich kamen sie auf den Kessel. Gräuliche Stimmen aus der Tiefe schleuderten ihnen Verwünschungen und Drohungen entgegen; in Todesangst stieß einer der Schatzgräber ein paar Worte aus, und der Kessel versank.

60. Der unheimliche Schenkenturm bei Würzburg

Nordwestlich von Würzburg am Rossberg, oberhalb des Mains, liegt die Ruine der Burg Schenkenschloss aus dem 13. Jahrhundert. Von der ehemaligen Niederburg mit Grabenanlage ist heute nur noch der imposante Bergfried, der 28 Meter hohe Schenkenturm, das älteste Gebäude der Burg, erhalten. Der Sagensammler Alexander Schöppner berichtet 1853 nach mündlicher Überlieferung darüber:

Im Schenkenturm hausen ein Lindwurm und ein Zwerg. Der Ritter des Schenkenschlosses, von dem nur ein Turm und einige alte Mauerreste heutzutage noch übrig sind, waren Raubritter.

Von der Burg führte ein geheimer Gang bis an den Main, und dieser war mit einer an einem Drahtzug hängenden Glocke versehen, wodurch ihnen jedesmal verkündet wurde, wenn ein Kaufmann des Weges zog.

Die Gründer von Würzburg. Alter Kupferstich

Tief in dem finsteren Schacht des verfallenen Gemäuers liegt geraubtes Gut angehäuft, von dem Lindwurm bewacht. Um Mitternacht kommt aus einem nahen Gehölz ein Zwerglein dahergeritten und führt auf einem schwarzen Rappen neben sich ein schwarzes Gerippe in Ketten nach dem Turm. Da bekommt das Gerippe wieder Fleisch und wird vom Lindwurm umfasst und zu Staub gepresst. Es steigen Flammen auf und verzehren das Gerippe nebst dem Lindwurm; aus der Asche wallen scheußliche Würmer auf, die sich selbst aufzehren. Da siedet's und braust's unten, und eine große Feuerglut umzischt den alten Turm.

Wenn der Vollmond vor dem nahenden Tag sich verbirgt, besteigt das Zwerglein wieder seinen luftigen Rappen und reitet ins Gehölz zurück.

Ludwig Bechstein erzählt 1853 folgende Sage vom Schenkenturm:

Über Zell bei Würzburg, hart überm Weg nach Karlstadt, rechter Hand steht eine alte Turmruine, die Schenkenburg genannt; auf der hauste ein ruheloser Schenk. Nun wurde einst in einer Spinnstube gesagt, droben im Schenkenturm sei ein Hühnernest mit Eiern, und dabei derjenigen ein neuer grüner Rock versprochen, die sich getraue, jetzt in der Nacht und ganz allein die Eier aus dem Nest zu holen.

Ein Mädchen war zu dem Unternehmen bereit, wenn man ihr einen Ranken Schwarzbrot, einen Wetzstein und einen schwarzen Kater verschaffen wolle. Nachdem sie diese drei Dinge erhalten, ging sie damit getrost hinauf in den öden Burgturm, fand dort in einer Raufe (27) *das Nest und nahm die Eier heraus. Da rief ein grauer Mann ihr zu:*

„Hättest du nicht deinen rinkenden Rank, deinen wetzenden Stein und deinen schwarzen Kater – so müsst ich dir den Hals brechen!“

Voll Schrecken lief das Mädchen davon und brachte zwar die Eier nach Zell, wurde aber gleich darauf krank und starb nach kurzer Zeit.

Da, wo jetzt noch der Schenkenturm steht, stand vormals eine stattliche Burg, die gehörte dem Schenken von Rossberg. Es ist allgemeiner Glaube, dass dort die Geister der Ritter noch spukend umgehen, und dass große Schätze sich zur nächtlichen Zeit durch blaue Flämmchen droben verkünden.

Zu Unterdürrbach, hinterm Schlossberge nach Rimpar zu, lebte ein altes Weib, die hatte aus Gnade und Barmherzigkeit ein armes Waislein, das ihre Verwandte war, zu sich genommen. Sie plagte aber das arme Kind wie ein Teufel, und dabei hatte sie eine ungemein durstige Leber.

Als sie einstmals ihren Vorrat ausgezecht, gab sie dem Mädchen den Weinkrug und befahl ihm, Wein zu holen, aber Geld gab sie ihm nicht, da fragte das Kind: „Wo soll ich denn Wein holen ohne Geld?“

„Ei du Teufelsbraten!“ schrie die Alte, „hol ihn doch in des Kuckucks Namen, wo du willst! Meinethalben droben im Schenkturme! Da muss man doch wohl Wein geschenkt bekommen!“

Das Mädchen stieg in seiner Unschuld den steilen Berg hinauf und betrat die inneren Räume der Burg. Da schritt ihm ein kleines eisgraues Männlein entgegen und fragte freundlich. „Was willst du, Kleine?“

Das Kind erzählte, was ihm von der Alten gesagt und geboten war. Das schien dem Männchen zu gefallen, und es nahm den Krug, verschwand in ein Gewölbe und brachte dann das Gefäß gefüllt mit dem köstlichsten Wein wieder.

Als er ihn dem erstaunten Kind übergab, sprach er: „Habe Dank, du kleine reine Feine! Du glückselige Magd hast mich erlöst! Denn so lange war ich verdammt, in diesem Gemäuer zu wandern, bis ein rein unschuldig Kind mir etwas von dem geraubten Gut abverlangen werde. Geh hinab und trinke ja nicht von dem Wein, sonst brennt er dir auf der Seele.“

Das Mädchen zitterte an allen Gliedern und trug den Korb hinab, der wurde aber mit jedem Schritt schwerer und immer schwerer, und als es endlich den Fuß des Berges erreicht hatte, sank es erschöpft nieder. Schon wollte es einen wackeren Zug zur Stärkung tun, aber – da war der Wein verschwunden und hatte sich in eitel Gold verwandelt.

61. Die Zwerge vom Dollnstein

Der Sagenforscher Friedrich Panzer berichtet nach mündlicher Überlieferung um 1848 folgende Sage aus der Gegend von Erlangen, in der das Motiv des „Ausgelohnt" (11) besonders deutlich wird:

Der Bubenrother Mühle gegenüber, an der Altmühl, liegt der Burgstein, ein hoher, steiler Fels. Dieser hat ein Loch, das den Anfang eines durch den Mühlberg sich erstreckenden und in dem Schatzfels ausmündenden unterirdischen Ganges bilden soll. Vom Kappenzipfel gegen den Burgstein zog das wilde Gjaig (30). *Aus dem Burgstein kamen nachts drei Wichteli in die Bubenmühle, mahlten das Getreid und reinigten die Mühle, so dass am Morgen alle Arbeiten verrichtet waren. Weil sie so fleißig waren, ließ ihnen der Müller Kleider machen. Vermeinend, sie seien nun abgedankt* (11), *sagten sie weinend:*

„Ausgelohnt! Ausgelohnt! Haben wir doch so viel gearbeitet, und nun müssen wir schlenkern!"

Ein anderer Erzähler fügte hinzu: Alle Woche legten die Wichtelen auf einen Stein vor dem Burgstein einen Fünfzehner, welchen der Müller abholte.

62. Das graue Männlein

Nachts humpelte mit gesenktem Kopf ein Zwerg auf der Veste Rotenburg über den Brunnenhof. Er bewegte sich hierhin und dorthin und verschwand dann blitzschnell, so wie er aufgetaucht war. Die jungen Soldaten, die innen Wachdienst hatten, bekamen immer einen großen Schrecken, wenn sie ihn sahen. Einmal wurde ein toter Soldat aufgefunden, dem das graue Männchen durch sein Erscheinen einen so großen Schrecken eingejagt hatte, dass er an einem Herzschlag verstarb.

63. Der Fluch der Zwergin

Nach dem Fällen eines alten Baumes schlug einst ein frommer Holzhauer drei Kreuze in den Baumstumpf (34). In der Mulde dieses Baumstumpfes lebte ein winziges Zwergenpaar, das ein graues Gewand trug und dessen Haut auch grau war. Nahe diesem großen düsteren Wald erhob sich eine stolze Burg, die von einem unguten Ritter, Hans von Breitenstein, bewohnt wurde und der von seinen Bediensteten gefürchtet war. Ganz besonders schikanierte er eine junge Magd, die immer brav und fleißig ihre Arbeit verrichtete und sich nie über die schlechte Behandlung bei anderen Mägden ausließ. Wann immer sie Zeit hatte, was selten genug vorkam, ging sie in den Wald, setzte sich ins Moos und weinte leise vor sich hin.

Zwerge haben besonders gut ausgeprägte Sinne. Deshalb hörte das Zwergenpaar auch vom Schicksal dieser Magd. Eines Abends beschlossen die beiden, die Magd in ihrer Kammer aufzusuchen. Sie schlüpften durch ein Loch in der Burgmauer und huschten zum Gesindehaus, wo nur in Bertas Kammer noch Licht brannte, die im Kerzenschein am Spinnrad saß.

Nach kurzem Anklopfen an der Tür, betraten die beiden Waldbewohner das Zimmerchen der erschrockenen Magd. Sogleich sagte das Männchen: „Erschrick nicht und sei guten Mutes! Wir haben von deinem traurigen Leben hier auf dieser Burg gehört und wollen dir helfen. Jede Nacht werden wir zu dir kommen und die Arbeit beenden, die du tagsüber nicht geschafft hast.“ Die Zwergin ergänzte: „Wir bringen dir auch immer ein paar Kräuter mit. Die kochst du und gibst den Absud deinem Herrn zum Trinken. Das vertreibt den Griesgram.

So, und jetzt leg dich schlafen, damit du am Morgen ausgeruht bist. Aber wir warnen dich! Du darfst niemandem von uns erzählen."

Die Magd versprach das Geheimnis zu hüten.

Als Berta am nächsten Morgen aus ihrem erquicklichen Schlaf erwachte, war alle liegengebliebene Arbeit getan und ein Sträußchen Kräuter lag auf ihrer Wäschetruhe. Sogleich ging sie in die Küche und bereitete für den Ritter ein wohlschmeckendes Getränk. Schon kurz danach zeigte sich die Wirkung! Der Ritter war plötzlich guter Laune und freundlich seinen Untertanen gegenüber. Ein Freund des Breitensteiner, der Ritter von Lichtenstein, hatte seinen Besuch, wie so oft, angekündigt. Der staunte nicht schlecht, als er seinen Gesinnungsgenossen fröhlich und ausgeglichen vorfand. Sie wollten, wie immer, auf die Jagd gehen, denn das war der liebste Zeitvertreib des Adels.

So ein Besuch mit ganzem Anhang bedeutete viel Arbeit für das Personal: Die Zimmer mussten hergerichtet werden und vor allem für die Küche bedeutete es großen Aufwand. Nicht nur bekocht mussten alle werden, auch das Geschirr musste auf Hochglanz gebracht werden. Als bei Einbruch der Nacht die Erbsen noch nicht sortiert und die schweren Kessel noch nicht geputzt und poliert waren, nahm Berta alles mit in ihre Kammer und schlief bald ein. Am Morgen war alle Arbeit erledigt und auch das Kräuterbüschelchen lag da. Sogleich bereitete Berta den Morgentrunk für den Ritter und wieder war das Ergebnis so wie am Vortag.

Der Lichtensteiner freute sich über die neue Persönlichkeit seines Freundes dermaßen, dass er beschloss, seinen Besuch zu verlängern. Von der anfallenden Arbeit wurde von den anderen die meiste Berta untergejubelt. Und jede Nacht erledigten die guten Waldleute die Arbeit. So ging es schon fast zwei Wochen. Den Mägden war nur wichtig, dass die Arbeit getan war und sie sich selbst nicht anstrengen mussten. Aber eine Magd, die Berta missgünstig gesinnt war, dachte weiter. Sie kam zu dem Schluss, dass der vielen Arbeit Berta nicht allein beikommen könne und es hier nicht mit rechten Dingen zugehen könne. So beschloss sie, der Sache auf den Grund zu gehen.

In der nächsten Nacht schlich sie zur Kammer der verhassten Magd. Sie horchte, dann öffnete sie leise die Tür. Berta schlief und die Arbeit, die sie, wie immer, mit in ihre Kammer genommen hatte, lag auf dem Boden. Die Späherin verharrte, weil sie das Ganze nicht verstehen konnte. Da hörte sie aus einer Ecke ein Raunen. Rasch zündete sie eine Kerze an und sah gerade noch, wie die beiden Zwerglein eilig den Raum verließen. Sie hatte genug gesehen!

Als Berta erwachte, sah sie, dass die Arbeit so auf dem Boden lag, wie sie sie hingelegt hatte. Auch war kein Kräutersträußlein da. Noch bevor sie klar denken konnte, pochte ein Knecht an die Tür und forderte sie barsch auf, sofort zum Herrn zu kommen. Der Breitensteiner war voller Wut und beschimpfte sie: „Du elende faule Dirne hast mich schamlos getäuscht! Während wüste Kobolde deine Arbeit taten, schliefst du! Pfui! So eine wie dich will ich nicht mehr in meinem Haus haben! Verschwinde sofort! Ich will dich hier nicht mehr sehen! Und ich weiß auch schon, was ich mit diesen erbärmlichen Zwergen machen werde! Nimmer werden sie meine Burg betreten!"

Berta weinte und verließ das Schloss.

Die beiden Zwerglein überschlugen sich fast, so eilig hatten sie es, in ihren Wald zurückzukommen. Dort versteckten sie sich in einem hohlen Baum. Als der Ritter einige Tage nicht zur Jagd ritt, fühlten sie sich sicher und verließen den Baum. Sie wussten nicht, was auf der Burg geschehen war, aber sie ahnten Böses und das Zwergenmännlein wollte unbedingt wissen, wie es Berta gehe. Zwischenzeitlich hatten die beiden Ritter einen teuflischen Plan verwirklicht. Sie hatten im Wald, um die ganze Burg herum, Schlingen gelegt, und als das Waldmännlein, trotz großen Abratens seiner Frau, nachts zur Burg ging, verfing es sich in einer der Schlingen. Es schrie, so dass das Waldweiblein herbeieilte. So sehr sich beide auch abmühten, das Zwerglein blieb in seiner Falle. Als die Dämmerung anbrach und die Jagdgesellschaft anrückte, lief das Weiblein schluchzend in den Wald. Sobald die Ritter den Kleinen sahen, trieben sie ihren derben Spott mit ihm. Sie lösten die Schlinge, schnürten ihn ans Pferd und schleuderten ihn dann ins Burgverließ, wo er ganz jämmerlich sein Leben verlor.

Ab diesem Zeitpunkt stellte die Zwergin jede Nahrungsaufnahme ein. Sie mobilisierte noch ihre ganzen Kräfte, schleppte sich mühsam zum Schloss, richtete ihr ausgezehrtes Körperchen auf, und verfluchte mit erhobener Faust den Ritter: „Wehe dir, du Bösewicht! In schauriger Qual ließest du meinen Mann sterben! Verwünscht und verflucht sollst du sein! Not und Elend sollen auf deiner Burg einkehren und mit deinem Tod soll das Geschlecht der Breitensteiner aussterben. Noch ehe ein halbes Jahrhundert um ist, soll hier kein Stein mehr auf dem anderen sein!"

Nürnberg im 17. Jh.

Nach diesem Fluch fiel die Zwergin um und war tot.

Es dauerte nicht lange bis sich der Fluch bewahrheitete. Der Burgherr starb qualvoll auf der Jagd, als ihn ein angeschossener Eber angriff. Irgendwelche Leute, die dachten, dass ihnen die Burg zustehe, zerstritten und bekämpften sich und schon bald war das Schloss zur Ruine geworden.

64. Die Beschwörung der Bergmännlein

Eine seltsame Geschichte, die sich in Nürnberg zugetragen haben soll, erzählen die Gebrüder Grimm zu Beginn des 19. Jahrhunderts:

Zu Nürnberg ist einer gewesen, mit Namen Paul Creuz, der eine wunderbare Beschwörung gebraucht hat. In einen gewissen Plan hat er ein neues Tischlein gesetzt, ein weißes Tuch daraufgedeckt, zwei Milchschüsslein draufgesetzt, ferner zwei Honigschüsslein, zwei Tellerchen und neun Messerchen. Weiter hat er eine schwarze Henne ge-

nommen und sie über einer Kohlpfanne zerrissen, so dass das Blut in das Essen hineingetropft ist. Hernach hat er davon ein Stück gegen Morgen, das andere gegen Abend geworfen und seine Beschwörung begonnen. Wie dies geschehen, ist er hinter einen grünen Baum gelaufen und hat gesehen, dass zwei Bergmännlein sich aus der Erde hervorgefunden, zu Tisch gesetzt und bei dem kostbaren Rauchwerk, das auch vorhanden gewesen, gleichsam gegessen. Nun hat er ihnen Fragen vorgelegt, worauf sie geantwortet; ja, wenn er das oft getan, sind die kleinen Geschöpfe so vertraut geworden, dass sie auch zu ihm ins Haus zu Gast gekommen. Hat er nicht recht aufgewartet, so sind sie entweder nicht erschienen oder doch bald wieder verschwunden.

Er hat nun auch endlich ihren König zuwege gebracht, der dann allein gekommen in einem roten, scharlachen Mäntlein, darunter er ein Buch gehabt, das er auf den Tisch geworfen und seinem Banner erlaubt hat, soviel und solange er wollte, darin zu lesen. Davon hat sich der Mensch große Weisheit und Geheimnisse eingebildet.

65. Das Geschlecht der Segelsburger

Der „Rote Kuno" war ein übler Raubritter, der im Dienst der Herren von Grünberg stand. Endlich hatte er den Grünberger so weit, dass dieser ihm genehmigte, eine eigene Burg zu bauen. Auf exponierten Felsen wollte er seine Burg haben, was aber nicht durchführbar war. Deshalb paktierte er mit dem Teufel. Nachdem der Vertrag mit Blut besiegelt war, verschwand der Satan im Felsen, die Erde öffnete sich und er sprang wieder hervor. Zugleich spendete ein Brunnen klares Wasser. Unsichtbare Gestalten legten Stein auf Stein bis das Teufelswerk stolz und groß dastand, so wie es keine andere Burg je gegeben hatte. Unterhalb der Burg tat sich eine riesige Höhle auf, in der der Raubritter die bei seiner Wegelagerei geraubten Schätze lagerte.

In diese Zeit fielen auch die Aufstände der Bevölkerung, die sich die Überfälle der Raubritter nicht länger gefallen lassen wollte. Die Leute schlossen sich zu großen Verbänden zusammen und brachten dabei viele Raubritter zur Strecke. Irgendwann wurden sie auch des Kuno habhaft und töteten ihn.

Auf der Burg hatte jetzt sein Sohn das Sagen. Nachdem er sah, wie die Verbände immer erfolgreicher im Ausrotten der Raubritter waren, wollte er nicht deren Schicksal teilen, denn er wusste, wie mit seinem Vater und dessen Gesinnungsgenossen verfahren wurde. Die Burgen wurden meist ausgebrannt, die Raubritter, und oft auch deren Familien, wurden gerädert, gepfählt, gehängt oder durch eine andere grausige Folter in den Tod geschickt. Er selbst lebte vom Jagen und der Bewirtschaftung seiner landwirtschaftlichen Flächen. Er siedelte Bauern am Fuß der Burg an und führte ein rechtschaffenes Leben.

Am anderen Ufer des Flusses lebte ein ehrenwerter wohlhabender, von schweren Schicksalsschlägen gebeutelter Bauer. Seine Frau war vom Heuboden gefallen und starb kurz darauf; sein Sohn ertrank. Großzügig gab er den Armen, sein Rat war überall gefragt, und er stand in hohem Ansehen. Seine ganze Freude war seine Tochter, das Käthchen. Als der Ritter einmal auf dem Weg zur Jagd am Hof jenes Bauern vorbeiritt, sah er das achtzehnjährige Mädchen. Ihre Blicke trafen sich. Und immer wieder zog es den Edelmann in die Nähe des Gehöfts, was Käthchen Angst machte.

Als an einem Sonntag bereits die Kirchenglocken läuteten, sagte das Mädchen: „Behüte Euch Gott, lieber Vater, ich gehe in die Kirche. Zum Bereiten des Mittagsmahls bin ich wieder zurück."

Das Mädchen kam an den steilen Berghang im Wald. Aus der nahe gelegenen Schlucht hörte Käthchen laute Musik, ein Lärmen und Reden. Natürlich wollte sie wissen, was das zu bedeuten habe. Neugierig schlich sie zum Rand des Abgrunds. Sie konnte es nicht fassen, was es da zum Sehen gab! Es war eine wunderschöne Landschaft mit Grotten und Felsspalten, in denen es nur so blitzte und blinkte von Gold und Edelsteinen. Tausende kleine Lichtlein erhellten den Grund und im niedrigen Gebüsch tanzten und jauchzten viele Zwerge, die bunte Gewänder trugen und barfuß waren. Als sie ganz versunken war in den Anblick dieses lustigen Treibens, stand plötzlich neben ihr ein kleines Männchen mit eisgrauem Bart und ebensolchem Haar, bekleidet mit einem hermelinbesetzten Umhang. Der Kopf wollte so gar nicht zu dem kleinen Körper passen, denn er war ziemlich groß und auf ihm prangte eine mit funkelnden Steinen besetzte goldene Krone. Mit der rechten Hand stützte der Zwerg sich auf ein silbernes Schwert.

Freundlich sprach er, er war der König dieses Völkchens, das Mädchen an: „Wir feiern eine Hochzeit. Und bei Hochzeiten geht es bei uns immer hoch her. Ich lade dich ein, an der Feier teilzunehmen, aber nur wenn du willst."

Das Mädchen entgegnete mit leuchtenden Augen: „Gerne würde ich mitfeiern. Aber ich will zur Kirche gehen. Ich hatte den Waldweg deshalb gewählt, weil ich dem Junker nicht auf dem Kirchenweg begegnen möchte.“

Während sie so sprachen, befanden sie sich plötzlich, wie von Geisterhand getragen, am Boden der Schlucht. Sogleich wurde Käthchen von den tanzenden Zwergen umringt und in das fröhliche Treiben mit einbezogen. Als sie in die silberne Quelle schaute, in der die Brautjungfern spielten, entstand vor ihren Augen ein Spiegelbild der Burg und auf dem Balkon sah sie den Ritter stehen, der sie ganz freundlich ansah. Sie meinte, dass er sie sah. Aber der Zwergenkönig beruhigte sie und sagte: „Du kannst ihn sehen, er dich aber nicht.“

Ganz genau beobachtete der König das Mädchen. Immer wieder blickte sie zu dem Junker, und je öfter sie den Ritter ansah, umso mehr entstand in ihr ein immer merkwürdiger werdendes Gefühl, bis sie vernehmlich flüsterte: „Junker, ich liebe Euch.“

Und laut erklang darauf: „Liebste Kathrein, seid mein!“

Sie erschrak dermaßen, dass sie davoneilen wollte. Aber da stand der König neben ihr und sagte, dass bald Mittag sei. Da war der Schreck noch größer, weil der Vater doch auf sie wartete. Sie rannte davon, und es war ihr, als würde sie fliegen, so schnell war sie zu Hause. Der Vater empfing sie in der Stube vor einer üppig gedeckten Tafel, und neben ihm stand der junge Ritter. Er legte die Hände der Liebenden ineinander und sagte: „Bleibt immer so glücklich wie jetzt!“ Dann setzten sie sich zum Verlobungsmahl.

Einige Zeit nach der Hochzeit wollte sich die Burgherrin den Zwergen gegenüber dankbar zeigen und legte eine große Menge Strümpfe und Schuhe in die Schlucht. Von da an wurde das Zwergenvölkchen nicht mehr gesehen. Die Eheleute lebten rechtschaffen, glücklich und zufrieden. Auch den nachfolgenden Generationen lachte das Glück.

66. Der Zwergbrunnen bei Wonsghai

Im Westen vom Neunberg in Oberfranken liegt der Ort Wonsghai (schriftsprachlich Wohnsgehaig). Dort im Berg entspringt eine Quelle, die – laut Friedrich Panzer – „Zwergbrunnen“ genannt wird. Er schreibt um die Mitte des 19. Jahrhunderts darüber:

Ein Schäfer bemerkte oft, dass sein Hund morgens von der Herde lief und übersatt gefüttert zurückkam. Neugierig, wo der Hund seine Nahrung hole, band er ihm den Faden seines Strickknäuels um den Hals, ließ den Faden abrollen und folgte.

Er kam in eine Höhle, wo zwei Zwerge aßen und dem Hund die Abfälle gaben. Sie ließen den Hirten mitessen, und als dieser wünschte, alle Tage so gute Speisen zu haben, gaben sie ihm ein Tischtuch, das er nur ausbreiten und sich die Speisen wünschen dürfe. Der Hirt musste aber versprechen nichts zu verraten. Sein Weib drang aber so lange in ihn, bis er das Geheimnis verriet. Das Tischtuch verlor seine Kraft, die Zwerge brachten einander um, und der Zwergbrunnen floss neun Tage mit Blut.

67. Das Zwergloch bei Marlesreuth

A. Schöppner erzählt um 1853 folgende Sage aus Oberfranken nach verschiedenen, auch mündlichen Überlieferungen, etwa durch L. Zapf:

Zwischen Selbitz und Marlesreuth (bei Naila) befindet sich im Wald eine Felsenhöhle. Man heißt sie das Zwergloch. Hier unterm Felsen wohnten vor mehr als hundert Jahren Zwerge, die mit den Bewohnern der Ortschaft Naila Verkehr hatten. Zwei redliche und glaubwürdige Männer aus Marlesreuth, Albert Neffel und Hans Kohmann, die dort in hohem Alter in den Jahren 1679/80 starben, haben darüber dem Pfarrer Hedler zu Selbitz am 15. Juli 1654 folgenden Bericht abgestattet: Kohmanns Großvater fuhr einst mit zwei Pferden auf seinen Acker in der Nähe des Zwerglochs. Sein Weib hatte ihm zum Frühstück ein neugebackenes Brot gebracht, es in ein Tuch gewickelt an den Rain gelegt und war nach dem Gras auf die Wiese gegangen. Da kommt in einer Weile ein Zwergweiblein und bittet den Ackersmann, ihm das Brot zu geben, das ihrige läge noch im Ofen, die hungrigen Kinder aber könnten nicht abwarten, bis es fertig wäre, mittags wolle sie's richtig zurückerstatten. – Der alte Kohmann hat dem Weiblein das Brot herzlich gern gegeben.

Mittags kommt darauf die Zwergin wieder und bringt einen noch warmen Kuchen auf sehr weißem Tuch, reicht ihn jenem mit Dank und sagt, er möge das Brot nehmen und ohne Scheu genießen, ihr Tüchlein aber liegen lassen, da sie es selbst abholen würde.

Dies ist auch geschehen. Und das Weiblein hat hinzugefügt, nun müssten sie bald scheiden und ihren bequemen Sitz hier verlassen, denn es würden so viele Hammerwerke in der Gegend aufgerichtet, die sie beunruhigten; auch vertreibe sie das viele Schwören und Fluchen der Menschen umher, gleich wie die Sabbatsentheiligung, wo die Hausväter vor der Frühsonntagskirche aufs Feld gingen und die Früchte beschauten, was doch sündlich wäre. An einem Sonntag sind einmal etliche junge Marlesreuther Bauern mit Lichtern in die Zwergenwohnung bald aufrecht, bald gebückt, eingedrungen und nach langem Gehen endlich auf einen geräumigen Platz gelangt, der in viereckiger Form und zierlich im Felsen ausgearbeitet war. Nach allen Seiten hin haben sie vier kleine Türen und Kämmerlein gefunden und zum Teil besehen. Da ist ihnen aber ein Grausen angekommen, sie haben den Rückweg wieder gesucht und sind einige Tage unwohl gewesen.

68. Der stille Gast

Auf dem Schottenstein im Itzgrund nahe Coburg wohnte einst unsichtbar ein kleines Männchen, das den Menschen, die im Haus lebten, viel Gutes tat. Niemand wusste, wer es war und wie es hieß. Wenn der Bauer morgens in den Stall kam, war das Vieh schon gefüttert; ging die Hausfrau in den Garten, waren die Blumen und das Gemüse schon gegossen; fiel irgendwo im Haus etwas um, so stand es kurz darauf, wie von Zauberhand aufgehoben, wieder am richtigen Platz. Die Leute brauchten sich auch keine Sorgen um ihr Kind machen, wenn sie hinaus auf das Feld mussten, sie konnten sicher sein, das unsichtbare Wesen hütete getreulich das Kleine. Einmal aber wollte ein Knecht unbedingt wissen, wer dieser gute Geist des Hauses war. Am Abend streute er Asche aus und sah am nächsten Morgen winzigkleine Fußabdrücke von bloßen Füßen. Er erzählte der Bäuerin, was er getan hatte, und sie meinte mitleidig: „Wir wollen dem lieben Zwerglein Schuhe geben, dass es nicht mehr an den Füßen friert."

Gesagt, getan! Sie ließ hübsche kleine Schühchen beim Schuster anfertigen und stellte sie in der nächsten Nacht als Dank für das Männlein hin. Doch am anderen Morgen standen die hübschen Schuhe noch immer da, das Männlein aber war verschwunden und kam nie wieder (11).

69. Der Ziegel vom Roten Schloss am Großen Waldstein

Bei Zell im Fichtelgebirge, auf einer gewaltigen Felswand des Großen Waldsteins, erhebt sich die Ruine von Burg Waldstein, auch „Rotes Schloss“ genannt. Die Burg wird urkundlich schon um 1350 erwähnt, war im Krieg von Karl V. und dem Schwäbischen Bund gegen die Raubritter, die von dort aus ihre Raubzüge unternahmen, zerstört und in Brand gesetzt worden und brannte bis auf die Grundmauern nieder. Das geschah im Jahr 1523. Den Namen „Rotes Schloss“ erhielt die Ruine im Spanischen Erbfolgekrieg (1701-1705), weil sie damals teilweise mit einem roten Ziegeldach abgedeckt wurde, um Lagerstätten zu schaffen. Die Ziegel davon kann man noch heute verstreut finden. Seit jeher vermuteten die Leute verborgene Schätze der Raubritter in der Ruine. Ludwig Bechstein erzählt darüber im Jahr 1853:

Brand auf Burg Waldstein. Holzschnitt v. Hans Wandereisen um 1523

Ein armer Tagelöhner hieb einstmals Holz ganz nahe beim alten Gemäuer, das von der Burg Waldstein noch übrig, da trat zu ihm ein kleines Männlein, das war gar freundlich und reichte ihm einen Ziegelstein, indem es dem Mann durch Gebärden zu verstehen gab, den

Ziegel mit nach Hause zu nehmen. Der Holzhauer war verdutzt und stand wie die Butter an der Sonne; er sperrte das Maul auf und die Augen, drehte den Stein langsam in der Hand und beguckte ihn, und es fiel ihm endlich die große Frage ein:

„Warum soll ich den Backstein mit nach Hause nehmen?"

Und da sein hausbackener Verstand zu deren Beantwortung nicht ausreichte, so wollte er diese Frage an den Geber richten. Aber siehe da: das Männlein war verschwunden. Noch einmal wandte der Holzhauer den Backstein um und murmelte: „Wenn's ein Backsteinkäs wäre, ließ ich mir's eher gefallen. So schmiert man sich Hand und Gewand an dem Dingrich rot und hat nichts davon, geh mir mit solchen Narrenpossen!" Und damit warf er den Ziegel in die Büsche. Als er nach Hause kam, schrie ihn seine Frau ganz verwundert an:

„JoMo! Du gleißest jo schier wie a Speckschwartn! Host dich epper im Feuer vergulden lossen? (Ja Mann! Du glänzt ja gerade wie eine Speckschwarte! Hast du dich etwa im Feuer vergolden lassen?)"

Und da war aller Ziegelstaub, der an Händen und Kleidern haften geblieben war, purer Goldstaub. Hui, wie fix war jetzt der Holzhauer! Wie lief er wieder zum Waldstein hinauf! Wie suchte er im Gebüsch bis in die sinkende Nacht nach dem goldenen Ziegel! – Aber prosit die Mahlzeit, er fand ihn nimmer.

70. Die Mausefallenhändler

Kleine Männchen, so ist es überliefert, hielten sich in der Wildnis des Fichtelgebirges in Höhlen, nahe von Gewässern, wo sie nach Gold und Silber suchten, auf. Selten kamen sie, gekleidet wie Köhler, in die kleinen Waldweiler und handelten mit Mausefallen. Nach ihrer Herkunft befragt, antworteten sie, dass sie aus einer großen Stadt am Meer, die Venedig heißt, kommen. Ab dem Zeitpunkt wurden diese Männchen Venediger (32) genannt.

Eines dieser seltsamen Männchen, es trug schwarze zerschlissene Kleidung, sonderte sich von den anderen ab und wollte nicht mehr in der Öde der Waldungen leben. Deshalb ging es zu einem Bauern und fragte, ob es bei ihm den Sommer über wohnen könne. Der Bauer wusste, dass diese Venediger noch nie jemandem etwas zuleide getan hatten, und willigte ein.

Jedes Jahr im Frühjahr kam der Zwerg. Tagsüber hielt er sich im Wald auf. Im Herbst verließ er das Gehöft, beladen mit einem schweren Sack. Als es wieder einmal ans Abschiednehmen ging, sagte das Venedigermännlein zum Bauern: „Hans, du warst mir gegenüber immer gut und gastfreundlich. Heute verabschiede ich mich bei dir für immer. Ich komme nicht mehr, meine Gesundheit erlaubt es mir nicht mehr, diese anstrengende Reise zu unternehmen. Ich habe genug erwirtschaftet, so dass ich mich zur Ruhe setzen kann. Aber, solltest du einmal in Not kommen, so zögere nicht, mich aufzusuchen. Ich wohne in der großen Stadt am Meer, in Venedig. Dort frag nach mir, ich werde dir dann helfen."

Traurigen Herzens schieden sie voneinander.

Viele Jahre gingen ins Land. Und tatsächlich brach ein Unglück nach dem anderen über den Bauern herein: Die Frau des Bauern wurde krank und die Heilkundigen verlangten viel Geld für die Beratungen und Medizinen. Dann vernichtete ein arges Unwetter die gesamte Getreideernte und im Jahr darauf grassierte eine Seuche, der der gesamte Viehbestand zum Opfer fiel. Das Haus, das unter dem Hagel sehr gelitten hatte, war auch auszubessern, aber da es nicht einmal mehr für das Essen reichte, war an ein Beschaffen von Baumaterial gar nicht zu denken.

In ihrer Not erinnerten sich die guten Leute an ihren einstmaligen Gast; er hatte ihnen doch Hilfe zugesagt! Sie wussten nur noch, dass er in Venedig wohnte, aber seinen Namen hatten sie vergessen. Obwohl sich die Leute nicht recht vorstellen konnten, wie sie von dem armen kleinen Männchen Hilfe erhalten sollten, machte sich der Bauer auf den Weg. Nach langer Zeit und vielen Entbehrungen kam er in Venedig an. Aber die Stadt war riesengroß; wie sollte er seinen ehemaligen Gast finden, wenn er nicht mal seinen Namen wusste?

Tagelang irrte er durch die Straßen, die links und rechts von prunkvollen Palästen gesäumt waren. Als er sich wieder mal mutlos an den Straßenrand setzte, hörte er plötzlich seinen Namen rufen. Zuerst dachte er, er hätte sich das nur eingebildet. Aber dann hörte er wieder, und diesmal viel näher, „Hans" rufen und zugleich rannte aus einem Palastportal ein vornehm gekleideter Herr von kleinem Wuchs auf ihn zu und umarmte ihn herzlich.

Der Bauer rieb sich die Augen. Er konnte es nicht fassen, dass das der Venediger war, der viele Sommer bei ihm gelebt hatte.

Sogleich wurde er aufgefordert ins Haus zu kommen, wo Bedienstete angewiesen wurden, ein Festmahl zu bereiten. Dann zeigte er seinem Gast das prachtvolle Haus. Hans kam gar nicht mehr aus dem Staunen heraus. Sie hatten sich viel zu erzählen. Als sich der Bauer gestärkt und auch gut ausgeschlafen hatte, verabschiedete er sich, reich beschenkt!

Zuhause konnte er ein Leben frei von allen Sorgen führen (33).

71. Die seltsamen Kleinen im Zeitelmoos

Ein ausgedehnter Wald auf dem Fichtelberg, der zwischen Wunsiedel und Weißenstadt liegt, heißt Zeitelmoos. In ihm sollen früher viele Zwerge und Berggeister gehaust haben. Ein Reiter, der einmal spät abends hindurchritt, sah zwei Kleine, etwa so groß wie Kinder, am Weg sitzen. Er ermahnte die vermeintlichen Kinder, rasch nach Hause zu gehen, bevor es stockfinster werden würde.

Da fingen diese mit unnatürlich schriller Stimme an laut zu lachen. Der Mann ritt ein Stück weiter. Da sah er die gleichen zwei Kleinen wieder am Wegrand sitzen. Als er sie verdutzt anblickte, fingen sie wieder an, überlaut zu lachen. Erschrocken gab der Mann seinem Pferd die Sporen und verließ das unheimliche Zeitelmoos.

72. Der lustige Zwerg vom Thierstein

Einst hauste auf dem Schlossberg von Thierstein ein Zwerglein, das wegen des Schabernacks, den es oft spielte, überall in der Gegend bekannt war. Es wurde Schlossbergmännlein genannt. A. Schöppner schreibt darüber Mitte des 19. Jahrhunderts:

Es ist ein gutes graues Zwerglein, das seine Freude daran hat, den Menschen nützlich zu sein, aber zuweilen auch einen Possen zu spielen. Schon mancher, der sich abends in die Nähe des alten Schlosses begeben hat, wurde von unsichtbarer Hand mit Sand und Erde beworfen und hörte dann wohl ein schallendes Gelächter von weitem.

In den dem alten Schlossberg zunächst gelegenen Häusern hat es oft ein Rumoren in den Küchen mit Schüsseln, Töpfen und Krügen gegeben, aber niemals ist dabei Geschirr zerschlagen worden.

Oft wurde den Leuten das Brot versteckt, auch mancher Langschläfer an den Haaren aus dem Bett gezogen. Manchmal kehrte das Schlossmännlein bei den Leuten ein und half ihnen schaffen im Haus. Zuweilen gesellte es sich zu den Mägdlein am Brunnen, schwatzte mit ihnen oder neckte sie. Man sagt, es sei einmal ein Geisterbanner gekommen und habe das Zwerglein in einem Sack davongetragen.

73. Moosmännlein und Moosweiblein

In Thüringen, aber auch anderen Gegenden in der waldreichen Mitte von Deutschland, werden sehr viele Geschichten über Moosleute, Männlein oder Weiblein, erzählt (34). Dabei kann keine genaue Abgrenzung zwischen ihnen und Zwergen oder Berggeistchen gezogen werden. In der Vorstellung der Leute waren Waldmännlein, Holzweiblein oder Moosleute klein von Gestalt und den Zwergen sehr ähnlich. Während aber diese im Innern der Berge hausen, leben die Holz- und Moosleute in den Wäldern. Ihr Leben ist eng mit dem der Bäume verknüpft, auf denen sie wohnen. Wird der Baum gefällt oder entrindet, so muss das Waldgeistchen, das darauf haust, auch sterben.

Die Holz- und Moosleute besitzen die Fähigkeit, sich in Nachtvögel wie Eulen oder Käuzchen zu verwandeln. In deren Gestalt warnen sie die Menschen durch ihre schaurigen Rufe vor drohendem Unheil oder mahnen sie an den Tod. In vielen Gegenden war es üblich, dass die Holzknechte beim Fällen eines Baumes mit der Axt drei Kreuze auf den stehen bleibenden Baumstumpf einschnitten. So gekennzeichnet, waren sie nach ihrer Überzeugung Freiplätze oder Asylstätten für die Holzweiblein, die Moosleute oder auch für die Seelen im Wald verunglückter oder ermordeter Menschen, die noch immer am Ort ihres Todes umgehen mussten.

Wenn in rauen Sturmnächten das Wilde Heer durch die Wälder jagte und Moosleute verfolgte, so konnten sie sich auf diese gesegneten Plätze retten. Dort waren sie vor den bösen Höllengeistern in Sicherheit. Die Macht der Dämonen, die sonst jedes Waldmännlein oder Holzweiblein, dessen sie habhaft werden konnten, unbarmherzig in Stücke rissen und der wilden Hundemeute, die sie begleitete, zum Fraße vorwarfen, war durch das heilige Zeichen des Kreuzes gebrochen. Holzknechte, die solche Freistätten geschaffen hatten, wollen den Dank der kleinen Waldgeister auf vielerlei Weise erfahren haben. So behaupteten manche, die bis spät in die Nacht hinein gearbeitet hatten, nur mit Hilfe jener freundlichen Wesen aus dem dunklen Forst herausgefunden zu haben, ohne sich zu verirren. Manchmal fanden sie auch an den unwahrscheinlichsten Stellen im Wald herrliche Hirsch- oder Rehgeweihe, die sie für gutes Geld verkaufen konnten. Die sehr stark mit der Natur verbundenen Holzknechte waren felsenfest davon überzeugt, dass dies alles Gesten der Dankbarkeit von Waldgeistern waren.

74. Das verwunderte Moosweibchen

Im tiefsten Forst des Bayerischen Waldes arbeiteten drei Köhler den Tag über sehr hart. Nachdem es dunkel geworden war, begaben sie sich auf frisch aufgeschüttetem Laub zur Ruhe, wobei sie die Köpfe auf ein gemeinsames Moospolster legten und die Füße nach drei verschiedenen Richtungen ausstreckten.

Als sie fest schliefen, näherte sich ein neugieriges, verhutzeltes, altes Moosweibchen (34), dessen Augen fast ohne Sehkraft waren. Vorsichtig zockelte es über die Beine der Schlafenden hinweg, dann schaute es das Mooskissen an und sah nur einen Kopf. Unfassbar! Lange überlegte es und murmelte dann: „Ich bin jetzt schon neunmal so alt wie der Böhmerwald. Aber so etwas ist mir noch nie untergekommen! Sechs Beine und ein Kopf! Wenn ich heimkomme, muss ich das sofort meiner Großmutter erzählen! So was hat die sicher auch noch nie gesehen und die ist neunmal so alt wie ich (35)."

75. Der Kohlenbrenner und der Zwerg

Aus der Gegend um Selb wird folgende Begegnung mit einem Zwerg überliefert, die A. Schöppner nach einer mündlichen Überlieferung aufgeschrieben hat:

Ein Köhler setzte sich abends nach vollbrachtem Tagwerk nieder, sein Stücklein Brot zu verzehren. Wie er so einsam vor seiner Hütte saß, schritt ein kleines Männlein in grünem Kleid aus dem Wald hervor und näherte sich ihm. Das Zwerglein war hungrig und bat den Kohlenbrenner um einen Bissen Brot. Das ließ sich der Köhler nicht zweimal sagen. „Nun geh mit mir", sagte das Männlein, nachdem es sein Brot verzehrt hatte; „statt des Brotes sollst du Gold haben. Doch vergiss nicht, sind wir beim Schatz angelangt, sogleich ein Gebetlein zu sprechen, sonst würdest du Kohlen anstatt Gold davontragen."

Darauf folgte der Köhler dem Zwerglein in den nahen Berg. Da kamen sie in einen Gang, wo das Gold in Fülle lag. Der Kohlenbrenner war vor Freude außer sich und fing sogleich an zu raffen, was er raffen konnte. Aber in demselben Augenblick fing es in seinen Taschen zu glühen an – der gute Mann hatte das Gebetlein vergessen. Halb brennend lief er dem nahen Brunnen zu, sich in die Flut zu stürzen, um den Brand zu löschen.

Das Zwerglein aber ließ sich nicht wieder sehen.

76. Das freundliche Moosmütterlein am Hengstberg

Es war einmal ein armes Mädchen, das mit seiner kranken Mutter am Hengstberg nahe Selb lebte. Der Vater war schon lange tot und die Frau und das Kind wussten nicht, wie sie in der großen Not, die sie litten, noch lange am Leben bleiben konnten.

Eines Tages nun ging das Mädchen in aller Frühe hinauf in den Wald am Hengstberg, um Erdbeeren zu suchen und ein paar Haselnüsse zu pflücken. Während es verzweifelt suchte, sah es plötzlich ein kleines Weiblein, das ganz mit goldschimmerndem Moos bekleidet war, vor sich stehen (34). Dieses war anscheinend hungrig, denn es fragte: „Hast du ein paar Erdbeeren oder Nüsse für mich?"

Das Mädchen, das ja selbst fast nichts hatte, gab dem Weiblein aus seinem Krüglein, in dem es die Erdbeeren und Nüsse gesammelt hatte, einige ab, worauf sich das Weiblein kurz bedankte und dann verschwand. Auch die Kleine machte sich auf den Heimweg. Als sie nach Hause kam, schüttete sie den Inhalt des Krügleins auf den Tisch. Doch alle Beeren und Nüsse waren zu Gold geworden! So war den guten Leuten geholfen und sie konnten fortan ein schönes Leben führen.

Das Moosweiblein aber wurde nun schon lange nicht mehr gesehen, denn Moosleute können sich nur auf Baumstümpfen ausrasten, die mit drei Kreuzen für diese kleinen Waldgeister versehen sind, um sie vor der Wilden Jagd (30) zu beschützen; und das ist nach dem Fällen eines Baumes seit über hundert Jahren nicht mehr üblich.

77. Die Kellergäste von Rötz

In einem Wirtshaus in Rötz, nahe Cham im Bayerischen Wald, lebten in dessen Keller seit undenklichen Zeiten kleine Männchen, „Schrazel" (1) genannt. Arbeiten, die während des Tages liegengeblieben waren, sei es aus Zeitmangel oder aus Faulheit der Menschen, wurden gewissenhaft von den Kleinen in der Nacht erledigt. Sie hatten besonders eine Wirtin sehr gerne und schenkten ihr häufig kleine Brotlaibe. Die Wirtin nahm sie immer freundlich dankend an, denn sonst wären die Schrazel traurig gewesen und vielleicht fortgezogen. Diese Wirtin konnte sie auch sehen und beschrieb sie als Wesen von etwa zwei Fuß Größe. Alle hatten schlohweiße Haare und rote Augen, sonst sahen sie aus wie Menschen, nur eben klein. Ihre Augen konnten das Tageslicht nicht ertragen, darum arbeiteten sie immer in der Nacht.

Es zeigten sich immer mehrere Schrazel gleichzeitig, nie eines allein und sie redeten miteinander in einer Sprache, die außer ihnen niemand verstand.

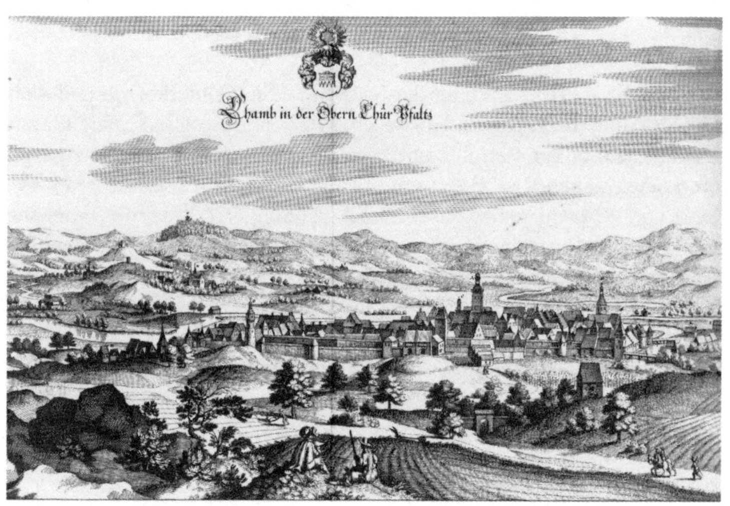

Cham. Stich v. Mattheus Merian um 1644 (Ausschnitt)

Wie behauptet wird, konnten sie nur von Sonntagskindern gesehen werden, und das auch nur sehr selten. Von den Wirtsleuten wurden ihre Mitbewohner im Keller liebevoll „Kellergäste" genannt.

Einmal wollte die Wirtin den kleinen Helfern etwas besonders Gutes tun und stellte ihnen auf einem Tisch köstliche Speisen als Dank hin. Von da an wurden sie nie mehr gesehen (11).

78. Das gefangene Holzweiblein

Im Oberpfälzer Wald an der Naab arbeitete einmal ein Fischer, er wurde wegen seines Berufes „Fischmatz" genannt, nahe am Wald. Da kam aus dem Dunkel der Bäume ein kleines Holzweiblein (34) hervor. Es war nicht größer als ein etwa fünfjähriges Kind, hatte ein Kleidchen ganz aus Moos und Mies (Baummoos) an und war zart und fein. Der Fischmatz fing es ein, ließ es aber wieder frei.

Da sprang es hurtig von einem Baum zum anderen, so geschickt wie ein Eichhörnchen, und war bald in der Tiefe des Waldes verschwunden.

79. Die kleinen Männlein bei Saalenstein

Südlich von Hof, am Ufer der Saale zwischen Unterkotzau und Saalenstein, liegt dort, wo die Göstra über Felsen hinweg zur Saale hinunterfließt, auf einem bewaldeten Hügel die Ruine von Burg Saalenstein, einer ehemaligen Raubritterburg aus der Zeit von Kaiser Heinrich IV. Dort soll es nicht geheuer sein, eine geheimnisvolle weiße Frau, die am Ufer der Göstra ein weißes Tüchlein wäscht und dann – niemand weiß wohin – verschwindet, soll dort oft gesehen worden sein. Auch sollen die Schätze der Raubritter in tiefen, verborgenen Kellergewölben des verfallenen Gemäuers verborgen sein.

Dort hausen, so heißt es, kleine Männlein, die oft das Vieh auf der Weide erschrecken. Wenn die Hirten zu den Stellen laufen, wo sie die Männlein sehen und ihren Tieren zu Hilfe kommen wollen, sind die Zwerge spurlos verschwunden. Statt ihrer befinden sich nur ein paar Baumwurzeln oder Moospolster auf dem Platz.

80. Das Goldlaiblein und der Lügenstein am Ochsenkopf

Der Ochsenkopf im Fichtelgebirge ist ein sagenumwobener Berg. In seinem Inneren sollen auch Zwerge beheimatet sein. Auf den Weiden vom Ochsenkopf hüteten einmal zwei reiche Bauernsöhne und die Tochter eines armen Tagelöhners gemeinsam die ihnen anvertrauten Tiere. Die Buben hatten das Mädchen nur mitgenommen, weil es so schöne Geschichten erzählen konnte. Da kam plötzlich ein kleines Männlein herbei, setzte sich zu den Kindern und hörte aufmerksam zu. Es blieb bis zum Abend und sagte dann: „Es war schön bei euch und ihr wart gut zu mir, darum will ich euch etwas schenken!“

Bei diesen Worten holte es drei kleine Brotlaibe aus seinem Säckchen hervor und gab sie den Kindern. Dann war es plötzlich verschwunden. Der eine Bub schaute das Geschenk des Zwerges geringschätzig an und meinte: „Ich habe jeden Tag feineres Brot zu essen, das trage ich nicht nach Hause.“

Dann warf er es ins Gebüsch. Der andere lachte und meinte: „Das meine soll deines suchen, vielleicht finden sie sich“, und warf seines hinterher. „Und jetzt deines!“ verlangten sie dann von dem Mädchen.

Das an Armut gewohnte Kind aber barg den kleinen Brotlaib in seiner Schürze, lief davon und brachte ihn am Abend seiner Mutter. Als diese ihn aufschnitt, fielen lauter Goldtaler daraus hervor. Freudig erzählte das Mädchen ihren beiden Kameraden davon. Die liefen nun flugs auf den Ochsenkopf und suchten im Gebüsch nach ihren Brotlaiben, die sie weggeworfen hatten. Aber die waren verschwunden.

Bei Rittersgrün am Ochsenkopf trafen sich früher die Zwerge gerne oben bei einem großen Stein und sprachen miteinander über alles, was für sie wichtig war. Einmal wollten einige von ihnen auch ihren alten König loswerden, weil sie fanden, sie bräuchten keinen mehr, die anderen aber waren dagegen. So entbrannte ein fürchterlicher Streit zwischen ihnen. Der König fragte eine weise alte Frau um Rat, wie er die Zwistigkeiten beenden könne. Sie mischte einige Kräuter zusammen und braute daraus einen Trank. Den gab sie ihm und sagte:

„Gieße ihn über den Stein, bei dem sich deine Untertanen immer treffen."

Der König tat, wie sie ihm geraten hatte. Von da an erzählte jeder Zwerg, der auf den Stein stieg, um große Reden zu halten, lauter Lügen und so haarsträubende, dass jeder sie als Lügen erkannte.

Das erzürnte die anderen, die dem Sprecher zuhörten, und sie beschlossen, sich wieder zu vertragen und ihrer gewohnten Arbeit nachzugehen. Von da an war wieder Friede unter den Zwergen. Sie hüteten sich aber fortan, auf den Stein zu steigen und große Reden zu schwingen, auch wenn sie sich nicht erklären konnten, warum jeder, der dort oben stand, log, dass sich die Balken bogen.

Wo dieser Lügenstein am Ochsenkopf ist, weiß heute keiner mehr.

81. Der Streit der Zwerginnen

In Dessau, ebenso wie in vielen anderen Gegenden im deutschsprachigen Raum, herrschte früher die Meinung, dass Zwerge neugeborene Kinder stehlen, in ihr Reich entführen und der Mutter dafür einen Wechselbalg (23) in die Wiege legen.

Obwohl eine Wöchnerin in Dessau ihr Kind bei sich im Bett hatte und auch noch in den Armen hielt, um es zu beschützen, schlief sie fest ein. Um 12 Uhr nachts kamen zwei Zwerginnen, erwärmten einen Kessel mit Wasser auf dem Herd und badeten das mitgebrachte Kind, damit der Wöchnerin nicht gleich der etwas strenge Geruch des Balgs auffallen sollte. Dann schlichen sie zum Himmelbett der Frau, nahmen ihr vorsichtig das ebenfalls tief schlafende Kind aus dem Arm und legten das mitgebrachte hässliche Wesen zu ihr. Dann schlichen sie mit dem Menschenkind aus dem Haus. Die beiden Unterirdischen gerieten noch im Hof in einen heftigen Streit, in dem die eine das Kind nach der anderen warf und umgekehrt, und immer wieder.

Von dem Lärm erwachte eine Magd; sie spähte aus dem Fenster und erkannte sofort das Kind ihrer Herrin. Sie eilte hinaus, gesellte sich zu den beiden und fing beim nächsten Wurf das Kind auf, rannte ins Haus und in die Kammer der Frau, riss ihr das untergeschobene Kind aus dem Arm und legte das richtige neben sie. Den Wechselbalg legte die treue Magd vor das Haus, wo er nach ein paar Minuten verschwunden war.

82. Die Zwerge im Kyffhäuser

Eine ähnliche Sage, wie sie vom Untersberg bei Salzburg von Kaiser Karl dem Großen und den Zwergen erzählt wird (38), gibt es von Kaiser Friedrich, „Barbarossa" genannt, vom Kyffhäuser – südöstlich vom Harz im Kyffhäusergebirge gelegen – wo er auch im Innern des Berges mit seinen Getreuen und einem Volk von Zwergen hausen soll.

Ludwig Bechstein schreibt Mitte des 19. Jahrhunderts:

Kaiser Friedrich der Rotbart unternahm einen Kreuzzug in das heilige Land, dieses den Türken zu entreißen, von dannen er nicht wiederkehrte. Und bald darauf entstand im Volk mancherlei Gerücht und Sage, dass er nicht, wie doch die Kunde war, gestorben sei, sondern noch lebe, und wiederkommen werde. So wurde gesagt, er sei in einen Berg verzückt und gebannt. Manche nennen den Untersberg bei Salzburg, andere einen Felsen bei Kaiserslautern, darin der Kaiser verzaubert sitzen soll. Am meisten aber wird der Kyffhäuser als solcher Berg genannt. Dahinein soll er sich selbst verflucht haben mit seiner Tochter und allem Hofgesinde bis zur Zeit seiner Wiederkehr.

Da sitzt er nun im Bergschloss, umgeben von seinen Wappnern, in einer glänzenden Halle, an einem güldenen Tisch und trägt auf dem Haupt eine alte güldene Krone. Des Kaisers roter Bart ist durch den Tisch gewachsen und reicht zweimal schon um den Tisch herum.

Wenn er aber zum drittenmal herumreicht, dann wird der Kaiser heraufkommen, das Reich wieder behaupten, das Regiment bessern und das gelobte Land mit dem heiligen Grabe den Türken abgewinnen. Dann wird er seinen Schild hängen an den dürren Ast eines Birnbaumes, der auf dem Ratsfeld steht, und eine große Schlacht wird dann geschlagen werden, der Baum aber wird grünen und blühen.

Auch schläft der Kaiser nicht, sondern er nickt und zwinkert mit den Augen, wie im Halbschlummer und alle hundert Jahre sendet er einen Zwerg hinauf zu schauen, ob die Raben noch um die alte Burgwarte von Kyffhausen fliegen? Wenn er nun wiederkommt und aussagt, dass sie noch fliegen, wird der alte Kaiser traurig wie zuvor und schlummert wieder fort. So haben ihn schon manche gesehen.

83. Der Fuhrmann und der Zwerg

Im Jahre 1669 wollte einmal ein Bauer aus Röblingen im Rieth ein Fuhrwerk, vollbeladen mit Korn, nach Nordhausen fahren und das Getreide dort zum Verkauf anbieten. Da begegnete ihm ein kleines Männlein und forderte: „Bringe das Korn auf den Kyffhäuser und verlange nicht mehr, als recht ist, auch wenn eine teure Zeit ist."

Der Fuhrmann tat, was das Männlein verlangt hatte. Als er bei der verfallenen Burg oben angekommen war, führte ihn der Zwerg in die Bergeshalle, wo er seinen Lohn erhalten sollte. Dort sah der Bauer voll ehrfürchtigem Erstaunen den verzauberten Kaiser schlafend am Tisch sitzen. Der Zwerg gab ihm seinen Lohn. Es waren aber uralte Münzen, darunter etliche, die noch das Bild des römischen Kaisers Tiberius trugen, die viel mehr wert waren als der Betrag, den der Bauer auf dem Markt für sein Korn erhalten hätte.

84. Der Hirte und die Glücksblume

Oben auf dem Kyffhäuser befindet sich die Ruine eines weithin sichtbaren Turmes. Er war Teil der ehemaligen Kaiserburg. Dieser Turm wird in der Umgebung des Kyffhäusers „Kaiser Friedrich" genannt. Hier spielt eine wundersame Geschichte, die Ludwig Bechstein um 1853 überliefert hat:

Kyffhausen um 1840

Ein armer Hirte aus Sittendorf stand oben am alten Kaiser Friedrich und gedachte mit Kummer seiner Armut, die ihn daran hinderte, seine Geliebte zu heiraten. Siehe, da erblickte er eine wunderschöne blaue Blume, wie er noch nie eine geschaut, und er pflückte die Blume und steckte sie an seinen Hut, um sie seiner Braut mitzubringen.

Auf einmal wird er in einer weiten Mauerspalte ein Zwerglein gewahr, das winkt und winkt ganz freundlich, und er fasst sich ein Herz, ihm zu folgen. Da geht es tief, tief hinunter und in den Gängen des Berges ist eitel Glanz und Pracht von herrlichen Gesteinen zu schauen; auch sein Fuß tritt auf schöne Steine und er hebt einige davon auf; im Bücken fällt ihm die Blume vom Hut, da überkommt ihn gleich ein Grausen und er wendet sich eilend um, den Ausgang zu gewinnen.

Eine Stimme schallt hinter ihm: „Vergiss das Beste nicht!“

Aber er eilt unaufhaltsam von dannen. Als er nun in den Ruinen steht und noch nicht recht weiß, wo er ist, erscheint wieder der Zwerg, diesmal aber mit zorniger Miene und fragt: „Wo hast du die Blume?“

„Ich habe sie verloren!“ antwortete furchtsam der Hirte.

„Du Tor!“ zürnt da der Zwerg. „Die Blume war dir bestimmt und mehr wert als die Rothenburg und der Kyffhäuser!“

Rief's und verschwand. Traurig ging der Hirte heim und erzählte am Abend seiner Geliebten, was ihm im Berg begegnet. Dabei fielen ihm die Steine ein, die er aufgelesen, und er warf sie ihr in den Schoß. Ei wie klangen sie so schön und waren – eitel Gold. Nun konnten sich die Liebenden heiraten und miteinander glücklich sein.

Wie es heißt, wurde die Glücksblume von den Bergleuten nicht nur in den Ruinen und Gewölben des Kyffhäusers, sondern auch auf der Questenburg und sogar auf der Nordseite des Harzes gesucht, aber sie blieb verschwunden und wurde nie mehr wiedergefunden.

85. Der Schmied von Jüterbog im Kyffhäuser

Eine seltsame Geschichte, wie sie in ähnlicher Weise auch von anderen Orten in Deutschland, etwa vom Samerberg in Bayern (38), erzählt wird, knüpft sich auch an den Kyffhäuser, obwohl Jüterbog, die Heimat des Schmiedes, von dem hier die Rede ist und der Peter hieß, weit entfernt vom Kyffhäuser im Fläming in Brandenburg liegt.

Ludwig Bechstein überliefert sie um 1853 so:

Es war dieser Schmied erst ein junger Bursch, der einen sehr strengen Vater hatte, aber getreulich Gottes Gebote hielt. Er tat große Reisen und erlebte viele seltsame Abenteuer, dabei war er in seiner Kunst über alle Maßen geschickt und tüchtig. Er hatte eine Stahltinktur, die jeden Harnisch und Panzer undurchdringlich machte, der damit bestrichen wurde, und gesellte sich dem Heere Kaiser Friedrich II. zu, wo er kaiserlicher Rüstmeister wurde und den Kriegszug nach Mailand und Apulien mitmachte. Dort eroberte er den Heer- und Bannerwagen der Stadt und kehrte endlich, nachdem der Kaiser gestorben war, mit vielem Reichtum in seine Heimat zurück. Er sah gute Tage, dann wieder böse und wurde über hundert Jahre alt.

Einst saß er in seinem Garten unter einem alten Birnbaum, da kam ein kleines Männlein auf einem Esel geritten, das sich schon mehrmals als des Schmiedes Schutzgeist bewiesen hatte. Dieses Männlein herbergte bei dem Schmied und ließ den Esel beschlagen, was jener gerne tat, ohne Lohn zu heischen. Darauf sagte das Männlein zu Peter, er solle drei Wünsche tun, dabei aber das Beste nicht vergessen.

Da wünschte der Schmied, weil die Diebe ihm oft die Birnen gestohlen, es solle keiner, der auf den Baum gestiegen, ohne seinen Wil-

len wieder herunter können. Weil er auch in der Stube öfter bestohlen worden war, so wünschte er: es solle niemand ohne seine Erlaubnis in die Stube kommen können, es wäre denn durch das Schlüsselloch. Bei jedem dieser törichten Wünsche warnte das Männlein:

„Vergiss das Beste nicht!"

Da tat der Schmied den dritten Wunsch, er sagte: „Das Beste ist ein guter Schnaps, so wünsche ich, dass diese Flasche niemals leer werde!"

„Deine Wünsche sind dir gewährt", sprach das Männchen, strich mit der Hand noch einige Stangen Eisen, die in der Schmiede lagen, setzte sich auf seinen Esel und ritt von dannen. Das Eisen war in blankes Silber verwandelt.

Der vorher arm gewordene Schmied war wieder reich und lebte fort und fort bei gutem Wohlsein, denn die nie versiegenden Magentropfen waren, ohne dass er es wusste, ein Lebenselexier. Endlich klopfte der Tod, der ihn so lange vergessen zu haben schien; der Schmied war scheinbar auch gerne bereit mit ihm zu gehen und bat nur, ihm ein kleines Labsal zu vergönnen und ein paar Birnen von dem Baum zu holen, den er wegen großer Altersschwäche nicht selbst mehr besteigen könne. Der Tod stieg auf den Baum und der Schmied sprach: „Bleib droben!" denn er hatte Lust, noch länger zu leben. Der Tod fraß alle Birnen vom Baum, dann gingen seine Fasten an und vor Hunger verzehrte er sich selbst mit Haut und Haar, seit dieser Zeit ist er nur noch so ein scheußlich dürres Gerippe.

Auf Erden aber starb niemand mehr, weder Mensch noch Tier. Darüber entstand viel Unheil, und endlich ging der Schmied hin zu dem klappernden Tod und vereinbarte mit ihm, dass er ihn fortan in Ruhe lasse, dann ließ er ihn los.

Wütend floh der Tod von dannen und begann nun auf Erden aufzuräumen. Da er sich an dem Schmied nicht rächen konnte, so hetzte er ihm den Teufel auf den Hals, dass er ihn hole. Dieser machte sich flugs auf den Weg, aber der pfiffige Schmied roch den Schwefel voraus, schloss die Tür zu, hielt mit dem Gesellen einen ledernen Sack an das Schlüsselloch und wie Herr Urian da hineinfuhr, da er nicht anders in die Schmiede konnte, wurde der Sack zugebunden, zum Amboss getragen und nun ganz unbarmherzig mit den schwersten Hämmern auf den Teufel losgepocht, dass ihm Hören und Sehen verging, er ganz mürb wurde und das Wiederkommen auf immer verschwur.

Nun lebte der Schmied noch gar lange Zeit in Ruhe, bis er, wie alle Freunde und Bekannte ihm abgestorben waren, des Erdenlebens satt und müde wurde. Er machte sich deshalb auf den Weg, ging nach dem Himmel und klopfte bescheiden an das Tor. Da schaute der heilige Petrus hervor und Peter der Schmied erkannte in ihm seinen Schutzpatron und Schutzgeist, der ihn oft aus Not und Gefahr errettet und ihm zuletzt drei Wünsche gewährt hatte. Jetzt aber sprach Petrus:

„Hebe dich hinweg, der Himmel bleibt dir verschlossen, du hast das Beste zu erbitten vergessen: Die Seligkeit."

Auf diesen Bescheid wandte sich Peter ab und gedachte sein Heil in der Hölle zu versuchen. Er wanderte wieder abwärts und fand auch bald den rechten breiten und vielbegangenen Weg. Wie aber der Teufel erfuhr, dass der Schmied im Anzuge sei, schlug er ihm das Höllentor vor der Nase zu und setzte die Hölle gegen ihn in Verteidigungszustand.

Da nun der Schmied von Jüterbog weder im Himmel noch in der Hölle seine Zuflucht fand und auf Erden es ihm nicht mehr gefiel, so ist er hinab in den Kyffhäuser gegangen zu Kaiser Friedrich, dem er einst gedient. Der alte Kaiser freute sich als Peter kam und fragte gleich, ob die Raben noch um den Turm flögen? Und als Peter das bejahte, seufzte der Rotbart.

Wie es weiter heißt, befindet sich der Schmied noch immer dort, mit dem Kaiser, der Tochter des Kaisers, den Rittern, den Höflingen, den Zwergen und allen, die sonst noch dort sind, und wartet mit ihnen auf den Tag, an dem ihnen allen die Erlösungsstunde schlagen wird.

86. Der Kampf mit dem Zwerg

Ein unangenehmes Erlebnis mit einem Zwerg hatte einmal ein Müller aus Sondershausen beim Kyffhäuser. L. Bechstein schreibt:

Es ist allgemeine Sage unter dem Volke in der goldenen Aue (39), *dass oft Venetianer auf dem Kyffhäusergebirge umhergewandert und noch umherwandern, dessen verborgene Schätze auszubeuten. Mancher soll zu Fuß gekommen, zu Pferd hinweggeritten sein; und mancher einem und dem andern Bewohner der Gegend die bekannte Rede anzuhören gegeben haben: „Ihr lieben Deutschen werft oft einen Stein nach einer Kuh, der mehr wert ist, als die Kuh selbst."*

In Sondershausen lebte ein Müller, namens Lau, ein großer und starker Mann, der unter der Potsdamer Garde gestanden hat; dieser ließ in den Brüchen auf dem Kyffhäuser seine Mühlsteine brechen. Eines Tages fuhr er, wie er selbst erzählt hat, mit einem Knappen auf den Berg, ließ diesen den Rennwagen fahren und schlug den Fußsteg ein, der ihn nahe zu dem alten Turme führte. Auf einmal trat ihm, wie aus der Erde gezaubert, ein kleiner, dicker und stämmiger Bursche nahe, in Bergmannstracht, und bot ihm guten Abend.

Nach einem Gespräch richtete der fremde Bursche an den Müller die Worte, indem er auf eine nahe Kluft zeigte: „Kriecht mit mir in diese Höhle hinein und helft mir einen Stein losbrechen, der soll uns beide glücklich machen."

Sachsenburg um 1840

Solchem Verlangen Folge zu leisten hatte aber der Müller ganz und gar keine Lust und schlug das Begehren ab. Darauf drohte der Kleine mit Zwang, worauf der Müller ihm einen derben Schlag versetzte. Alsobald fühlte er sich auch gepackt und mit solcher Heftigkeit zu Boden geworfen, dass ihm alle Rippen krachten, bald darauf wieder erhoben und wieder niedergeworfen; bald lag der Kleine unter ihm, bald er unter dem Kleinen, der mit der Gewandtheit eines Aales immer unter ihm hinwegschlüpfte, bis endlich der Knecht des Müllers seinem Herrn zu Hilfe kam und mit einem Stock auf den Kleinen losschlug. Da ließ dieser ab, verschwand in ein enges und schmales Bergloch hinein und kam nicht wieder zum Vorschein. Der Müller aber fuhr mit schmerzenden Gliedern und blauen Flecken nach Hause.

Wahrscheinlich ist der Bergmann ein Venetianer gewesen (32).

87. Die furchtbare Bestrafung

Im Roten Berg bei Kammerforst, im heutigen Nationalpark Haining in Thüringen, wohnten freundliche Zwerge, die den Menschen sehr zugetan waren. Aber wehe, man schätzte sie gering oder verlachte sie, oder man ließ sich sonst etwas zu Schulden kommen, so schlug ihr Wohlwollen ins Gegenteil um, und das war sehr schlimm! Einst pflügte ein Bauer sein am Roten Berg gelegenes Feld. Als er sich ermüdet auf den Boden setzte, um sein Vesperbrot zu essen und einen Schluck Wasser zu trinken, hörte er aus dem Berginnern eine Kommandostimme: „Knetet den Teig, gebt ihn auf die Bleche und bringt die Kuchen zum Backofen!“ Dies wiederholte sich immer wieder, mal war die Stimme weiter weg, mal war sie näher. Offensichtlich galt dieser Befehl für mehrere, nicht direkt nebeneinander liegende Räume. Auch war ein emsiges Werken unter der Erde zu hören.

Der Bauer rief mehr im Scherz als ernsthaft: „Oho, bei euch ist Backtag! Vielleicht kann ich auch ein Stück Kuchen bekommen!“

Er ging zum Mittagsmahl nach Hause und am Nachmittag wieder zu seinem Feld, um sein Tagwerk zu vollenden. Als er bei seinem Pflug eintraf, bekam er ganz große Augen; lag doch tatsächlich ein großes, noch warmes Stück Kuchen auf diesem. Zunächst besah er ängstlich das Gebäck, aber es duftete so verlockend, dass er es in die Hand nahm und kräftig hineinbiss; und weil der Brocken so köstlich war, aß er gleich alles auf.

Auf einmal stand ein Zwerg neben dem Bauern. Er sah eigentlich so aus, dass einem der Appetit vergehen müsste: Er war von extremer Hässlichkeit, die Haare auf dem riesigen Kopf und der Bart waren total verfilzt. Zerrissen und schmuddelig sah die Kleidung aus. Sogleich sagte er: „Ich sehe, der Kuchen war ganz nach deinem Gusto. Wenn du willst, dann kannst du jeden Tag von diesem Kuchen bekommen!“

„Das wäre herrlich“, entgegnete der Bauer, der den Kleinen gar nicht mehr so abstoßend fand.

„Höre“, sagte der Zwerg, „am Ende deines Ackers, auf dem großen Stein, liegt eine kleine Rute. Diese nimm mit nach Hause, und immer wenn du Appetit auf Kuchen hast, dann schlag ans Bratrohr und sag:

‚Eins – zwei – drei – Wichtel schaff Kuchen herbei!‘

Und schon findest du darin den Kuchen. Aber jetzt merk gut auf! Du darfst keiner Menschenseele davon erzählen! Du darfst auch niemandem davon etwas abgeben! Der Kuchen ist nur für dich ganz allein bestimmt. Solltest du gegen diese Auflage verstoßen, so wird es dir grauenhaft ergehen.“

Ehe der Mann noch irgendetwas sagen konnte, war der Zwerg nicht mehr zu sehen. Und wirklich, auf dem Stein lag das Rütchen, das er ehrfürchtig in die Hand nahm und in seiner Joppentasche versteckte. Am nächsten Tag, als er einen Kuchenhunger verspürte, schaute er, dass niemand von der Familie oder dem Gesinde in der Nähe der Küche war, und tat wie ihm der Zwerg geheißen. Dann öffnete er die Röhre und fand ein Stück herrlichen Kuchen. Und so ging das über eine lange Zeit.

Die Tochter des Bauern heiratete einen sehr wohlhabenden jungen Mann. Natürlich fand eine große Hochzeit mit vielen geladenen Gästen statt. Essen wurde mehr als reichlich aufgetragen, aber am Nachmittag, bei der Kaffeetafel, wurde der gesamte vorhandene Kuchen aufgegessen. Nach dem Abendessen sagten einige Gäste, dass sie jetzt gerne noch ein Stück Kuchen als Nachspeise hätten. Der Brautvater bedauerte es sehr, dass nichts mehr vorhanden war. Da fingen die Leute an, ihn zu hänseln, und einer, der dem Alkohol schon kräftig zugesprochen hatte, meinte sogar: „Das ist mir eine schöne Hochzeitsfeier, wo die Gäste hungrig nach Hause gehen müssen.“

Der Bauer war ziemlich erzürnt, ließ sich aber nichts anmerken. Er schlich in die Küche. Wohl erinnerte er sich an die warnenden Worte des Zwerges, aber er dachte: „Dies ist die Hochzeit meiner Tochter. Sicher hat mein Gönner Verständnis für die Situation. Es ist eine einmalige Sache.“

Und er tat wie immer. Ein schöner Kuchen lag im Rohr und er setzte ihn seinen Gästen vor, denen er köstlich mundete und ganz rasch war nichts mehr davon vorhanden. Natürlich wurde Nachschub verlangt. Und wiederum verdrückte er sich in die Küche. Als er aber diesmal die Röhre öffnete, lag scharf stinkender Unrat darinnen. Darüber war der Bauer dermaßen in Wut und rief: „Ich bin enttäuscht von euch Zwergen! Wenn ich einen von euch Pack sehe, dann verprügle ich ihn so, dass er mehr tot als lebendig ist!"

Daraufhin vernahm er eine gespenstische Stimme: „Bauer, es könnte sein, dass du vorher dran bist. Ich hatte dich gewarnt!"

Jetzt war der Bauer ernüchtert; eiskalt lief es ihm den Rücken hinunter. Als er wieder zur Hochzeitsgesellschaft zurückkehrte, war diese gerade im Begriff sich aufzulösen. Plötzlich ein Aufschrei! Die Scheune stand in Flammen! Obwohl alle zusammenhalfen, den Brand zu löschen oder wenigstens einzudämmen, griff dieser auf Stall und Wohnhaus über. In der Morgendämmerung sah man von dem einstmals stolzen Gehöft nur noch Brandrückstände. Alles war vernichtet! Den Bauern selbst fand man tot in der Nähe des Hofs.

88. Der vermeintlich schlaue Bauer

Ein Bauer aus Gehofen in Thüringen fuhr nach Nordhausen am Harz, um dort sein Getreide auf dem Markt zu verkaufen. Plötzlich tauchte vor seinem Gespann ein Zwerg auf und sagte: „Wenn du mir deine Fracht verkaufst, dann brauchst du nicht bis zur Stadt fahren."

Sie wurden sich einig und der Bauer musste eine Anhöhe hinauffahren und dort an einer Öffnung seine Säcke abladen. Daraufhin nahm das Männlein den Bauern mit in den Berg, wo überall riesige Truhen standen, die mit Gold und anderen wertvollen Dingen gefüllt waren. Der Wicht sagte: „Du weißt selbst, wieviel du für dein Getreide auf dem Markt bekommen hättest. Also nimm dir diesen Betrag aus den Truhen, aber auf keinen Fall mehr."

„Ist schon gut", erwiderte der Landmann. Das Männlein wandte sich irgendeiner Tätigkeit zu und der Bauer fühlte sich unbeobachtet. Er stopfte alle seine Taschen so voll mit Goldstücken, dass diese schier am Platzen waren, und meinte dann: „Nachdem ich jetzt mein Geld bekommen habe, möchte ich möglichst schnell nach Hause."

„Sicher bist du ein ehrlicher Mann und hast nicht über den Wert des Korns hinaus Geld eingesteckt, oder?", sagte das Männchen. „Was denkst du von mir! Nie würde ich mehr nehmen als vereinbart", entgegnete der Bauer und verabschiedete sich. Der Zwerg rief ihm nach:

„Leb wohl! Du hast mich belogen und dich betrogen!“

Der Bauer hörte das; er raste mit seinem Gefährt bis zum nächsten Ort. Nicht dass er ein schlechtes Gewissen gehabt hätte! Nein, er hatte nur Angst, dass das Männlein doch etwas bemerkt hatte von seinem Diebstahl und ihm irgendeinen Streich spielen würde. Die Rösser waren überfordert worden und der Schweiß lief ihnen in Bächen vom Körper. Damit er der Tiere nicht durch Tod verlustig würde, ging er in einen Gasthof und versorgte sie gut. Dann verzog er sich in einen abgelegenen Winkel, um das Geld zählen zu können. Er freute sich riesig über das gute Geschäft, so nannte er es, und erschrak fast zu Tode, als er nur noch wertlose Bleimünzen in den Taschen fand.

Eilig rannte er zum Berg zurück. Es war herrliches Wetter, aber plötzlich verdunkelte sich der Himmel. Zuerst blitzte und donnerte es, dann fiel ein Platzregen, darauf kam Hagel; alles wurde begleitet von einem argen Sturm. Trotzdem ging er weiter. Um den Berg war dichter Nebel. Der Bauer schwitzte Blut und Wasser, rief verzweifelt nach dem Zwerg und jammerte: „Verzeih mir! Ich habe mehr Goldmünzen genommen als meine Ware Wert hatte. Es tut mir alles schrecklich leid! Aber gib mir bitte die mir zustehende Bezahlung!“

Ein paar Sekunden später empfing er, ohne dass er jemanden sah, ein Unzahl von Watschen; obwohl er versuchte, sein Gesicht mit den Händen abzudecken, prasselten die Ohrfeigen nur so auf ihn ein. Fast stolperte er über seine eigenen Beine, so rasch verließ er das Gelände. Er hörte den Zwerg höhnisch lachend rufen: „Du hast mich belogen und dich betrogen!“ Tagelang lief der Bauer mit geschwollenen Backen umher.

89. Das versäumte Leben

Mit einem schwer beladenen Fuhrwerk wollte ein Bauer aus Möhrenbach am Thüringerwald beim Rennsteig in die Kreisstadt. Es war schon spät im Herbst und es fing bereits an zu dämmern. „Wenigstens bis Crottendorf möchte ich heute noch kommen. Da werde ich nächtigen und morgen in der Früh kann ich dann mit meinen ausgeruhten Pferden weiterfahren“, dachte er bei sich.

Und plötzlich umfing ihn Dunkelheit; kein Mondlicht oder Sternlein wies ihm den Weg. Er hatte sich verirrt und wusste nicht, wo er sich befand. Wie aus dem Boden gewachsen, stand vor ihm ein Palast, aus dessen Fenstern helles Licht schien. Er war ganz verwundert, fuhr aber doch vor das Tor und klopfte. Ein uraltes weißhaariges Männchen öffnete und fragte: „Warum klopfst du? Was willst du?“ Der Bauer berichtete ihm von seiner misslichen Lage und bat um ein Nachtlager. Behände öffnete der Zwerg das Tor und sagte freundlich:

„Fahr herein. Deinen Pferden soll es nicht an Pflege und gutem Futter fehlen. Komm mit ins Haus!“

Dem Bauer wurde ein üppiges Mahl vorgesetzt und dann führte ihn der Kleine in eine Kammer, wo ein komfortables Bett stand, und wünschte ihm eine angenehme Nacht. Am nächsten Morgen wollte der Bauer für seine Unterkunft bezahlen, aber der Zwerg hob abwehrend die Ärmchen und sagte: „Noch nie habe ich eine Bezahlung von Leuten, die in einer Notsituation waren, angenommen. Aber eine Frage habe ich noch! Flattern diese bunten plärrenden Elstern immer noch herum?“ „Ja“, war die Antwort.

Darauf kam ein gequält-gepresstes „Ach“ von den Lippen des Wichts, der die Pforte öffnete, seinen Gast verabschiedete und dann wieder verschloss. Von dem prunkvollen Bau war nichts mehr zu sehen. Der Bauer schüttelte den Kopf und setzte seinen Weg fort. Wie er durch die ihm bekannten Orte, auf dem Weg nach Crottendorf, fuhr, sahen diese ganz anders aus als er sie in Erinnerung hatte.

Kopfschüttelnd trat er dann die Heimfahrt an. Wie er das Hoftor passieren wollte, traten ihm fremde Leute entgegen und verweigerten ihm die Zufahrt. Nach einigem Hin und Her wurde der Pfarrer gerufen. Durch Nachforschungen in alten Kirchenbüchern, fand man heraus, dass er sich genau 100 Jahre bei dem Zwerg aufgehalten hatte, und man erinnerte sich, dass dieses Schicksal schon viele andere mit ihm teilten (40).

90. Frau Percht und die Heimchen im Orlagau

Ludwig Bechstein schreibt 1853 über die Zwerge, die, nach dem Glauben der Leute, im Orlagau beheimatet waren:

Im Orlagau heißt Perchta (67) *die Heimchenkönigin und erscheint umschwärmt von der Elfenschar... In einigen Orten dieser Gegend heißen sie auch Butzelmännchen, Heimele, Erdmännele und werden gedacht als ganz winzig kleine Erdgeister, welche nur fingerlang sind und in den Mäuselöchern der Häuser wohnen. Gewöhnlich lassen sie sich in den Abendstunden sehen, sind weiß bekleidet, erweisen sich freundlichen Gemütes und führen in Zahl von mehreren Hunderten liebliche Kreiseltänze auf. Sie zeigen den Bewohnern des Hauses Glück oder Unglück im Voraus an und hinterlassen zuweilen, wenn man sie sorgsam hegt, köstliche, obschon höchst niedliche Geschenke, welche zur Morgenstunde in goldenen Kästchen vor den Mäuselöchern aufgestellt sich finden.*

In Schnefert bei Grobengereuth, auf dem hohen Biel, gab es vorzeiten Waldweibchen in Menge. Sie sprangen auf den Heuschobern und den Getreidegarben herum und spielten wie Kinder. Wenn Leute dazukamen, die sich bei dem Anblick der Kleinen blöde und furchtsam zeigten, so riefen sie ihnen freundlich zu: „Kommt immer her, treibt, was ihr wollt, wir tun euch nichts."

Doch benaschten sie die Arbeiter gern und trugen ihnen wohl halbe und ganze Brote weg.

Eine kecke Magd schritt am Dreikönigsabend nach Saaltal, einem Dorf unweit Wilhelmsdorf, dicht an der Saale, heim. Sie war in einer Lichtstube zu Neidenburg spinnen gewesen und hatte ihren Rocken rein abgesponnen, auch hatten einige Burschen ihr das Geleit gegeben bis zum Bergabhang, der sich ins Flusstal senkt. Den Bergpfad herauf zog Perchta mit dem Heimchenvolke, und die Magd stutzte, als sie eine stattliche Frau sah, von einer großen Schar Kinder umwimmelt, die noch dazu sich abmühten, einen großen Ackerpflug zu ziehen und bergauf zu schieben und Geräte zu schleppen.

Das kam ihr ganz komisch vor, und sie lachte hellauf, dass es drüben von der Bergwand widerhallte. Darob erschraken die Heimchen, dass sie abließen von ihrem Gerät, und alles, samt Pflug rollte wieder den steilen Pfad hinab.

Zürnend trat Frau Percht vor die Unbesonnene und blies ihr in die Augen. Alsbald schlossen sich diese in starrer Blindheit. Angstvoll irrte sie nun pfadlos über Stock und Stein, irrte die ganze Nacht, und erst am Morgen fand man sie und fuhr sie über den Strom zu ihrer Herrschaft in Saaltal, die sie nun aus dem Dienst wies, und so wurde die Hilflose eine Bettlerin. Da saß sie nun weinend und ihren Vorwitz bereuend am Weg und an der Überfahrstelle, und das geschah auch, als der Dreikönigsabend wiederkehrte.

Die Blinde hörte, dass eine Frau des Weges kam, Gewänder rauschten, und es trippelte und trappelte wie von vielen Kindern, und sie erhob ihre Stimme und flehte um eine Gabe. Die Frau aber war Perchta mit ihrem Völklein und sprach:

„Du sollst eine Gabe han. Vorm Jahr blies ich dir zwei Lichtlein aus, heuer zünd' ich sie wieder an", blies der Bettlerin ins Gesicht und schritt weiter. Mit einem Mal taten sich die Augen der Magd auf und sie sah wieder wie zuvor. Nie vergaß sie, was ihr geschehen, und sie erzählte es oft, andern zur Warnung und zur guten Lehre.

91. Das dankbare Holzweiblein

Eine Magd aus dem Vogtland, die für ihre Herrin in einem entfernten Ort Besorgungen machen musste, rastete am Waldrand und verzehrte ihr Brot. Da kam ein Holzweiblein (34) aus dem Wald und setzte sich zu ihr. Das Mädchen brach von seinem Brot ein Stückchen ab und gab es der Kleinen. Freudig verzehrte sie es. Dann nahm sie aus ihrem Körbchen einen Knäuel Flachs und sagte: „Danke, dass du mir von deinem Essen gegeben hast: Nimm diesen Knaul, leg ihn in eine Schublade von deiner Kommode und zieh den Garnanfang durchs Schlüsselloch. Da kannst du dann dein Lebtag spinnen davon, der Knaul wird nie zu Ende gehen."

Und so verhielt es sich auch. Das Mädchen war eine fleißige Spinnerin und der Knaul spendete immer weiter, endlos, wie es schien.

Eine Freundin kam zu Besuch, um gemeinsam zu spinnen, weil mit Unterhaltung die Zeit kurzweiliger ist. Da schüttelte die Kameradin den Kopf und meinte: „Was soll das bedeuten, dass du das Material zum Spinnen durch ein Schlüsselloch ziehst? So was wurde doch noch nie gemacht!"

Arglos erzählte die Magd von ihrem Erlebnis mit der Zwergin und dann spannen sie beide von dem Knaul. Aber es dauerte nicht lange, so zogen sie das Knaulende durchs Schlüsselloch.

92. Die törichte Bäuerin

Warum ein Holzweibchen (34) bei einer Bäuerin in Wilhelmsdorf im Vogtland Einzug hielt und nicht mehr im Wald leben wollte, ist nicht bekannt. Jedenfalls wohnte so ein kleines Geschöpf auf einem Bauernhof. Es verrichtete flink alle Arbeit im Haus und auf dem Feld. Es brauchten nur noch zwei Mägde eingestellt werden. Die Bauersfrau hatte ein schönes Leben. Am Abend setzte sich die Zwergin zu den Leuten in der Stube. Ihr Lieblingsplatz war das Ofenbänkchen und sie beteiligte sich auch an der Unterhaltung.

Allerdings, eine wunderliche Angewohnheit hatte die Kleine, und zwar wenn Klöße gekocht wurden oder Brot gebacken wurde. Wenn Klöße auf dem Herd standen und die Bäuerin ging kurz weg, um sich einer anderen Arbeit zu widmen, war danach nur noch die Hälfte der eingelegten Klöße da. Auch wenn Brot gebacken wurde, so schnell konnte die Frau gar nicht schauen, wie die Zwergin mit einem frischen warmen Brot in eine Ecke verschwunden war und genüsslich daran kaute. Die Bäuerin ärgerte sich über diese Marotten immer mehr und sagte dies ihr auch. Aber die Kleine kümmerte sich nicht darum.

Da erinnerte sich die Bäuerin, dass das Waldweibchen einmal mit erhobenem Zeigefinger folgendes Verslein sagte: „Pip kein Brot, schäl keinen Baum, erzähl keinen Traum, back keinen Kümmel ins Brot, so hilft dir Gott in aller Not."

„Hahaha! Jetzt krieg ich die Widerspenstige dran. Wenn sie mich ärgert, so ärgere ich sie auch", dachte die Frau. Allerdings schien sie den Ratschlags geistig nicht aufgenommen zu haben.

Als wieder Brotbacktag war, würzte die Bäuerin den Teig kräftig mit Kümmel und pipte das Brot (pipen heißt, kreuzweise die Fingerspitze in den Teig hineindrücken). Gewohnheitsmäßig nahm sich das Weibchen ein Brot, biss hinein, dann schrie es auf, und während es aus dem Haus stürzte, stieß es mit gepresster Stimme noch hervor:

„Sie haben mir gebacken Kümmelbrot, das bringt diesem Haus lauter Not!"

Es dauerte nicht lange, dann ging es mit dem Hof den Krebsgang. Obwohl die Bäuerin ihre Dummheit arg bereute, das Brot nicht mehr pipte und auch den Kümmel wegließ, der Reichtum schwand trotzdem.

93. Das übermütige Holzweiblein

Nicht immer waren die Holzweiblein (34) ruhig und brav. Manchmal packte sie der Übermut und sie trieben allerlei Schabernack, so wie jenes Holzweibchen auf einer Wiese beim Buchaer Galgenbuschholz im Vogtland. Ein Bauer machte sogenannte Heumandl, das ist eine besondere Aufschichtung von Gras, dass es trocknen kann.

Da kam ein Holzweiblein lustig trällernd aus dem Wald gehüpft, zupfte an dem aufgerichteten Gras, schlüpfte in die Heumandl hinein und werkelte darin so lange herum, bis sie einfielen.

Der Bauer redete der Zwergin gut zu, dass sie den Unfug lassen soll. Aber nichts nützte. Sie wurde immer ausgelassener und irgendwann hatte die Geduld des Mannes ein Ende. Mit seinem Rechen schlug er nach ihr. Da ging ein Geheul los! Sogleich kam ein Waldmännchen gesprungen und schrie den Bauern an: „Warum weint meine Frau? Was hast du getan?"

Ganz ruhig schilderte der Bauer den Sachverhalt und zeigte auf die kaputten Heumandl. Der Zwerg wandte sich seiner Frau zu und sagte:

„Du hast den Lohn für das erhalten, was du angerichtet hast. Hätte er dich ohne Grund, nur aus Mutwillen, geschlagen, so hätte ich grausame Rache an ihm geübt!“

Er nahm seine Frau bei der Hand und zerrte die Lamentierende mit sich fort.

94. Die verdiente Strafe

Zu einem Schafhirten bei Moderwitz in Thüringen, der gerade sein Brot aß, gesellte sich ein Moosweiblein (34) und bat: „Bitte gib mir doch ein klein wenig von deinem Brot ab.“

„Hoho! Da könnte ja jeder kommen. Wenn du was willst von meinem Brot, dann musst du dir das verdienen! Du bekommst etwas davon, wenn du mir Heilmittel für kranke Schafe sagst.“

Ganz eifrig nannte sie ihm Pflanzen für viele Krankheiten. Nach einiger Zeit unterbrach er die Zwergin und meinte höhnisch grinsend:

„Ich weiß jetzt genug. Aber trotzdem esse ich mein Brot allein auf. Such dir einen anderen Dummen, der sein Brot mit dir teilt!“

Enttäuscht verließ sie den Hirten, aber am Waldrand drehte sie sich nochmal um und rief lachend: „Du glaubst, mich überlistet zu haben! Hahaha! Aber das Kraut gegen den Bettel, eine ganz schlimme Schafkrankheit, das kennst du nicht.“

Es dauerte nicht lange, da brach diese Krankheit über die Herde herein und alle Tiere starben.

95. Die mitleidige Tagelöhnersfrau

Bei Wilhelmsdorf lag der Hungersberg. Eine arme Tagelöhnersfrau hörte, dass in diesem Bereich Bäume geschlagen wurden, und sie fragte den Besitzer, ob sie dort Abfallholz sammeln dürfe.

Sie hatte ihren Rückenkorb schon fast gefüllt, da hörte sie in der Nähe eines leises Weinen. Sie schaute sich um und sah, versteckt in einer aufgewölbten Baumrinde, ein Kleinkind. Sie dachte, dass seine Mutter sicher auch im Wald Holz oder Pilze sammle und gab dem hungrigen Kind Nahrung, denn sie hatte auch ein Baby zu Hause.

Just in dem Moment erschien ein Waldweiblein (34), deren Kind es war. Die Zwergin bedankte sich und gab der Frau das Rindenstück, in dem ihr Kind gelegen hatte. Die Frau hatte schon genügend Holz, wollte aber nicht unhöflich sein, brach ein Stückchen ab und warf es in die Kiepe.

Zu Hause sah sie, dass sich das Rindenstück in pures Gold verwandelt hatte.

96. Das traurige Holzweiblein

Ein Schäfer aus Knau im Vogtland und ein hübsches Holzweiblein (34) verliebten sich ineinander. Die Zwergin versorgte die Schafe und verrichtete alle anfallenden Arbeiten, so dass der Hirte das beste Leben hatte. Die Herde wurde immer größer und der Bursch kam zu großem Wohlstand. Gemeinsam gingen sie zu den Dorffesten und feierten freudig mit. Zunächst schauten die Dörfler etwas komisch, aber dann gewöhnten sie sich an das ungleiche Paar.

Eines Tages dachte der Mann: „Ich bin zu Wohlstand gekommen. Aber es ist doch an der Zeit, dass meine Liebste eine entsprechende Kleidung bekommt, wenn wir ausgehen. Sie hat immer das gleiche Röckchen an und irgendwie sieht es ganz schön schäbig aus. Was sollen denn die Leute von uns denken!"

Also ließ er ihr vom Schneider ein neues allerliebst aussehendes Kleidchen nähen und gab es ihr. Er dachte, sie würde sich freuen, aber sie schrie auf, weinte und presste hervor: „So ist das also! Du schämst dich meiner!" In großer Eile lief sie in den Wald und kehrte nicht mehr zurück.

97. Der Zwerg auf dem Heumandl

Ein Bauer hatte große schöne Heumandl auf seinem Feld nahe Gössitz in Thüringen errichtet. Das Heu war strohtrocken und zum Einfahren in die Scheune bereit. Als die Bäuerin gerade das letzte Heumandl auf den Wagen laden wollte, sah sie ein winziges graues Männchen auf der Spitze sitzen, das die Aussicht genoss. Es hatte ihr den Rücken zugewandt, also blieb die Frau von ihm unbemerkt. Natürlich wollte sie das Heu aufladen, aber zugleich wollte sie den Zwerg weder erschrecken noch vertreiben.

Also nahm sie ganz vorsichtig ein Büschel Heu nach dem anderen weg. Aber irgendwann hatte sie so viel weggenommen, dass der Schober fast ausgehöhlt war und in sich zusammenstürzte. Der Kleine fiel herunter! War das ein Schreck! Er fing hysterisch an zu schreien.

Sofort kamen die anderen Wichtel angerannt und riefen: „Wer hat dich da hinuntergestoßen? Bist du verletzt?"

Er antwortete: „Ich habe mir nicht weh getan. Und geschubst hat mich auch niemand! Ich bin ganz arg erschrocken! Plötzlich sank das Heu zusammen und ich fiel herunter. Nur gut, dass ich nicht unter dem Heu begraben wurde."

Von der Bäuerin, die dem Treiben zusah, nahmen sie gar keine Notiz und dann rannten sie in den Wald.

98. Die Wagendeichsel mit den drei Kreuzen

In einem Pferch bei Wöhlsdorf (41) hatte ein Schäfer seinen kleinen Karren stehen, den er zum Ausruhen und Schlafen nutzte. Aus dem nahe gelegenen Wald kam oft ein Holzweiblein zu ihm. Sie setzten sich dann auf einen Stein oder ins Gras, und während er ihr immer etwas von seinem Vesperbrot abgab, klagte sie ihm ihr Leid, das sie mit dem Wilden Jäger hat: „Es ist traurig, dass immer weniger Waldarbeiter nach dem Schlagen von Bäumen die drei Kreuze in den Stumpf hacken. Wenn wir uns vor dem Wilden Jäger auf solch einen Stubben flüchten können, dann kann er uns nichts anhaben. Viele von meinen Angehörigen fanden keinen mit den drei Kreuzen, wurden deshalb erjagt und in der Luft zerfetzt."

Dabei liefen ihr die Tränen über das alte runzlige Gesichtchen.

Der Bursche hatte arges Mitleid mit dem armen Weiblein. Nach längerem Grübeln hatte er eine Idee und meinte: „Mein Schäferkarren steht direkt am Waldrand. Ich schnitze jetzt mit meinem Messer drei Kreuze in die Deichsel. Dann kannst du immer gleich hierher laufen und dich darauf setzen, dann hat der Wilde Jäger keine Macht über dich!"

Die Zwergin war glücklich über diese Lösung. Da der Hirte während des Hütens oft strickte, gab sie ihm einen Knaul Wolle und sagte:

Wilde Jagd. Aus Bechstein um 1853

„Gib gut acht auf diesen Faden! Er hat kein Ende. Auch wenn du jeden Tag von früh bis spät strickst, so ist immer noch Garn da!“

Fast täglich besuchte sie ihren Retter. Dann saßen sie zusammen im Gras, oder nur er saß auf dem Boden und sie saß auf ihrer Deichsel. Immer wenn die Wilde Jagd (30) lärmend durch den Wald fegte, flüchtete das Weiblein und setzte sich auf die Deichsel. Aber irgendwann bemerkte der Wilde Jäger das Weiblein auf seinem Zufluchtsort. Wutentbrannt stürzte er darauf los und wollte es von der Deichsel zerren, was ihm nicht gelang. Als er die Erfolglosigkeit einsehen musste, kam er so in Rage, dass er die Deichsel, die ja nicht mit dem Boden, so wie die Baumstümpfe, verwurzelt war, vom Karren riss und damit samt Weiblein entschwand.

Sie wurde nie mehr gesehen; vielleicht haben sie die drei Kreuze auf der Deichsel gerettet, vielleicht aber hat sie das gleiche Schicksal wie ihre Verwandten erlitten. Der Schäfer war sehr unglücklich über den Verlust der Zwergin. Allen erzählte er von ihr und dem nicht enden wollenden Knäuel. Einmal kam ein Bauer bei ihm vorbei und sagte: „Dieses Märchen kannst du jemand anderem erzählen! Das gibt es nicht, dass ein Wollknaul nicht endet. Hahaha!"

Er provozierte den Schäfer immer mehr und am Ende bezichtigte er ihn der Lüge. Da wurde der Hirte sehr ungehalten, hielt dem Mann den Knaul hin und sagte: „Da hast du ihn! Nimm dir davon so viel du willst, dann wirst du mir schon glauben!"

Und damit hatte es ein Ende mit der Unendlichkeit des Knäuels.

99. Das gerettete Holzweiblein

In Breitenfeld im Vogtland kam ein Holzweibchen ganz außer Atem aus dem Wald gerannt, dem der Wilde Jäger hart auf den Fersen war. Da sah es am Waldrand einen Bauern, der auf seinem Feld gerade eggte. Die Zwergin rang nach Atem und hauchte mit letzter Kraft:

„Bitte versteck mich unter deiner Egge. Der Wilde Jäger verfolgt mich."

Der Bauer besann sich nicht lange, er hob die Egge ein wenig in die Höhe und sie schlüpfte darunter. Keine Minute zu früh! Der Wilde Jäger kam mit Gebraus auf den Landmann zu und herrschte ihn an:

„Hast du diese nichtsnutzige Kreatur gesehen? Sie muss aus dem Wald gekommen sein." Ganz ruhig antwortete der Mann: „Nein." Daraufhin preschte das Wilde Heer weiter.Als nichts mehr zu hören war, kroch das Holzweiblein unter der Egge hervor, bedankte sich und füllte die Taschen des Bauern mit Birkenlaub. Zu Hause angekommen, stellte er fest, dass sich das Laub in Gold verwandelt hatte.

100. Der belohnte Schuster

Ein Schuster hatte viele Aufträge, aber doch nicht so viele, dass er es sich hätte leisten können, einen Gehilfen einzustellen. Also werkelte er von morgens bis abends, und oft musste er dann die Ware noch ausliefern. In einer mondhellen Nacht machte er sich mit einem Paar Stiefel auf den Weg nach Oppurg.

Als er an einem Berg, dem Galgenberg, vorbeikam, vernahm er eine piepsende Stimme:

„He Schuster! Wir brauchen jemanden, der uns beim Spiel die Kegel aufstellt! Komm doch herauf zu uns und mach dies, nur eine Stunde lang!"

Er überlegte kurz und ging dann den Berg hoch.

Dort tummelte sich ein ausgelassenes Zwergenvölkchen und vergnügte sich beim Kegelspiel. Die Stunde war noch nicht um, da hatten die Kleinen die Lust am Spiel verloren, rannten davon und nur der Zwerg, der ihn vorher aufgefordert hatte, die Kegel aufzustellen, war noch da und sagte: „Du sollst nicht umsonst für uns gearbeitet haben. Du kannst die Kugeln und Kegel mitnehmen." Diese waren von so geringer Größe, dass er alle in die Stiefel packen konnte.

Er ging den Berg wieder hinunter und dann seines Wegs. Plötzlich tauchte ein riesiger Hund auf, der hinter ihm herrannte. Ehe das Tier in fassen konnte, warf er einen Kegel nach ihm. Der Hund riss das Maul auf, da war der feurige Rachen sichtbar, fing den Kegel auf, drehte ab und eilte zum Berg zurück. Aber ganz schnell war er wieder da; der Bauer warf eine Kugel nach ihm, dann wieder einen Kegel, und das wiederholte sich so lange, bis der Handwerker in Oppurg ankam. Da hatte er dann nur noch eine Kugel und zwei Kegel. Wie er sie betrachtete, waren die Kegel reines Gold und die Kugel reines Silber.

101. Der vergrabene Kobold

Von Kobolden behaupteten die Leute in bestimmten Gegenden Deutschlands, dass fast in jedem Haus einer wohne. Eine unheimliche Geschichte mit einem Kobold (4-8) aus Frauenbreitungen, das zwischen Wasungen und Bad Salzungen an der Werra liegt, erzählt Ludwig Bechstein um 1853:

Zu Frauenbreitungen am steinernen Haus sollte eine Ausbesserung vorgenommen werden, und da geschah es, dass ein Steinhauergeselle in der Mittagsstunde müßig aus einer Luke des Hauses in einen Garten hinabsah. Da sah er eine Frau gegangen kommen, die ging unter einen alten Birnbaum, grub dort ein Loch und setzte eine Schachtel hinein, die sie unterm Mantel verborgen gehalten hatte, und deckte das Loch mit Rasen sorglich wieder zu.

Nach Feierabend trieb den Gesellen zu sehen, was wohl die Frau dort möge vergraben haben, einen Schatz oder die Frucht eines Verbrechens. Er ging zum Baume, grub nach und erhob die Schachtel; als er sie öffnete, lag ein scheußlicher Kobold darin, eine halbe Elle lang, kohlschwarz wie der Teufel, und mit Telleraugen, welche glühten wie Feuer.

Der Gesell ließ vor Schreck und Entsetzen die Schachtel fallen, und wie sie hinplauzte, hüpfte der Kobold heraus, stieß eine helle, widerliche Lache aus, sprang um seinen Befreier mit höhnischen Grimassen herum und verschwand dann mit gellendem Gelächter, indem er dem großen Breitunger See zueilte, in den er sich stürzte. Den Gesellen packte ein Fieber und er starb an dem Schreck.

Nie hat man den Kobold wiedergesehen, auch nie die Frau erforscht, die solch gräulichen Schatz vergraben.

102. Die brennende Scheune

Ein Bauer war ganz niedergeschlagen, weil der im Haus lebende Kobold die Bewohner nur noch triezte und ärgerte. Deshalb beschloss er, den Zwerg zu vertreiben. Alle herkömmlichen Mittel fruchteten nicht. Im Gegenteil, der Wicht fand alle Bemühungen des Bauern noch lustig. Endlich meinte der Herr, den besten Rat bekommen zu haben. Ein Stammtischbruder hatte ihm geraten: „Es gibt nur eine Möglichkeit den Ungut los zu werden! Sperr ihn in die Scheune und setze sie in Brand!“

Obwohl sehr grausam, war dem Bauern alles egal. Er karrte seine Geräte aus der Scheune, vergewisserte sich, dass sich der Kobold auf dem Heuboden befand, versperrte das Gebäude und zündete es an. Er stand in einiger Entfernung und betrachtete aufatmend die vom Feuer bereits zusammengefallene Tenne; da hörte er hinter sich ein Geräusch. Er drehte sich um und sah zu seinem Schrecken den Zwerg im Karren sitzen. Der Kleine bemerkte nur: „Das war jetzt höchste Zeit, dass wir aus diesem Stadel herauskamen!“

Der Bauer musste einsehen, dass er diesen Zwerg nie mehr los werden würde.

103. Der rücksichtslose Bauer

Hans Kreppel, ein rabiater rücksichtsloser Bauer aus der Saalfelder Gegend in Thüringen, fällte Bäume. Ganz schüchtern näherte sich ein Moosweiblein und piepste mit leisem Stimmchen: „Ich bitte dich, schlag drei Kreuze mit deiner Axt in den Baumstumpf des Baumes, den du zuletzt fällst. Es ist nicht zu deinem Schaden.“ Dann ging es ins Gehölz zurück, aber der Mann ignorierte den kleinen Wunsch.

Auch am nächsten Tag bewegte sich die Zwergin vorsichtig auf ihn zu und sagte: „Warum hast du gestern die drei Kreuze nicht in den Baumstrunk geschlagen? Auch für dich wäre es gut gewesen, wenn du meiner Bitte nachgekommen wärst. Weißt du, der Wilde Jäger (34) hasst uns, und wenn er mit seinem Heer heranstürmt und wir können uns auf solche Stümpfe setzen, dann kann er uns nichts anhaben. Deshalb bitte ich dich erneut, mir den Gefallen zu tun.“

Höhnisch lachend meinte der Rohling: „Hahaha! Das ist doch lächerlich, dass drei solche Kreuzl helfen sollen! Und jetzt grad extra mach ich sie nicht in den Stumpf!“

Hierauf, und das hatte der wüste Geselle nicht erwartet, sprang ihm das Weiblein an die Brust und drückte ihn, dass ihm Hören und Sehen verging. Er konnte sich nicht wehren. Es schwanden ihm die Sinne und er sank zu Boden. Da ließ sie von ihm ab und entfernte sich. Als er wieder zu sich kam, fühlte er sich matt und krank. Aber er hackte mit letzter Kraft noch drei Kreuze in den vor ihm stehenden Baumstumpf und wankte dann nach Hause.

Nach ein paar Tagen hatte er sich so weit erholt, dass er seiner Fälltätigkeit wieder nachgehen konnte. Aber niemals vergaß er seither, die drei Kreuze an den Baumstümpfen anzubringen.

104. Die Wilde Jagd in Arnsgereuth

Früh, noch ehe der Tag zu dämmern begann, ging ein Bauer von seinem Haus in Arnsgereuth bei Saalfeld in Thüringen zu den Anhöhen, um in seinem Wald zu arbeiten. Plötzlich zog die Wilde Jagd (30) heran, unsichtbar, aber weithin hörbar. Aus Leichtfertigkeit oder Dummheit, schrie der Bauer so, als gehöre er zu den Jägern. Er kam sich dabei grundgescheit vor. Als er abends mit seiner Holzarbeit fertig war, packte er sein Werkzeug zusammen und ging heim. Wie er am nächsten Tag zur Arbeit gehen wollte und die Haustür öffnete, baumelte vor seinem Gesicht ein Viertel von einem von der Wilden Jagd zerfetzten Moosweiblein. Wie vom Blitz getroffen stand der Bauer da. Eilends lief er dann zur Burg in Wirbach, erzählte dem Schlossherrn, was passiert war und fragte ihn um Rat, was er tun solle.

Der Herr von Watzdorf dachte lange nach, wiegte den Kopf hin und her und meinte: „Rühr das Fleisch nicht an! Lass es, so wie es ist, hängen. Der Wilde Jäger wird kommen und es wieder mitnehmen. Damit ersparst du dir Schwierigkeiten."

Einige Tage später war das Fleisch wieder entfernt worden.

105. Hünschchen

Ludwig Bechstein ergänzt die vorige Sage über die Moosweiblein:

Auf der Kegelbahn in Preilipp, wo man die Saale weithin überschauen kann, waren sonntags die jungen Burschen des Dorfes versammelt bis in die sinkende Nacht hinein und machten sich lustig. Auf einmal erblickten sie den Wilden Jäger, wie er ohne Kopf über die Saale drüben hinritt. „Wartet, dem muss ich eins anhängen", rief ein vorlauter Bursche, „ich weiß, wie man ihn recht ärgern kann!"

Vergebens gaben ihm die andern gute Worte, er solle doch ja stille sein; er trat vor und rief laut:

„Hünschchen, Hünschchen!
Hast schöne rote Strümpfchen!"

Kaum hatte er das Wort ausgesprochen, da plätscherte es durch die Saale, und der Wilde Jäger rückte an. Eiligst ergriffen die Burschen die Flucht und sprangen in das erste beste Haus hinein, worin sie sich verschlossen und verriegelten.

Sie waren kaum hinein, da hielt der Wilde Jäger auch schon vor der Türe und pochte und tobte gräulich, und als beim anbrechenden Morgenlichte das junge, geängstigt gewesene Volk heraustrat, lag ein Stück rohes Fleisch vor der Haustüre, das einen fürchterlichen Gestank verbreitete.

Das Schlimmste bei der Sache war, sooft auch das stinkende Fleisch weggeschafft wurde, es kam ein- und allemal von selber wieder, bis zum nächsten Sonnabendabend – da verschwand es.

106. Der Zwerg als Helfer

Die Leidenschaft der Adeligen war das Jagen! Wie so oft, war der König von Thüringen mit seinen Gefolgsleuten und seiner Meute auf der Jagd. Plötzlich rissen die Hunde aus, verschwanden im Dickicht, umkreisten einen Baumstumpf, sprangen an ihm hoch und gebärdeten sich wie toll. Kein Zuruf oder Kommando konnte die lautstark bellenden Tiere von dem Baumstumpf wegbringen. Der König gab den Befehl, dass ein Diener den Strunk hochklettern sollte. Der meldete, dass er innen hohl sei und ein kleines Männchen darin sitze.

Sie zogen es heraus, und der König war so erfreut über diese „Beute“, dass er den Kleinen in seine Kutsche setzen ließ, die Jagd abbrach und nach Hause eilte. Dort sperrte er den Zwerg in ein Gewölbe. Der König ließ keinen an ihn heran und verpflegte ihn selbst. Niemand hatte Zutritt zu dem Gewölbe, den Schlüssel verwahrte er in seinen persönlichen Räumen.

Eines Tages musste der Regent in einen weit entfernt liegenden Teil seines Reiches reisen. Der kleine Sohn des Königs spielte im Schlosshof mit seinem Bällchen, das in ein Loch fiel und in diesem Gewölbe landete. „Bitte, wirf mir mein Bällchen wieder heraus“, bat der Prinz.

„Nein“, erwiderte der Zwerg, „denn du würdest es nicht wieder finden. Aber ich mache dir einen Vorschlag! Hol den Schlüssel, den dein Vater in seinem Zimmer aufbewahrt, und wenn du dann meine Tür aufgesperrt hast, dann gebe ich dir deinen Kullerball“.

Das Kind eilte davon, brachte den Schlüssel und sperrte das Gewölbe auf. Der Zwerg trat heraus, gab dem Kleinen sein Bällchen und sagte: „Ich war in einer misslichen Lage und du hast mir geholfen, dieser zu entrinnen. Vielleicht kann ich es dir einmal vergelten. Solltest du mal Hilfe brauchen, so gehe in den Wald, ruf nach mir und ich werde dir zur Seite stehen. Ich heiße Noah.“

Als der König zurückkam, ging er sofort zum Gewölbe. Aber wie erschrak er, als er feststellen musste, dass seine „besondere Jagdbeute“ nicht mehr da war. Schon bald war ihm klar, dass nur sein Sohn den Wicht aus seinem Gefängnis befreit haben konnte. Nach einer Befragung erzählte er dann auch, wie es zugegangen war. In seiner grenzenlosen Wut schrie der König: „Geh mir aus den Augen du Nichtsnutz! Ich will dich nie mehr sehen! Verlasse sofort das Schloss! Und wehe einer der Burgbewohner hilft dir, dann hat dieser mit einer sehr harten Strafe zu rechnen!“

Die Bediensteten waren bestürzt, und der Prinz verließ unter Tränen den Raum und dann die schützenden Mauern des Palastes. Das arme Kind zog umher und mitleidige Menschen gaben ihm gelegentlich ein Stückchen Brot. Aber schon bald stieß es auf einen Schäfer, der Mitleid hatte, es bei sich aufnahm und ihm Hütearbeiten überließ. Der Kleine sagte nicht, woher er kam, nur dass er Georg heiße.

Mit den Jahren wurde aus dem Knaben ein stattlicher Jüngling, der ein hübsches tugendsames Mädchen kennenlernte. Und bald waren sie ein Brautpaar.

In dieser Zeit hauste im Land ein blutrünstiger Drache. Jedes Jahr, immer am gleichen Tag, musste dem Ungeheuer ein Mensch geopfert werden. Versuchte man das zu umgehen, so brüllte der Drache lange Zeit und es war die Verwüstung des Landes durch ihn zu erwarten. Wieder war die Zeit da, dass das Menschenopfer dargebracht werden musste. Derjenige, der sein Leben lassen musste, wurde immer durch das Los ermittelt. Diesmal fügte es sich, dass es die Braut von Georg traf.

Der junge Mann war außer sich! Jetzt erinnerte er sich des wild aussehenden kleinen Männchens, und was es damals zu ihm gesagt hatte, als er es aus dem Gewölbe befreite. Hoffnung keimte in ihm auf. Er sagte zu den Leuten: „Ich bitte euch, mit der Opferung noch so lange zu warten, bis ich wieder zurück bin. Ich will den Drachen töten, und wenn das nicht möglich ist, so will ich mich anstelle meiner Braut opfern lassen.“ Alle waren damit einverstanden.

Georg hetzte los und hastete in den Wald hinein. Dort rief er nach Noah, der auch sofort erschien. Er schilderte ihm seine Not und bat ihn um Hilfe. Der wilde Mann gab ihm ein weißes Pferd sowie ein Schwert und sagte: „Zieh ein weißes Gewand an und setze dich auf das Ross. Wenn die Bestie erscheint, so wird sie gierig den Rachen aufreißen. Reite direkt auf den Drachen zu, führe das Schwert am Kopf des Schimmels herab und stoße es ihm in den Schlund.“

Georg tat alles, was ihm der Zwerg befohlen hatte. Der Freudenausbruch über das Erlegen des Untiers war grenzenlos. Die Tat des Jünglings verbreitete sich im Land. Ob seines kühnen Einsatzes wurde er sogar zum Ritter geschlagen. Aber die Leute fingen an, Georgs Herkunft zu erkunden. Er gestand ihnen dann, wer er wirklich war und was sich alles zugetragen hatte. Dabei erfuhr er, dass sein Vater gestorben war und er getrost nach Hause gehen konnte, um das Reich zu übernehmen. In Glück und Frieden, das galt auch für seine Untergebenen, lebte er mit seiner Familie und regierte sein Land mit Klugheit und Weitblick.

Zum Dank ließ Georg an der Stelle, an der er die Bestie erlegt hatte, eine Kapelle zu Ehren es Hl. Georg bauen.

107. Die Zwerge der Kammerlöcher

In Angelroda, im Tal der Zahmen Gera am Thüringer Wald, soll einst wegen der Zwerge, die hier in den sogenannten Kammerlöchern hausten, ein Brauch entstanden sein, der lange geübt wurde.

L. Bechstein schreibt Mitte des 19. Jahrhunderts darüber:

Nicht weit von Ilmenau liegt ein Dorf, Angelrode, und in dessen Nähe ist eine vielfach zerklüftete Bergwand mit mancherlei Schluchten und Höhlen, Felsenkammern gleich, welche man die Kammerlöcher nennt. In diesen Kammerlöchern hausten einst Zwerge in großer Anzahl. Sie wühlten von der Wache, so heißt der Berg oberhalb des Dorfes Angelrode, weil im Dreißigjährigen Kriege eine schwedische Lanzenwache dort gestanden, bis zum Kummel, dem vorspringenden Bergstock, an welchem das Angelroder Wirtshaus mit seinem vortrefflichen Felsenkeller gelegen, einen Stollen und gelangten durch diesen in den Wirtskeller, dem sie an Wein und Lebensmitteln merklichen Abbruch taten.

Die Zwerge hausten im Schoß der tiefen Felsenkammern lustiglich und taten sich gütlich an des Wirtes Wein und Bier und sonstigen Vorräten. Außerdem übten sie noch manchen Schabernack und manche Neckerei gegen die Bewohner der umliegenden Dörfer.

Der Wirt wusste lange nicht, wer seine Diebe seien, warf Verdacht auf sein Gesinde und seine Hausgenossen und kränkte diese und hatte viel Verdruss. Endlich geriet er auf den Einfall, Asche in den Keller zu streuen, um vielleicht an den Fußspuren die unsichtbaren Beizapfer zu erkennen. Und als er eines Abends dies getan und am andern Morgen nachsah, fand er zahllose kleine Spuren von Gänsefüßchen ähnlichen Füßchen, die aus einer Felsspalte im tiefsten Hintergrund des Kellers gekommen waren und in diese sich verloren.

Aus Bechstein um 1853

Der Wirt holte sich Rat bei einem weisen Mann, welcher lautete, man solle, wenn man die Nähe der stets unsichtbaren Zwerge vermute, mit Taxuszweigen (42) *nach ihnen schlagen, jeder Zwerg, der getroffen werde, würde dann augenblicklich sichtbar. Auch sei den Zwergen die Form des Kreuzes verhasst, und wenn man am Goldenen Sonntag* (43) *Eibenbüsche kreuzweise über ihre Wege lege, so beschritten sie letztere nimmermehr.*

Der Wirt befolgte den Rat, teilte ihn weiter mit, und am nächsten Trinitatissonntag (43) *stieg das halbe Dorf Angelrode hinauf in die Kammerlöcher, brach dort Eibenzweige ab und steckte sie kreuzweis an die Ställe, in denen die Zwerge das Vieh behext, und in die Keller, aus denen die Zwerge allerlei geholt. Ob auch einige der Zwerge von den Eibenruten getroffen und sichtbar wurden, weiß man nicht, der Rat des weisen Mannes blieb aber doch in Ehren, denn wenn kein Zwerg sichtbar wurde, so war es eben ein Beweis, dass keiner getroffen worden war.*

Das neckische Zwergvölkchen aber wanderte nun aus. In einer Nacht hörte man vom Kirchholz herab durch das Dorf und die jenseitigen unfruchtbaren Felsenhöhlen hinauf nach Rippersrode zu ein anhaltendes Trippeln und Trappeln, als ziehe ein Heer von vielen tausend kleinen Leutchen vorüber und ward ein leises Weinen und Schluchzen dabei vernommen. Nimmermehr kamen sie wieder.

Von Zeit an wurde es Brauch in Angelrode, dass alljährlich am Trinitatissonntag alt und jung hinauf auf den Weißenberg und in die Kammerlöcher ging, dort Taxuszweige brach und sie kreuzweise in die Küchen, Keller, Stuben und Ställe steckte. Und obschon der Aberglaube, dass damit den Zwergen und Hexereien gewehrt werde, verschwunden ist, so ist doch der Brauch geblieben, und namentlich säumt des Dorfes fröhliche Jugend nicht, am genannten Tage Eibenzweige von des Berges wundersamen Felsenkammern herabzuholen.

108. Der Kobold auf Schloss Waltersdorf

Die Knechte und Mägde auf Schloss Waltersdorf in Thüringen hatten ein herrliches Leben. Sie brauchten sich nicht abzurackern, sie arbeiteten ruhig und ohne Hetze vor sich hin, und was sie tagsüber nicht schafften, das erledigte in der Nacht der Hausgeist.

Wo er herkam, wusste niemand. Er war halt irgendwann einmal da und erwies sich als wahrer Segen. Noch nie waren die Kessel und Töpfe so blank geputzt, der Fußboden so sauber gescheuert und das Vieh im Stall so gut versorgt.

Die Küchenmädchen berieten, wie sie sich dem fleißigen Hausgeist gegenüber erkenntlich zeigen könnten. Sie kamen überein, am Abend ein Schälchen süße Milch auf den Herd zu stellen. Die Knechte dagegen spotteten und meinten: „Wenn dieser Wicht schon hier wohnen darf, dann ist es eine Selbstverständlichkeit, dass er mit anfasst. Von uns kriegt er nichts!“

Sie verrichteten ihre Arbeit nur noch ganz nachlässig. Denn, warum sollten sie sich ins Zeug legen, wenn der Kobold alles so gut versorgt!

Aber da täuschten sie sich! Über diese Einstellung ärgerte sich der Zwerg. Während er weiterhin in der Küche eifrig werkelte, stellte er seine Arbeit im Stall ein. Er trieb es sogar so weit, dass er Streit unter den Knechten anzettelte. Eine besondere Spezialität von ihm war, dass er einem Knecht von hinten eine Ohrfeige gab, und dieser dann annehmen musste, dass es der hinter ihm stehende Arbeitskamerad war.

Oder, sie saßen beim Kartenspiel und einem fiel eine Karte unter den Tisch; wenn der sich bückte, um die Karte hervorzuholen, so zwickte er dessen Nachbarn ins Bein, so dass dieser meinte, dass es der Mitspieler war, der die Karte gerade geholt hatte. Welche Anschuldigen und Beschimpfungen auftraten, die regelmäßig in eine wüste Rauferei ausarteten, kann man sich vorstellen.

Aber darüber freute sich der Zwerg, und dies war seine Rache an den Knechten, die niemals auf den Gedanken kamen, dass der Zwerg ihnen diesen Schabernack spielte.

109. Die Zinselmännchen

Bergzwerge, die in einer Tropfsteinhöhle, die zwischen den Dörfern Meschenbach und Rabenäußig in Thüringen liegt, wohnten, wurden von der Bevölkerung als Zinsel, Zinselmännchen oder Drigelein bezeichnet. Sie waren friedliche Zeitgenossen, aber eine Unart hatten sie: Sie konnten der Versuchung nicht widerstehen, wenn sie an einem reifen Erbsenfeld vorbeikamen; sie setzten sich zwischen die Pflanzen, pulten die Erbsen aus den Schoten und verschmausten sie laut schmatzend.

In seinem Ärger nahm ein Bauer einen Stecken und hieb damit zwischen die Pflanzen. Und tatsächlich gelang es ihm, einem Zinsel das Nebelkäppchen vom Kopf zu schlagen. Somit war es sichtbar und konnte ganz leicht gefangen werden. Wutentbrannt hielt der Bauer den Zwerg in seiner Hand, schüttelte ihn und rief: „So, endlich habe ich einen von euch Plünderern! Ich sperre dich in eine Kiste und was ich dann mit dir mache, weiß ich noch nicht! Oder, ich lasse dich laufen, aber dein Mützchen behalte ich zurück!“

Der Kleine weinte gottsjämmerlich und bat: „Bitte schenk mir die Freiheit. Aber sie ist für mich wertlos ohne mein Mützchen. Ich darf nicht zu meiner Sippe zurück ohne dieses. Wenn ich frei bin, so werde ich mich dir gegenüber erkenntlich zeigen. Ich stecke dir in den Acker eine Rute. An der Stelle ist ein Schatz vergraben. Er gehört dir!“

Und weil er ihn so treuherzig anschaute, gab ihm der Bauer sein Käppchen und ließ ihn laufen. Als der Herr am nächsten Tag zu seinem Erbsenfeld ging, um nach dem markierten Schatz zu suchen, sah er gleich, dass ihn der Zwerg betrogen hatte. Über den ganzen Acker verteilt steckten unzählige Ruten im Boden; an ein Heben des Schatzes war nicht zu denken. Der Bauer war sehr ergrimmt über die Arglist des Zwerges und sann auf Rache.

Munter verschmausten die Zinsel weiterhin die Erbsen. Tatsächlich gelang es dem Bauern, erneut einen dieser Zwerge zu fangen. Aber kein Bitten und Betteln half. Der schon einmal betrogene Bauer nahm eine Schaufel und erschlug ihn. Damit hatte das Zwergenvolk nicht gerechnet. Noch in derselben Nacht soll es fortgezogen sein.

Aber heute noch wird diese Tropfsteinhöhle als Zinselhöhle bezeichnet.

110. Die Böhlersmännchen bei Arnstadt

Nahe Arnstadt an der Gera befindet sich ein enger und sehr tiefer Taleinschnitt, der, niemand weiß warum, Jonastal heißt. Wer tief in dieses Tal hineingeht, kommt zu einem Felsen, in dem oben eine Höhle zu sehen ist. Das ist das Böhlersloch, und die Zwerge, die darin wohnen, werden Böhlersmännchen genannt. Sie sind zwar gutartig, aber manchmal auch boshaft und zu Schabernack aufgelegt. Im Aussehen gleichen sie den Nievelmännchen und Quewelmännchen, wie sie bei Limburg an der Maas vorkommen.

In Thüringen gibt es noch viele andere Zwerghöhlen oder Wichtleinslöcher, etwa bei Buffat an der Ilm, bei Dillstädt und Wichtshausen oder bei Salzmünde und Meiningen. Wie es heißt, haben sich in diesen Höhlen während kriegerischer Auseinandersetzungen, etwa zur Zeit der Hunneneinfälle, die geängstigten Menschen verkrochen und so überlebt.

111. Das kranke Zwergenkind

Oft war es üblich, dass Zwerge in den Häusern Nahrungsmittel für ihre Angehörigen stibitzten. Ein bei Quedlinburg lebender Bauer ging nach Hause. Da rief hinter ihm jemand, ohne dass dieser Jemand zu sehen war, her: „Bauer, sag dem Fredecke, dass es seinem Kind sehr schlecht geht und es in Kürze sterben wird!“

Zu Hause angekommen, schlüpfte er in bequeme Kleidung und setzte sich zu Tisch. Dann sagte er zu seiner Frau: „Weißt du wer Fredecke ist?"

„Nein, den Namen habe ich noch nie gehört. Jedenfalls von unserem Gesinde ist es niemand. Aber warum fragst du?", erwiderte sie.

Er antwortete: „Ich habe heute etwas Merkwürdiges erlebt. Ohne dass ich jemanden gesehen habe, hörte ich eine Stimme. Ich soll Fredecke mitteilen, dass sein Kind sterben wird. Weißt du was das bedeuten soll?"

Im nächsten Augenblick rief jemand mit verzweifelter Stimme: „Ihr sollt verflucht sein! Ihr habt kein Salz in den Sauerteig gegeben!"

Offensichtlich hatte der Zwerg von diesem Brot dem Kind etwas zu essen gegeben. Wenn Zwerge solches Sauerteigbrot ohne Salz essen, dann werden sie krank.

112. Der Lohn der Musikanten

Lustig ging es bei einer Tanzveranstaltung zu und das Trinkgeld für die vier Musikanten war sehr gut. Deshalb befanden sie sich auch in Hochstimmung. Als sie auf dem Nachhauseweg am Schloss vorbeikamen, sagte der Bassspieler:

„Für uns war das heute ein sehr guter Tag! Der alte Graf ist immer freundlich und bezahlt uns gut, wenn wir für ihn Arbeiten verrichten. Wisst ihr was, wir spielen jetzt für ihn noch ein Ständchen. Er freut sich gewiss darüber!"

Die anderen stimmten sofort zu und sie setzten ihr Vorhaben in die Tat um. Als sie fertig waren und ihre Instrumente wieder einhüllten, stand plötzlich ein graugekleideter Zwerg vor ihnen, lachte sie freundlich an, hielt vier Zweiglein, die voller Bucheckern waren, in seinem kleinen Händchen und gab jedem Musikanten eines davon mit den Worten: „Das Spiel war sehr schön. Bringt euren Kindern die Zweige mit nach Hause, die freuen sich sicher über die Bucheckern!"

Daraufhin war der Kleine verschwunden. Auf dem Nachhauseweg sagte einer von ihnen: „Was sollen wir mit diesen lächerlichen Ästchen? Bucheckern gibt es überall. Mir ist nicht bekannt, dass meine Kinder die essen. Hätte die wunderliche Gestalt uns eine Süßigkeit für die Kinder gegeben, ja, das wäre eine Freude gewesen!"

Er warf das Zweiglein weg und zwei seiner Kollegen taten es ihm gleich. Nur der Bassspieler behielt es und legte es seinen Kindern auf das Tischchen.

Als diese am Morgen erwachten, rannten sie zum Vater und sagten: „Was sind das für seltsame Nüsse, die du uns mitgebracht hast? Wir können sie nicht knacken! Schau her!“ Als der Vater das Ästchen betrachtete, sah er, dass es aus purem Gold war.

Gleich lief er zu seinen Kollegen und erzählte ihnen von der Zweigleinverwandlung. Sofort brachen sie auf und liefen den Weg ab, durchsuchten den ganzen Wiesenrain, um ihre Zweiglein zu holen. Aber sie fanden nichts (45).

113. Die schwarzen Männlein von Bernhausen

In Bernhausen, das in einem Seitental der Felda liegt, etwa zehn Kilometer von Bad Salzungen entfernt, entdeckte einmal ein Bauer, wie seltsame kleine schwarze Männlein an der Ostseite der Kutte fröhlich umherhüpften. Neugierig kam er näher heran, aber als sie ihn bemerkten, liefen sie davon und sprangen in die dort befindliche Wassergumpe. Auch ein anderen Bauer, der mit seinem Sohn an dieser Stelle vorbeiging, entdeckte die schwarzen Männlein und der Junge rief: „Schau nur, Vater, die Schornsteinfeger sind schon wieder da!“

Der Mann aber zog seinen Sohn rasch von der Stelle fort. Die schwarzen Zwerge wurden noch öfter gesehen, fügten aber nie jemandem ein Leid zu.

114. Die Hütchen in den Hörselbergen

In einem Ort hinter den Hörselbergen, einem Höhenzug nahe Eisenach, soll es früher Hütchen – wie dort Zwerge genannt werden – gegeben haben. L. Bechstein erzählt diese Überlieferung um 1853 so:

...Hütchen, das sind kleine Hausgeisterlein von gar hilfreicher Art, doch leidlich zu erzürnen. Ein solches Hütchen war im Gehöft eines Bauers viele Jahre lang, half bei der Arbeit unsichtbar und ließ sich wohl bisweilen auch sehen. Zusehends mehrte sich des Bauers Reichtum, aber wie es fast immer der Fall ist, dass der, welcher hat, nie ge-

nug haben kann, so auch dieser Bauer. Einmal erblickte er das kleine Hütchen, wie sich's gar emsig plackte und mit aller Mühe einen langen Strohhalm, der ihm sehr schwer zu halten war, die Bodentreppe hinanzog. Über solche zwecklose und nichtsnutzige Arbeit erzürnte sich der Bauer, fuhr das Hütchen zornig an und rief:

„Ei, dass dich, du fauler Schlingel!"

Augenblicklich verschwand das kleine Hütchen, auf der Treppe aber lag jetzt sichtbar ein großer Sack voll Getreide, daran vier Männer zu tragen hatten; das war der Strohhalm gewesen.

Das Hütchen ließ sich nie mehr weder hören noch sehen, und nach einiger Zeit brannte das Haus des reichen Bauern nieder samt der vollen Scheuer, sein Vieh fiel, und er kam durch allerlei Unglück so herunter, dass er bettelarm wurde.

115. Das Kellermännchen in Lützen

Im Jahr 1665 soll sich diese seltsame Geschichte in Lützen zugetragen haben. Aus dem Keller eines Hauses im Ort kam ein winzigkleines Männlein, ging zum Brunnen im Hof und schöpfte dort Wasser. Als es ins Haus zurückkehren wollte, trat gerade eine Magd heraus und fiel fast in Ohnmacht, als sie das kleine Männlein erblickte.

Als sie sich ein wenig gefasst hatte, kniete sie nieder, bekreuzigte sich und fing an zu beten. Daraufhin kniete sich auch das Männlein hin und betete ebenfalls.

Wie es weiter heißt, brach kurz darauf ein verheerender Brand in Lützen aus, dem fast alle Häuser zum Opfer fielen. Das Haus aber, in dem das Kellermännlein wohnte, blieb unversehrt, obwohl die unmittelbar angrenzenden Gebäude auch ein Raub der Flammen wurden.

116. Die Wichtel von Kupfersuhl

Christian von Wackenhof bei Kupfersuhl am Rand des Thüringer Waldes berichtete Ende des 19. Jahrhunderts:

Mein Vater selig hat's genug mal erzählt, wie's vordessen hierum von Wichteln gewiebelt und gewabelt hat, wer sie nur so hat sehen können. Bei uns hier auf dem Wackenhof hatten sie sich auch einge-

nistet und waren Knechten und Mägden gar behilflich bei der Arbeit. Hunde und Pferde dagegen mochten sie nicht leiden und übten an ihnen allen Schabernack aus. Nun hatte – ich glaub, es war mein Ellervater – der hatte einen Schimmel im Stalle. Den durfte er kämmen und striegeln, wie er wollte – am andern Morgen war er wieder so struppig und widerhaarig wie zuvor, und Mähne und Schwanz waren jedesmal in so miserable Zöpfe geflochten, dass sie kaum wieder auseinandergekluppert werden konnten. Und das hatten nur die Wichtel getan (45).

Noch schlimmer soll es im Gerstunger Schloss gewesen sein. Dort haben die Wichtel die Pferde so geärgert, dass sie nicht im Stall zu halten waren, auch wenn man sie doppelt mit Ketten festmachte. Sie rissen alles entzwei, tobten mit Schaum vor den Mäulern und wüteten so lange, bis sie ins Freie gebracht wurden.

117. Der fliegende Schäfer

Eine andere, sehr seltsame Geschichte soll sich einst ebenfalls am Wackenhof bei Kupfersuhl zugetragen haben. Der Schäfer trieb einmal seine Herde oberhalb des Gehöftes auf der Trifft an den alten Schächten vorbei und hatte dabei folgendes Erlebnis, das Paul Quensel so bescheibt:

Da kommt aus einem der Löcher in der Nähe des Teiches auf einmal ein kleiner Wichtel herausgehüpft, dreht sich auf dem Absatz herum und ruft in das Loch hinein.

„Werft mir einmal mein schwarz Käppchen heraus!"

Und plautz, kam eins geflogen. Der Wichtel setzte es auf – und fort war er.

Da dachte der Schäfer: Hm, willst es auch einmal probieren! Trat vor das Loch und rief:

„Werft mir einmal mein schwarz Käppchen heraus!"

Und plautz, hatte er auch eins. Der Schäfer setzt es ebenfalls auf, und sogleich sah er den Wichtel wieder vor sich stehen. Die beiden machten nun Freundschaft, und der Schäfer versprach, mit dem Kleinen zu ziehen. Der gab ihm zuvor noch allerlei guten Rat:

Aquarell von Schlitt (Ausschnitt) 19. Jh.

Es werde alles gutgehen, wenn er sich unterwegs nur vor Speisen hüten wolle, in denen Kümmel sei. Der Schäfer versprachs, und fort gings durch die Lüfte.

Als sie gegen Mittag hungrig auf einen Pachtershof kommen, setzen sie sich ungesehen zu den Leuten an den Tisch und lassen sichs herrlich schmecken. Auf einmal kommt aber Zwiebelbrühe mit Kümmel. Der Wichtel legt den Löffel beiseite, unser Schäfer dagegen vergisst sich richtig, und kaum hat er etwas zu sich genommen, so wird ihn die ganze Tischgesellschaft gewahr, und der verblüffte Pachter nahm ihn gehörig ins Gebet. Er musste beichten, woher er sei und wie er so plötzlich unter sie gekommen, und war zuletzt froh, dass er den weiten Rückweg mit heiler Haut antreten durfte.

118. Der geizige Bauer

Treu und brav diente in Schmalzroda ein Kobold seinem Herrn. Nicht nur alle Arbeiten in Haus und Hof hatte der Zwerg zu verrichten, nein er musste auch dem Bauern alle möglichen Dinge, z. B. Futter für das Vieh, Getreide, Geld usw. herbeischaffen. Aber der Bauer wurde immer gieriger! Die Mengen des Herbeischaffens konnte der Zwerg nicht mehr bewältigen. Deshalb beschloss er, vom Hof zu gehen. Lange dachte er nach, wohin er gehen könnte. Und da fiel ihm ein, dass sein Herr einen Verwandten in Bischofsroda hat. Von diesem wusste er, dass er ein rechtschaffener Mensch ist. Zu diesem machte er sich auf den Weg, trat in sein Haus und bat um Aufnahme.

Der Hausherr wollte keinen Kobold, und sei er auch noch so fleißig, im Haus haben und lehnte ab. Der Kleine wollte sich nicht abweisen lassen und bettelte darum, doch bleiben zu dürfen. Endlich ließ sich der Bauer erweichen und sagte: „Gut, ich will dich behalten, aber nur unter einer Bedingung, und zwar wenn du mit mir betest. Ich spreche dir jeden Satz des Gebetes vor und du sprichst ihn nach. Wenn wir zu Ende sind, dann kannst du bleiben."

Der Kleine war einverstanden. Der Bauer betete vor, der Kleine betete nach. Im Gebet tauchten die Worte „das Blut Jesu Christi" auf. Hier setzte der Wicht mehrmals an. Er brachte aber nur „das Blut" über die Lippen. Immer wieder versuchte er es. Aber „Jesu Christi" konnte er nicht aussprechen. Daraufhin geriet der Kobold in Rage, trampelte herum und verließ das Haus.

119. Das Hütchen am Rennsteig

Ein Hütchen, wie in Thüringen und auch anderswo die hilfreichen Hausgeister oft genannt werden, half einmal in einer Schleifmühle bei Ruhla am Rennsteig. Es war fleißig und umsichtig, stieß aber immer wieder einen merkwürdigen Pfeifton aus. Einmal wollte der Meister den Kleinen foppen und ahmte diesen Pfeifton nach. Von Stund an ließ sich das Hütchen nie mehr blicken und half auch nie mehr.

Aus dem Ort Steinbach erzählte ein Schleifer:

Unsere Alten hatten's freilich besser als wir; denn sie brauchten nicht Tag für Tag am Amboss, Schraubstock oder in der Schleifkote zu stehen; denen halfen nachts die fleißigen Berggeister arbeiten. Sie sind aber schon lange auf und davon. Der letzte der Kleinen hat noch einem Schleifer in seiner Kote da droben im Grunde gar mächtig sekundiert. Dem durfte der Schleifer abends noch so viel Messerklingen hinlegen, am Morgen fand er sie immer so herrlich geschliffen, wie er selbst es nimmermehr vermocht hätte. Da verplapperte er aber einmal das Geheimnis, und von Stund an machte der Kleine Feierabend in der Schleifkote, und seit jener Zeit hat sich nicht einer jener hilfreichen Geister wieder blicken lassen (Quensel S. 221).

120. Die Zwerge unter der Linde in Meura

Im Thüringer Wald am Hang des Sorbitztales liegt der Ort Meura. Dort wohnten unter einer mächtigen Linde Zwerge, hier Querliche genannt. Sie lebten friedlich mit den Menschen und halfen ihnen gerne. Unter der Linde wurden immer die Feuerleitern abgelegt, wenn sie nicht gebraucht wurden. Hatte nun eine Bäuerin im Dorf einmal so viel Flachs, dass sie ihn trotz Hilfe durch ihre Mägde und Nachbarinnen nicht verspinnen konnte, so legte sie ihn abends auf die Feuerleitern und ein Geldstück dazu. Am nächsten Morgen fand sie das fertig gesponnene Garn vor, das Geldstück aber war verschwunden. Hatte eine Bäuerin zuviel Geld hingelegt, dann nahmen die Querliche nur so viel, wie ihnen für ihre Arbeit zustand, und ließen den Rest liegen. Einmal aber bezahlte eine geizige Bäuerin zu wenig.

Da wurden die Querliche zornig und zogen von der Linde fort.

121. Wechselbalg

Auch in Thüringen war die Ansicht, dass Zwerge neugeborene Kinder der Menschen stehlen und dafür im Austausch einen Wechselbalg (23) hinlegen, weitverbreitet. Der Schriftsteller Paul Quensel schildert, was ihm bei seinen Nachforschungen darüber berichtet wurde:

„Eine Frau aus Willmars", so erzählt eine andere Frau aus dem gleichen Ort, „ging einst hinauf nach der alten Stockheimer Warte in die Beeren. Da ihr Korb noch nicht voll und ihr kleines Kind eingeschlafen war, so legte sie es vorsichtig in die Nähe des alten Turmes

und suchte weiter. Auf einmal hört sie ein jämmerliches Geschrei. Voller Angst stürzt sie nach dem Turm und entdeckt mit Entsetzen, dass ihr das bildschöne Kind gegen einen häßlichen Balg ausgeweschselt worden ist. Ihr Jammer war groß, und doch blieb der armen Frau nichts anderes übrig, als den Wechselbalg mit nach Hause zu nehmen und ihn gut zu behandeln, weil man weiß, dass die Zwerge, wenn sie Kinder eintauschen, diese ebenso behandeln, wie ihr Wechselbalg behandelt wird. Der Balg aber blieb bei aller Pflege eine missgestaltete Person, eine Art Zwerg mit einem dicken Wasserkopf, und lernte nie reden. Er war aber gutmütiger Natur und hörte auf den Namen Kober. Ich habe ihn selbst gar gut gekannt."

Einer Frau aus Kupfersuhl soll einmal Folgendes erlebt haben. Paul Quensel weiter:

Sie hörte von der Seite her, wo sie ihr Kind niedergelegt hatte, ein gar grausames Geschrei, und als sie an den Platz kam, da war das Unglück geschehen. Sie aber resolvierte sich kurz, fasste den unflätigen Dickkopf bei den kleinen Beinen, riss ihn vom Lager und hieb darauf los wie auf altes Eisen. Der Balg krisch lästerlich, sie aber ließ ihn liegen. Kaum jedoch war sie wieder ein Stück davongegangen, als sie ihr eigenes Kind an jener Stelle arg wimmern hörte. Und da lag es richtig wieder an dem alten Platz, war aber ebenso blitzblau durchgeprügelt worden als von ihr der Wechselbalg.

Antonie Schuch erzählt dazu einen anderen Fall: Eine Bäuerin hatte das Pech, dass ihr Kind von den Unterirdischen ausgetauscht wurde. Jahrelang quälte sie sich mit diesem Wechselbalg ab, der weder wuchs noch ein Wort sprach, aber Unmengen verzehrte. Nachdem schon sieben Jahre vergangen waren, kam am Gehöft eine weise Alte vorbei. Der klagte die leidgeprüfte Bäuerin unter Tränen ihren Kummer. Die Alte gab ihr folgenden Rat: „Nimm die Schale von einem Gänseei, füll Bier hinein und lass es über einer Flamme brodeln. Wenn das Kind zu sprechen beginnt, dann ist es ein ausgetauschtes Kind. In diesem Fall greifst du nach einem Prügel und schlägst den Kielkropf (anderer Name für Wechselbalg).

Die Bäuerin tat wie ihr die Alte geraten. Als das Kind das kochende Bier in der Gänseeierschale sah, rief es aus: „Ich bin so alt wie Brennholz im Wald! So was habe ich noch nie gesehen!"

Die Bäuerin antwortete mit erhobener Stimme: „Aha, du hast das Alter von Brennholz! Du bist nicht mein Kind!"

Sie drehte sich um, nahm den bereitgestellten Stecken und wollte damit das Kind schlagen. Aber noch ehe sie ihr Vorhaben in die Tat umsetzen konnte, hetzte eine Zwergin zur Wiege, riss ihr Kind heraus und rannte davon. Kaum hatte sie den Raum verlassen, da stand ein wohlgewachsenes hübsches siebenjähriges Kind neben dem Bettchen.

122. Das Futtermännchen von Thiemendorf

In einem Gutshof in Thiemendorf bei Heideland hörte das Gesinde eines Nachts aus dem Stall Geräusche, als würde jemand arbeiten. Da meinte einer der Knechte: „Sollten wir nicht nachsehen, was los ist?“

Aber sein Kamerad murmelte nur: „Lass gut sein! Jeden Abend, wenn wir mit unserer Tätigkeit fertig sind, dann geht der Herr noch durch die Ställe und das Gehöft, um zu schauen, ob alles in Ordnung ist. Was sollen wir uns Sorgen machen! Morgen haben wir wieder einen anstrengenden Tag. Schlaf weiter!“

Als die Knechte und Mägde in der Früh den Stall betraten, wie staunten sie! Alle Arbeit war getan. Und so war es täglich, denn ein Zwerg, in der dortigen Gegend als Futtermännchen bezeichnet, hatte seinen Einzug gehalten. Kein anderer Bauer hatte so prächtige Tiere; auch wuchs der Reichtum des Hofes stetig. Aber nicht nur der Reichtum des Bauern nahm zu, leider auch die Faulheit des Gesindes, und das konnte der Kobold überhaupt nicht ausstehen! Sie vertrödelten die Zeit und abends feierten sie bis tief in die Nacht hinein. Und wenn es wieder recht lustig war und der Alkohol sein Übriges tat, dann entkleideten sie sich nicht einmal mehr, sondern legten sich in voller Montur ins Bett.

In seinem Ärger schlich dann der Kleine in die Gesindekammern und rächte sich an den arbeitsscheuen Leuten. Wenn diese am Morgen das Bett verlassen wollten, dann war das gar nicht, oder nur mit großer Mühe möglich. Sie hatten nämlich ihre Kleidungsstücke verkehrt herum an, d. h. die Hose und Hemden waren auf dem Rücken zugeknöpft, die Kleidung der Mägde ebenfalls und der Schal war im Nacken so verknotet, dass es ohne gegenseitige Hilfe nicht bewerkstelligt werden konnte, sich der Kleidung zu entledigen. Oder, wenn sie zwar entkleidet waren, aber länger im Bett liegen blieben als ihnen zustand, dann hatten sie plötzlich das Gefühl als würde das Bett brennen. Anstatt dass die Leute ihre Müßigkeit abgelegt hätten und dankbar für die Hilfe gewesen wären, schimpften und jammerten sie und kündigten ihren Dienst auf. Das kleine Männchen ließ sich auch des Öfteren sehen. Es trug ein graues, vielfach geflicktes Gewand.

Aus unerfindlichen Gründen wurde es dem Bauern immer unbehaglicher. Nachdem bei ihm Geld keine Rolle mehr spielte, entschloss er sich, neue Gebäude zu errichten, denn er dachte, dass der Zwerg gewiss nur in den alten Mauern hausen wolle, und er ihn auf diese Weise loswerden würde. Bald schon stand ein neuer protziger Hof da! Am Abend vor dem Umzug sah der Bauer aus dem Fenster und bemerkte, wie der Zwerg am Ufer des vorbeifließenden Bachs kniete und seine uralten Schuhe mit einer Bürste schrubbte.

Erstaunt rief der Bauer: „Sag mal, was machst du da?"

Der Kleine blickte gar nicht auf, fuhr emsig in seiner Tätigkeit fort und erwiderte: „Das siehst du doch! Ich reinige meine Schuhe von allem Dreck und dann kommen meine Kleidungsstücke dran. Man zieht doch nicht mit schmutzigen Sachen in ein neues Haus!"

Der Bauer erschrak fast zu Tode! Alle Arbeit und alles Geldausgeben waren umsonst. Er musste sich mit der Situation abfinden.

Eines Tages kam ein Gast zur Familie. Als sie abends noch bei einem Glas Wein saßen, sagte der zwischenzeitlich zum Gutsherrn gewordene Bauer: „Ich habe einen Kobold im Haus. Er ist zwar sehr nützlich, aber trotzdem möchte ich ohne ihn leben. Du bist doch schon viel in der Welt herumgekommen. Weißt du nicht vielleicht etwas, um ihn zu vertreiben?"

„Ach, das ist gar nicht schwierig. Du musst ihm nur neue Kleidung geben, dann verlässt er das Haus (11)", riet der Gast.

Gleich am nächsten Tag ließ der Herr beim Schneider neue elegante Kleidung anfertigen. Diese legte er auf den Getreidebehälter im Stall.

Der Zwerg kam, sah die Gabe und ließ seinen großen Kopf in Richtung Brust sinken. Nur mühsam konnte er die Tränen zurückhalten und dann wisperte er mit erstickter Stimme: „Jetzt habe ich meinen Lohn erhalten und ich muss weg von hier."

Traurig wandte er sich zur Tür und verließ das Gehöft, für immer.

Nach dem Weggang des Kleinen ging es mit dem Hof bergab. Das Vieh magerte ab und sah nach kurzer Zeit zum Erbarmen aus. Aber auch der Wohlstand des Bauern schwand dahin und bald war er der Ärmste und Heruntergekommenste in der ganzen Gegend.

123. Der Wichtelmann in Möhra

In Thüringen gab es früher einen Erntebrauch, der in engem Zusammenhang mit dem Glauben der Leute an die Macht der Zwerge stand. Paul Quensel berichtet zu Beginn des 20. Jahrhunderts darüber:

Man ließ eine Arvel (47) *Halme – nur Hafer war ausgeschlossen – auf dem Felde stehen, band sie unter den Ähren mit Feldblumen zu einem Strauß oder einer Puppe zusammen, bildete den Halmbusch wohl auch zu einer menschlichen Figur aus, die man den Alten, Waldmann, Feldmann, Wichtelmann nannte. Noch vor hundert Jahren sammelten sich die Leute um ihn, reichten sich die Hände und umtanzten ihn. Vor Beginn der Lustbarkeit aber zog der Vorschnitter seinen Hut und sprach einen frommen Spruch.*

In Möhra kam einst ein hachiger Bauer hinzu, brummte: „Wozu die Dummheiten?" schnitt den Strauß auf und warf die Ähren auf das nächste Geleg. Aber das musste er büßen. Als er im nächsten Jahr wieder Korn bestellt hatte, kamen die Wichtel und klupperten in einer Nacht alle Saatkörner aus dem Boden.

Ein anderer Geizhals dachte: Geht's beim Hafer ohne Feldmann, so geht's auch beim Korn! und handelte wie jener. Er hatte die nächste Aussaat kaum gemacht, so kamen gegen Abend die Kraken (Krähen) *und fraßen sie weg.*

124. Das Baumännchen von Großkamsdorf

Als einst die Kirche von Großkamsdorf bei Saalfeld erbaut wurde, gesellte sich zu den Arbeitern ein seltsames graues Männlein mit uraltem Gesichtchen. Niemand wusste, woher es gekommen war, keiner kannte es. Es half geschickt und umsichtig beim Bau mit, aß und trank aber nicht und schlief auch nicht. Wenn die anderen Feierabend machten, arbeitete es unverdrossen weiter. Es kam und ging, wie es wollte. Die älteren Bauleute ließen es gewähren, wie es wollte, und warnten die jüngeren, das seltsame Männlein zu beleidigen oder zu vertreiben:

„Das ist ein Baumännchen, das hält Schaden von der Baustelle fern und verhindert Unfälle!"

Und wirklich, so lange das Baumännchen anwesend war, geschah nie ein Unglück auf der Baustelle und die Arbeit ging gut und zügig voran. Als der Bau vollendet war, sah man das Baumännchen bald auf der Empore, bald auf der Kanzel, dann wieder bei der Orgel; aber immer nur ganz kurz, dann war es verschwunden.

Von der Stunde an, in der die Kirche geweiht wurde, ließ sich das Baumännchen nie mehr blicken und war für immer verschwunden.

125. Der freundliche Zwerg bei Creuzburg

Ein besonders freundlicher Zwerg, ohne jede Tücke, soll sich einmal bei Creuzburg in Thüringen am Spatenberg gezeigt haben. Paul Quensel schreibt:

Eine Nonne aus dem St. Peter-Kloster in Creuzburg geht eines Tages... am Spatenberge vorüber. Weil sie nun hinter sich ein leises Geräusch vernimmt, schaut sie beim Gehen zurück und erblickt ein kleines Männchen mit einem langen Barte, doch freundlichem Blick, schneeweiß im Gesicht und auf dem Haupte; in seiner Rechten führt es ein weißes Stäbchen, auch ist es wohlgekleidet nach Art der Bauern.

Das Männlein kommt näher herbei, nimmt gar freundlich sein Hütchen ab und grüßt die Jungfrau. Diese dankt ihm. Darauf fragt das Männlein, wohin sie wolle, und als sie es gesagt hat, spricht es weiter:

„Nimm dich wohl in acht, dass du nicht auf Irrwege kommst! Dort sind", dabei zeigt es mit dem Finger nach einem Hügel, „verschiedene Kreuzwege, die den, der ihrer nicht achtet oder des Wegs unkundig ist, leicht abseits und in die Irre führen können. Doch sei nur guten Muts, ich will dich bis dahin geleiten und dir dann deutlich den Weg zeigen, den du sicher gehen kannst."

Auf diesem Wege hörte Sibylla – so hieß die Nonne – vielerlei über die Wichtelmännchen jener Gegend, insbesondere, dass sie niemandem etwas zuleide tun. Deshalb pflog sie auch mit dem Männlein längeres Gespräch und Unterhaltung. „Hast du nicht Lust", fragte sie unter anderem, „die Jungfrauen im Kloster zu besuchen? Wir werden dir Eier, Milch, Butter, Kuchen und anderes der Art vorsetzen."

„Ich werde kommen", sprach der Kleine, „nur möget ihr mich nicht zum Besten haben oder mir sonst Unruhe und Schrecken antun; denn solches hat noch keiner von uns je ungestraft geschehen lassen." Während des Gesprächs kommen sie an den Hügel; da zeigt das

Männchen den rechten Weg, grüßt wieder freundlich zum Abschiede, wünscht alles Gute und kehrt zurück in den Spatenberg. Dieses hat Sibylla dem ganzen Konvent erzählt.

Bergleute. Holzschnitt v. C. Agricola um 1556 (Ausschnitt)

126. Bergmännchen bei Botterode

Früher sollen sich kleine Männchen bei Botterode sehen lassen haben, besonders links oberhalb vom Ort an einer Stelle, die „Am Erdfall“ genannt wurde. Über diese Berg- oder Erzmännchen berichtet Paul Quensel, was ihm Einheimische darüber erzählt haben:

„Ging man auf sie zu, so huschten sie wie der Wind in die kleinen Felsenlöcher und Spalten, denn sie wollten mit niemand Verkehr haben. Ich selbst habe sie noch gesehen, da ich als Junge einmal ins Leseholz ging. Die Erzmännchen waren kaum einen Schuh hoch, trugen kleine, spitze Hütchen und lederne Schürzchen und arbeiteten gar fleißig mit ihren langstieligen Hämmerchen. Als ich auf sie zuging, huschten sie in die Klüfte und waren verschwunden."

So erzählte der alte Peter von Botterode.

Einst ging ein Bergknappe aus Steinbach auf die Windleite. Als er noch eine Strecke davon war, sah er eine Menge kleiner Bergmännchen an der Winde stehen und eifrig aufwinden, während andere emsig bemüht schienen, Gestein zu zerkleinern. Wie aber der Knappe täppisch näher kam, stürzten sich alle kopfüber hinab in den Schacht; die Winde versank vor seinen Augen, und der ganze Schacht brach zusammen. Darob erschrak der Knappe so heftig, dass er alsbald über die große Hirschbalz in die Ruhl hinabging und sich bei einem Messerschmiede in die Lehre gab. Und wie er ausgelernt hatte, brachte er das Messerschmiedehandwerk in seine Heimat Steinbach hinüber und tat sich dort als erster Meister auf.

127. Die Semmelspende

In Thüringen werden Zwerge auch „Gütel (48)" genannt. Eine Gütelstätte, die Wohnung solch eines Zwerges bei Etzdorf in der Nähe von Pößneck, wurde oft von den Leuten des Dorfes besucht, vor allem, wenn sie Bier brauen wollten. Die Bauern hatten nämlich keine so große Braupfanne, „Grappen" genannt, und mussten sie sich von dem Zwerg leihen. Wenn sie fertig waren, gaben sie ihm die Braupfanne, zum Dank mit duftenden frischen Semmeln gefüllt, zurück.

Einem Schäfer, den der Zwerg besonders gerne mochte, zeigte er einmal die Schätze im Berg und schenkte ihm eine große Menge davon. Der Schäfer behielt diesen Reichtum aber nicht für sich allein. Er machte in der Kirche von Etzdorf eine Stiftung, wonach fortan die Armen im Ort alljährlich eine Anzahl von Semmeln erhalten sollten. Als ein Pfarrer später einmal diese Stiftung abschaffen wollte, wurde in der Nacht, wie es heißt „von unsichtbaren Händen", die ganze Inneneinrichtung der Kirche zerstört. Da ließ er es sein.

128. Das Mädchen bei den Zwergen

Am Rand des Thüringer Waldes, vielleicht aber auch anderswo, das weiß niemand so genau, stand ein kleines schmuckes Häuschen, in dem glücklich ein Ehepaar mit seinem Töchterchen lebte. Das Kind war noch ganz klein, als die Mutter starb. Der Vater musste zur Arbeit, um den Lebensunterhalt zu verdienen. Er heiratete erneut und glaubte, dass sein Kind bei der neuen Mutter in besten Händen wäre.

Als das Kind etwa zehn Jahre alt war, starb der Vater. Und damit begann der Leidensweg für die kleine Meta. Die Stiefmutter war böse geworden und all ihre Verdrossenheit und Unzufriedenheit ließ sie an Meta aus. Gleichgültig was war, ob im kleinen Garten das angebaute Gemüse, das sie auf dem Markt verkaufte, nicht schnell genug wuchs, oder am Karren etwas kaputt ging, immer war Meta schuld und die Frau beschimpfte sie wüst. Jeder im Ort wusste, wie fleißig das Mädchen war, um seiner Stiefmutter ja alles recht zu machen.

Zwischenzeitlich war das Kind zwölf Jahre alt geworden und bekam von seinem Paten ein Taschenmesserchen geschenkt. Mit großer Freude spielte Meta damit, sie ließ es immer aus- und einklappen bzw. schnitzte auf Holzstückchen herum. Die Stiefmutter, die sich des Paten wegen nicht getraute, ihr das Messer wegzunehmen, verbot ihr, es zu benutzen. Das tat sie gewiss nicht, weil es ihr leid getan hätte um das Mädchen, nein sie fürchtete, aufgrund einer Verletzung würde das Kind in seiner Arbeit beeinträchtigt sein. Und das konnte sie gar nicht brauchen! Aber obwohl Meta immer alles machte, was die Stiefmutter forderte, so gehorchte sie dieses Mal nicht. Es kam, wie es kommen musste! Sie schnitt sich so arg, dass sie bis auf den Knochen des Fingers traf. Natürlich wollte sie ihr Missgeschick verheimlichen. Sie versuchte das Blut, das nur so hervorquoll, mit Stoff zu stillen. Als der Lappen durchtränkt war, nahm sie ihn ab und steckte den Finger in den Mund und schluckte das Blut.

Genau in diesem Moment kam die Alte zur Tür herein. Meta nahm ganz schnell den Finger aus dem Mund und presste ihn auf dem Rücken in die andere Hand. Die Stiefmutter merkte sofort, dass etwas nicht stimmte und wollte der Sache auf den Grund gehen. Aber das Mädchen suchte alle möglichen Ausreden. Ganz schnell flog die Sache auf. Sie schaute sich den Finger an und brüllte: „Habe ich dir nicht verboten, mit dem Messer zu spielen! Du hast dich darüber hinweggesetzt. Ich werde dieses Messer wegwerfen, aber so, dass du es gewiss nie mehr finden kannst. Und wenn ich erst darüber nachdenke, wie lange du wohl nicht mehr richtig arbeiten kannst und faul herumsitzt! Du dummes nichtsnutziges Ding!"

Dann versuchte sie das Blut zu stillen, merkte aber rasch, dass hier eine Hauptader verletzt worden war. Eilends lief zu zur Nachbarin, die den Ruf einer heilkundigen Frau hatte und mit Heilkräutern, Gesundbeten, Besprechen von Wunden und Warzen, Erfolge zu verzeichnen hatte. Diese kam sogleich, schaute den Finger an, bewegte ihn hin und her, murmelte unverständliche Worte, spuckte einige Male darauf, machte mit der anderen Hand merkwürdige Zeichen darüber und verzog das Gesicht. Aber alles Bemühen war erfolglos, der Finger blutete weiter. Die Nachbarin wiegte den Kopf immer hin und her und ging dann ratlos nach Hause. Die Stiefmutter rannte zum Bader; aber auch der konnte nicht helfen. Die letzte Instanz war der Chirurgus. Dieser schaute ganz schlau und sagte: „Schwierig, schwierig! Zu Hause habe ich die richtige Wundersalbe. Mit dieser habe ich immer Erfolg! Ich hole sie und bin gleich wieder da!" Aber er kam nicht mehr zurück.

Meta saß da, vor sich eine Schüssel, in die sie das Blut tropfen ließ. Die Stiefmutter spie Gift und Galle! Und da sie irgendetwas tun musste, um daran den Ärger weiter auszulassen, nahm sie das Messerchen aus ihrer Schürzentasche, ging hinaus und warf es in den tiefen Brunnen vor dem Haus.

Kurz darauf saß auf dem Schüsselrand ein ganz kleiner Zwerg, der mit seinem Piepsstimmchen sagte: „Eben wurde dein Messerchen in den Brunnen geworfen und es schlug direkt über meiner Behausung auf; so erfuhr ich, was passiert ist. Ich werde dir helfen! Pass gut auf! Ich gehöre zu der ganz kleinen Spezies der Zwerge; wir sind Däumlinge und können uns in Gämsleder verwandeln. Ich setze mich jetzt auf deinen blutenden Finger und sofort hört die Wunde auf zu bluten. Nimm mich erst wieder herunter, wenn der Finger vollständig ausgeheilt ist. Solltest du mich früher abnehmen, so fließt aus der Wunde zwar kein Blut, aber es fällt für jeden Blutstropfen ein Goldstück heraus. Aber diese Taler sind für dich wertlos, weil du stirbst."

Der Kleine setzte sich auf den Finger, wurde zu Gämsleder und sofort hörte die Wunde auf zu bluten.

Als die Stiefmutter zurückkam, sah sie sofort die Veränderung und fragte: „Was ist das auf deinem Finger?"

Meta erzählte ganz ausführlich und unbefangen, was vorgefallen war. Die Augen der Alten wurden immer größer! Ganz sanft sagte sie: „Mein liebes Kind, du bist ganz fahl, leg dich gleich ins Bett! Der Schlaf wird dir gut tun. Damit es leichter ist für dich, helfe ich dir beim Ausziehen. Ich sperre dann noch ab und gehe auch gleich ins Bett.“ Dann verschwand sie.

Nach längerer Zeit, als sie sich sicher sein konnte, dass Meta fest schlief, schlich sie in die Kammer des Kindes. Sie hatte einen großen Sack dabei, den sie mit der offenen Seite nach oben vors Bett legte. Vorsichtig nahm sie die Hand ihrer Stieftochter, schaute sich den Däumling von allen Seiten an und entfernte ihn, trotz seines lebhaften Protests, vom Finger. Den strampelnden Zwerg warf sie in eine Kommodenschublade, die sie dann ganz besonders sicherte.

Inzwischen klapperten die Dukaten aus Metas Finger in den Sack. Als dieser fast gefüllt war und der Morgen graute, hörte der Goldfluss auf, und das Kind war tot. Ohne jedes schlechte Gewissen jubelte die Stiefmutter: „Jetzt bin ich eine reiche Frau! Aber ich muss die Goldstücke so lagern, dass sie niemand findet. Oh ja, die Speisekammer ist ein sicherer Ort!“

Sie konnte den Sack nicht von der Stelle kriegen, so schwer war er. Also füllte sie ihre Schürze immer wieder mit den Goldstücken und trug sie in die Speisekammer. Mehr als eine Stunde war sie damit beschäftigt. Jetzt dachte sie an die Nachbarn. Sie konnte ihnen doch nicht sagen, dass Meta verblutet war. Man würde ihr vielleicht Vorwürfe machen, dass sie nicht noch zusätzliche Hilfe geholt hatte.

Und da sie eine gewissenlose böse Frau war, fiel ihr ganz schnell etwas ein. Sie sagte den Leuten im Dorf, dass Meta noch in den Wald gegangen sei, um selbst Kräuter für ihren Finger zu suchen und nicht mehr zurückgekommen sei. Sie hatte den Leichnam des Kindes bereits entsorgt; sie hatte ihn in den tiefen Brunnen, so wie das Messerchen, geworfen.

Der Bürgermeister stellte einen Suchtrupp zusammen; das ganze Dorf war auf den Beinen, um Meta im Wald zu suchen. Je mehr Zeit mit erfolglosem Suchen verstrich, desto mehr jammerte die Stiefmutter und die Leute hatten großes Mitleid mit ihr. Gut eine Woche später lud sie Säcke auf ihren Karren sowie ein kleines mit einem Schloss gesichertes Kästchen und spannte den altersschwachen Gaul ein. Sie ging zu den Nachbarn, spielte die untröstliche Mutter, und sagte, dass sie am nächsten Morgen schon ganz früh in die Stadt fahren müsse, weil sie zeitig Kartoffeln auf dem Markt abliefern müsse. Tatsächlich waren es die Goldsäcke, aber zur Sicherheit legte sie noch Säcke mit Kartoffeln darauf. Sie kam nicht mehr zurück. Daheim hatte sie es nicht mehr ausgehalten, denn am Brunnenstrick turnten abends immer viele Zwerglein, die unaufhörlich riefen: „Wart nur! Dir wird nichts geschenkt! Du hast die kleine Meta getötet! Unser Brüderchen hast du auch eingesperrt! Wir sorgen dafür, dass du nicht glücklich wirst!"

Meta rieb sich die Augen. Wo war sie? Sie bemerkte, dass sie sich in einem prunkvollen Raum, in einem goldenen Bett, befand. Als sie in den an der Decke angebrachten Spiegel blickte, erstarrte sie vor ihrem Bild. Sie war weiß wie die Wände ringsum. Durch eine Glastür sah sie in andere Räume, die ebenso hell und prachtvoll ausgestattet waren. An ihrem Bett saßen sechs Zwerginnen, von denen ein Weiblein, als es sah, dass Meta erwacht war, sagte: „Wir sind deine Kammerzofen und haben von unserem Obersten den Auftrag, dir jeden Wunsch zu erfüllen."

Dann erzählten sie ihr von den Schandtaten ihrer Stiefmutter. Meta weinte sehr und – völlig unverständlich! – wollte unbedingt wieder zur Stiefmutter zurück. Die Zofen lenkten sie ab und zeigten ihr die schönen Kleider, die für sie hergerichtet waren. Nachdem sie diese angezogen hatte, wurde sie zum König gebracht. Dieser erklärte ihr die ganze Schlechtigkeit ihrer Stiefmutter, dass diese abgereist war und dass Meta nimmer zu ihr gehen könne. Sie müsse jetzt die nächste Zeit bei den Zwergen im Palast wohnen. Dann jammerte sie über ihre bleiche Haut. Der König sagte ihr, dass das immer so bleiben werde.

Inzwischen fuhr die böse Frau immer weiter, so lange, bis sie glaubte, weit weg genug von ihrem Heimatort zu sein. Da es schon dunkelte, stieg sie bei einem Gasthof ab. Barsch sagte sie zum Wirt:

„Ich möchte hier Quartier nehmen. Auch wenn es nicht so aussieht, ich bin eine Gräfin. Da ich sehr viel Geld mit mir führe, habe ich mich ärmlichst gekleidet und nur einen alten Karren mit einem kranken schwachen Gaul genommen, damit eventuelle Wegelagerer an mir kein Interesse zeigen. Ich will kein Aufsehen, deshalb sei verschwiegen!"

Dann öffnete sie ganz verstohlen einen der Geldsäcke und zeigte dem Wirt den Inhalt. Der verneigte sich mehrmals bis fast zum Boden und gab ihr den Zimmerschlüssel.

Am nächsten Morgen begab sie sich in die Kreisstadt, erstand teure Kleider, wertvollen Schmuck, eine vierspännige Prachtkutsche und stellte ein paar Diener ein. So fuhr sie dann in die Hauptstadt, wo der König residierte. Dort kaufte sie eine prachtvolle Villa und führte ein großes Haus mit teuren Einladungen und Tanzfesten. Nur die oberste Gesellschaftsschicht verkehrte bei ihr, der reichen Gräfin! Bei diesem Luxusleben schwand der Inhalt der Geldsäcke nur so dahin. Aber das störte die „Gräfin von altem Adel" nicht, sie hatte ja ihren Geldbeschaffer, gut versperrt in einer Schatulle.

Immer, wenn das Geld zur Neige ging, lockte die böse Frau mit Versprechungen arme Kinder ins Haus. Die freuten sich, als sie ihnen Spielzeug, das ihnen fremd war, gab. Dann durften sie sich an einen Tisch setzen und bekamen ein köstliches Essen vorgesetzt, welchem ein Schlafmittel zugesetzt war. Und wenn die Kinder schliefen, so wurde ein Finger scharf angeritzt, der Däumling aus der Schatulle geholt und kurz auf die Wunde gesetzt.

Die selbsternannte Gräfin wurde immer skrupelloser, sofern eine Steigerung überhaupt noch möglich war. Kleinere Kinder hatten nicht so viel Blut wie ältere. Deshalb musste sie immer mehr Kinder umbringen. Natürlich gingen die Kinder zu Hause ab; man suchte nach ihnen, fand sie aber nicht.

Irgendwann fiel jemandem auf, dass so manches Kind zuletzt in der Nähe der protzigen Villa der Gräfin gesehen worden war. Und die Leute raunten sich zu:

„Geht es in diesem Haus mit rechten Dingen zu? Ob nicht die Gräfin etwas mit dem Verschwinden der Kinder zu hat?"

„Ich habe schon mal ein Kind in das Haus reingehen sehen. Herausgekommen ist es nicht."

„Lasst die Kinder abends nicht mehr auf die Straße."

Aber beweisen konnte man nichts. Und wie gesagt, es waren die Kinder armer Leute. Und die getrauten sich nicht ihre Vermutungen oder Anschuldigungen öffentlich vorzubringen. Was hätten sie schon gegen die reiche Gräfin von höchstem Ansehen und Einfluss ausrichten können? Sie hätten durch Klagen auch noch ihren letzten Heller verloren. Sie sagten deshalb zu ihren Kindern:

„Haltet euch von der Straße, in der sich dieses Haus befindet, fern! Es gibt genug andere Plätze zum Spielen!"

So kam es, dass die Gräfin keine Kinder mehr anlocken konnte.

Lange schon hatte sie nach einem Opfer gelauert, aber vergeblich! Der Notstand war in Kürze zu erwarten! In ihrer Verzweiflung, dass in Bälde der Geldvorrat erschöpft sein würde, dachte sie nicht weiter nach und brachte sich selbst eine Schnittwunde an einem Finger bei. Flugs setzte sie das Zwerglein drauf, und als sie es wieder abnahm, sprudelten die Goldstücke aus der Wunde.

Als sie meinte, das Geld würde wieder für einige Zeit reichen, packte sie den Däumling und gab ihn wieder auf die Wunde, damit diese jetzt heilen möge. Aber kaum hatte sie ihn aufgestülpt, fuhr ihr ein grässlicher Schmerz durch den Finger und in die Hand. Sie riss den Kleinen herunter, schleuderte ihn durch den Raum und rannte zur Wasserstelle, um die Wunde zu kühlen.

Der Kleine lachte aus vollem Hals und schrie: „So, du elende Frau, jetzt bist du des Todes! Ich freue mich, dass du kein Unheil mehr anrichten kannst!"

Voller Schreck und Angst schickte sie einen Bediensteten zum besten Arzt der Stadt und ließ ihn holen. Er konnte nicht helfen. Auch die anderen Ärzte konnten es nicht. Die Schmerzen waren unerträglich, die Wunde klaffte immer mehr, fing an zu eitern und dann kam der Wundbrand, der sich auf die ganze Hand ausgebreitet hatte. Die Ärzte sahen nur noch eine Möglichkeit: Es wurde ihr die Hand abgenommen. Aber auch das half nichts. Der Brand breitete sich schnell im ganzen Körper aus und unter qualvollen Schmerzen starb sie ein paar Tage später.

Aber nun ging es um das reiche Erbe! Zu Lebzeiten hatte die vermeintliche Gräfin behauptet, mit diesen oder jenen elitären Leuten, mit denen sie verkehrte, verwandt zu sein. Diese alle wurden bei Gericht vorstellig, um das Erbe zu erhalten. Endlich sollte vor einem Richter die Aufteilung erfolgen; mehrere Tage waren dafür angesetzt.

Der Däumling, der seine lang ersehnte Freiheit wieder hatte, saß versteckt in einer Ecke und rief: „Sie war gar keine Gräfin! Und drum sind die Anwesenden auch nicht die Erben! Ich weiß aber, wer die richtige Erbin ist, und die wird in Kürze hier sein!"

Alle stutzten, aber da der Rufer nicht ausfindig gemacht werden konnte, fuhr der Richter mit seiner Arbeit fort. Aber jeden Tag rief der Kleine dasselbe. Am letzten Tag, als die Aufteilung des Erbes endgültig feststehen sollte, rief der Zwerg aus seiner Ecke: „Jetzt ist die

Stunde der Wahrheit gekommen, ihr heuchlerischen Erben! Die einzige und richtige Erbin ist da und wird gleich den Saal betreten!“

Während die Leute sich noch ratlos an- und umsahen, kam ein zwar bleiches, aber ungewöhnlich schönes Mädchen, angetan mit wertvollen Gewändern, zur Tür herein: Meta, die sechs Jahre bei den Zwergen unter dem Brunnen gelebt hatte, war von diesen hergebracht worden. Sie erzählte ihr Schicksal und wer die vermeintliche Gräfin tatsächlich war, und bekannte, dass sie die Erbin ist.

Obwohl die feinen Leute protestierten, sagte der Richter: „Gut, ich werde die Aufteilung des Erbes aussetzen. Wenn alles so ist, wie du sagst, dann hast du jetzt vier Wochen Zeit, um zu beweisen, dass du die Stieftochter der Toten bist. Es muss also ein Zeuge aus deinem Heimatdorf die Echtheit deiner Aussage bezüglich deiner Herkunft bestätigen. Sollte dies nicht gelingen, so wirst du wegen Betrug angeklagt und es erwartet dich dann eine harte Strafe.“

Nach dem Willen der Möchtegernerben, die alle von großem Einfluss waren, wurde Meta im Gefängnis festgesetzt. Wie sollte sie ihre Identität vom Kerker aus beweisen? Sie wusste sich keinen Rat und weinte vor sich hin. Leise klopfte es ans vergitterte Fenster, sie öffnete und viele Zwerglein kamen herein. Sie sandten einen Boten zu dem Dorf, in dem Meta aufgewachsen war. Während dieser Wartezeit versuchten die Kleinen das Mädchen zu trösten und halbwegs bei Laune zu halten. Der Richter gewährte ihr, sich täglich zwei Stunden im Gefängnishof aufzuhalten.

Woche um Woche verstrich. Als endlich der Sendbote zurückkam, konnte er keinen Zeugen mitbringen, denn alle hatten ausgesagt, dass Meta vor sechs Jahren verschwand und sicher gestorben war. Der Gefängnishof war für die Bevölkerung einsehbar. Auf diese Weise verbreitete sich rasch die Kunde, dass eine Gefangene von ungeheurer Schönheit sich dort aufhielt.

Der Sohn des Königs erfuhr davon, wurde neugierig und beobachtete das Mädchen; auch zog er Erkundigungen ein. Kurze Zeit darauf fuhr er beim Gefängnis vor, verlangte Meta zu sprechen und eröffnete ihr, dass er sie jetzt mit nach Hause nehmen wolle, weil sie bei seiner Mutter Hofdame werden solle, egal, wie der Erbstreit ausgehe.

Die beiden jungen Menschen verliebten sich unsterblich ineinander und es dauerte nicht lange, da heiratete der Königssohn die schöne Meta und sie wurden ein glückliches Paar.

129. Der Kuchen der Zwerge

Was einem Knecht passierte, der die Gaben der Zwerge verschmähte, erzählt Paul Quensel vor mehr als hundert Jahren:

Ein Knecht ackerte bei den Eisengruben, einer Bergwand zwischen Wilhelmsdorf und Dobian. Da hörte er ganz in der Nähe, obwohl er niemand sah, ein leises Gerede verschiedener Stimmen, und als er recht aufmerksam hinhorchte, vernahm er folgendes Gespräch:

„Na, Trude, flugs den Kehrbesen her!"
„Geduld, was eilt es euch denn sehr?"
„Will backen."
„Back heut ebenso,
im Ofen brennts schon lichterloh."
„Nun gar, was backt ihr denn für Kuchen?"
„Vorbacken."
„Und ich Käsekuchen."

„Ei, habt ihr ausgebacken", rief laut und vorlaut der Knecht, „so bringt mir auch ein Stück von euerm Vorbacken und von euerm Käsekuchen?"

Bald darauf legt sich der Knecht zur Mittagsruhe nieder, und als er erwacht und weiterackern will, liegen zwei große Kuchenstücke, das eine Vorbacken, das andere Käsekuchen, auf seinem Ackerpfluge. Ihm graut vor der unheimlichen Mahlzeit, und er wirft den Kuchen vom Pfluge herunter, doch sofort liegen beide Stücke wieder darauf. Seine Angst und sein Grauen wächst, und zuletzt schleudert er den Kuchen so weit von sich, als er nur vermag. Nun bleibt zwar die verschmähte Gabe weg, und der Knecht eilt nach Hause – erkrankt aber und stirbt.

130. Das Kind im Berg

Eine unheimliche, geradezu gruselige Geschichte aus dem Osten von Thüringen überliefert Paul Quensel:

Eine Magd in Oberoppurg sollte für ihre Dienstherrschaft etwas in Rehmen bestellen. „Kannst du das kleine Kind mitnehmen!" ruft man ihr zu. „Mir auch recht", meint sie, hebt das Kind auf den Arm und geht. Als sie an den Gamsenberg kam, sah sie eine Tür; ein graues Männchen trat daraus hervor, winkt, dass sie hinaufkomme, und sie tut es auch. Sie möge aber im Berge kein Sterbenswörtchen sprechen, sagte das graue Männchen, und wenn sie fortgehe, nicht hinter sich zurückzusehen; dann dürfe sie auch ein andermal wiederkommen. So beraten, folgte die Magd dem kleinen Führer.

Ein großer Saal schloss sich auf, und darin stand eine Tafel, die von einem Ende bis zum andern reichte. Darauf aber lagen lauter Stücke Brot und neben jedem ein Häufchen Gold. „Da nimm, soviel du willst", sprach der Berggeist. „Nimm aber ja mit jedem Häufchen Gold auch ein Stück Brot; sonst kommt das Gold dir nimmer zugute."

Außer sich vor Freude setzt die Magd das Kind auf die lange Tafel und streicht in ihre Schürze ein, soviel sich darin bergen ließ; drei Viertel Brotes und drei Häuflein Gold. Ohne sich umzusehen eilte sie dann aus dem Gamsenberge hinaus und lief gerades Wegs wieder auf Oberoppurg zu. Dort angekommen, erzählt sie voll Freude, was ihr begegnet, und packt vor der Herrschaft ihre Schätze aus.

Aber das Kind! Ach, das hat sie auf der langen Tafel im Gamsenberge sitzen lassen und rein vergessen! Über Hals und Kopf lief sie zurück. Die Tür stand noch offen. Sie trat in den Saal. Das Kind saß noch an derselben Stelle, wohin sie es gesetzt hatte. Doch als sie es aufnehmen wollte, zerfiel es in ein Häuflein Asche.

131. Der überlistete Knecht

Der Sonntag ist der Tag des Herrn, an dem weder Herren noch Dienstboten irgendeine Arbeit verrichten. Deshalb schlenderte im Hochsommer, nach dem Kirchenbesuch, ein Bauernknecht aus Thüringen durch Wald und Flur.

Plötzlich hörte er ein Hämmern, dem er zunächst lauschte und dann in die Richtung ging, wo es herkam. Er gelangte an eine dichte Hecke und spähte hindurch. Auf einem kleinen Stühlchen saß ein Zwerg, der einen Schuh reparierte. Daneben befand sich ein Gefäß mit einer undefinierbaren Flüssigkeit.

Ruhig beobachtete Hans das uralt aussehende Männchen, das mit seinem braunen pelzbesetzten Röcklein, einem Hut mit übergebogenem Rand und einem Lederschurz possierlich aussah. Auf einmal hielt es in seiner Tätigkeit inne, rutschte vom Stühlchen, holte ein Eimerchen, an dem ein Strick befestigt war, stieg auf das Stühlchen und ließ

Der Schusterzwerg. Aus Wundergarten von 1896

das Kübelchen in das Gefäß hinab, zog es wieder herauf, trank daraus, stieg vom Stuhl, setzte sich wieder darauf und arbeitete emsig weiter. Jetzt machte sich Hans bemerkbar. Er schlich auf die andere Seite der

Hecke, stand vor dem Kleinen und sagte: „Einen guten Tag, Herr Schuster! Warum arbeitest du am hochheiligen Sonntag?“

„Auch dir wünsche ich einen schönen Tag, aber es geht dich gar nichts an, wann ich Schuhe flicke“, konterte der Zwerg, glitt vom Hocker, stellte seine Gerätschaften darauf und wollte sich entfernen.

Hans fiel ein, dass die Zwerge große Schätze besitzen, und um ihnen diese abzuluchsen, so hatte er einmal gehört, muss man die Wichte bannen, und das geht so vonstatten, dass man sie starr ansieht und ja den Blick nicht von ihnen nehmen darf. Also glotzte er dem Kleinen fest in die Augen. Der wusste natürlich sofort, was hier gespielt wird, wartete ein wenig und sagte: „Du sollst schleunigst nach Hause laufen, die Kühe haben sich im Stall losgerissen und sind auf das Weizenfeld, das sie niedertrampeln. Der Bauer schafft es nicht, mit ihnen fertig zu werden.“

Aber Hans wusste um diese Ablenkungsmanöver und rief lachend: „Schöner Versuch! Aber ich falle nicht darauf herein! Da musst du dir schon was Besseres einfallen lassen!“ Daraufhin packte der Bursche den Wicht, hielt ihn mit eisernem Griff fest und ließ keinen Blick von ihm. Jetzt merkte der Zwerg, dass es kein Entrinnen gab. Er würgte, rang nach Luft und japste hervor: „Du hast gewonnen. Ich zeige dir den Platz, wo meine Kostbarkeiten vergraben sind. Folge dem Weg, den ich dir beschreibe.“

Der Kleine ließ Hans kreuz und quer durch Wald und Flur laufen, in der Hoffnung, ihm doch noch durch eine List zu entrinnen. Aber es half nichts. Vor einer großen Birke hieß er Hans stehen zu bleiben und sagte mit gebrochenem Piepsstimmchen: „Hier ist der Schatz vergraben.“ Hans gab den Kleinen frei, der auch sofort verschwand.

Erst jetzt dämmerte dem Burschen, dass er kein Werkzeug bei sich hatte, um die wertvollen Sachen auszugraben. Denn, wenn er nach Hause rennen und einen Spaten holen würde, so könnte er nie und nimmer hinterher, in diesem dichten Wald, den richtigen Baum finden. Aber es fiel ihm eine Lösung für dieses Problem ein! Am Sonntag hatte er immer ein rotes Taschentuch bei sich.

Schweren Herzens riss er einen Streifen davon ab und band ihn um die Birke. Dann eilte er heim, holte einen Spaten und flugs ging es in den Wald zurück.

Aber wie erstaunt war er, als er zurückkam! Um alle Birken im Wald waren rote Bänder (49) gebunden, so dass er den richtigen

Baum nicht mehr ausmachen konnte. Voller Ärger und Wut, was ihm aber nichts einbrachte, trat der Knecht den Heimweg an und war genauso arm wie zuvor.

132. Der Kobold im Wirtshaus von Jena

Im „Gasthaus zum Goldenen Engel", am Löbertor in Jena, bezog ein Kobold Quartier. Er war fleißig und besorgte insbesondere die Stallarbeiten. Noch nie waren die Pferde so schön gestriegelt und wohlgenährt.

Aber dieser Kobold wollte dafür auch gut versorgt sein. Jedes Jahr musste er ein neues rotes Gewand bekommen und täglich hatte für ihn ein kleines Glas Bier, ein Häppchen Fleisch, ein wenig Gemüse und ein Blättchen Salat bereitzustehen. Aber wehe, wenn die Küchenmagd einmal vergaß sein Essen hinzustellen! Zwar ließ er es den Tieren an nichts fehlen, aber er war so ungut, klapperte mit den Gerätschaften, dass die Magd sofort lief, um das Versäumte nachzuholen. Dann war wieder Friede eingekehrt (4-8).

133. Der freche Kobold von Liebschwitz

Der Zoitzmüller von Liebschwitz, heute (seit 1950) ein Stadtteil von Gera, war einmal beruflich unterwegs, als er am Wegrand einen Büchsenranzen entdeckte, der anscheinend niemandem gehörte. Als er ihn aufhob, merkte er, dass dieser sehr schwer war. Er warf ihn auf sein Fuhrwerk und nahm ihn mit. Weil er in dem Fundstück wegen des großen Gewichtes wertvolle Sachen, Münzen oder Gold, vermutete, schickte er daheim seinen Knecht außer Haus, bevor er es in Gegenwart seiner Frau öffnete.

Zum Entsetzen der beiden, sprang aus dem Ranzen, mit gellendem Lachen ein häßliches graues Männlein heraus und begann in der Stube herumzutoben. Trotz aller Bemühungen gelang es dem Müller und seiner Frau nicht, den Kobold (4-8) zu bändigen oder aus dem Haus zu entfernen. Sie mussten mit dem ungebetenen Gast leben und seine Launen und üblen Streiche ertragen. Als sie es nicht mehr aushielten, baten sie den Knecht des Scharfrichters von Crimmitschau, von dem behauptet wurde, dass er mit Kobolden Erfahrung hätte, um Hilfe. Kaum hatte der Mann die Stube betreten, zog der Kobold schon ängstlich den Kopf ein, während der Knecht eine Birkengerte zog und drohend feststellte: „Bist du schon wieder da?“

Daraufhin hieb er mit der Gerte so lange auf den Kobold ein, bis dieser sich wieder jaulend in dem Büchsenranzen verkroch und aus dem Haus geschafft werden konnte.

134. Das Männchen auf Schloss Blankenhain

Auf Schloss Blankenhain nahe Weimar gab es früher ein graues Männchen. Punkt Mitternacht trieb es jede Nacht die Schafherde aus dem Stall auf die Weide. Die Herde gedieh dabei prächtig. Wenn das Männchen mit der Herde zurückkam, hängte es immer ordentlich sein altes graues Mäntelchen im Stall auf. Die Leute im Schloss tauschten das alte Mäntelchen einmal aus Dankbarkeit in ein schönes neues Mäntelchen um. Da war das Männchen sehr traurig und sagte:

„Sie haben mir meinen Rock genommen.
Ich geh' und werde nicht wiederkommen.“

Und so war es auch (11).

135. Die große Zwerghöhle an der Elster

Bei Stublach am rechten Ufer der Weißen Elster ist eine Höhle, in der einst ein Volk von Zwergen mit ihrem König, der Coryllis hieß, gewohnt haben soll. Paul Quensel erzählt:

Er war sehr weise; man brauchte, um sich in allerlei Not Rat bei ihm zu erholen, nur drei glatte Elsterkiesel rücklings über sich in die Höhle zu werfen und dreimal zu rufen „Coryllis erscheine!“ dann erschien der König. So blieb es lange Zeit.

Die Zwerge aber trugen den Umwohnenden, besonders den Einwohnern der Stadt Gera, viele frischgebackene Brote fort; auch stahlen sie den Bäckern die Semmeln von den Fenstern weg. Und hatte man dies auch eine Zeitlang willig geschehen lassen, so wurde es, da es ihrer zu viele, endlich doch zur Last, und man fürchtete, darüber am Ende selbst Not leiden zu müssen. Es wurde deshalb Fenchel

(Anis, Kümmel) ins Brot gebacken, und alsbald erhob sich unter den Zwergen der Wehruf: „Fenchelbrot, unser Tod!“

Sie wurden krank davon und viele starben.

Um die Zeit des Dresdner Friedens (1746) sollen sie in einer mondhellen Nacht, etwa zwölf Uhr, über die Elster gefahren sein. Der Fischer von Langenberg hörte aber nur ein leises Murmeln und ein Hin- und Hergehen und bemerkte, dass sich der Kahn mehr und mehr füllte. Er hatte Mühe, ihn durch die Wogen zu leiten. Als er am andern Ufer angelangt war, sprang eine solche Menge Zwerglein aus dem Kahne, dass er sie nicht zu zählen vermochte. Was der Fischer für seine Mühe bekommen, ist nicht gesagt, jedenfalls aber ist es viel Geld gewesen, denn er hat sich seit der Zeit recht wohl befunden.

Am andern Morgen sah man wohl über zwei Stunden weit den Weg, den sie in gerader Linie durch Feld und Wald genommen hatten, und ist auf demselben innerhalb zwanzig Jahren kein Gräslein gewachsen, und hat allda auch das Getreide nicht gedeihen wollen.

Seit dieser Zeit sind sie nicht mehr gesehen worden.

136. Die Magd und das Graumännchen

Wie erzählt wird, wurde manch eine Magd von den kleinen Männchen bedrängt, so ein hübsches Mädchen aus Bodelwitz. Das Männchen ließ eine wunderschöne goldgelbe Blume aus dem Boden wachsen und forderte die Angebetete auf, diese zu pflücken. Als sie sich weigerte, geschah das gleiche mit einer herrlichen blauen Blüte. Da ließ das Männchen eine ganz einmalig schöne schwarze Blume aus der Erde hervorkommen. Nun konnte das Mädchen nicht mehr widerstehen, pflückte die ungewöhnliche Blüte ab und steckte sie sich ans Mieder. Nach drei Tagen starb die Magd.

137. Gestohlene Schätze

Im Thüringer Wald bei Garsitz gibt es ein Querlichloch. Von diesem wurde immer behauptet, dass reiche Schätze darin verborgen seien. Einmal kam eine arme Magd an dem Eingang zum Reich der Zwerge vorüber und sah es aus der Tiefe golden herausglänzen. Neugierig schlüpfte sie ein kleines Stück in das Querlichloch, und was sie erblickte, raubte ihr fast den Atem: Ein langer Tisch aus purem Gold war mit zierlichem silbernem Geschirr gedeckt. Goldene Schüsseln, gefüllt mit Perlen und Edelsteinen, zierten die Tafel. Neben jedem silbernen Tellerchen lag goldenes Besteck.

Auf einem goldenen Stühlchen am Kopf der Tafel saß ein schlafender Querlich, bewacht von einem riesigen schwarzen Hund mit glühenden Augen. Obwohl die Magd sich sehr vor dem Hund fürchtete, fasste sie doch geschwind nach ein paar goldenen Messerchen und Gäbelchen und rannte dann davon, so schnell sie konnte.

Nun war die Magd reich und fand daher bald einen jungen Mann, der um sie freite. Mit ihm wurde sie glücklich.

138. Undank

An der Nordseite des Zwergenberges bei Dardesheim gibt es das herrlichste Quellwasser in der ganzen Gegend. Die Leute holten sich das schmackhafte gesunde Wasser und dabei trafen sie auch öfters auf die Bewohner dieses Berges. Es herrschte ein friedliches Nebeneinander. Die Leute von Dardesheim und Umgebung liehen sich Geschirr von den Unterirdischen, wenn sie größere Feste feierten. Zwischen den Menschen und den Zwergen war vereinbart worden, dass sie am Abend zuvor dreimal an den Berg klopfen und rufen sollten: „Frühmorgens wenn die Sonn aufgeht, schon alles vor dem Berge steht.“

Nach der Feier brachten die Dardesheimer die wieder blitzeblank geschrubbten Sachen zurück und legten von dem köstlichen Festtagsschmaus etwas dazu. So ging das über lange Zeit. Aber dann kam es zu Spannungen. Viele Bauern machten sich über die Zwerge lustig und trieben ihren bösen Spott mit ihnen. Irgendwann ertrugen die Wichte diese Behandlung nicht mehr und zogen an einen anderen Ort.

139. Der wütende Schmied

An jenem Berg bei Dardesheim hatte ein Schmied sein Erbsenfeld. Es ist bekannt, dass Erbsen zu den Lieblingsspeisen der Zwerge gehören, und so wurden die Erbsen zur Reifezeit immer weniger. Er beschloss, die Erbsendiebe zu fangen. Deshalb zimmerte er sich eine kleine Bretterbude, in die er einige astlochgroße Öffnungen schnitt. So wollte er das Feld Tag und Nacht im Auge behalten. Er konnte keine Aktivitäten beobachten, aber morgens fehlte immer ein weiterer Teil der Erbsen. So ging das ein paar Tage. Dann packte den Schmied die Wut und als es am nächsten Morgen dämmerte, ging er mit einem Dreschflegel in das Feld hinein und schlug um sich.

Ein Aufschrei! Dann ein herzergreifendes Wimmern! Der Schmied fand nach kurzem Suchen ein zusammengekauertes Zwerglein, dem er die Nebelkappe vom Kopf geschlagen hatte, und das dadurch sichtbar geworden war. Zudem hatte es am Kopf eine große blutende Wunde. Der Mann brachte es nicht übers Herz, ihm noch ein weiteres Leid zuzufügen. Der Kleine rappelte sich hoch, nahm sein Käppchen in die Hand und taumelte jammernd in Richtung Berg.

140. Die Silberquelle

In den Schluchten der Roßtrappe im Harz, wo die Bode herausfließt, musste die älteste Tochter auf Geheiß ihres Vaters in den Wald gehen, um Brennholz zu sammeln. Fleißig füllte sie den Rückenkorb und auch den anderen Korb, den sie in der Hand trug. Als das Mädchen auf dem Heimweg war, tauchte, wie aus dem Boden gewachsen, ein weiß gekleidetes Männchen vor ihm auf und fragte: „Was hast du in den Körben?“ Ganz verschreckt antwortete das Kind: „Ich habe Holz gesammelt und bringe es jetzt nach Hause. Die Mutter braucht es zum Kochen und dafür, dass wir eine warme Stube haben.“

„Leer die Körbe aus und geh hinter mir her. Ich gebe dir etwas, womit eure Not ein Ende hat“, sagte der Zwerg. Als das Mädchen zögerte, nahm er es bei der Hand und brachte es zu einer Anhöhe. Dort befand sich ein kleiner Platz, wo aus der Erde Silbermünzen sprudelten. Zunächst erstarrte das Mädchen vor Schreck, dann drehte es sich um und wollte weglaufen. Aber der Zwerg hielt es fest, kippte das Holz aus dem Handkorb und füllte ihn mit dem Silber. Hartnäckig weigerte sich das Kind, auch die Kiepe zu entleeren und mit den Münzen zu befüllen. Es sagte: „Ich habe mehrere kleine Geschwister zu Hause. Die frieren, wenn ich kein Holz mitbringe und die Mutter kann ihnen nichts kochen.“ Das Männlein nickte und verschwand.

Zu Hause erzählte das Mädchen, was vorgefallen war. Die Nachbarn rannten mit allen möglichen Grabwerkzeugen und Eimern in den Wald. Aber niemand konnte die Silberquelle finden (44).

141. Der Zug der Zwerge über den Berg

Die Gebrüder Grimm schreiben zu Beginn des 19. Jahrhunderts: *Auch auf der Nordseite des Harzes wohnten einst viele tausend Zwerge oder Kröpel in den Felsklüften und den noch vorhandenen Zwerglöchern. Bei Seehausen, einem magdeburgischen Städtchen, zeigt man ebensolche Kröpellöcher. Aber nur selten erschienen sie den Landesbewohnern in sichtbarer Gestalt, gewöhnlich wandelten sie, durch ihre Nebelkappen geschützt, ungesehen und ganz unbemerkt unter ihnen umher. Manche dieser Zwerge waren gutartig und den Landesbewohnern unter gewissen Umständen sehr behilflich; bei Hochzeiten und Kindtaufen borgten sie mancherlei Tischgeräte aus den Höhlen der Zwerge. Nur durfte sie niemand zum Zorn reizen, sonst wurden sie tückisch und bösartig und taten dem, der sie beleidigte, allen möglichen Schaden an.*

In dem Tal zwischen Blankenburg und Quedlinburg bemerkte einst ein Bäcker, dass ihm immer einige der gebackenen Brote fehlten, und doch war der Dieb nicht zu entdecken. Dieser beständig fortdauernde geheime Diebstahl machte, dass er allmählich verarmte. Endlich kam er auf den Verdacht, dass die Zwerge Ursache an seinem Unglück sein könnten.

Er schlug also mit einem Geflechte von schwankenden Reisern so lange um sich her, bis er die Nebelkappen einiger Zwerge traf, die sich nun nicht mehr verbergen konnten. Es wurde Lärm. Man ertappte bald noch mehrere Zwerge bei Diebereien und nötigte endlich den ganzen Überrest des Zwergvolks auszuwandern. Um aber die Landeseinwohner einigermaßen für das Gestohlene zu entschädigen und zugleich die Zahl der Auswandernden überrechnen zu können, wurde auf dem jetzt sogenannten Kirchberg bei dem Dorf Thale, wo sonst Wendhausen lag, ein groß Gefäß hingestellt, worin jeder Zwerg ein Stück Geld werfen musste. Dieses Fass fand sich nach dem Abzug der Zwerge ganz mit alten Münzen angefüllt. So groß war ihre Zahl.

Das Zwergvolk zog über Warnstedt (unweit Quedlinburg) immer nach Morgen zu. Seit dieser Zeit sind die Zwerge aus der Gegend verschwunden. Selten ließ sich seitdem hier und da ein einzelner sehen.

142. Die Zwerge verlassen Altenbrak

Von einem alten Bergwerk in Altenbrak, heute ein Teil der Stadt Thale, wird erzählt:

Die Hütte des Bergwerkes von Altenbrak stand früher auf der Riefenwiese. Dorthin kamen die Zwerge gar oft. Sie aßen und tranken in der Hütte und wärmten sich am Ofen. Aber die Hammerschmieder, die Kerle, konnten die Kleinen nicht in Ruhe lassen. Sie schmissen glühenden Kram zwischen sie hinein und trieben es so toll, dass sie einem Zwerg ein Bein abschlugen.

Am nächsten Abend kam der Kleine wieder. Und auf seiner Schulter trug er sein Bein. Und sagte: „Das ist der alte Brak (Brach, wüste Stelle) und soll es auch bleiben!“

Von der Zeit an ging in der Hütte alles verkehrt. Da mussten die Hammerknechte fort. Und die Zwerge kamen und rissen die Hütte ein. Da sonnen sich heute nur noch Schlangen auf den Brinken. Die Zwerge selbst zogen in das Langesche Gebirge an der Lupode.

143. Die Zwerge in der Räder-See

Früher wurde oft von Hebammen erzählt, die Zwerginnen bei der Geburt ihrer Kinder beistanden und dafür reich belohnt wurden:

In Rodishain, welches früher ein Kloster gewesen sein soll, war eine Hebamme, bei der klopfte es abends nach 10 Uhr. Da stand eine Kutsche mit vier Schimmeln vor der Tür, und sie musste sich in die Kutsche setzen, und die vier Schimmel fuhren in die Räder-See wie auf einer Straße. Unten in der Räder-See fanden sie mehrere Familien (Bergmännlein, die die Arbeiten der menschlichen Bergleute, deren Silber- und Kupferbergbau Ende des 15. Jahrhunderts eingestellt wurde, unterirdisch fortsetzten), *auch eine Wöchnerin. Die Hebamme musste sich drei Tage aufhalten, wurde reich beschenkt, und es ward ihr versprochen, so lange Rodishain stände, solle dort keine Feuersbrunst sein. Man sagt auch, dass deshalb hier keine Feuerspritze gehalten werde.*

144. Der Venediger am Brocken

Wie von vielen gebirgigen Landschaften, so wird auch vom Brocken von kleinen schatzsuchenden Männlein erzählt, sogenannten Venedigern oder Venetianern (32). Im Morgenbrodstal am Brocken entspringt eine Quelle. Ein Bauer aus der Gegend kam einmal frühmorgens dort vorbei. Da sah er, ohne dass dieses ihn bemerkte, ein kleines Männlein, das ein Sieb unter das Wasser hielt. Zum höchsten Erstaunen des Beobachters sah der, dass schon nach kurzer Zeit lauter Perlen darin lagen. Das Männlein verstaute diese in seinem Ranzen, bis der voll bis oben war und nichts mehr hineinpasste. Da schloss es den Ranzen, wusch sich die Hände an der Quelle und sprach dabei:

„Im Morgenbrodstale, da wasch ich mich,
und in Venedigen, da drög (trockne) ich mich."

Im gleichen Augenblick war es samt seinem Ranzen spurlos verschwunden. Der Bauer ging zu der Stelle und las dort noch ein paar Perlen auf, die das Männchen liegengelassen hatte. Dann machte er es genauso wie dieses, wusch sich die Hände in der Quelle und sagte:

„Im Morgenbrodstale, da wasch ich mich,
und in Venedigen, da drög ich mich."

Im gleichen Augenblick war seine heimatliche Landschaft am Brocken verschwunden und er befand sich in einer großen Stadt am Meer. Völlig verwirrt und erschrocken stand er da und wusste nicht, was er tun sollte. Da kam ihm ein Mann entgegen und fragte den Ratlosen, ob er denn Hilfe benötige. Der Bauer erzählte ihm alles, was ihm zugestoßen war und wie er hierher gelangt sei, ohne zu wissen wie.

„Erkennst du mich denn nicht?" fragte da der Fremde und erklärte dem verdutzten Bauern, dass er das Männlein an der Quelle gewesen war. Es sei sein Glück, dass er die ganze Wahrheit gesagt habe. Der Venediger nahm ihn mit sich nach Hause, wo alles von Reichtum, Silber und Gold nur so glänzte und funkelte. Am nächsten Morgen brachte er seinem Gast eine Schüssel voll Wasser und wies ihn an, sich die Hände zu waschen und dabei wieder den Zauberspruch zu sagen. Der Bauer tat wie ihm aufgetragen und sprach dabei:

„In Venedigen, da wasch ich mich,
und im Morgenbrodstale, da drög ich mich."

Im gleichen Augenblick war er wieder bei der Quelle am Brocken, so, als sei er nie weggewesen. Erleichtert ging er nach Hause. Dort aber stellte sich heraus, dass er nicht nur eine Nacht, wie er selbst glaubte, sondern viele, viele Jahre fortgewesen war.

145. Der Schatz auf dem Bocksberg

Eine andere Geschichte von den geheimnisvollen kleinen Männchen, Venediger (32) genannt, erzählt um 1862 August Ey (50):

Vor langen Jahren wohnten drei Bergleute in Hahnenklee, bei denen kehrten von Zeit zu Zeit Venediger ein. Sie brachten aus ihrer

Heimat allerlei Medizinsachen mit, die gegen viele Krankheiten gut waren. An diesem Handel verdienten sie auch reichlich. Die Bergleute merkten aber bald, dass es nicht nur der Handel war, der sie herzog, sondern dass ihr Hauptaugenmerk auf den Bocksberg gerichtet war; denn jedesmal, wenn sie kamen, erkundigten sie sich erst, ob schon vorher Landsleute von ihnen dagewesen und den Bocksberg besucht hätten. Wenn die Bergleute das bejahten, so wurden sie recht verdrießlich; waren aber keine vor ihnen dagewesen, dann sahen sie vergnügt aus. Als sie einst wieder da waren und sich so wie früher erkundigt hatten, gingen sie bei mondheller Nacht nach dem Bocksberge. Da schlich sich ihnen einer der drei Bergleute nach und sah, dass sie an einer abgelegenen Stelle den Boden aufgruben und aus dem Loche Erde in ihre Beutel füllten. Der Bergmann hatte genug gesehen und sich die Stelle genau gemerkt, und so eilte er, dass er früher nach Hause kam als die Fremden.

Am folgenden Tage reisten die Venediger wieder ab, und die Freunde verabredeten sich, denselben Abend noch den Ort aufzusuchen und nachzusehen, was es da zu holen gäbe. Als es aber so weit war, sagte der dritte: „Ich gehe nicht mit; denn was mir Gott hat zugedacht, das wird mir in mein Haus gebracht!"

Die beiden andern Bergleute gehen deshalb allein hin und suchen an dem Platze, finden aber nichts. Sie wollen endlich aufhören und sind schon dabei, ihr Werkzeug verdrießlich zusammenzuwerfen. In dem Augenblick tut der eine noch einen derben Hieb in die Erde und ruft voll großer Freude: „Hier steckt etwas!"

Nochmals fangen sie an zu graben und bringen zuletzt ein Gerippe heraus; sie sind ungewiss, ob's von einem Reh oder von einer Ziege ist. Sind sie vorher schon verdrießlich gewesen, so sind sie's jetzt noch mehr. Trotz des Ärgers müssen sie aber doch lachen, nämlich wegen der Täuschung. „I", sagt der eine, „unser Kamerad muss auch seinen Teil davon haben! Wir wollen ihm das Gerippe ins Haus bringen. Er ist angefahren, seine Frau liegt im Bette, und die Tür ist offen; da können wir's ihm ungesehen in die Stube bringen."

Sie bringen ihm denn auch richtig das Gerippe in die Stube und fahren dann ein. Ihren Kameraden finden sie noch auf dem Gedinge; er hat sich redlich gequält, und seine Löcher haben tüchtig gehoben. Als sie ankommen, fragt er gleich: „Na, habt ihr eure Scheuern voll? Ich glaubte, ihr brauchtet nicht wieder ein Fäustel in die Hand zu nehmen." „Ach", antworteten sie, „lass dein Spotten! Wir hätten besser getan, wenn wir mit dir angefahren wären!"

Darauf arbeitet er noch bis um zwölf, dann macht er Schicht und geht nach Haus. Als er mit brennendem Licht in seine Stube tritt, ist er ganz erstaunt; denn ringsum im Zimmer stehen auf Tischen und Stühlen, auf den Fensterbänken, auf dem Schrank und auf der Kommode lauter prächtige kleine Gestalten aus purem Gold und Silber: Hirsche, Rehe, Schweine, Kühe, Kälber, Ziegen und Vögel. Er kann sich nicht satt sehen, nimmt eine Figur nach der andern in die Hand und wundert sich über ihre Schwere und Schönheit. Als er alles durchgemustert hat, legt er sich zu Bett und denkt: „Deine Frau kann sich morgen früh auch erst darüber freuen!"

Am andern Morgen, als die Frau in die Stube tritt und den Reichtum gewahr wird, läuft sie gleich in die Kammer, weckt ihren Mann und fragt: „Mann, wo hast du die schönen Sachen her?" Der aber antwortet: „Die hat mir der liebe Gott ins Haus gebracht", dreht sich auf die andere Seite und schläft weiter. Die Frau verschließt und verriegelt alles und besorgt ihre häuslichen Geschäfte.

Kaum ist der Mann aufgestanden und hinausgegangen, um sich Waschwasser zu holen, da kommen auch die beiden Kameraden und wollen sich Schelte holen wegen des Schabernacks. Aber anstatt dass ihr Kamerad ärgerlich aussieht, geht er ihnen freundlich entgegen und spricht: „Kameraden, es ist so gekommen, wie ich's euch gesagt habe. Mein Gott hat mir einen großen Schatz ins Haus gebracht. Kommt herein; ihr sollt euren Teil davon haben!"

Darauf führte er sie in die Stube und zeigt ihnen die Sachen. Sie werden stumm und starr. Er aber sagt: „Du Gust, du nimmst diese Seite, du, Georg, die andere, und ich behalte diese hier. Ich denke, daran hat jeder von uns genug, dass er den Bohrer nicht mehr zu gerben braucht." Beide danken ihrem Kameraden für das große Geschenk und fragen endlich, was er denn mit dem Gerippe gemacht habe. Er weiß aber nichts davon. Da sagen sie ihm, was sie getan haben; er aber hört gar nicht darauf, sondern sagt bloß: „Macht nichts! Seht nur, wie ihr mit euren Schätzen nach Hause kommt!"

Jeder packt nun seinen Reichtum zusammen und trägt ihn nach Hause. Er ist aber schwer gewesen, so schwer, dass sie's kaum fortbringen können. Später haben die drei ihre Goldtiere nach Goslar verkauft. Auch der Herzog von Braunschweig hat einige bekommen, und sie haben so viel Geld dafür gekriegt, dass sie reiche Leute geworden sind. Von der Zeit an hat keiner einen Venediger wieder auf dem Bocksberge gesehen. Die Schätze im Bocksberge sind nämlich so lange verschlossen, bis hundert Jahre lang kein vierbeiniges Tier den Berg betritt. Das ist aber noch lange hin.

146. Zwerglöcher bei Elbingerode

Zwerglöcher (1) findet man auch im Harz:

Am Harz in der Grafschaft Hohenstein, sodann zwischen Elbingerode und dem Rübenland findet man oben in den Felsenhöhlen an der Decke runde und andere Öffnungen, die der gemeine Mann Zwerglöcher nennt, wo die Zwerge vor alters vermittelst einer Leiter ein und aus gestiegen sein sollen. Diese Zwerge erzeigten den Einwohnern zu Elbingerode alle Güte. Fiel eine Hochzeit in der Stadt vor, so gingen die Eltern und Anverwandten der Verlobten nach solchen Höhlen und verlangten von den Zwergen messinge und kupferne Kessel, eherne Töpfe, zinnerne Schüsseln und Teller und ander nötiges Küchengeschirr mehr. Darauf traten sie ein wenig abwärts und gleich hernach stellten die Zwerge die geforderten Sachen vor den Eingang der Höhle hin. Die Leute nahmen sie sodann weg und mit nach Haus; wann aber die Hochzeit vorbei war, brachten sie alles wieder zur selben Stelle, setzten zur Dankbarkeit etwas Speise dabei. Gebr. Grimm

147. Der Zwerg als Raubritter

Die Harzburg am Harz-Nordrand ist eine ehemalige Kaiserburg, von der heute nur noch Ruinen vorhanden sind. Sie wird auch „Große Harzburg" genannt. Hier soll vor sehr langer Zeit einmal ein Zwerg als Raubritter gehaust haben. L. Frahm schreibt um 1890:

Aus der Harzburg wird erzählt, dass einmal ein solches Zwergkind zum Raubritter geworden sei. Der Knabe hatte nämlich einen roten Rock und eine Nebelkappe, die die Eigenschaft besaß, sobald er sie aufgesetzt hatte, alle seine Wünsche zu erfüllen. Und da er nun als Ritter zu den Menschen gezählt sein wollte, der auch mit den schwerfälligen Menschen viel besser fertig werden konnte als mit dem rühri-

gen Zwergvolk, so ließ er diese mittels seiner Zauberkappe auswandern und zwar nach dem Rammelsberg bei Goslar zum Kaiser Otto.

Seine rührige Zwergnatur ließ ihn aber nicht ruhen, sondern machte ihn wünschen, dass sein Schloss auf dem Warninger Berge stehen möge. Als er dann die Wünschelkappe aufgesetzt hatte, war's gleich geschehen. Von nun an nannte er sich den Roten Ritter von Warning oder Warninger-Roe, woraus die Menschen mit der Zeit allmählich Werningerode gemacht haben.

Petersberg mit St. Peters-Stift in Goslar. Alter Stich (Ausschnitt)

148. Der Schatz in Harlingerode

Ein Bauer aus Harlingerode bei Bad Harzburg musste einmal seine letzte Kuh in Goslar verkaufen und hatte dann gar nichts mehr. Als er in der Stadt auf seinem Heimweg am Petersberg vorbeikam, verrieten ihm die Zwerge, die dort drinnen hausten, wo in seinem Garten daheim ein Schatz vergraben war, denn sie hatten Mitleid mit dem armen Mann. Der Bauer grub in seinem Garten unter dem Birnbaum und fand einen reichen Schatz, mit dem er genug für sein Leben hatte.

149. Der Abzug des Zwergvolks über die Brücke

Die Gebrüder Grimm wissen noch eine andere Geschichte, warum Zwerge ein bestimmtes Gebiet verlassen:

Die kleinen Höhlen in den Felsen, welche man auf der Südseite des Harzes, sonderlich in einigen Gegenden der Grafschaft Hohenstein findet und die größtenteils so niedrig sind, dass erwachsene Menschen nur hineinkriechen können (1), *teils aber einen geräumigen Aufenthaltsort für größere Gesellschaften darbieten, waren einst von Zwergen bewohnt und in Walkenried und Neuhof in der Grafschaft Hohenstein hatten die Zwerge einst zwei Königreiche. Ein Bewohner jener Gegend merkte einmal, dass seine Feldfrüchte alle Nächte beraubt wurden, ohne dass er den Täter entdecken konnte.*

Endlich ging er auf den Rat einer weisen Frau bei einbrechender Nacht an seinem Erbsenfelde auf und ab und schlug mit einem dünnen Stabe über dasselbe in die bloße Luft hinein. Es dauerte nicht lange, so standen einige Zwerge leibhaftig vor ihm. Er hatte ihnen die unsichtbar machenden Nebelkappen abgeschlagen. Zitternd fielen die Zwerge vor ihm nieder und bekannten, dass ihr Volk es sei, welches die Felder der Landbewohner beraubte, wozu aber die äußertste Not sie zwänge.

Die Nachricht von den eingefangenen Zwergen brachte die ganze Gegend in Bewegung. Das Zwergvolk sandte endlich Abgeordnete und bot Lösung für sich und die gefangenen Brüder und wollte dann auf immer das Land verlassen. Doch die Art des Abzuges erregte neuen Streit. Die Landbewohner wollten die Zwerge nicht mit ihren gesammelten und versteckten Schätzen abziehen lassen, und das Zwergvolk wollte bei seinem Abzuge nicht gesehen sein. Endlich kam man dahin überein, dass die Zwerge über eine schmale Brücke bei Neuhof ziehen und jeder von ihnen in ein dorthin gestelltes Gefäß einen bestimmten Teil seines Vermögens als Abzugszoll werfen sollte, ohne dass einer der Landesbewohner zugegen wäre. Dies geschah.

Doch einige Neugierige hatten sich unter die Brücke versteckt, um den Zug der Zwerge wenigstens zu hören. Und so hörten sie denn viele Stunden lang das Getrappel der kleinen Menschen; es war ihnen, als wenn eine sehr große Herde Schafe über die Brücke ging. Seit dieser letzten Auswanderung des Zwergvolks lassen sich nur selten einzelne Zwerge sehen. Doch zu den Zeiten der Elterväter stahlen zuwei-

len einige in den Berghöhlen zurückgebliebene aus den Häusern der Landesbewohner kleine, kaum geborene Kinder, die sie mit Wechselbälgen vertauschten (23).

150. Ein guter Tausch

Von der Bergstadt Lautenthal im Oberharz weiß Friedrich Günther im Jahr 1893 diese seltsame Begebenheit zu berichten:

In Lautenthal war einmal ein Pochknabe (54), *der einer armen Familie angehörte und sich Tag für Tag mit einem Stück trockenen Brotes begnügen musste. Da dachte er:*

„Ein gebratener Fisch schmeckt ebenso gut wie ein Stück Wurst und kostet nichts, wenn ich ihn selber fange."

Damit brachte er seine Angel in Ordnung und setzte sich am folgenden Tag an die Innerste zum Fischen. Doch er saß da jeden Tag der Woche vom Montag bis an den Freitag und fing auch nicht das kleinste Schwänzchen. Am Sonnabend dachte er:

„Heute hast du eine Stunde mehr Zeit; da solltest du weiter am Flusse hinuntergehen und deine Angel nicht eher auswerfen, bis du an den großen Strudel kommst."

Gesagt, getan. Am Strudel angekommen, zog er seine Schuhe und Strümpfe aus, legte sie hinter sich aufs Trockene und senkte seine Angel leise hinunter in das Wasser. Kaum war sie darin, so zuckte es schon daran, und zu seiner großen Freude zog er eine schöne Forelle heraus. So ging es eine ganze Viertelstunde hindurch, und der Fische waren so viele, dass sie nicht nur zu einer tüchtigen Mahlzeit für ihn und seine Mutter ausreichten, sondern dass er auch noch mehrere Pfund verkaufen konnte. Da dachte er:

„Nur noch einen Fisch, dann will ich nach Hause gehen!"

Aber diesmal schwamm seine Spule so lange auf dem Wasser, ohne sich zu rühren, und es war, als wären plötzlich alle Fische fortgezogen. Da hörte er hinter sich ein leises Kichern, und als er sich verwundert umwandte, waren seine Strümpfe und Schuhe verschwunden und an ihre Stelle andere gelegt. Die Strümpfe waren von Seide und mit Goldfäden durchwirkt und trugen oben dicke, goldene Troddeln als Schmuck; die Schuhe waren von Glas, aber außen und innen mit dickem Golde belegt. Das wäre ja kein übler Tausch gewesen, denn seine eigenen Strümpfe waren vielerorts gestopft und seine Schuhe vielfach geflickt; nur schade, dass er jene nicht tragen konnte, denn sie waren ihm viel zu klein.

Als er noch voller Erstaunen über diesen wunderbaren Tausch nachsann, hörte er wieder jenes leise Kichern, und nun ward er hinter dem Busche einen Zwerg gewahr, der des Knaben Strümpfe und Schuhe anhatte. Voll Freude über sein neues Schuhwerk tanzte und sprang der Kleine unter dem Busche herum, was das Zeug halten wollte. Die großen Schuhe, die jeden Augenblick von den Füßen abzufallen drohten, und die langen Strümpfe, die ihm bis an den Leib reichten, stachen dabei sonderbar gegen das feine rote Röckchen und das schmucke Hütchen mit goldener Feder ab, und der Pochknabe musste laut auflachen.

„He, Kleiner", rief er dann, „was tust du mit meinem Fußwerk?"

„Ich habe dir ja anderes dafür gegeben", erwiderte der Zwerg, „das verkauf doch, dann wirst du schon zufrieden sein."

Damit war der Zwerg verschwunden. Der Rat des Zwerges leuchtete dem Pochknaben ein. Vergnügt nahm er seine Fische nebst dem Angelschacht in die eine und die umgetauscheten Schuhe und Strümpfe in die andre Hand und ging barfuß nach Lautenthal. Hier wurde die wunderbare Fußbekleidung von jedermann angestaunt, und die Kunde davon gelangte schon in nächster Woche durch den Berghauptmann nach Braunschweig. Da erbot sich die Herzogin, sie ihm für den kleinen Prinzen abzukaufen, und sie zahlte dafür so freigebig, dass er zeitlebens daran genug hatte.

151. Der Krieg der Zwerge

August Ey erzählt Mitte des 19. Jahrhunderts folgende Geschichte:

Ein Bergmann war nach Lautenthal gewesen. Als er an die Berge kam, da wo die Lautenthäler Teiche liegen, hörte er einen Tumult, ein Schreien und Wehklagen, ein Rufen und Toben, als wenn kleine Jungen was miteinander vorhaben.

Er geht näher und sieht, dass der Teich weg und eine große Wiese da ist, auf der zwei Heere Zwerge Krieg führen. Große Scharen kämpfen miteinander mit Säbeln und Dolchen, andere Scharen rücken im Sturmschritt aufeinander los und hauen mit ihren kleinen Schwertern wütend aufeinander ein, dass haufenweis die Toten und Verwundeten umherliegen und jammern und klagen.

Es ist ein Ringen und Fechten, dass es bei den Großen nicht gut schlimmer sein kann. Dabei ein Trompeten und Trommeln, als wie's die kleinen Jungen wohl machen auf ihren kleinen Trompeten und Trommeln, und da ging alles wild durcheinander. Schießen konnten sie aber nicht, denn das Pulver und die Gewehre waren noch nicht erfunden. Dafür stachen und hauten sie sich aber ohne alle Gnade nieder. Keiner gab und nahm Pardon.

Als der Bergmann so zusah und sich über den Mut der Kleinen wunderte, kamen zwei Zwerge auf einem freien Platz zusammen, die hatten schöne Röcke an und starrten von Gold und Silber; auch hatten sie kleine Kronen auf dem Kopf und kleine funkelnde Sterne auf der Brust. Der eine war ein bißchen größer als der andere und auch stärker; deswegen warf er bald den kleinen auf den Boden. Da aber sprang der Bergmann zu und gab dem größeren mit einem zackigen Stock einen über den Kopf, dass der auch zu Boden stürzte und bald, nachdem er noch ein Weilchen gezappelt hatte, totging.

Nun kamen die andern Zwerge, die dazugehörten, und wollten dem Bergmann zuleibe, weil er ihren König totgeschlagen hatte. Der Bergmann mähte aber dermaßen dazwischen, dass es eins, zwei, drei ging, da waren sie in den Wald gejagt, nur das eine Heer stand noch da, dessen König von dem Bergmann errettet war. Da kamen sie alle um ihn herum und küßten ihm die Hände und Füße, ja sie wussten gar nicht, wie sie ihm dankbar genug sein sollten.

Der kleine König aber trat vor und befahl, die andern sollten einmal zurücktreten, er wolle seinem Erretter danken und etwas sagen. Ehrfurchtsvoll trat alles zurück, und der kleine König kam und dankte mit hübsch gesetzten Worten; ja, sagte er, hier könne er nicht genug danken, er möchte doch so gut sein und mitgehen nach seinem Palast, dann wolle er ihn königlich belohnen.

Der Bergmann ging mit, und sie kamen miteinander vor eine Höhle, da ging's hinein; dann in einem langen Gang fort und zuletzt in einen schönen Saal hinein. In dem Saal standen lange Tafeln, darauf standen Teller und Leuchter und Schüsseln von purem, reinem, blankem Silber, die Wände glänzten von Spiegeln und Edelsteinen, und es war eine Helligkeit und eine Pracht, wie's nur in einem Königssaal sein kann. Da kamen denn auch die vornehmen Herren, die zu dem Zwerg-

könig gehörten, alle mit Gold- und Silbertressen an den Röcken, und der Bergmann hatte seine Sonntagshose und Kittel an und seinen Schachthut auf, wie man's damals trug. Aber trotzdem musste er sich obenan setzen neben den König, und einer rühmte den Bergmann noch mehr als der andere, der König aber am meisten.

Es wurde gegessen und getrunken, und der Bergmann sprach dem Braten und dem Wein tüchtig zu, so dass zehn königliche Diener für ihn allein immer auftragen mussten. Es fehlte aber an nichts, man wurde auch fröhlich und guter Laune; das gefiel dem Bergmann erst recht, und er sagte, das war wie auf einer Hochzeit. Auch ließen die Zwerge ihn hochleben und er den König und sein ganzes Volk. Kurz, sie wurden alle fröhlich und vergnügt.

Am Ende stand man vom Tisch auf, und er wollte nun nach Haus. „Noch nicht", sagte der König, „erst muss ich dir etwas zeigen, auch muss ich dich erst belohnen. Komm mal her!"

Und er ging mit ihm in seine Silberkammer. Da hätte denn einer den Reichtum sehen sollen! Nein, so viel Gold und Silber kann kaum auf der ganzen Welt sein.

„Nun", sagte der König, „nimm, was und wieviel du magst, und wenn du alles mitnimmst, je mehr du nimmst, desto mehr freue ich mich."

Der Bergmann ließ sich nicht zweimal nötigen. Er steckte sich seine Taschen so voll, dass sie bald abrissen. Da geben ihm die Zwerge auch noch die Krone und das Szepter von dem König, der besiegt war und tot.

Als nun der Bergmann Abschied nahm, da weinte das ganze kleine Völkchen, und mit Tränen in den Augen baten sie ihn, er möchte doch bald wiederkommen. Es wurde ihm ordentlich wehmütig zu Sinn, als er die kleinen, guten Leute verlassen sollte; noch saurer wurde es ihm aber, den Lautenthaler Berg mit der Last hinaufzusteigen. Froh und vergnügt kam er nach Hause, machte das Silber zu Geld und verkaufte die Krone und das Szepter an den Herzog von Braunschweig, und wenn ihm etwas fehlte, so suchte er seine kleinen Freunde auf, die halfen ihm jedesmal.

Er hat aber keinem Menschen das Loch gesagt, worin der Zwergkönig wohnte; das mochten sie ihm wohl verboten haben. Seine Familie ist aber noch vor dreißig Jahren recht wohlhabend gewesen, nachdem er schon lange tot war.

152. Die Moosweiblein bei Wildemann

Nahe bei der Bergstadt Wildemann im Oberharz befand sich vor sehr langer Zeit einmal eine kleine Mooshütte, in der ein paar Moosweiblein (34) lebten. Sie waren sehr freundliche Geschöpfe und halfen jedem, der sie darum bat. Sie hatten Gänsefüßchen und waren immer in Kleidern, die aus Moos gefertigt waren, zu sehen. Sie halfen verirrten Wanderern oder Reisenden wieder auf den richtigen Weg zurück und gaben ihnen Kräuter und Wurzeln zu essen und Wasser zu trinken.

Wollte sich jemand bei ihnen bedanken, so baten sie ihn, er möge in einen der Bäume, die ihr Mooshäuschen umstanden, drei Kreuze einschneiden, dass sie sich dorthin flüchten könnten, wenn sie wieder einmal vom Wilden Jäger (30) verfolgt würden.

So kam es, dass nach geraumer Zeit das Heim der Moosweiblein ganz von Bäumen umstanden war, in die jeweils drei Kreuze eingeritzt waren. Einmal aber kam ein Bergmann daher, der nur Böses im Sinn hatte. Er zerstörte das kleine Mooshäuschen und schlug anschließend alle Bäume nieder, die mit Schutzkreuzen für die Moosweiblein versehen waren. Warum er das tat, weiß niemand.

Von da an waren die liebenswerten Moosweiblein verschwunden und ließen sich nie mehr blicken. Der Wüterich aber war von Stund an taubstumm und lahm.

153. Der Gübich vom Hübichenstein

Eine markante Felsspitze bei Bad Grund am Naturpark Harz heißt Hübichenstein. Tief unten, im Innern des Felsens hauste einst ein Zwergvolk, dessen König der Gübich war. Deshalb hieß der Berg in alter Zeit auch Gübichstein. Leute, die den Gübich gesehen hatten, beschrieben ihn als stark behaart wie ein wilder Bär und mit einem steinalten Gesicht voller Runzeln und Falten. Er kannte alle Heilkräuter, die im Harz wachsen, und hat vielen Kranken, die ihn darum baten, wieder zu Gesundheit verholfen.

Der Gübich hat viele Menschen, denen er gut gesinnt war, sehr reich gemacht, diejenigen aber, die ihn erzürnt oder beleidigt haben, sehr hart dafür bestraft. Eines aber wollte der Gübich mit allen Mitteln verhindern, dass jemand die Spitze vom Hübichenstein erklimmt.

Georg Günther schreibt in den Dreißigerjahren des 19. Jahrhunderts:

Auf dem Försterhofe in Grund wohnte vor alten Zeiten einmal ein Förster. Der hatte seine Frau früh verloren und nur noch einen einzigen Sohn. Der soll ein recht geschickter und auch recht guter Bursche gewesen sein, nur ein bißchen zu vorwitzig, so wie nun die Jugend ist.

Einmal geht der Förstersohn mit seinen guten Freunden spazieren im Holz. Wie sie nach dem Hübichenstein kommen, kommt das Gespräch auf den Hübichenstein, wie hoch er ist, und einer sagt, den wollt er sehen, der da hinaufsteigen könnte.

Da sagte der Förstersohn, das wäre nichts. Er würd's wagen, die andern aber raten ihm ab. Denn wenn einer hinaufgestiegen ist, hat er nicht wieder herab gekonnt und am andern Tage zerschmettert unten gelegen. Aber der Förstersohn glaubte nicht daran, lachte und sagte, nun wollt' er's erst recht tun.

Er ließ sich nicht halten, was die andern auch angeben mochten, und stieg hinauf. Mag ihm wohl sauer genug geworden sein. Denn was man jetzt den kleinen Hübichenstein nennt, der ist vor Zeiten viel höher gewesen als der, den man jetzt den großen Hübichenstein nennt und hat deshalb auch der große geheißen.

Wie er oben steht, lacht er seine guten Freunde aus, spottet und sagt, sie wären so klein wie Zwerge. So hat er eine ganze Weile gestanden. Da fängt der Wind an zu gehen, und er denkt: Sollst nun wieder hinuntersteigen. Hat nicht wieder hinunter gekonnt, hat nicht einmal die Füße regen können! Und unten die Leute konnten ihm nicht helfen, und zuletzt bat er seine guten Freunde, sie möchten ihm doch nur die einzige Gnade erweisen und ihn herunterschießen, dass er nicht lebendig hinunterstürzen müsste. Aber das mochte doch auch keiner tun.

Nun hört auch sein Vater davon, weil alle Leute aus Grund hinausrennen und sehen wollen, ob's wahr ist, und andere kommen wieder und sagen: Es ist wahr. Da geht der alte Förster auch hinaus und sieht mit seinen eigenen Augen seinen Sohn auf dem großen Hübichenstein stehen und kann ihm auch nicht helfen. Er fängt an zu weinen, rauft sich die Haare und ist fast von Sinnen vor Betrübnis. Aber da half alles nicht. Am Ende, wie's Abend wird, wird der Himmel voll

Wolken, und der Wind hebt an zu sausen, und es regnet, dass kein Mensch davor bleiben kann.

Da haben die Leute den alten Förster mit Gewalt nach Hause weggeführt. Wieder zu Hause, denkt der: „Was kann's helfen, du bist doch einmal ein geschlagener Mann, und du erweisest deinem Kinde nur eine Wohltat, und der liebe Gott wird dir's vergeben."

Da nimmt er sein bestes Gewehr und macht sich auf den Weg nach dem Hübichenstein. Wie er aus Grund hinaus ist, hört auf einmal der Regen auf, nur über Grund regnet's in Strömen. Sonst ist alles hell, und der Mond scheint recht klar. Auf dem Wege zum Hübichensteine hebt er an zu weinen und zu beten und ist ganz hin vor Herzensangst und Betrübnis. Da ist auf einmal ein kleines Männlein bei ihm mit einem eisgrauen Barte. Das geht an einem Tannenzweig. Das Männlein sagt „Glückauf" und fragt, ob er denn noch so spät ins Holz müsste?

Der Förster erschreckt sich, hat aber nicht Lust zu sagen, wohin er will und was er vorhat. Da fragt ihn das kleine Männlein, warum er denn immer so seufze, und was ihm denn fehle, dass ihm die Tränen immer über die Wangen liefen? Er sollte doch nur sein Herz aufschließen, es könnte ja noch alles gutgehen.

Darüber wird der Förster zutraulich, und sagt, wenn er's noch nicht wüsste, er wäre der Mann, dessen Sohn jetzt auf dem Hübichenstein stehen müsste. Der Satan hätte ihn verführt (dass er auf die Spitze hinaufgestiegen sei). *Und sein Sohn hätte alle Menschen um Gotteswillen gebeten, sie möchten ihn doch herunterschießen. Aber keiner wäre so barmherzig gewesen. So wollte er's tun. Denn das, meint er, würde ihm Gott nicht als Sünde anrechnen. Ob er denn warten sollte, dass sein leiblich Kind lebendig herunterstürzen und elendiglich seinen Geist aufgeben sollte? So käm' er doch schneller und ohne Schmerzen von der Welt.*

Und darauf fängt er wieder an zu jammern und sagt, er hätte das doch nicht um seinen Sohn verdient, er hätte ihn mit saurer Mühe aufgezogen und zu Kirchen und Schulen gehalten, und er wäre doch auch sonst so gottesfürchtig gewesen, und hätte kein Kind betrübt und nicht einmal ein Würmchen zertreten mögen. So wollte er doch lieber, dass er mit seiner Frau gestorben wäre, als dass er das Unglück erleben müsse, nun so verlassen zu sein im Alter und keinen Sohn zu haben, der ihm einmal die Augen zudrücke.

Das ist dem Männlein zu Herzen gegangen, aber wie der alte Förster noch spricht, ist auf einmal das Männlein verschwunden. Da sieht nun der Vater die Spitze des Hübichensteins, steht unten und legt an auf seinen Sohn. Der ruft und bittet ihn, er möchte nur schießen, er fürchte sich nicht, wenn er nur gleich von der Welt käme.

Der Förster denkt, er will losdrücken, da kommen mit einem Male tausend kleine Männlein aus allen Hecken und Büschen hervorgesprungen. Die machen sich an ihn und werfen mit Tannenzapfen auf ihn und schneiden ihm Gesichter zu und schlagen ihn mit Heckbüscheln und Dornensträuchern um die Beine. Und wie er sich wehren will, wird's immer ärger, und fangen kann er keinen: Sie sind zu flink. Und mitten dazwischen steht das kleine Männlein mit dem eisgrauen Bart und treibt die andern an. Endlich sieht der Förster, dass er nichts ausrichten kann, und muss umkehren.

Wie er fort ist, da wird's auf einmal laut am Hübichenstein herauf, und es kommen allenthalben am Gestein viel kleine Männlein herauf, alle auf eisernen Fahrten, die gehen von unten an bis oben hin, und jeder hat ein messingnes Grubenlicht in der Hand, einige sind jung, andere alt, und rauh von Haar wie ein Bär.

Der Erste, der heraufkommt, ist ganz alt, mit eisgrauem Bart, der geht ihm bis auf die Brust, in der Hand hat er ein silbernes Grubenlicht, das scheint wie die helle Sonne, und auf dem Haupte eine goldne Krone; und der hat den andern befohlen und ist der König. Das ist der Gübich gewesen.

Er spricht oben zu dem Förstersohn: „Wer hat dich geheißen, auf meinen Stein zu steigen? Eigentlich müsste ich dich hinunterstürzen lassen und einem andern sollt's nicht so hingehen. Aber dein Vater dauert mich, weil er ein braver Mann ist."

Darauf bannt ihn der Gübich wieder los und sagt, er soll nur auf der Fahrt da hinuntersteigen. Dem Förstersohn brechen fast die Knie. Da ruft der Gübich ein anderes Männlein heran, dem muss er sich auf die Schultern setzen, das trägt ihn ganz säuberlich hinunter, dass der Förstersohn sich über die Kraft des Männleins wundern muss. Wie sie unten angekommen sind und der Zwerg den Förstersohn abgesetzt hat, fasst ihn der Gübich bei der Hand und führt ihn in sein Schloss unter dem Hübichenstein.

Da kommen sie in ein Zimmer, da blitzen die Wände von Stuferz, die Decke ist von einem Stück Schwerspat, weiß wie der Schnee, und von der Decke hängt ein großer Kronleuchter herab, ganz von Kristallen und Edelgestein, größer als im Goslarschen Zehnten, und der Fußboden ist mit grünen Tannenzweigen bestreut, und die Paneele glänzen nur so von Gold und Edelgestein.

Und mitten in der Stube steht ein Tisch von Glaskopf (53) *und ein silberner Stuhl davor. Darauf setzt sich nun der Zwergkönig, sagt zu dem Förstersohn, er soll sich setzen, und schlägt mit dem silbernen Schlägel gegen den Tisch von Glaskopf. Der gibt einen Ton von sich, so köstlich, wie man in der Welt nichts hört.*

Da kommen tausend kleine Frauen herein, die tragen Erdbeeren und Himbeeren auf, und der Gübich sagt zu dem Förstersohn, er soll davon nehmen. Also sprechen sie zusammen, und die andern Frauen und Männlein machen Musik dazu. Wie die Mahlzeit zu Ende ist, schlägt der Gübich wieder mit dem silbernen Fäustel an den Tisch von Glaskopf, und wie der köstliche Ton wieder erklingt, da tragen die kleinen Frauen Krüge herein von lauterm Silber; und der Gübich sagt zu dem Förstersohn, er soll Bescheid tun. Der sagt „Glückauf!" und tut seinen Zug.

Aber so Herrliches hat er im Leben nicht getrunken. Wie nun der Förstersohn sich so erquickt hat, führt ihn der Gübich in eine andere Stube. Da steht eine große Braupfanne, voll lauter Wildenmännergulden, blitzblank, als wenn sie eben erst aus der Münze gekommen wären. Der Gübich sagt, das wäre sein Reichtum, den müssten ihm seine Untertanen schaffen, und er hätte ja schon manchem Armen davon Gutes getan und wäre nicht den Menschen feind. Aber in Frieden müsse man ihn lassen! Und dergleichen hat er ihm noch viel gesagt.

„Willst du mir nun einen Gefallen tun", sagt er, „so soll's dich nicht gereuen. Nämlich so lange wie der große Gübichenstein (früher hat man den Hübichenstein „Gübichenstein" nach dem Zwergenkönig genannt) *der große bleibt, habe ich mein Recht dran und darf auch auf der Erde walten gehen, wenn aber der große Gübichenstein zum kleinen wird, so kostet's mich die Krone, und dann darf ich bloß unter der Erde herrschen. Da schießen nun immer die Leute nach Krimmern und Falken oben auf dem Gübichenstein, und das kann ich nicht leiden. Denn trifft's den Stein, so bröckelt etwas ab."*

Wenn er, der Förstersohn, also dafür sorgen wolle, dass keiner seinen Stein beschädigte, so solle er zum reichen Manne werden und könne sich aus der Braupfanne nehmen, so viel er wolle. Der Förster-

sohn verspricht's und gibt ihm die Hand drauf. Dann nimmt er sich aus der Braupfanne, so viel er will, füllt alle Taschen und häuft auch die Mütze voll. Wie das geschehen ist, führt ihn der Gübich in ein anderes Zimmer. Da ist ein Bett von Moos recht artig bereitet. Der Gübich sagt, er will seinen Gast morgen zeitig wecken, und er wünscht ihm eine gute Nacht.

Der Förstersohn hat noch nicht lange geschlafen, da weckt es ihn nur, und wie er die Augen aufschlägt, graut der Morgen, und wie er sich besinnt (es ist so kalt gewesen), liegt er unten am Hübichenstein, und seine Mütze mit den Wildenmännergulden liegt noch bei ihm, und seine Taschen sind gepfropft voll.

Das hat er alles der Obrigkeit erzählt und hat den Armen von seinem Reichtum abgegeben und eine Kirche bauen lassen in Grund, wo vorher keine gewesen ist. Und die Obrigkeit hat ein Gesetz ausgehen lassen, dass keiner auf den Hübichenstein steigen dürfe und keiner da nach Krimmern schießen dürfe und nach Falken und Raben. Und so lang, wie der große Hübichenstein ist unversehrt gewesen, hat der Gübich darin sein Wesen gehabt und viel Gutes getan und manchen Bösen bestraft, und es hat ihn auch mancher gesehen.

Aber im Dreißigjährigen Kriege, da haben die Kaiserlichen die Spitze des großen Hübichensteines aus Mutwillen mit Kartaunen heruntergeschossen und von der Zeit an hat kein Mensch den Gübich mehr gesehen.

Wie die Sage weiter berichtet, soll es dem Gübich seit dieser Zeit nur alle hundert Jahre einmal erlaubt sein, wieder aus der unterirdischen Welt des Hübichensteines, wie er nun genannt wurde, auf die sonnige Erde herauskommen zu dürfen, und das auch nur einen einzigen Tag lang.

154. Der Tannenzapfen aus Silber

Eine andere Sage vom Zwergenkönig Gübich wird von Georg Schulze überliefert:

Vor langen, langen Jahren, da wohnte in Grund ein Bergmann, der hatte in der Schenke seiner Stube einen Tannenzapfen stehn von lauterem Silber, so natürlich wie ein gewachsener. Nun fragt man ja wohl, wie ein Bergmann an einen solchen Schatz kommt. Da hat er's denn vielen erzählt. Sein Urgroßvater ist nämlich auch ein Bergmann gewesen. Der ist einmal krank, viele Wochen lang, und es ist eine teure Zeit, und Gnadenlohn haben die Bergleute zu der Zeit noch nicht bekommen. Er hat aber sieben lebendige Kinder gehabt. Da ist's nun kärglich zugegangen mit dem Brote und mit allem, und er und seine Frau haben fast den Mut verloren. Einmal steht die Frau des Morgens vor der Haustür und überlegt, wo sie heute das Brot herbekommen soll für die Kinder.

Da denkt sie: „Sollst nur hingehen und eine Kiepe voll Tannäpfel im Walde sammeln und verkaufen; s'gibt doch etwas."

Der Hübichenstein.
Alter Stich aus Bildarchiv Preußischer Kulturbesitz

Und so macht sie sich auf den Weg. Als sie nun unterwegs ist und über ihr Schicksal nachdenkt, da kommen ihr die Tränen in die Augen und sie setzt sich am Wege nieder und weint und hält die Hände vors Gesicht. Nach einer Weile denkt sie: „Es kann doch nicht helfen, du musst aufstehn, sonst müsst ihr betteln gehen."

Und wie sie eben in die Höhe sieht, da steht vor ihr ein altes Männlein mit eisgrauem Barte und ist ganz wunderlich angetan und hat sie lange betrachtet. Das Männlein fragt, was ihr fehle? Sie sagt, er könne ihr doch nicht helfen. Er ist aber freundlich und sagt, man traue ja manchem nicht zu, was er könne, und sie möchte ihm nur getrost sagen, was ihr fehle.

Da bekommt sie Mut und sagt ihm alles heraus:

Dass ihr Mann nun schon so lange krank sei, dass sie sieben lebendige Kinder habe und keinen Bissen Brot im Hause, dass sie schon alles versetzt und verkauft habe und die Leute sie nicht länger im Hause leiden wollten; deshalb wolle sie nun eine Tracht Tannäpfel suchen und Brot kaufen.

Das Männlein mit dem grauen Barte tröstete sie: Sie solle nur nicht verzagen, es würde noch alles recht gut gehen; und wenn sie gute Tannäpfel haben wolle, so solle sie nur nach dem Hübichenstein gehen und sich nicht fürchten. Darauf bietet er ihr einen guten Morgen und geht ins Gebüsch am Wege. Die Frau aber geht nach dem Hübichenstein.

Da setzt sie nun ihre Kiepe auf den Boden und sucht Tannäpfel. Als sie anfängt zu suchen, fallen ihr die Tannäpfel von allen Seiten zu, von rechts und links, von oben und aus allen Büschen heraus. Da denkt sie nun schon, es hätten sich Buben versteckt am Hübichenstein und wollten sie foppen, und das kleine Männchen wäre schuld daran. Sie hebt also ihre Kiepe wieder auf und flüchtet, denn sie will sich doch nicht die Augen auswerfen lassen.

Das hätte sie nun freilich nicht nötig gehabt, denn die Tannäpfel fallen alle in ihre Kiepe; aber wer so betrübt ist, der hat auch nicht auf alles acht. Und so geht sie weg vom Hübichenstein und kommt an eine andere Stelle. Da füllt sie ihre Kiepe, hat aber nicht viel mehr nötig gehabt hineinzulesen.

Darauf geht sie heim. Aber die Kiepe wird ihr immer schwerer und schwerer, und sie muss gar oft ruhen, ehe sie heimkommt. Das kommt ihr wunderlich vor, aber sie denkt doch noch an nichts. Als sie heimkommt und in den Holzstall geht und die Kiepe ausleeren will und dann wieder ins Holz, da fallen lauter silberne Tannäpfel heraus, dass sie ganz starr wird vor Verwunderung. Aber die Tannäpfel will sie nicht behalten, weil sie meint, das gehe nicht mit rechten Dingen zu. Und wer weiß, denkt sie, ob der kleine Kerl nicht der Satan gewesen ist. Also geht sie zu ihrem Mann in die Stube und erzählt ihm, wie's ihr ergangen ist, und beschreibt ihm das Männlein und fragt ihn, ob das wohl mit rechten Dingen zugehe und ob sie die Tannäpfel behalten dürfe. Da sagt ihr der Mann, dass sie alles behalten dürfe und dass der kleine Kerl der Gübich gewesen sei, der hätte auch schon andern armen Leuten geholfen.

Am andern Morgen lässt's ihr keine Ruhe. Sie muss erst wieder nach dem Holze gehen; vielleicht, dass sie den Gübich wieder trifft, so will sie sich bei ihm bedanken. Richtig, als sie wieder an die Stelle kommt, ist wieder das Männlein da mit dem eisgrauen Barte und fragt, ob sie gestern nicht schöne Tannöpfel gefunden hätte? Wie sie aber anfängt, ihm zu danken, dass sie nun aus aller ihrer Not gerettet wäre, da lacht der Gübich und gibt ihr ein Bündel Kräuter, davon solle sie ihrem Manne einen Trank kochen, so würde er schon gesund werden. Und darauf geht er wieder ins Gebüsch am Wege.

Die Frau aber geht heim und bereitet den Trank, und von der nämlichen Stunde an wird der Mann gesund, und sie haben noch lange miteinander glücklich gelebt.

Das Silber haben sie in die Münze gebracht und haben unmenschlichen Reichtum davon gehabt und haben vielen armen Leuten Gutes getan. Einen von den Tannäpfeln haben sie zum ewigen Andenken aufgehoben. Das ist der Tannapfel, den der Bergmann in der Schenke hat stehen gehabt.

155. Das weiße Männlein und die Goldzacke

In einem Bergwerk in der Oberharzer Hochebene erschien vor sehr, sehr langer Zeit einmal ein keines, ganz in Weiß gekleidetes Männlein einem Bergmann, der gerade im Schacht arbeitete. Es hatte ein Licht in der Hand und forderte ihn mit Gesten auf, ihm zu folgen. Es führte ihn tief ins Innere des Berges in einen großen Saal, wo andere, genauso gekleidete Männlein, saßen und tafelten. Es waren Bergoffizianten, die ihn freundlich einluden, mitzuhalten.

Als das Mahl beendet war, gab das Männlein, das den Bergmann in den Saal geleitet hatte, ihm zum Abschied einen Zacken aus purem Gold und sagte:

„Der soll nur dir gehören, jedem, der ihn dir wegnehmen will, wird der Hals umgedreht werden!“

Anschließend führte das Männlein ihn wieder aus dem Berg.

Aber wie er wieder in sein Dorf zurückkam, war ihm alles fremd. Es kannte ihn auch keiner der Menschen, denen er begegnete. Die Häuser sahen anders aus, meist größer und mit Anbauten, nicht so, wie er sie in Erinnerung hatte. Die jungen Bäume, die er noch mit dünnen Stämmchen und kleinen Zweiglein gesehen hatte, waren zu mächtigen Riesen geworden. Verwirrt stand er mit seiner Goldzacke da und wusste nicht was los war.

Da ging er zum Pfarrer; der schlug in den Kirchenbüchern nach und es stellte sich heraus, dass ein Bergmann seines Namens vor drei Generationen zwar in den Berg eingefahren, aber nie mehr zurückgekommen war. Zutiefst in der Seele erschüttert, wurde dem Bergmann klar, dass er nicht ein paar Stunden, wie er es geglaubt hatte, sondern ein Jahrhundert (40) im Berg gewesen war.

Bald war sein Fall im weiten Umkreis bekannt, und die Obrigkeit verlangte, dass er seine Goldzacke, den sichtbaren Beweis für seine unglaubliche Geschichte, hergeben sollte. Weil er sich weigerte, wurde sie ihm von einem der Offizianten mit Gewalt genommen. Da ging der Bergmann in den Schacht zurück zu dem weißen Männlein und klagte ihm sein Leid. Das machte seine Drohung wahr, drehte dem Offizianten den Hals um und brachte dem Bergmann seine Goldzacke zurück.

Der hatte damit genug, um sein ganzes Leben als reicher Mann zu verbringen, denn niemand wagte es mehr, ihm die Goldzacke zu nehmen.

156. Die Strafe des Bergmännleins

Im Oberharz, an der Kreuzung der alten Harzstraße mit der Hochharzstraße, liegt Clausthal. Im dortigen Pochwerk (54) soll sich diese Geschichte zugetragen haben, die A. Ey im Jahre 1862 überliefert:

Im achten Clausthaler Pochwerk hat einst ein Nachtschichter gepocht, der tat gern was, wenn er musste, daher wünscht' er sich, wenn doch einer für ihn pochte. In der Nacht, so gegen Pfingsten, ist auf einmal abgeschützt, und das Pochwerk steht gleich stille.

Der Nachtschichter geht aufs Gefluter und will wieder anschützen. Da sitzt oben ein kleines Männchen darauf und sagt zu ihm:

*„Ruhe dich,
ich poch für dich!“*

Dabei fragt es, wie es denn hereinpochen sollte. Da sagt der Nachtschichter, es solle nur arm hereinpochen. Danach geht er ins Kämmerlein und legt sich aufs Ohr. Das Männlein weckt den Schläfer und gibt ihm ein Goldstück und sagt:

*„Verrätst du mich,
so poch ich dich!“*

Am andern Morgen sind alle Kästen voll von armem Schlieg. Der Steiger wundert sich und sagt, wie der Nachtschichter das angefangen habe, und spricht:

„Ja besser wär's, wenn es nun gleich reicher Schlieg wäre.“

Am zweiten Abend geht's wieder so, da sagt der Nachtschichter, er möchte nun reichen Schlieg haben. Alle Kästen sind am Morgen voll vom reichsten Schlieg. Am dritten Abend wird um elf Uhr abgeschützt, der Nachtschichter geht wieder aufs Gefluter und findet das kleine Männlein und dankt ihm für seine Arbeit und sagt dabei, wenn's nur immer so ginge. Das Männlein sagt:

*„Verrat mich nur nicht,
ich tu meine Pflicht.“*

Das tut denn auch der Nachtschichter lange Zeit, denn er hat's dabei nur gut gehabt, und sein Steiger hat die meiste Röste geliefert, und sein Pochwerk ist in kurzer Zeit das beste geworden. Darüber will das Bergamt Aufschluss haben, damit es in andern Pochwerken auch so gemacht werden kann. Der Steiger wird gefragt, weiß es aber nicht und fragt den Nachtschichter. Der aber will mit der Sprache nicht heraus. Endlich kommen die Herren nach dem Pochwerk, der Oberbergmeister, Pochverwalter, Obersteiger und noch andere, und da soll der Nachtschichter bekennen, wie er's anfängt, so viel und reichen Schlieg zu schaffen. Er will und will erst nicht daran; denn auf dem Schrank sitzen zwei kleine Männchen. Das eine droht, er soll's nicht verraten; das andere winkt, er soll's sagen. Endlich, weil sie ihn alle so anhauchen und abkanzeln, ja mit Absetzen und Verbrennen drohen, weil er ein Hexenmeister wäre, so sagt er's, und da sind die Männchen weg, und die Herren sind ebenso klug wie vorher, denn das haben sie nicht einrichten können.

Des Nachts um elf Uhr wird wieder abgeschützt. Der Nachtschichter geht hinauf nach dem Geschütz, und das Männlein ist wieder dabei und fragt, was es pochen sollte. Da sagt der Nachtschichter, die Herren hätten ihn gezwungen, es sagen zu müssen, und nun wolle er ihnen auch einen Streich spielen, diese Nacht möchte das Männchen Fleisch und Blut herein pochen. Ja, sagt das Männchen, das hätte es sich auch schon vorgenommen.

Darauf legt sich der Nachtschichter hin. Kurz vor elf Uhr ist der Nachtsteiger dagewesen und hat mit dem Nachtschichter gesprochen. Um elf Uhr kommt der Nachtsteiger wieder, da haut das Pochwerk, er geht hinein und siehe da, der Nachtschichter liegt unter den Stempeln und ist zerstampft. Da hat man's denn gleich heraus gehabt, dass ihn das Männlein untergeschürft hat.

157. Die Zwerglöcher bei Sachsa

In einer Schrift aus dem Jahr 1737 von Julius Bernhard von Rohr über den Ober-Harz steht zu lesen:

In hiesigen Gegenden finden sich grosse Kalck-Berge, die nach der Bewandniß dieser Berge in manchen Orten Höhlen haben, daß man in selbigen theils hinein gehen, theils kriechen kann. Der gemeine Mann nennet die selben so wohl hierum, als auch in manchen andern Gegenden, so sich dergleichen zeigen, Zwerg-Löcher, weil sich einige einbilden, es hätten in denen alten Zeiten an hiesigen Orten Zwerge gewohnet, die sich in diesen Höhlen aufgehalten.

Dieses Volck will lauter ausserordentliche Sachen haben. Hier sollen es Zwerge seyn. Wenn sie in andern Höhlen entweder grosse Knochen von Thieren, oder auch Stücken von dem so genannten Unicornu fossili (Einhorn) *antreffen, welche einige Aehnlichkeit mit den menschlichen Gebeinen haben, nur daß sie dieselben an der gewöhnlichen Grösse übertreffen, so geben sie solche vor Knochen der Riesen aus, die in diesen Gegenden ihren Sitz aufgeschlagen hätten.*

Sonst wohnten hier auf dem Römersteine gewaltige Riesen, auf dem jenseitigen Sachsensteine dagegen mächtige Zwerge mit ihrem König. Vor diesen kleinen Geschöpfen hatten aber die Riesen, solchen Respect, daß sie sich, um vor ihnen sicher zu sein diese Felsenburg aufthürmten.

158. Die Zwerge vom Sachsenstein

Über die in der vorigen Sage erwähnten Zwerge vom Sachsenstein schreibt Heinrich Pröhle um 1886:

Der Weg, der jetzt von dem preußischen Städtchen die Sachse nach dem braunschweigischen Klosterort Walkenried aus Sachsenstein in die Grafschaft Hohenstein vorbeiführt, wurde früher fast gar nicht gegangen. Denn wie noch jetzt die Zwerglöcher zeigen, so wohnten im Sachsenstein gar viele Zwerge, und darum fürchteten sich die Leute, wiewohl die Zwerge sehr munter waren und immer eine flotte Musik vor dem Sachsenstein gehört wurde. Besonders scheuten sich die Frauen vorbeizugehen, denn eine Frau, die einst vorbeiging, hatten die Zwerge ergriffen und lange gefangen gehalten. Kein Erbsenfeld war vor ihnen sicher, und man hörte sie oft darin schmatzen, wie die Schweine, ohne dass man sie sah, denn sie hatten dabei ihre Hehlkappen oder Verheltniskappen (Tarn- oder Nebelkappen) *auf.*

Die Zwerge haben auch unter sich Hochzeit gehalten und Kindstaufen gefeiert und dazu Reisbrei gegessen, und es ist sehr lustig dabei hergegangen im Sachsenstein; auch gingen sie nach auswärts bei den Leuten auf Kindstaufen und Hochzeiten. Auf der Kindstaufe waren sie einmal beim alten Gödeke in Bräunrode mit ihren Hehlkappen; da aßen sie alles auf, ohne dass jemand sie sah. Der alte Gödeke aber braute Bier in einer Eierschale. Da verrieten sie sich, denn sie mussten sprechen:

„So bin ich doch so alt
Wie der Döringerwald
Und habe noch nicht gesehen
In einer Eierschale Bier brauen."

An einer Hochzeit in Bräunrode fanden sie auf einem schönen Saale die Tafel gedeckt und setzten sich lustig zu Tische, wurden aber gar kleinmütig, als sie merkten, dass Kümmel im Brote war.

Einst hütete ein Schäfer in der Nähe des Sachsensteins. Da hörte er auch Musik, räumte mit seinem Hakstocke vor den Zwerglöchern auf und hat die Zwerge und Zwergmusikanten alle gesehen, ist auch eingeladen worden, an der Festlichkeit teilzunehmen, und dann ganz unversehrt wieder aus dem Sachsenstein hinausgegangen.

Ein andermal brachen Maurer Steine vor dem Sachsenstein. Da kamen abends Zwerge daher, hielten ihre Hehlkappen in der Hand, so dass die Maurer sie sehen konnten, und sprachen: Sie möchten jetzt nur heimgehen, ihr Werkzeug da lassen, sich um nichts kümmern und ihnen am andern Morgen Brot mitbringen, dann solle die Arbeit auch schon getan sein. Das taten die Maurer auch, kamen am andern Morgen wieder, legten das Brot vor den Sachsenstein, nahmen ihr Werkzeug, welches da lag, dafür hin und luden die Steine auf den Wagen, den die Zwerge ihnen befohlen hatten sogleich mitzubringen.

Aber nicht immer waren die Zwerge vom Sachsensteine so gut und hilfreich gegen die Menschen. Sie stahlen ihnen Kinder und schoben ihre Wechselbälge dafür unter, brachen auch zu ganzen Haufen in die Bäckerläden in der Sachsa und zu Walkenried ein und stahlen Brot. Da riet ein Mädchen den Leuten, dass sie Kümmel ins Brot backen sollten, das konnten die Zwerge nicht vertragen und wurden krank davon, nahmen auch zur Strafe das Mädchen gefangen, als es einmal am Sachsenstein vorbeiging und misshandelten es gar sehr.

Von der Zeit an wurde kein Brot ohne Kümmel mehr gebacken, und nur wenige Zwerge, welche Kümmelzwerge genannt wurden, konnten das vertragen, denen gaben die Leute das Brot gerne, und sie gehen vielleicht jetzt noch in der Gegend. Die andern aber versammelten sich vor dem Rathause in der Sachsa zu Abmarsch, und als sie abgezogen sind, hat der Sachsenstein geklungen, als wenn ein großer Goldkessel drin wäre, und die Zwerge sind auch mit voller Musik oder, wie einige sagen, mit Gesang durch die Sachsa gezogen.

In der Sachsa war großes Leben als es hieß: die Zwerge kommen jetzt durchgereist, und große Freude, dass sie fortzogen. Vor dem Rathause riefen sie immerfort, indem sie über ihren Abzug unterhandelten: „Wollt ihr ewiges Bergwerk haben oder von einem jeden von uns einen Pfennig?"

Da antworteten die Leute in der Sachsa: von jedem einen Pfennig.

Manche erzählen auch, die Zwerge hätten gefragt, ob sie etwas Gewisses oder ob sie nach ihrem Belieben geben sollten, und da hätten die Sachsaer in ihrer Torheit etwas Gewisses von jedem verlangt und deshalb von jedem einen Pfennig bekommen. Es wurde aber ein geeichter Dresdner Scheffel auf dem Markt vors Rathaus hingestellt, da warf jeder Zwerg seinen Pfennig hinein, dass er über und über voll wurde. Einige sagen davon, dass es sechshundert Zwerge und die ersten davon schon am Tore gewesen wären, als die letzten in der Reihe noch vor dem Rathaus gestanden hätten.

Andere sagen gar, daß man die letzten noch bei den Zwerglöchern vor dem Sachsenstein hätte murmeln hören, als die ersten schon in der Steina, dem nächsten Dorfe zwischen der Sachsa und Lauterberg, gewesen wären.

Die Zwerge zogen nordwärts, und als sie zu den Zwergen nach Scharzfeld kamen, machten sie halt und gingen da in ihren Hehlkappen mit den Scharzfelder Zwergen in die Erbsenfelder. Darin fraßen sie wie die Mäuse, aber kein Mensch konnte sie sehen. Da nahm ein Bauer eine Bohnenstange und fuhr damit immer über den Erbsen herum. Dadurch schlug er ihnen die Kappen vom Kopfe, und so wurden die Zwerge sichtbar. Weil aber der Bauer die Zwergkappen nicht wieder hergeben wollte, so kündigten sie zuletzt ihm und den andern Scharzfeldern den Krieg an, und er musste sie ihnen zustellen. Darauf sind die Sachsaer Zwerge weitergereist und mögen wohl auch die Zwerge von Scharzfeld mit ihnen gereist sein. Als sie aber durch Osterode gekommen sind, haben sie an der Wirtstafel gespeist und geschnattert wie die Gänse.

159. Der Römerstein im Harz

Eine der markantesten Felsformationen im Harz ist der Römerstein. Um ihn rankt sich eine düstere Sage, die Friedrich Günther Ende des 19. Jahrhunderts so erzählte:

Wenn man vom Wiesenbecker Teiche bei Bad Lauterberg über die Hohetür zum Ravenskopf hinaufsteigt, so erblickt man den Römerstein, eine starke Klippe, deren schwarze, zackige Felsen hoch in die Lüfte ragen und den Trümmern einer verfallenen Burg täuschend ähnlich sehen. Keine andere Felsgruppe im Harze hebt sich so scharf und doch so düster von ihrem Hintergrunde ab; denn den Römerstein umziehen auf der dem Gebirge zugewandten Seite fast halbkreisförmig blendend weiße Alabasterfelsen.

Zwei Reiche stießen hier einst mit ihren Grenzen zusammen, das der Riesen und das der Zwerge. Diese wohnten in den Höhlen der Nachbarschaft, namentlich unter dem Sachsenstein; jene türmten aus Furcht vor den klügeren kleinen Nachbarn aus gewaltigen Felsblöcken die Grenzburg auf, deren Trümmer Römerstein heißen. Da ließ der Zwergkönig zur Gegenwehr der Riesenfeste gegenüber jene unübersteigliche Wand von glattem Alabaster aufführen.

Einst durchstreifte ein stattlicher Riesenjüngling den benachbarten Harzwald, um einen Hirsch oder einen Eber zu erlegen. Da fand er unter einem Baume eine liebliche Jungfrau schlafend, Ruma, des Zwergenkönigs jüngste Tochter. Staunend blieb er stehen; da schlug sie die Augen auf und wollte fliehen. Doch Romar – so hieß der Jüngling – sprach ihr freundlich und ehrerbietig zu; so blieb sie und fand bald Gefallen an der Unterhaltung mit ihm. Nun trafen sich die beiden, ohne zu wissen und zu ahnen, dass sie feindlichen Völkern angehörten, noch oft auf dem Grenzgebiete, um miteinander zu plaudern, und als Romar sie nach einiger Zeit zur Gemahlin begehrte, sagte die Jungfrau ihm gerne ihre Hand zu; doch wies sie darauf hin, dass ihr Vater zur Zeit in den fernsten Gegenden seines Gebietes weile und an seine Rückkehr vorerst nicht zu denken sei. Da er aber ihr, seinem Lieblingskinde, noch niemals einen Wunsch abgeschlagen habe, so sei sie seiner Zustimmung gewiß, und in dieser Hoffnung wurde sie Romars Gattin. Nichts störte das Glück des jungen Paares, und die Jahre flossen ihnen rasch und unmerklich dahin.

So saßen sie eines Tages traulich beisammen und freuten sich des Spieles ihres munteren Knaben, den Ruma auf dem Schoße hielt; da stand plötzlich der Zwergkönig vor ihnen. Bleich war sein Antlitz, weiß wie die Gips- und Alabasterfelsen seiner Burgen erglänzten sein Bart und sein Haupthaar, vom Scheitel war eine Krone der reinsten Kristalle gleichsam emporgeschossen, und das lang herabfließende Gewand aus Asp(b)est umschloss ein K(G)ürtel aus Kalkspat. Zornig rollten seine blauen Augen unter den buschigen grauen Brauen, als er in dem Gemahl seiner Tochter einen Sohn des Riesenlandes erkannte, und ohne auf dessen redlich gemeinte Rede wie auf die flehentlichen Bitten der Tochter zu hören, rief er durch Zeichen ganze Scharen dienstbereiter Zwerge herbei und befahl ihnen, seine Tochter samt dem Knaben in seine Wohnung zu schleppen, den verhassten Romar aber über die Grenze des Zwergenreiches zu peitschen.

Zu Hause angekommen, forderte er dann von seiner Tochter, dass sie sich für immer von ihrem Gatten lossage, und als sie sich standhaft weigerte, das Gelübde der Treue zu brechen, ergriff er das unschuldige Knäblein bei den Füßen und zerschmetterte es an der Felswand.

Seine Tochter aber schloss er in eine finstere Höhle tief im Innern der Berge ein und ließ deren Eingang durch tückische Kobolde bewachen.

Unablässig arbeitete sie hier an ihrer Rettung und Wiedervereinigung mit ihrem Gemahl. Da ihre Mutter eine Wassernixe gewesen war, so wohnte auch ihr die Kraft inne, sich in eine solche zu verwandeln.

Als Quell versuchte sie nun aus ihrem Gefängnisse, das von den vielen Tränen, die sie dort vergossen hat, noch heute das Weingartenloch heißt, auszubrechen und wieder an das Tageslicht zu gelangen, und eine ganze Reihe tiefer Erdfälle zeugt von ihren Anstrengungen; aber stets schleuderte sie der erbarmungslose Vater wieder in das Innere des Berges zurück. Nur zuweilen, wenn der Zwergkönig schlief, gelang es ihr, bis in den Nixenteich vorzudringen und sich hier eines kurzen Wiedersehens mit ihrem Gemahl zu freuen.

Nach langen Jahren endlich wurden ihre Anstrengungen mit Erfolg gekrönt. Es war ihr nämlich gelungen, unterirdisch so weit vorzudringen, dass sie die Grenze des Zwergenreiches weit überschritten hatte, und hier am Rotenberge trat sie nun dreist und ungehindert als mächtiger Quell zutage. R h u m e heißt zu ihrem Andenken der Fluss, den dieser speist. Zuweilen rötet sich auch jetzt noch sein Wasser von dem Blute des gemordeten Knaben, und in der Tiefe des Weingartenlochs erkennt man die Nähe der Wassernixe an dem geheimnisvollen Rauschen unterirdischer Gewässer.

Nach Romar aber benannte das Volk die Riesenburg, den Römerstein.

160. Das Hüttenmännchen zu Vogtsfeld

Am Fluss Zorge im Naturpark Harz ließen sich früher zuweilen Hüttenmännchen sehen. Heinrich Pröhle schreibt 1886 darüber:

Die Hüttenmännchen von der Neuhütte zwischen Zorge und Vogtsfeld saßen auf der Eisenwaage und im Wasser am Hammerstock, wenn die Frauen einfüllen wollten. Eine Frau aus Vogtsfeld wollte Klinze (Klümpe, auch Düwekens genannt) aufsetzen, da hüpfte das Hüttenmännchen auf der Ziege umher. Da ließ die Frau vor Schreck den Teig fallen. Man freute sich übrigens, wenn man es sah. In Zorge sagt man: es hatte einen grauen, in Vogtsfeld: es hatte einen grünen

Rock, ein Schurzfell und ein Gesicht wie ein harter Taler, abends sah das aus wie Feuer. Das Hüttenmännchen wandelte an den Bergen umher. Am Weihnachtsheiligenabend, wo es sich besonders bemerkbar machte, ging es in der Schmiede wie zehn Gebläse (Blasebälge). Ein alter Mann konnte von zwölf bis ein Uhr in dieser Nacht während dieser Zeit nicht vom Fleck kommen. An einem Sonntagabend hüpft das Hüttenmännchen von einer Hammerwelle zur andern.

161. Der Name des Zwerges

Zwischen Waake, Landolfshausen und Mackenrode, in der Gegend von Göttingen, liegen drei Anhöhen, die Schweckhäuserberge genannt werden. Auf einem der Berge, dem langen Schweckhäuserberg, soll sich einst eine heidnische Kultstätte befunden haben. Hier sollen früher Zwerge ihr unterirdisches Reich gehabt haben. L. Bechstein 1853:

Von ihnen soll einer die Tochter eines Schafhirten gern gesehen haben, aber sie liebte bereits einen treuen Schäfer und war für den Quarksen nicht zu Hause, zumal er neben der Kleinheit vorn und hinten mit einem merklichen Verdruss aufwartete, kleine Schweinsäugelein, beträchtliche Lippenwülste, Schlappohren, ein aschgraues Gesicht und die Annehmlichkeiten grüner Zähne und stets feuchter Nase, etwa wie der Spiegelschwab im Volksmärchen, besaß.

Doch hatte der Zwerg eine große Tugend, er war über die Maßen reich und spendierlich und schenkte drauf und drein. Da die Mutter des besagten Mägdleins, das Lorchen hieß, die Gaben nicht zurückwies, so meinte der Zwergenmann, er habe nun ein Recht, und sagte kurz und rund zur Alten:

„Dass du es weißt, deine Tochter wird mein – es wäre denn, du wüsstest meinen Namen zu nennen; kannst du das, wenn ich wiederkomme, so soll es auch gehen wie im Kindermärchen (51), *dann will ich weichen, und das Lorchen soll freie Wahl haben nach dem Orakel der Gänseblume zwischen Edelmann, Bettelmann, Schulmeister, Pfarr'."*

Dann ging er nicht in bester Laune hinweg. Das war der Mutter des Mägleins gar unlieb zu hören, klagte es dem Liebhaber ihrer Tochter und riet ihm um sein selbst und seiner Liebe willen, des Zwerges Namen auszukundschaften. Das deuchte nun freilich dem jungen Gesel-

len ein schweres Stück und war's auch in der Tat, denn es gibt der Wichtlein wohl ab und auf all um den Rhein, in Preußen und Reußen, dünken sich wunders viel zu sein und zu bedeuten, und wenn einer nach ihnen umfragt in allen Landen, hat niemand die Tausendteufelskröpel jemals auch nur n e n n e n *hören.*

Der Schäfer spähte nun gar fleißig umher, und als einmal der Zwerg sich zeigte, schlich er ihm nach, allein plötzlich verschwand er an einem Steinfelsen. Als der Schäfer zum Fels trat, sah er eine schöne rote Blume darauf blühen, und innen hörte er hämmern und klingen. Der Zwerg schmiedete und sang dazu:

„Hier sitz' ich, Gold schnitz' ich,
ich heiße Holzrührlein, Bonneführlein;
wenn das die Mutter wüßt',
behielt sie ihr Lürlein."

Das nahm sich der Schäfer zu Ohren und hinterbrachte es schnell seiner Liebsten und ihrer Mutter. Bald darauf kam der Zwerg wieder und fragte: „ Weißt du meinen Namen?"

„Ach", sagte die Alte, „wie kann ich Euern Namen wissen? Ihr werdet wohl am Ende Vitzliputzli heißen."

„Nein, so heiße ich nicht!" gröhlte der Zwerg.

„Oder Peter Neffert?" riet die Alte neckend weiter.

„Nein – so gar nicht!" antwortete jener. „Ich frage zum dritten- und letztenmal, wie heiße ich?"

Da sang die Alte: „Im Felsen sitzt Ihr, Gold schnitzt Ihr!
Ihr heißt Holzrührlein, Bonneführlein;
Und weil das die Mutter weiß,
kriegt Ihr nicht mein Lürlein!"

„Das hat dir der Teufel gesagt, Weib!" schrie voll Ärger der Zwerg, fuhr ab und ließ sich nimmermehr wieder sehen. Der Schäfer aber hat das Lorchen geheiratet und ist mit ihr glücklich geworden.

162. Zirk-Zirk

Eine ähnliche Geschichte von einem anderen Ort in Niedersachsen erzählt Kuhn um 1859:

Einer Frau hat einmal das Spinnen nicht recht von der Hand gewollt, und ihr Mann hat oft gescholten, dass sie nichts vor sich bringe, und wie sie einmal darüber ganz traurig ist und so in ihren Gedanken dahingeht, steht plötzlich ein Zwerg vor ihr, der sie fragt, was ihr fehle und ob er ihr nicht helfen könne. Da erzählt sie ihm alles, und der Zwerg sagt, er wolle ihr helfen, wenn sie ihm nur das geben wolle, was sie unter der Schürze trage, könne sie aber raten, wie er heiße, so brauche sie ihm gar nichts zu geben. Die Frau bedachte sich nicht lange und sagte ja, denn sie glaubte nichts darunter zu haben.

Von der Zeit an hat sie immer genug Garn gehabt, und alle Sonnabende, wenn ihr Mann kam und nachsah, war das Stück voll. Da ist sie vergnügt und zufrieden gewesen, aber es hat nicht lange gedauert, da hat sich das geändert, denn sie sollte in die Wochen kommen und wusste nun wohl, was der Zwerg gemeint habe. Voll Betrübnis hat sie alles ihrem Manne erzählt, und wie der eines Tags über einen Berg geht, hört er ein schnurrendes Rad im Berge drehen und einen Zwerg dazu singen: „Dat is guat, dat dat de gnädige Frau nich weit, dat ik Zirkzirk heit." („Das ist gut, dass das die gnädige Frau nicht weiß, dass ich Zirkzirk heiß'.")

Da ist er vergnügt nach Hause gegangen, hat alles seiner Frau erzählt und als die Frau in die Wochen gekommen ist und der Zwerg sich einfand, um das Versprochene zu holen, hat sie ihm sogleich gesagt, wie er heiße, und seit der Zeit ist er nicht wiedergekommen (51).

163. Der Zwerg aus den Schweckhäuser Bergen

Im Osenberge, einem Waldgebiet südlich von Oldenburg bei Bümmerstede, sollen – so heißt es seit jeher – Zwerge, auch Erdmännlein genannt, wohnen. Früher kamen sie oft zu dem Wirtshaus von Bümmerstede, das ein Brauhaus hatte, und holten dort das frischgebraute Fassbier, das sie ganz besonders gerne tranken. Sie waren beliebte Kunden, denn sie bezahlten immer gut mit fremdartigen Münzen aus allerfeinstem Silber.

Einst, an einem sehr heißen Sommertag, kam wieder einmal ein uraltes Männlein zum Brauhaus, um in seinem Krug Bier für die Zwerge im Osenberg zu holen. Weil aber die Sonne gar so unbarmherzig herabbrannte, hatte es solch einen Durst, dass es nicht gleich zurückkehrte, sondern gierig ein paar große Schlucke aus dem Krug zu sich nahm. Daraufhin wurde es jedoch so müde, dass es sich vor dem Fass auf den Boden legte und einschlief.

A. Ehrhardt um 1835

Das Männlein schlief so tief und fest, dass die Wirtsleute nicht wagten, es aufzuwecken. Als es endlich von selbst erwachte, waren einige Stunden vergangen.

Erschrocken setzte es sich auf, blickte verstört in den halbleeren Krug und fing an verzweifelt zu klagen:

„Ach! Ach! Ach! Nun wird mich mein Großvater zur Strafe für mein langes Ausbleiben schlagen! Ach! Ach! Ach!"

Es sprang auf und lief so eilig von dannen, dass es sogar seinen Bierkrug vergaß und zurückließ. Von Stund an ließ sich nie mehr ein Zwerg aus dem Osenberg in Bümmerstede sehen.

Die Wirtsleute aber hielten den Bierkrug des Zwerges in Ehren. Es war, als bringe er Segen über ihr Haus: Sie wurden reich, ihr Geschäft blühte und in ihrer Familie herrschte Frieden. Die Tochter heiratete einen braven Mann und führte die Wirtschaft ihrer Eltern weiter. Dieser wurde fast hundert Jahre alt und erzählte die seltsame Geschichte des Zwergenkruges seinen Gästen immer und immer wieder (55).

Eines Tages zerbrach der Zwergenkrug aus Unachtsamkeit. Da ging es auch mit dem Wirtshaus bergab.

164. Die Zwerge und die gestohlenen Erbsen

In der Gegend um Hannover hatte einmal ein Bauer ein Feld mit Erbsen, an dem er aber keine Freude hatte, weil jede Nacht die Pflanzen zertreten und die Früchte gestohlen wurden. Auch wenn er und seine Knechte sich auf die Lauer legten und Wache hielten, sie konnten die Täter nie erwischen. Da vermutete einer seiner Nachbarn, dem er sein Leid klagte: „Das sind gewiss die Zwerge. Sie haben Nebelkappen, mit denen sie sich unsichtbar machen können, darum siehst du sie nicht!"

Und der kluge Mann gab ihm einen Rat: „ Ziehe um dein Feld kurz über dem Boden ein Seil. Dann fange in der Nacht ganz plötzlich an zu lärmen, schlage auf Töpfe oder knalle mit der Peitsche. Dann erschrecken die Eindringlinge und rennen davon. Wenn sie gegen das Seil laufen, verlieren sicher ein paar von ihnen ihre Nebelkappen und du kannst sie fangen."

Gesagt, getan! Noch am gleichen Tag befolgte der Bauer den Rat und versteckte sich am Abend beim Feld. Als er dann mit seinen Leuten ganz plötzlich einen Höllenlärm veranstaltete, erschraken die ungebetenen Gäste so sehr, dass sie Hals über Kopf davon liefen. Einige von ihnen blieben dabei an dem niedrig gespannten Seil hängen, verloren ihre Nebelkappen und wurden sichtbar. Weil manche von ihnen sie nicht schnell genug wieder aufsetzen konnten, wurden sie gefangen. Nun zeterten sie, weinten jämmerlich und baten, sie doch loszulassen.

„Das wäre ja noch schöner!" meinte der Bauer. „Erst stehlt ihr meine Erbsen und dann soll ich euch Diebe, wenn ich euch endlich erwischt habe, wieder freilassen. Kommt nicht in Frage!"

„Wir schenken dir ein ganzes Fuder Gold, wenn du uns loslässt. Du musst es aber noch vor Sonnenaufgang bei uns abholen."

Der Bauer war damit einverstanden. Da ließen die Knechte ihre Gefangenen los, die gleich darauf verschwunden waren. Der Bauer aber war nicht auf den Kopf gefallen und fragte misstrauisch den Zwerg, den er gepackt hatte: „Und, wann geht bei euch die Sonne auf?"

Der wollte nicht mit der Antwort herausrücken. Erst, als ihn der Bauer fester packte und schüttelte, presste er hervor: „Um zwölf Uhr!"

„Gut, ich komme rechtzeitig!" antwortete der, ließ ihn los und gab ihm seine Nebelkappe. Im gleichen Augenblick war der Zwerg verschwunden, blitzschnell wie die anderen.

Sofort spannten seine Knechte vier Pferde vor einen großen Wagen und der Bauer fuhr, so rasch es in der Dunkelheit möglich war, zu der Felsspalte in der Nähe, wo das Zwergenvolk wohnte. Der Bauer ging ganz nahe heran und hörte, wie die Zwerge vergnügt sangen:

„Ach wie gut, ach wie gut,
dass das Bäuerlein nicht weiß,
dass die Sonn um zwölf aufgeht!"

Der aber lachte nur, weil er es doch gewusst hatte und rechtzeitig gekommen war. Heftig pochte er an den Felsen und verlangte, als die Zwerge herauskamen, den abgemachten Lohn für die gestohlenen Erbsen und das zertrampelte Feld. Sie sahen ihn ganz überrascht an, weil sie ihn nicht erwartet hatten. Widerwillig zeigten sie auf einen abgehäuteten Pferdekadaver neben ihrem Eingang und meinten, den könne er ja als Lohn mitnehmen. Dann schlugen sie ihm die Türe vor der Nase zu. Verärgert, weil sie ihnen nun doch gelungen war, ihn zu betrügen, wollte der Bauer schon wegfahren, als ihm der alte Spruch einfiel:

„Was mehr ist als 'ne Laus,
das nimmt man mit nach Haus!"

Er schnitt einen großen Klumpen Fleisch aus dem Kadaver heraus, den er daheim seinen Hunden geben wollte. „Dann habe ich wenigstens die Fahrt nicht umsonst gemacht“, dachte er dabei.

Als er aber zu Hause angelangt war und die Hunde füttern wollte, fand er statt des alten Fleisches einen blinkenden Brocken von reinstem Gold vor. Natürlich kehrte er sofort um, um den Rest des Pferdes zu holen, aber inzwischen graute auf der Erde der Morgen und die Sonne ging auf.

Als er bei der Höhle anlangte, war daher alles verschwunden. Der Bauer aber ließ sich's nicht verdrießen. Mit dem Goldklumpen der Zwerge hatten er und seine Familie ihr Lebtag genug (57).

165. Die belauschten Zwerge

Meist hatten die Unterirdischen ein gutes Einvernehmen mit den Menschen, so auch in Overbeck bei Rehme (56). Sie gingen zu den Leuten und baten darum, Backgerätschaften ausleihen zu dürfen. Dies wurde ihnen gerne gewährt, zeigten sich die Kleinen doch immer sehr dankbar dafür.

Nach getaner Arbeit brachten sie die Sachen wieder zurück und legten einige Brote in die Töpfe. Dieses Backwerk war so schmackhaft, dass sich jeder darüber freute, weil niemand sonst konnte dieses derart köstlich herstellen. Allerdings wollten die Kleinen beim Holen und Zurückbringen des Geschirrs nicht beobachtet werden.

Eines Tages sagte sich ein ganz schlauer Overbecker:

„Ich möchte wissen, wie die Zwerge ihren Brotteig herstellen. Welches Gewürz die wohl zusätzlich reingeben? Es wird doch nicht so schwer sein, dies auszuspähen!”

Also schlich er sich an, kroch unter einen großen Backtrog, kauerte sich auf den Boden und lugte unter dem Rand heraus; irgendwann schmerzten ihn die Glieder von der unbequemen Körperhaltung und er bewegte sich. Aber nicht nur er bewegte sich, sondern auch der Trog! Das bemerkte eine Zwergin und sagte zu ihrem Mann:

„Männeken, kann Wänneken gehen?”

„Nein!”

Sie ließen alles liegen und stehen und verschwanden.

166. Die Brücke der Bergmännchen

Die Bergmännchen in den Gruben im Siegerland waren den Menschen wohlgesonnen. Wenn die Bergleute ein Klopfen hörten, so brauchten sie nur diesem nachzugehen und kamen zu reichen Lagerstätten, die dann abgebaut wurden. Eines Tages traf ein Arbeiter auf ein Bergmännchen. Er klagte darüber, dass er wohl das Pochen der Zwerge höre, aber viele Erzvorräte nicht abbauen könne, weil sie sich auf der gegenüberliegenden Seite des im Stollen angesammelten Wassers befänden. Das Männlein sagte:

„Ich baue dir eine Brücke über das Wasser. Als Gegenleistung verlange ich, dass du nie im Stollen pfeifst! Wisse, diese hohen Töne verursachen bei uns arge Ohren- und Kopfschmerzen."

Der Mann versprach die Forderung einzuhalten. Und tatsächlich, am nächsten Tag spannte sich eine Brücke über das Wasser. Freudig machte er sich ans Werk und förderte Unmengen Erz von hervorragender Qualität.

Die Bezahlung, die er dafür erhielt, war so groß, dass er schon bald zu immensem Reichtum kam. Ob aus Übermut, Gedankenlosigkeit, Dummheit oder irgendeinem anderen Grund, man weiß es nicht, fing er an ein Lied zu pfeifen.

Gleich nach dem ersten schrillen Pfeifton krachte die Brücke zusammen, und der Knappe hatte großes Glück, dass er mit dem Leben davonkam.

167. Die Wohnung der Zwerge

Von dem Ort Wiedensahl im Schaumburger Land wird eine Begegnung mit Zwergen erzählt, die Lutz Mackensen 1925 niederschrieb:

In einem Hause in Wiedensahl wohnten Zwerge unter dem Gossenstein in der Küche. Das Dienstmädchen goss immer das schmutzige Wasser hindurch und verbrannte die ausgekämmten Haare.

Eines Tages wurde sie zur Zwergenkindtaufe geladen, und der Pastor, den sie um Rat fragte, sagte ihr, sie dürfe wohl hingehen, solle aber nichts essen, was die Zwerge nicht selber anrührten und ihr geben würden.

Als sie zu Tische saßen, sah das Mädchen auf einmal einen schweren Stein an einem seidenen Faden über ihren Kopf hängen (58). *Da sprach der Zwerg zu ihr:*

„Wie dieser Stein, so hängt dein Leben an seinem seidenen Faden; hättest du etwas gegessen, ohne dass ich es angerührt, so wär's dein Tod gewesen. Auch musst du mir versprechen, kein schmutziges Spülwasser mehr durch den Gossenstein zu schütten oder die Haare zu sengen, sonst wird's dir schlimm ergehen."

Das hat das Mädchen versprochen, und als es fortgegangen, haben ihm die Zwerge Hobelspäne mitgegeben, die sind nachher zu Gold geworden.

168. Der Lohn der Zwerge

Adalbert Kuhn überlieferte 1848 folgende Sage (bearbeitet von Edmund Mudrak), die in der Gegend von Schaumburg spielt:

Etwa eine halbe Stunde von dem Dorfe Goldbeck, in der Richtung nach Rintelen zu, befinden sich Höhlen in einem Berge, in denen ehemals Zwerge gewohnt haben. In der Nähe lag der Hof eines Bauern, dessen Herde in der Nähe des Berges zu weiden pflegte. Der Hirt sah aber, dass sich jeden Morgen eine fremde Kuh unter die seinigen mischte, die so glatt und schön war, dass sie wie Gold glitzerte und glänzte. Abends aber, wenn er heimtrieb, war sie bei den Höhlen stets plötzlich verschwunden. Das erzählte er einmal abends seinem Herrn, der gleich vermutete, dass die Kuh den Zwergen gehöre, und sagte:

„Dafür könnten sie dir auch wohl ein Trinkgeld geben, dass du täglich die Kuh mit auf die Weide treibst."

Das hörten die Zwerge, denn sie hielten sich, durch ihre Nebelkappen unsichtbar, gerne in der Stube des Bauern auf, und am anderen Morgen, als der Hirt wieder mit seiner Herde bei den Zwerglöchern vorübertrieb, fand er vor einer der Höhlen einen Groschen; so gings's nun weiter, Tag für Tag. Als der Bauer das wieder hörte, sagte er:

„Können sie das, so können sie dir wohl auch ein Frühstück geben", am andern Morgen, als der Hirte wieder an der Höhle vorbeikam, lag neben dem Groschen ein schöner Pfannkuchen; den fand er nun ebenfalls täglich dort vor.

169. Die Goldgrube bei Holtensen

Auch in der Gegend von Hameln ließen sich früher immer wieder Zwerge sehen. Sie wollten aber nicht gerne beobachtet werden. Ein Mann aus Holtensen im Gebiet von Pyrmont sah einmal an einem Zwergloch einen der kleinen Gesellen stehen, der eine Grube, vollgefüllt mit Gold, umschaufelte, so wie man Weizen von der Spreu trennt. Er trat näher hinzu, grüßte den Zwerg freundlich und sagte:

„Das ist aber eine feine Arbeit, die würde ich auch gerne tun!"

Der Zwerg zuckte zusammen, denn er hatte den Mann nicht herankommen hören.

Aber er fasste sich schnell, zeigte hinter den Mann und schrie, anscheinend in heller Aufregung:

„Schau nur, ganz Holtensen steht in Flammen!"

Erschrocken schaute sich der Mann um, aber er sah nichts, weder Flammen noch Rauch, alles war wie immer. Als er sich aber wieder umdrehte, war weder von dem Zwerg noch von dem Gold auch nur die geringste Spur zu entdecken.

170. Das weissagende Männlein am Almerich

Eine Sage von einer Anhöhe aus der Gegend von Müsen im Siegerland erzählt Adalbert Kuhn um 1859:

Vor undenklichen Zeiten stand auf dem Almerch (Almerich) eine sehr schöne Stadt; weit und breit gab es keine schönere. Ihre Einwohner aber waren abscheulich gottlos. Sie fuhren in Kutschen, deren Räder und Felgen aus Wecken gebacken und mit Gold beschlagen waren, doch reichten sie nicht einmal einem vor Hunger Sterbenden auch nur ein Stück Brot.

Das konnte der liebe Gott nicht mit ansehen, und er beschloss daher, die Stadt zu vertilgen. Er warnte sie aber vorher, vom Bösen abzulassen. Als eines Tages die Sonne sich neigte, kam ein Vögelchen und setzte sich vor dem Tor auf eine Linde, die schon so lange stand, wie die Welt alt war. Niemand hatte noch sein Lebtag jemals einen so schönen Vogel gesehen; seine Farbe war schöner als die des Regenbogens am Himmel.

Darum kamen alle Leute aus der Stadt, um es zu sehen.

Da begann das Vögelchen mit schöner, aber trauriger Stimme zu singen:

„O Almerch, Almerch, dö dech zo,
ett bliewd kein hierte bi de koh!“
„O Almerch, Almerch, tu dich zu,
es bleibt kein Hirte bei der Kuh!“

Zweimal sang es so, dann kam ein Silberwölkchen, wie aus dem Paradies, und nahm es mit in die Höhe. Die Leute wunderten sich wohl über diese Erscheinung, aber sie nahmen sie sich nicht zu Herzen und blieben so böse wie zuvor.

Lange danach kam ein Männchen, das war so alt, dass sein Haar und sein Bart schon ganz weiß waren wie die Federn einer Taube. Es sah so ernst darein, dass einem davon bange werden musste. Es hielt um Herberge an, aber obgleich es schon dunkel war, wollte kein Mensch es behalten.

Da ging das Männlein traurig zum Tor hinaus und sagte dabei:

„O Almerch, Almerch, dö dech zo,
ett bliewd kein hierte bi de koh!“
„O Almerch, Almerch, tu dich zu,
es bleibt kein Hirte bei der Kuh!“

Die Männer und Frauen, die dort beisammen standen, riefen ihm zu:

„Wann bett der euschell vüör der herde kömmt
der Wolf gedöllig on kä lamm meh nömmt,
vergieht ess erscht dett vele lache froh,
da wonn merd der äsche buose do!“
„Wenn mit der Schelle vor der Herde kommt
der Wolf geduldig und kein Lamm mehr nimmt,
vergeht uns erst das viele Lachen froh,
da woll'n wir in der Asche Buße tun!“

Mit weinenden Augen ging das eisgraue Männlein seinen Weg. Am Abend aber war der Himmel rot von der untergehenden Sonne. Nun kamen die Kühe von der Weide; die Schelle klang fürchterlich, und je näher, umso stärker schüttelte sie der Wolf, so dass es nur so sauste.

Nun hätten sich die Bürger gerne bekehrt, aber es war zu spät. Feuer fiel vom Himmel, und Almerch ging unter. Noch heute liegen die Mauersteine dort und um Mitternacht brausen einem die Geister wie Sturmwind um den Kopf (59).

171. Hütchen in Hildesheim

Eine fast identische Sage wie vom Kobold Hütchen in Siegburg (vgl. S. 33) wird auch von Hildesheim erzählt, wo der dortige Bischof Bernhard ebenfalls einen Kobold, namens Hödeken, was auch so viel wie Hütchen bedeutet, hatte, der allerlei Streiche verübte und der später, als seine Übeltaten überhand nahmen, vom Bischof durch Beschwörungen aus der Stadt Hildesheim vertrieben wurde.

172. Die Mühlenzwerge bei Hildesheim

Einst hatte ein Müller in einer alten Mühle bei Hildesheim sehr unter Schabernack und üblen Streichen, die ihm die Zwerge spielten, zu leiden. Sie brachten das Räderwerk der Mühle durcheinander, schlitzten die Kornsäcke auf oder verschütteten das Mehl. Was der Müller auch gegen sie unternahm, es nützte nichts. Sie kamen immer wieder.

Einmal kamen Bärenführer in die Mühle und baten um ein Nachtlager für sich und die Tiere. Der Müller erlaubte ihnen, in der Stube zu übernachten, in der die Zwerge immer besonders schlimm ihr Unwesen trieben.

Wie jede Nacht kamen auch diesmal wieder die Zwerge, tobten darin herum, sprangen auf den Menschen und den Bären herum, zwickten und zwackten sie und gaben keine Ruhe. Als es den Bären zu bunt wurde, packten sie ein paar von den Quälgeistern und fraßen sie einfach auf.

Vor Schrecken ganz panisch, verließen die übrigen Zwerge Hals über Kopf die Mühle und ließen sich lange Zeit nicht mehr blicken. Viel, viel später kam einmal wieder ein Zwerg zum Müller und fragte, ob er noch die gefräßigen Katzen habe. Der Müller wusste sofort, wen der Kleine meinte und antwortete geistesgegenwärtig:

„Natürlich, und sie haben auch noch Junge! Willst du eines davon haben? Ich schenke es dir gerne!"

„Nein, bloß nicht!" schrie der Zwerg entsetzt, streckte abwehrend die Hände vor und verließ dann fluchtartig die Mühle.

Seither haben sich die Zwerge dort nie mehr blicken lassen (61).

173. Der Musikant im Zwergsloch

Auf dem Weg von Hildesheim nach Marienburg, die Innerste aufwärts, kommt man, etwa auf der Hälfte des Weges, am Zwergsloch vorbei. Davon erzählt Karl Seifart Mitte des 19. Jahrhunderts:

In diesem Loche hatten die Zwerge ihre Schmiede, davon ist es noch heutigentags so schwarz. Die Zwerge schmiedeten aber nichts als Gold und Silber, und wenn sie fleißig arbeiteten, so wuchs von der Hitze das Korn auf den Feldern überm Zwergsloch so, dass es eine Pracht zu sehen war.

Doch weil die Zwergenkinder immer in die Erbsenfelder gingen und die grünen Schoten stahlen, hat der Magistrat von Hildesheim die Zwerge verjagt. Es weiß aber keiner, ob die Zwerge über die Innerste nach Amerika gegangen sind oder ob sie sich tiefer in die Erde verkrochen haben.

Ein Musikant, der zu einer Kindstaufe auf der Mordmühle gewesen war, kam spät in der Nacht mit seiner Geige am Zwergsloche vorbei.

Da sah er im Mondschein an dem „Brinke" vor dem Zwergsloch etwas Lebendiges sitzen. Der Musikant dachte, es wäre ein Räuber, und fürchtete sich sehr; doch er wollte sich nicht merken lassen, dass er ängstlich war, und schrie, so laut er konnte:

„Heda, guter Freund, immer lustig! Wollt Ihr auch noch nach der Stadt? Kommt her, in Gesellschaft geht sich's besser!"

„Gut, du sollst Gesellschaft haben", sagte das lebendige Ding, und als es der Musikant nun recht besah, war's ein alter Mann, nicht größer als eine Elle.

„Ah", dachte der Musikant, „dich kann ich bezwingen", und sagte übermütig und im Zorn über seine vorherige Furchtsamkeit:

„Du Knirps, was treibst du dich des Nachts hier herum und erschreckst die Leute? Mach gleich, dass du in dein Loch kommst; sonst wirst du was anderes gewahr werden!"

„Erdwürmchen, elendiges", rief nun aber wütend der Zwerg mit funkelnden Augen, „jetzt sollst du dir das Loch doch selbst einmal besehen!"

Kaum hatte der Zwerg das Wort gesprochen, als sich der Musikant auch schon von unsichtbaren Händen gepackt und fortgetragen fühlte. Da half kein Zappeln, er musste mit in das finstere, dumpfe Zwergsloch, und dann ging's weiter und weiter, viele Meilen unter der Erde fort. Nun legte sich der Musikant aufs Bitten und flehte die Zwerge an, ihm doch seine Grobheit diesmal zu vergeben und ihm das Leben zu lassen; er sei ja doch nur eine arme Musikantenseele und habe neun lebendige Kinder zu versorgen. Da hörte er die Stimme des alten Zwergs, der sagte:

„Dass du deine Grobheit bereust, ist dein Glück! Das Leben soll dir geschenkt sein und noch Geld und Gut dazu, wenn du alles verschweigst, was du gesehen hast und sehen wirst." Der Musikant verschwur und vermaß sich, dass er keiner Menschenseele etwas sagen wolle.

Da flog eine Tür auf, und der Musikant fühlte sich wieder auf den Füßen. Er stand in einem Saale, der war so groß wie eine ganze Stadt. Der Fußboden war von Silber, die Wände von Gold und tausend und abertausend Lichter brannten in den schönsten Regenbogenfarben an Kronleuchtern von Edelstein; aber in dem Saale war außer dem alten Zwerge kein lebendes Wesen zu sehen.

„Marschiere dort nach dem Throne und spiele deine besten Stücklein", befahl der Zwerg; „aber hebe deine plumpen Füße nicht zu hoch auf!"

Der zitternde Musikant glitt vorsichtig auf dem glatten Boden hin und hörte um sich ein Schnupfen, Husten, Prusten, Lachen – aber zu sehen war nichts. Als er beim Throne angekommen war, setzte er sich drauf und fing an, einen Walzer zu spielen. Da klatschten wohl tausend Hände im Saale zusammen, und der Musikant hörte deutlich, wie man nach seiner Musik tanzte; doch sah er niemand außer dem alten Zwerge, der ihm eine Flasche Wein brachte. Das war ein kostbares Getränk; der Musikant ließ sich's schmecken und verlor nach und nach alle Furcht. Wenn eine Flasche leer war, trug ihm der Zwerg eine neue zu, und der Musikant wurde endlich so kühn, dass er das Männchen bei der Hand fasste und sagte:

„Mein lieber Herr Zwerg, kann ich denn nicht einmal die Herren und Damen sehen, denen ich aufspiele?"

„Nun ja", sagte der Zwerg, „das ist gerade kein Unglück; da setz meinen Hut auf!"

Kaum hatte der Musikant den großen, runden Hut auf den Kopf gesetzt, als er Tausende von ellenlangen, geputzten Menschen sah, Männchen und Weibchen und Kinder, wie ein Daumen groß. Die kamen nun alle lachend und in die Hände klatschend auf ihn los, sprangen ihm auf den Nacken, zupften ihn bei den Ohren und bei der Nase und schleppten ihn unter großem Gelächter im Saale herum.

Der Musikant lachte mit und jubelte, als man ihn endlich an eine lange, gedeckte Tafel führte, auf welcher Braten und Kuchen, Äpfel, Birnen und Nüsse in goldenen Schalen standen. Da waren Gänsebraten, so groß wie gebratene Sperlinge, gebackene Hechte, so groß wie Steckerlinge; auch lag da in einer großen Schüssel ein ganzer gebratener Ochs, der war nicht größer als ein Lamm. Nur Weinflaschen und Obst hatten die gewöhnliche Größe; denn Wein und Obst haben die Zwerge nicht selbst, sonders stehlen dies den Menschen.

Das gab nun einen Jubel unter den Zwergen, als der Musikant gleich vier Gänsebraten hintereinander in seinen Magen spazieren ließ und sich dann über den gebratenen Ochsen hermachte, von dem auch nicht viel mehr als die Knochen übrigblieb. Der alte Zwerg forderte ihn dann auf, sich von den Äpfeln und Birnen alle Taschen vollzustecken, half ihm selbst mit die Taschen zu füllen und versäumte auch nicht, ihm tüchtig Wein einzuschenken. Als nun dem Musikanten Beine und Zunge recht schwer wurden, rissen ihn die Zwerge vom Stuhle und wollten mit ihm tanzen. Der Musikant strengte sich eben an, ein paar Sprünge zu machen, da stellte ihm der alte Zwerg den Fuß vor, und plumps! lag der betrunkene Musikant am Boden.

Mühsam richtete er sich auf, rieb sich die Augen und – blickte in die lichte Morgensonne. Er sah sich nach dem goldenen Saale und nach der lustigen Gesellschaft um; aber er sah weiter nichts als den grünen, von Steinen übersäten Brink, auf welchem er vor dem Zwergsloche saß und zu seinen Füßen die Innerste mit ihren grünen Wiesen. Vor ihm aber stand ein Schäfer mit einer großen Herde, der hatte ihn mit dem Fuße angestoßen und aus dem Schlafe geweckt.

„Heda! Munter, Johannes Meier", rief der Schäfer den ganz dumm vor sich hinstarrenden Musikanten an, „du hast gewiss gestern in der Mordmühle tüchtig was hinuntergegossen; liegst hier unter Gottes freiem Himmel und sperrst den schnarchenden Mund auf, dass die Ohrwürmer hineinlaufen! Na, es ist gut, dass ich nicht in deinen Schuhen stecke; du wirst einen Anschuss kriegen von deiner Frau!"

Der Musikant war noch immer vor Verwunderung keines Wortes mächtig. Er staunte den Schäfer, der so bekannt tat, groß an und besann sich nicht, diesen Schäfer jemals gesehen zu haben. Aber auf einmal ging ihm ein Licht auf; denn je mehr er dem Schäfer ins Gesicht starrte, desto deutlicher wurde es ihm, dass dieses Gesicht kein anderes war, als das des alten Zwerges; auch war der große Hut, den der Schäfer aufhatte, kein anderer als des Zwerges Wünschelhut.

Dem armen Musikanten lief es eiskalt über den Rücken; er nahm seine Geige und Mütze, sagte dem Schäfer, der ihn höhnisch anlachte, einen guten Morgen und wollte eiligen Schrittes davon; aber wie mit Zangen hielt es ihn zurück. Der Musikant dachte, der Schäfer hätte ihn gepackt, kreischte laut und sah um sich; aber da war weder Schäfer noch Herde zu sehen, doch die Last hing noch immer an dem geängstigten Manne.

Endlich merkte er, dass es nichts anderes als seine eigenen schweren Rocktaschen waren, die ihn am Raschgehen hinderten, und jetzt besann er sich auf die Äpfel und Birnen, die er bei den Zwergen eingesteckt hatte. Um sich völlig zu überzeugen, griff der Musikant in die Taschen – und zog eine Handvoll ganz goldener Äpfel und Birnen heraus.

Hei, wie frohlockte nun der Musikant; jetzt war er so reich, dass er halb Hildesheim kaufen konnte. So schnell es die schwere Last erlaubte, ging er der Stadt zu. Dass er den Zwergen Schweigen gelobt, hatte er in seiner Freude ganz vergessen, und er jubelte zum Tore hinein:

„Hurra, Torschreiber, wisst Ihr nicht, was halb Hildesheim kostet?"

Der Torschreiber schüttelte den Kopf und meinte, der Musikant sei ein Narr.

„Nun, so wisst“, sagte der Musikant ärgerlich, „dass mir die Zwerge im Zwergsloch so viel Gold geschenkt haben, dass ich ein Fürst werden und Euch zu meinem Hofnarren machen könnte!“

Darauf griff er mit stolzester Miene in die Rocktaschen und zog – eine Handvoll ganz verschrumpelter und halbfauler Äpfel aus der Tasche. Nun schüttelte der Torschreiber noch stärker den Kopf; dem armen Musikanten aber stand das Weinen nah, und er schlich traurig davon. Hätte er schweigen können, so wäre Gold Gold geblieben.

174. Der gute Zwerg Lehnort vom Roten Berg

Ein Hügel in Hasbergen im Landkreis Osnabrück heißt der „Rote Berg“. In ihm wohnten, so wissen die Leute dort, früher Zwerge. Karl Seifart schreibt zu Beginn des 20. Jahrhunderts:

Ein Bauer hinter dem roten Berge war durch Krieg und schlechte Zeit so sehr heruntergekommen, dass er nicht mehr aus noch ein wusste. Und da er bei niemand Hilfe fand, ging er hin und kaufte sich für seinen letzten Matthier (60) *einen Strick, um sich aufzuhängen. Als er so ins Holz ging und nach einem passenden Baume suchte, begegnete ihm bei einem großen Steine ein kleines Männlein, das ihn fragte, was er vorhabe.*

„Was ich vorhabe?“ sprach der Bauer. „Mir ist mit der Welt nichts mehr gedient. Ich sitze bis über beide Ohren in Schulden, und keiner will mich herausreißen; da will ich nun ein Ende davon machen und mich an den ersten besten Baum hängen.“ – „Das ist ein hässlicher Tod“, sagte der Zwerg. „Höre, ich will dir einige hundert Taler leihen; arbeite dich damit durch, und wenn du wieder im Wohlstand bist, bring mir das Geld wieder! Wenn du bezahlen willst, so klopfe nur dreimal an diesen Felsen und rufe dreimal; Lehnort!“

Der Bauer nahm das Geld mit Freuden an, ging damit nach Hause, bezahlte seine Schulden und arbeitete sich wieder in die Höhe. Als er das Geld, das ihm der Zwerg geliehen, wieder erübrigt hatte, ging er in den Wald, klopfte dreimal an den Felsen und rief mit lauter Stimme: „Lehnort! Lehnort! Lehnort!“

Alsbald öffnete sich der Fels, und ein Zwerg trat heraus. Der Bauer gab seine Absicht zu erkennen, dass er gekommen sei, das Geld wiederzuerstatten. Da sprach der Zwerg:

„Dein Freund Lehnort ist gestorben; aber er hat noch vor seinem Tode bestimmt, wenn du das Geld brächtest, so sollten wir es nicht annehmen, sondern es dir für immer schenken, weil du so rüstig zugegriffen und dich wieder in die Höhe gearbeitet hast."

Indem das Männlein noch mit ihm redete, sah der Bauer, wie die Zwerge den toten Lehnort in einem gläsernen Sarge dahintrugen. Hinter dem Sarge gingen lauter kleine Männlein mit langen schwarzen Röcken; auf dem Deckel saßen vier weiße Täubchen, zwei zu dem Haupte und zwei zu den Füßen. Und der Fußboden der Höhle war von Moos, die Wände glänzten von lauter Gold und Edelsteinen, und alles Hausgerät war mit schwarzem Flor behangen.

Traurig ging der Bauer nach Hause, lebte aber glücklich und zufrieden mit seiner Familie, half manchem Notleidenden, und alle dankten dem guten Zwerg noch in seinem Grabe.

175. Verlefränzchen

In Niedersachsen war es in früheren Zeiten einer Frau verboten, ohne Kopfbedeckung aus dem Haus zu gehen, sonst, so war der Glaube, war sie den Zwergen verfallen. Das beachtete einmal eine junge Frau nicht, da kam auch schon aus dem nahen Wald ein Zwerg und kündigte ihr an, dass er sie am nächsten Sonnabend abholen werde. Sie erschrak zutieft; und als der Zwerg das sah, meinte er, wenn sie seinen Namen erraten könnte, dreimal dürfe sie raten, solle sie frei sein (51).

Sie war völlig verzweifelt, denn sie wusste, dass sie den Namen niemals erraten konnte, so viele Namen wie es gab. Am nächsten Tag kam zufällig ein befreundeter Jäger vorbei und, um sie aufzuheitern, erzählte er ihr, was er Lustiges im Wald erlebt hatte:

„Ein kleines Männlein ist dort voll Freude über einen Kreuzgalgen gehüpft und hat dabei immerfort gesungen:

Heute back' ich,
morgen schlacht' ich.
Am Sonnabend hol' ich die schöne Magd ins Haus.
Ach wie gut, dass sie nicht weiß,
dass ich Verlefränzchen heiß!"

Da weinte die junge Frau vor Glück und erzählte dem Jäger, was geschehen war. Er riet ihr, den richtigen Namen nicht gleich beim ersten Mal zu nennen, dass der Zwerg nicht merkte, dass ihr den Namen einer verraten hatte, der ihn belauscht hatte. Als der Zwerg am Sonnabend erschien, machte sie es genauso, wie ihr der Jäger geraten hatte. Als sie beim dritten Mal fragte: „Heißt du etwa Verlefränzchen?“, da wurde der Zwerg ganz traurig, wandte sich um und ging fort.

176. Der Zwerg im Willberg

Bei den Brüdern Grimm ist eine seltsame Geschichte überliefert:

Ein Mann aus Wehren bei Höxter ging nach der Amelungsmühle, Korn zu mahlen; auf dem Rückweg wollt er sich ein wenig am Teich im Lau ausruhen. Da kam ein Fräulein von dem Willberg, welcher Godelheim gegenüberliegt, herab, trat zu ihm und sprach:

„Bringt mir zwei Eimer Wasser oben auf die Stolle (Spitze) vom Willberg, dann sollt Ihr gute Belohnung haben.“

Er trug ihr das Wasser hinauf; oben aber sprach sie:

„Morgen um diese Stunde kommt wieder und bringt den Busch Blumen mit, welchen der Schäfer vom Osterberge auf seinem Hut trägt, aber seht zu, dass Ihr sie mit Güte nur von ihm erlanget.“

Der Mann forderte den andern Tag die Blumen von dem Osterbergschäfer und erhielt sie, doch erst nach vielem Bitten. Darauf ging er wieder zu der Stolle des Willbergs, da stand das Fräulein, führte ihn zu einer eisernen Türe und sprach:

„Halte den Blumenbusch vor's Schloss.“

Wie er das tat, sprang die Türe gleich auf, und sie traten hinein; da saß in der Berghöhle ein klein Männlein vor dem Tisch, dessen Bart ganz durch den steinernen Tisch gewachsen war, ringsum aber standen große, übermächtige Schätze. Der Mann legte vor Freude seinen Blumenbusch auf den Tisch und fing an, sich die Taschen mit Gold zu füllen. Das Fräulein aber sprach zu ihm: „Vergesst das Beste nicht!“

Der Mann sah sich um und glaubte, damit wäre ein großer Kronleuchter gemeint, wie er aber darnach griff, kam unter dem Tisch eine Hand hervor und schlug ihm ins Angesicht. Das Fräulein sprach nochmals: „Vergesst das Beste nicht!“

Er aber hatte nichts als die Schätze im Sinn, und an den Blumenbusch dachte er gar nicht. Als er seine Taschen gefüllt hatte, wollte er wieder fort, kaum aber war er zur Tür hinaus, so schlug sie mit entsetzlichem Krachen zu. Nun wollt er seine Schätze ausladen, aber er hatte nichts als Papier in der Tasche; da fiel ihm der Blumenbusch ein. Und nun sah er, dass dieser das Beste gewesen, und ging traurig den Berg hinunter nach Haus.

177. Der Graf von Hoya

Eine sehr seltsame Geschichte von dem Grafengeschlecht, das westlich der Mittelweser seinen Besitz hatte, überlieferten zu Beginn des 19. Jahrhunderts die Brüder Grimm:

Es ist einmal einem Grafen zu Hoya ein kleines Männlein in der Nacht erschienen, und wie sich der Graf entsetzte, hat es zu ihm gesagt, er solle sich nicht erschrecken, es hätte ein Wort an ihn zu werben und zu bitten, er wolle ihm das nicht abschlagen. Der Graf antwortete, wenn es ihm und den Seinen unbeschwerlich wäre, so wollte er es gerne tun. Da sprach das Männlein:

„Es wollen die folgende Nacht etliche zu dir auf dein Haus kommen und Ablager halten, denen wolltest du Küche und Saal so lange leihen und deinen Dienern gebieten, dass sie sich schlafen legen und keiner nach ihrem Tun und Treiben sehe, auch keiner darum wisse, ohne du allein. Man wird sich dafür dankbarlich erzeigen, du und dein Geschlecht sollen's zu genießen haben, es soll auch im allergeringsten weder dir noch den Deinen Leid geschehen."

Solches hat der Graf eingewilliget. Also sind folgende Nacht, gleich als mit einem riesigen Zug, die Brücke hinauf ins Haus gezogen allesamt kleine Leute, wie man die Bergmännlein zu beschreiben pflegt. Sie haben in der Küche gekocht, zugehauen und aufgegeben, und hat sich nicht anders ansehen lassen, als wenn eine große Mahlzeit angerichtet würde. darnach, fast gegen Morgen, als sie wiederum scheiden wollen, ist das kleine Männlein abermal zum Grafen gekommen und hat ihm neben Danksagung gereicht ein Schwert, ein Salamanderlaken und einen güldenen Ring, in welchem ein roter Löwe oben eingemacht; mit Anzeigung, diese drei Stücke sollte er und seine Nachkömmlinge wohl verwahren, und solange sie dieselben beieinander hätten, würde es einig und wohl in der Grafschaft zustehen; sobald sie aber voneinander kommen würden, sollte es ein Zeichen sein, dass der Grafschaft nichts Gutes vorhanden wäre; und ist der rote Löwe auch allzeit darnach, wann einer vom Stamm sterben sollte, erblichen.

Es sind aber zu den Zeiten, da Graf Jobst und seine Brüder unmündig waren und Franz von Halle Statthalter im Land, die beiden Stücke, als das Schwert und Salamanderlaken, weggenommen, der Ring aber ist bei der Herrschaft geblieben bis an ihr Ende. Wohin er aber seit der Zeit gekommen, weiß man nicht.

Eine ähnliche Geschichte wird vom Grafen von Eilinburg (Eulenburg) erzählt (vgl. Nr. 313).

178. Die Wichtelkönigin

Oberhalb von Rinteln lag auf dem Kamm des Wesergebirges früher ein Kultplatz, an dem der Frühlingsgöttin Ostara gehuldigt wurde. Dort oben befindet sich auch die Paschenburg und in deren Nähe die Wolfsschlucht, eine enge, sehr tiefe Felsspalte. In dieser Schlucht war, so heißt es, der Eingang zum Zwergenreich, das Mäumkenloch. Die Zwerge wurden von den Leuten Wichtel- oder Erdmännchen genannt. W. Wiegmann schreibt zu Beginn des 20. Jahrhunderts:

Gewöhnlich bleiben sie freilich dem menschlichen Auge verborgen, doch konnten sie sich auch ganz nach ihrem Belieben sichtbar machen. Jedermann musste die drolligen Knirpse liebgewinnen, weil sie so hilfreich und fleißig waren. Ihre Königin war von wunderbarer Schönheit. Sie trug eine zierliche Krone von Gold und Edelsteinen auf dem Kopf und an den winzigen Füßchen Schuhe aus feinstem Moos.

Zu jener Zeit lebte auf der Bergfeste Schaumburg ein Graf, der liebte es, täglich die nahe Höhe des Paschenberges zu ersteigen. Meist blieb er dann mehrere Stunden verschwunden, und niemand wusste seinen Aufenthalt. Das bekümmerte seine Gemahlin sehr, und sie sann nach, wie sie das Geheimnis ergründen könne. Eines Tages ließ sie den Leibjäger zu sich kommen, der den Grafen täglich begleiten musste. Vor seinen Augen füllte sie einen Beutel mit Goldstücken und einen andern mit feinen Samenkörnern. Dann sprach sie:

„Das Gold ist dein. Dafür streust du bei nächster Gelegenheit den andern Beutel auf dem Wege aus, den dein Herr so geheimhält."

Der Leibjäger ging auf den Handel ein, und als er dem Grafen wieder nach der Wolfsschlucht folgte, streute er unbemerkt den Samen auf den Weg.

Lange wartete die Gräfin vergebens auf die keimende Saat. Als aber der Frühling kam, zeigte sich ihr die Spur des Weges. Neugierig folgte sie dem grünenden Pfade, der mitten durch den Wald nach dem Mäumkenloch führte. Dort lag im Schatten einer Buche der Leibjäger und schlief. Der Graf aber war nirgends zu entdecken.

Vorsichtig wagte sich nun die Gräfin in die Höhle. Da sah sie ihren Gemahl in den Armen der Wichtelkönigin. Beide lagen in süßem Schlummer. Die Gräfin nahm ihre Schere und schnitt der Wichtelkönigin einen der langen, hellblonden Zöpfe ab. Dann ging sie schnell davon. Nach einigen Stunden traf auch der Graf wieder auf der Schaumburg ein. Er war recht verdrießlich und gab seiner Gemahlin nur ausweichende Antworten. Da zeigte sie ihm die abgeschnittene Haarflechte der Wichtelkönigin und sagte, dass sie ihm nicht zürne. Ganz bestürzt warf sich der Graf seiner Gemahlin zu Füßen und schwur ihr, nie wieder in die Wolfsschlucht zu gehen.

Bald darauf ließ sich abends in der Burg ein leises Flüstern und Seufzen vernehmen. Es waren die Stimmen der Wichtelmännchen, die von ihrer Königin ausgesandt waren, den geraubten Zopf zurückzufordern. Die Gräfin erfüllte sogleich die Bitte der kleinen Geister. Am nächsten Abend aber ließ die Wichtelkönigin den Grafen auffordern, wieder zu ihr in die Mäumkenhöhle zu kommen. Der Graf blieb jedoch seinem Schwur getreu.

Das erzürnte die Wichtelkönigin gar sehr, und sie verwünschte den Grafen samt seinem ganzen Geschlecht: der Mannesstamm solle alsbald erlöschen und das Land an fremde Erben fallen. Und nicht lange danach ist das auch wirklich geschehen.

So rächte die Wichtelkönigin das ihr zugefügte Leid.

179. Die Zwerge im Hermannsberg

Im Hermannsberg an der Emmer (Landkreis Höxter) wohnte vor Zeiten ein Zwergvolk. Auf dem Berg oben befindet sich eine verfallene Burgruine und eine klare Quelle, von den Leuten Zwergbrunnen genannt. Die Burg soll einst von Hermann (62), der siegreich für Germanien gekämpft hatte, errichtet worden sein. Obwohl er schon andere Burgen besaß, wollte er unbedingt hier ein Schloss erbauen und ließ dazu die Bergspitze abtragen, um genügend Platz dafür zu schaffen. Das aber gefiel den Zwergen gar nicht.

Da erschien in der nächsten Nacht vor Hermanns Bett eine ganze Schar winziger, alter Männlein. Sie waren wie Bergleute gekleidet, und jedes von ihnen trug ein goldenes Grubenlicht, wodurch das Schlafgemach hell erleuchtet ward. Der Führer der Schar trat vor und sprach zu dem wach gewordenen Fürsten: „Herr, wir bitten Euch, stellt den Bau der neuen Burg auf unserm Grund und Boden ein; denn seit alten Zeiten haben wir dort unsern Tanzplatz.“

„Wer seid ihr denn?“ fragte Hermann.

„Wir sind die Herren der Berge“, antwortete der Kleine gar ernsthaft, „und in dem Berge, auf dem Ihr bauen wollt, wohnen unserer viele“.

„Was fällt euch ein?“ sprach unwirsch der Fürst; „ihr seid ein verwegenes Volk! Nicht ihr, sondern ich bin der Herr des Berges, und ich kann mein Schloss hinbauen, wo es mir beliebt.“

Und damit hieß er sie mit drohender Stimme sich zu packen. Betrübt trippelten die Kleinen von dannen. Nun ging es unverdrossen an den Bau. Keine Mühe, keine Ausgabe wurde von Seiten Hermanns gespart, um ein Schloss herzustellen, wie es schöner und kostbarer in der ganzen Gegend nicht zu finden war. Bald stand die Burg vollendet da und schaute stolz von dem Gipfel des Berges ins Tal hernieder. Da lud Hermann die Edlinge und Herren des Landes mit ihren Frauen und Töchtern ein, der Einweihung der Burg beizuwohnen. Es war ein Festtag, wie ihn die Gegend noch nie gesehen hatte. Ein glänzendes Kampfspiel eröffnete die Feier, dann ging es an die reichbesetzte Tafel, und zuletzt lockten lustige Tanzweisen Ritter und schöne Frauen zum munteren Reigen.

Eben verkündet die Burguhr die Mitternachtstunde, doch weder Gastgeber noch Gäste mochten der Freude ein Ende machen. Da kam plötzlich ein gewaltiger Stoß aus der Tiefe des Berges herauf, der das ganze Gebäude erschütterte, also dass Herren und Frauen entsetzt zusammenfuhren. Und nun folgte Stoß auf Stoß, und zugleich glommen tausend kleine Flämmchen an Säulen und Zinnen empor, leckten an Balken und Dächern, wurden größer und größer und vereinigten sich, und bald war die ganze Burg eine zu den Wolken aufschlagende Lohe. Unzählige kleine Gestalten umtanzten hohnlachend die prasselnde Glut. Hermann aber mit allen seinen Gästen ward unter dem einstürzenden Schlosse begraben. Das war die Rache der Zwerge.

Viele Jahrhunderte sind vorübergegangen. Aber noch stehen auf steiler Bergkuppe an den Ufern der Emmer die Ruinen der Hermannsburg; noch quillt in dem wüsten Gemäuer silberhell wie ehemals der Brunnen der Zwerge; noch leben viele, die in duftigen Sommernächten die Tänze des kleinen Volkes belauscht haben.

Tief drinnen im Hermannsberge aber bewachen die Zwerge einen unermesslichen Hort von Schätzen und Kostbarkeiten. Da liegen Perlen, goldene Äpfel, Diamanten und Rubine haufenweise aufgeschichtet; da lagert uralter würziger Wein in Fässern von Weinstein; da sprießen in unterirdischen Gärten goldene Rosen und silberne Lilien. Und wer die richtige Zeit weiß, wann der Berg sich öffnet, der kann auf eine Stunde lang hinabsteigen und von den Schätzen mitnehmen und von dem Wein trinken, so viel er mag.

Doch der größte Schatz, der in der dunklen Tiefe ruht, das ist der alte Hermann, den die Zwerge gebannt und verzaubert halten bis zu seiner Zeit. Und wenn diese Zeit da ist, dann wird der alte Hermann erwachen und aufstehen,, und die Seinen werden sich um ihn sammeln und die alte deutsche Freiheit erringen, dass es ein Land, ein Volk, ein Geist wieder sei, wie in den früheren, herrlichen Tagen.

188. Die Entstehung der Zwerge

Im Norden erzählt man sich folgende Sage über das Entstehen der Zwerge:

Eine Frau hatte zehn Kinder, fünf waren gut aussehend und voller Anmut. Die anderen fünf sahen abstoßend aus. Sie hatten die Größe eines Hockers, kurze dürre krumme Beine, lange dürre Arme und einen riesigen Kopf mit Glotzaugen.

Als Christus wieder mal auf Erden weilte, kam er zu dem Haus dieser Frau und sie bemerkte, dass er es betreten wollte. Schnell sperrte sie die fünf hässlichen Kinder in den Keller.

Als Christus nur die schönen Kinder sah, fragte er: „Wo sind deine anderen Kinder?"

Sie erwiderte: „Andere Kinder hab ich nicht!"

Daraufhin sprach der Gast über die Kinder den Segen und verfluchte die anderen mit den Worten: „Was unten ist, soll auch unten bleiben!"

Sobald die Frau wieder allein war, lief sie in den Keller, um die anderen Kinder wieder nach oben zu holen. Aber sie waren nicht mehr da. Das war die Entstehung der Unterirdischen, wie die Zwerge im Norden genannt werden (63).

181. Kobold Hinzelmann

Im Renaissance-Schloss Hudemühlen oberhalb der Aller wohnte in den Jahren 1584-1588 ein Kobold, der Hinzelmann genannt wurde. Anfangs ließ er sich nicht sehen, sprach aber dennoch mit Bediensteten, dem Schlossherrn oder mit Gästen und erschreckte sie dadurch nicht wenig. Nach und nach gewöhnten sich die Schlossbewohner an den ungebetenen Gast, der niemandem Schaden zufügte und sogar oft lachte. Außerdem war seine Stimme angenehm und fein. Sie stellten ihm sogar manche Frage nach ihm selbst, wer er sei, warum er gerade nach Hudemühlen gekommen sei und was er hier wolle. L. Bechstein erzählt um 1853 die seltsame Geschichte des Kobolds:

Darauf erwiderte er, dass er vom böhmischen Gebirge komme, dort sei seine Gesellschaft, die wolle ihn nicht leiden, deshalb sei er ausgewandert, bis sich seine Sachen in der Heimat besserten. Er heiße Hinzelmann, auch Lürig, und habe eine Frau, die heiße Hille Bingels, von der er jetzt getrennt lebe. Einst werde er sich auch sichtbar zeigen, jetzt schicke es ihm noch nicht, und er sei ein so guter und ehrlicher Hausgeist als irgendeiner und viel besser als viele schlimmere.

Das war nun dem Schlossherrn und dem Gesinde auf Hudemühlen verwunderlich anzuhören und ganz grauslich, mit so einem wunderseltsamen Gesellen zusammenzuleben, der nicht daran dachte, seinen Abzug bald zu nehmen, und da dachte der Schlossherr, du willst ihm aus dem Wege gehen und nach Hannover ziehen. Ließ deshalb den Reisewagen zurichten und fuhr nach Hannover zu. Auf der stillen, öden, menschenleeren Strecke zwischen Essen und Brockhof sahen Kutscher und Diener fort und fort eine kleine weiße Flaumfeder neben dem Wagen herfliegen und wussten gar nicht, wie das zugehe, dass die Feder fort und fort den Wagen begleitete. Als nun der Schlossherr eine Nacht in Hannover zugebracht hatte, war seine goldne Halskette fort, und er machte deshalb Lärm und beschuldigte die Leute im Hause der Entwendung, der Wirt aber nahm sich seiner Leute an und verlangte Beweis oder Genugtuung.

Tief verstimmt darüber saß der Schlossherr auf seinem Zimmer, da fragte es neben ihm:

„Warum bist du traurig? Wohl wegen der Kette, die dir fehlt?"

„Wie, du bist hier, Hinzelmann? Mir gefolgt? Und warum? Wo ist die Kette?"

„Sahst du nicht die weiße Feder, die neben deinem Wagen flog?" fragte der Geist. „Das war ich, und ich folgte dir zu deinem Besten! Die Kette hast du gestern Abend selbst unter deinem Hauptkissen verborgen."

Und sieh, es befand sich so. Dem Schlossherrn war zwar lieb, dass die Kette wieder da war, aber dass Hinzelmann da war, das war ihm nicht im mindesten lieb, und er zürnte dem Geist und beschloss, wieder auf Schloss Hudemühlen zurückzureisen, da er dem Kobold nicht entgehen konnte und dieser an seine Person sich fesseln zu wollen schien.

Auf dem Schlosse Hudemühlen nun verwaltete Hinzelmann den Küchendienst in musterhafter Weise; er spülte auf, kehrte, scheuerte, putzte, mahnte Knechte und Mägde zum Fleiße an, teilte wohl auch nötigenfalls Schelte aus, pflegte auch der Rosse, wusch, kämmte, striegelte sie, dass sie zunahmen und glatt und glänzend aussahen wie Aale.

Hoch im Oberstock des Hauses Hudemühlen hatte sich Hinzelmann ein Kämmerchen zur Wohnung ausersehen, darin hatte er einen kleinen runden Tisch, einen Sessel, dessen Sitz das zierlichste Strohgeflecht war, das man nur sehen konnte, und welches er selbst kunstreich verfertigt, und eine kleine zubereitete Bettstatt, die aber nie verrammelt war, nur ein Grübchen, wie etwa eine Katze macht, wenn sie sich auf ein Bette legt, fand sich jeden Morgen darin. Auf das Tischchen kam eine Schüssel süße Milch mit Semmelbröckchen, das leckte und schleckte der Hinzelmann so rein aus wie ein Kätzchen sein Schüsselchen. Bisweilen speiste der Geist aber auch mit an der Tafel, wo ein Gedeck für ihn bereitgehalten ward.

Hinzelmann war gern fröhlich mit den Fröhlichen, sang Reimverschen und Scherzlieder, doch nie eins, das unehrsam gewesen wäre, neckte gern, doch ohne Tücke, und hatte wohl seine Freude dran, wenn das Gesinde aneinandergeriet, hetzte auch wohl ein wenig zu und ließ die Schläge, die es dann gegenseitig setzte, bis zu roten Striemen und blauen Flecken gedeihen, aber nicht weiter, dass Gesundheit und Leben nicht litten.

Wenn die Gäste einander in die Haare gerieten und vom Leder ziehen wollten, konnten sie die Degen nicht aus den Scheiden bringen, oder es fand sich kein tödliches Gewehr, weil Hinzelmann alles versteckt hatte.

Einen Edelmann, der sich vermaß, den Hinzelmann mit Hilfe einiger Bewaffneten auszutreiben, foppte der Geist weidlich und schreckte ihn dann in Gestalt einer großen Schlange. Einen andern verhöhnte er und sagte ihm, was dieser noch nicht zu wissen schien, dass er ein großer Narr sei. Als aber gar ein Teufelsbanner kam, der ihn mit Formeln wegplappern wollte, so riss ihm der Geist das Beschwörungsbuch in hundert Fetzen, warf diese im ganzen Zimmer herum und kratzte den Banner blutrünstig, gleich als sei er eine böse Katze.

Der Geist hielt sich auch zum christlichen Glaubensbekenntnis, wenn er schon bei dessen Hersagung mit leiserer und heiserer Stimme über manches hinwegglitt; er sang auch geistliche Lieder mit solchen, denen er wohl gewogen war, und diese mit feiner, klarer Stimme, genug, es war ein sehr wunderlicher Geist.

Einem Freund des Hauses, der vorbeireiste und dies im Schloss melden ließ, der aber die Einladung Hinzelmanns wegen abschlug, weil er nicht mit einem Teufelsgespenst am Tisch sitzen wollte, drohte Hinzelmann mit Rache, machte ihm die Pferde beim Weiterfahren scheu, brachte ihn in Angst und Schrecken und warf Wagen und Gepäck und den Reisenden zwischen Hudemühlen und Eickelohr in den Sand.

Dem weiblichen Geschlecht war Hinzelmann sehr gewogen und sehr freundlich und umgänglich mit demselben. Besonders erfreuten sich die Schlossfräulein Anna und Katharine seiner Gunst; er unterhielt sich gern mit ihnen, begleitete sie, wenn sie über Land fuhren, als Flaumfeder, ja er schlief zu ihren Füßen auf ihrem Deckbette. Es war aber diese Neigung des Geistes für die beiden Jungfrauen von äußerst lästiger Art, denn er verscheuchte ihnen alle Freier, und es ist dahin gekommen, dass sie beide ledig geblieben und ein hohes Alter erreicht haben.

Hinzelmann warnte manchen vor Unglück und Schaden, so einen tapferen Obersten, der zum Besuche nach Hudemühlen kam und ein guter Schütze und großer Jagdfreund war. Derselbe rüstete sich zu einer Jagd, als Hinzelmann sich vernehmen ließ: „Thomas, siehe dich im Schießen vor, sonst trifft dich ein Unglück."

Der Oberst achtete der Warnung weiter nicht, aber bei der ersten Jagd zersprang ihm beim Abdrücken auf ein Wild die Büchse und schlug ihm den Daumen weg. Ein anderer mutiger Kriegsmann kam auch zu Besuch, das war ein Herr von Falkenberg, der ließ sich viel mit Hinzelmann in Gespräche ein, neckte ihn und führte allerhand Spottreden gegen ihn, die den Geist verdrossen. Endlich sagte Hinzelmann:

„Falkenberg, Falkenberg, jetzt verspottest du mich! Komm nur in ein Treffen, da wird dir das Spotten wohl vergehen!"

Dem Herrn von Falkenberg waren diese Worte sehr bedenklich, er schwieg und ließ den Geist in Ruhe. Bald darauf zog Falkenberg im Dienste eines deutschen Fürsten mit zu Felde, da riss ihm im ersten Treffen eine Falkonettkugel das Kinn hinweg, und nach drei Tagen starb er an dieser Wunde unter größten Schmerzen.

Einen übermütigen und hoffärtigen Schreiber äffte und tückte Hinzelmann vielfältig, störte ihn in seiner Liebschaft und quälte ihn des Nachts. Eine Magd, die den Hinzelmann gescholten hatte, sperrte er eine ganze Nacht lang in den Keller hinter Schloss und Riegel, wo sie sich fast zu Tode fürchtete.

Da der Schlossherr wiederholt in Hinzelmann drang, sich ihm doch einmal zu zeigen oder sich mindestens anfühlen zu lassen, gab auf langes Drängen und Bitten Hinzelmann endlich nach und sagte: „Siehe, da ist meine Hand."

Als nun der Herr auch bat, ihm sein Antlitz befühlen zu dürfen, und Hinzelmann es zugab, so tastete der Herr an einen kleinen kalten Schädel, der ihm fleischlos zu sein schien, ehe er aber deutlich fühlen konnte, war der Schädel zurückgezogen.

So hatte auch die Köchin die leibliche Ruhe nicht mehr, sie wollte den Hinzelmann durchaus einmal sehen, er sagte ihr aber immer, es sei noch nicht an der Zeit, sie würde ihren Vorwitz bitterlich bereuen, aber sie hielt an, wie das kananäische Weib, bis ihr endlich Hinzelmann sagte, sie möge andern Tages vor Sonnenaufgang hinab in den Keller kommen, aber in jeder Hand einen Eimer Wasser mit hinunterbringen.

Das deuchte ihr ein seltsames Verlangen, aber ihre stachelnde Neugier überwog jedes Bedenken, sie ging in den Keller und brachte das Wasser mit.

Erst sah sie gar nichts, endlich aber fielen ihre Augen auf eine Mulde in der Ecke, und darin lag ein etwa dreijähriges nacktes, totes Kind, dem steckten kreuzweis übereinander zwei Messer im Herzen, und der ganze kleine Leib war mit Blut überlaufen.

Kobold Hinzelmann auf Schloss Hudemühlen.
Ausschnitt aus Bild von A. Ehrhardt

Über diesen Anblick entsetzte sich die Magd so sehr, dass sie laut aufschrie und dann ohnmächtig niederstürzte. Da nahm der Geist die Wassereimer und goss ihr deren Inhalt über den Kopf, einen nach dem andern, da kam sie wieder zu sich, sah die Mulde und das Kind nicht mehr und hörte nur Hinzelmanns Stimme:

„Siehst du? Ohne das Wasser wärst du hier im Keller gestorben und nicht wieder zu dir gekommen!“

So ungern und so wenig sich Hinzelmann Erwachsenen zeigte, und dann meist schrecklich, so gern gesellte er sich sichtbarlich als ein schönes Kind unter Kinder, spielte mit ihnen, hatte gelbes Lockenhaar bis über die Schultern hängen und ein rotes Sammeträcklein an. Wenn aber Erwachsene seiner gewahr wurden, schwand er sogleich aus dem Kinderkreise hinweg.

Als der Geist vier Jahre lang auf Hudemühlen zugebracht hatte, schied er freiwillig und verehrte noch vor dem Scheiden dem Schlossherrn dreierlei Andenken, das war ein kleines Kreuz, von Seide geflochten, fingerslang, inwendig hohl und gab geschüttelt einen Klang von sich, dann ein sehr kunstvoll geflochtener Strohhut und endlich ein lederner Handschuh mit Perlenstickerei in wunderbaren Figuren.

Solange diese Stücke in guter Verwahrung beisammenblieben, solle des Hauses Geschlecht blühen und wachsen, würden sie aber missachtet und verzettelt, so würde das Gegenteil stattfinden. Diese Stücke sind hernach im Besitz der beiden alten Fräulein Anna und Katherine geblieben und von ihnen bis zu ihrem Tode gar hehr gehalten und nur selten gezeigt worden, dann fielen sie an ihren Bruder, der sie überlebte, zurück, kamen auf dessen einzige Tochter, die sich vermählte, und sind dann wahrscheinlich verstreut worden. Hinzelmann schied im Jahre 1588 von Hudemühlen und soll hernach zu Estrup, auch im Lande Lüneburg, seinen Aufenthalt genommen haben.

182. Die Ahnfrau von Rantzau

Eine denkwürdige Geschichte um ein uraltes Adelsgeschlecht, das seinen Sitz nordöstlich von Hamburg bei der Stadt Barmstedt hatte, überliefern die Brüder Grimm um das Jahr 1816:

In dem holsteinischen adligen Geschlecht der von Rantzau gehet die Sage: Einstmals sei die Großmutter des Hauses bei Nachtzeit von der Seite ihres Gemahls durch ein kleines Männlein, so ein Laternlein getragen, geweckt worden. Das Männlein führte sie aus dem Schloss in einen hohen Berg zu einem kreißenden Weib. Selbiger legte sie auf Begehren die rechte Hand auf das Haupt, worauf das Weibchen alsbald genas.

Der Führer aber führte die Ahnfrau wieder zurück ins Schloss und gab ihr ein Stück Gold zur Gabe mit dem Bedeuten, daraus dreierlei machen zu lassen: fünfzig Rechenpfennige, einen Hering und eine Spille, nach der Zahl ihrer dreien Kinder, zweier Söhne und einer Tochter; auch mit der Warnung, diese Sachen wohl zu verwahren, ansonsten ihr Geschlecht in Abnahme fallen werde.

Die neuvermählte Gräfin, welche aus einem dänischen Geschlecht abstammte, ruhte an ihres Gemahles Seite, als ein Rauschen geschah; die Bettvorhänge wurden aufgezogen, und sie sah ein wunderbar schönes Fräuchen, nur ellnbogengroß, mit einem Lichte vor ihr stehen. Dieses Fräuchen hub an zu reden:

„Fürchte dich nicht, ich tue dir kein Leid an, sondern bringe dir Glück, wenn du mir Hilfe leistest, die mir not tut. Steh auf und folge mir, wohin ich dich leiten werde, hüte dich, etwas zu essen von dem, was dir geboten wird, nimm auch kein ander Geschenk an außer dem, was ich dir reichen will, und das kannst du sicher behalten."

Hierauf ging die Gräfin mit, der Weg führte unter die Erde. Sie kamen in ein Gemach, das flimmerte von Gold und Edelstein und war erfüllt mit lauter kleinen Männern und Weibern. Nicht lange, so erschien ihr König und führte die Gräfin an ein Bett, wo die Königin in Geburtsschmerzen lag, mit dem Ersuchen, ihr beizustehn. Die Gräfin benahm sich aufs beste, und die Königin wurde glücklich eines Söhnleins entbunden. Da entstand große Freude unter den Gästen, sie führten die Gräfin zu einem Tisch voll der köstlichsten Speisen und drangen in sie, zu essen. Allein sie rührte nichts an, ebensowenig nahm sie von den Edelsteinen, die in goldenen Schalen standen. Endlich wurde sie von der ersten Führerin wieder fortgeführt und in ihr Bett zurückgebracht. Da sprach das Bergfräuchen:

„Du hast unserm Reich einen großen Dienst erwiesen, der soll dir gelohnt werden. Hier hast du drei hölzerne Stäbe, die leg unter dein Kopfkissen, und morgen früh werden sie in Gold verwandelt sein. Daraus lass machen: aus dem ersten einen Hering, aus dem zweiten Rechenpfennige, aus dem dritten eine Spindel und offenbare die ganze Geschichte niemandem auf der Welt, außer deinem Gemahl. Ihr werdet zusammen drei Kinder zeugen, die drei Zweige eures Hauses sein werden. Wer den Hering bekommt, wird viel Kriegsglück haben, er und seine Nachkommen; wer die Pfennige, wird mit seinen Kindern hohe Staatsämter bekleiden; wer die Kunkel, wird mit zahlreicher Nachkommenschaft gesegnet sein.“

Nach diesen Worten entfernte sich die Bergfrau, die Gräfin schlief ein, und als sie aufwachte, erzählte sie ihrem Gemahl die Begebenheit wie einen Traum. Der Graf spottete sie aus, allein als sie unter ihr Kopfkissen griff, lagen da drei Goldstangen; beide erstaunten und verfuhren genau damit, wie ihnen geheißen war.

Diese Weissagung traf völlig ein, und die verschiedenen Zweige des Hauses verwahrten sorgfältig die Schätze. Einige, die sie verloren, sind verloschen. Die vom Zweig der Pfennige erzählen: Einmal habe der König von Dänemark einem unter ihnen einen solchen Pfennig abgefordert, und in dem Augenblick, wie ihn der König empfangen, habe der, so ihn vorher getragen, in seinen Eingeweiden heftigen Schmerz gespürt.

Nach einer mündlichen Erzählung erhielt die Gräfin eine Schürze voll Späne, die sie in den Kamin wirft. Morgens, wo ihr das Ganze wie ein Traum vorkommt, schaut sie in den Kamin und sieht, dass es lauter Gold ist. In der folgenden Nacht kommt das Fräuchen wieder und sagt ihr, sie solle aus dem Gold dreierlei machen lassen: eine Spindel, einen Becher und ein Schwert. Wenn das Schwert schwarz werde, so sterbe einer in der Familie durch ein Schwert, und wenn es ganz verschwinde, so sei er von einem Bruder ermordet.

Die Gräfin lässt die drei Stücke arbeiten. In der Folge wird das Schwert einmal schwarz und verschwindet dann ganz; es war ein Graf Rantzau ermordet worden und wie sich hernach ergab, von seinem Bruder, der ihn nicht gekannt hatte.

183. Zwerge verleihen Geld

Bauer Klaes Neve, der in Jagel in Schleswig-Holstein lebte, hatte hohe Rechnungen zu bezahlen; aber so sehr er auch rechnete, das Geld reichte nicht annähernd. Er dachte schon daran, einen Acker zu verkaufen. Seine Frau konnte gar nicht mehr mitansehen, wie sehr sich ihr Mann grämte. Da hatte sie einen Einfall und meinte: „Geh doch zum Jagelberg und frag Kulemann von den Unterirdischen, ob er dir das Geld leiht!"

Also ging er zum Berg und rief nach Kulemann. Es erscholl eine schnarrende Stimme: „Warum schreist du dem Kulemann?"

Es kam zum Dialog: „Ich will ihn fragen, ob er mir fünfzig Taler borgt." „Wann soll die Rückzahlung sein?" „Heute in einem Jahr." „Geh zur Rückseite des Hügels. Dort liegt das Geld für dich bereit."

Der Bauer rief noch „Danke" und eilte davon. Und wirklich, fünfzig glänzende Goldtaler lagen da. Freudig ging er mit dem Geld nach Hause, bezahlte seine Schulden und wirtschaftete gut auf seinem Hof.

Kurz vor dem Rückzahltermin sagte die Frau: „Das Geld ist fällig. Bring es rechtzeitig zum Berg. Du weißt, dass einer unserer Nachbarn nicht zurückzahlte. Die Unterirdischen belegten ihn mit einem Fluch. Er verarmte und musste von Haus und Hof."

Der Bauer gab die fünfzig Taler in einen Beutel und steckte auch noch einen großen geräucherten Schinken in einen Sack. So ging er zum Berg. Dort rief er wieder nach Kulemann, und es erscholl eine Stimme, so wie im Vorjahr, mit der Frage, was er von Kulemann will.

„Ich bringe die heute vor einem Jahr ausgeliehenen fünfzig Taler zurück; und einen Schinken habe ich auch dabei, der soll der Zins dafür sein", antwortete er. Der Zwerg erwiderte: „Kulemann ist gestorben. Du bist ein rechtschaffener Mann. Deshalb behalte die Taler!"

184. Des kleinen Volkes Überfahrt

Friedlich lebten die Zwerge in den Hüttener Bergen, wo sie ihrer Arbeit nachgingen. Mit der Christianisierung des Landes kamen auch die Kirchenglocken, deren Geläute sie nicht vertrugen. Deshalb beschlossen sie, diese Gegend zu verlassen.

Eines Nachts wanderten sie, mit all ihren Sachen beladen, zur Hohner Fähre. Dort klopften sie am Haus des Fährmanns. Schlaftrunken schaute dieser zur Tür raus, sah aber niemanden und schlurfte deshalb zurück zu seinem Bett. Kaum war er eingeschlafen, klopfte es wieder. Auch diesmal sah er nichts. Als zum dritten Mal gegen die Tür gepocht wurde, und er erneut geduldig und ohne Murren vor die Tür trat, sah er eine Unmenge grau gekleidete Zwerge. Einer, mit langem Bart, der offensichtlich der Anführer war, sagte:

„Wir ziehen weg von hier. Der Lärm der Glocken und die lauten Lieder in der Kirche, die ganz arg in unseren Hügeln hallen, verursachen bei uns Krankheiten. Fahr uns über die Oder! Stell vorher deinen Hut, mit der Öffnung nach oben, ans Ufer."

Er tat wie ihm geheißen. Er fuhr fast die ganze Nacht, so viele Fuhren waren es, und jedes Mal war der Kahn so voll, dass er fast zu sinken drohte. Als er endlich fertig war, befestigte er den Kahn. Am Ufer fand er seinen Hut, randvoll mit lauter Goldpfennigen.

185. Die Kobolde vom Trommelberg

Beim Trommelberg in der Gegend um Husum lebten in einem kleinen Dorf einmal zwei Bauern. Beide hatten jeweils eine große, hässliche Warze im Gesicht, der eine auf der rechten Wange, der andere auf der linken. Der mit der Warze auf der rechten Wange machte sich nichts draus, war dennoch ein fröhlicher Mensch und ward von allen geliebt. Der andere litt dagegen sehr darunter, war mürrisch und zänkisch und hatte wenig Freunde.

Einmal kam der fröhliche Warzenträger, als er im Wald Holz machen wollte, in ein furchtbares Unwetter. Weil er sich nirgends anders davor schützen konnte, kroch er in die Höhlung eines Baumes. Er wurde müde und schlief dort ein. Plötzlich weckte ihn ein seltsamer Lärm. Überrascht blickte er auf und sah auf der Lichtung vor dem Baum, zu seiner großen Verwunderung, eine große Anzahl kleiner

Kobolde, festlich in Rot oder Schwarz gewandet, aber mit hässlichen Gestalten und Gesichtern, die sich dort zu einem Festmahl versammelt hatten. Nachdem alle geschmaust und getrunken hatten, fingen die Kleinen an zu tanzen und machten dabei so lustige Kapriolen und kugelten übereinander und durcheinander, dass der Bauer nicht anders konnte, als laut zu lachen, aus seinem Versteck hervorzukommen und mitzumachen.

Sogleich umringten ihn die Kobolde und führten ihn zu ihrem Oberkobold. Nun begann der Bauer vor diesem zu tanzen, wobei er torkelte, wie ein Trunkenbold oder unbeholfener Bär. Da konnten sich die Kobolde schier ausschütten vor Lachen.

„Hei, ist es heute lustig, so lustig war es noch nie!" riefen sie vergnügt, der Oberkobold aber forderte: „Du must unbedingt wiederkommen und mit uns tanzen!"

Der Bauer versprach es, obwohl ihm unter den vielen Kobolden langsam etwas unheimlich zumute wurde. Die Kobolde aber meinten: „Du kommst ja doch nicht! Menschen halten ihr Wort nicht!"

Da forderte der Oberkobold: „Er soll uns ein Pfand hierlassen, dann kommt er sicher wieder. Nehmt ihm als Pfand die schöne Warze aus dem Gesicht! Er bekommt sie erst wieder, wenn er nochmal herkommt und mit uns tanzt."

„Nein, nicht die Warze!" rief der Bauer, scheinbar ganz verzweifelt, „die habe ich schon mein ganzes Leben lang!"

Aber die Kobolde missachteten seinen Protest, griffen ihm ins Gesicht und nahmen ihm seine Warze weg und es wurde ausgelassen weitergetanzt. Erst als endlich der Morgen anbrach, verschwanden sie, und der Mann war wieder allein im Wald. Er ging nach Hause, wo sich alle wunderten, dass keine hässliche Warze mehr sein Gesicht verunstaltete, auch sein Nachbar mit der Warze auf der linken Gesichtshälfte. Er ließ sich haarklein, bis in die letzte Kleinigkeit, erzählen, wie es zugegangen war, dass der seine Warze losgeworden war.

„Das will ich auch machen", dachte er dann. Am nächsten Abend ging er in den Wald zu dem hohlen Baum und versteckte sich darin. Und wirklich, bald kamen die Kobolde, hielten ihr Festmahl und fingen dann wieder an zu tanzen.

„Ich bab's ja gleich gesagt, der Mann, der so lustig tanzen kann, kommt doch nicht wieder", meinte einer von ihnen ganz enttäuscht.

„Da bin ich doch", antwortete der Bauer und trat aus dem Baum, obwohl er sich vor den vielen Kobolden fürchtete.

„Dann tanze uns wieder etwas vor", verlangten diese.

Zitternd kam er ihrer Aufforderung nach, obwohl er gar nicht tanzen konnte. Da rief der Oberkobold enttäuscht: „Heute tanzt du aber schlecht, gar nicht lustig. Hör auf, das kann man ja nicht mit ansehen!" Und zu seinen Untertanen gewandt sagte er: „Er soll wieder gehen! Gebt ihm sein Pfand zurück!"

Da warf ihm einer der Kobolde die Warze an die gleiche Stelle ins Gesicht, wo sie sein Nachbar getragen hatte. Obwohl er versuchte, sie wegzuwischen, blieb sie fest auf seiner rechten Wange hängen. So hatte er fortan zwei Warzen im Gesicht, eine auf der rechten und eine auf der linken Wange. Aber trotzdem ging er nie mehr in den Wald am Trommelberg zu den Kobolden, um sie wieder loszuwerden (64).

186. Der Kobold Zi als Baumeister

In Schleswig-Holstein trug sich einmal eine seltsame Sache mit einem Kobold zu. Karl Müllenhoff erzählt diese Geschichte um 1845:

Ein Mann hatte sich verpflichtet, die Eckwader Kirche bis zu einer bestimmten Zeit zu erbauen, doch sah er sich außerstande, sein Wort zu erfüllen. Missmutig ging er eines Abends umher und grübelte, was für ihn wohl in dieser Sache zu tun sei. Da trat ein kleines Männchen, ein Bergmann, zu ihm und bot ihm seine Dienste an.

Der Baumeister hörte anfangs spöttisch die prahlerischen Reden des Kleinen an, endlich aber wurden sie doch einig, dass der kleine Mann in kurzer Zeit die Kirche bauen, der Baumeister hingegen bis dahin seinen Namen ausfindig machen solle; könne er das nicht, so müsse er selbst mit Leib und Seele dem kleinen Manne gehören (51). *Seelenvergnügt ging der Baumeister heim, denn er dachte: „Will er mir nicht selbst seinen Namen sagen, so will ich ihn schon aus seinen Leuten herauslocken."*

Aber es ging anders, als er dachte mit dem kleinen Mann; der brauchte weder Handwerker noch Handlanger, sondern vollbrachte mit unglaublicher Behendigkeit alles selbst, so dass der Baumeister wohl sah, er würde leicht bis zur bestimmten Zeit fertig werden. Traurig wie das erste Mal ging er wieder über Feld. Als er aber an einem Hügel vorbeikam, da hörte er drinnen etwas schreien; und als er genauer darauf lauschte, sagte eine drinnen:

„Sch! Sch! Sei still mein Kind!
Morgen kommt dein Vater Zi
Mit Christenblut für di(ch)."

Da ward der Baumeister froh, denn er wusste wohl, wem die Worte galten, eilte nach Hause, und da es gerade der letzte Morgen war, da an diesem Tage die Kirche fertig sein sollte und er den Bergmann eben beschäftigt fand, den letzten Stein einzusetzen – er pflegte nur des Nachts zu arbeiten – so rief er ihm schon von ferne zu:

„Guten Morgen, Zi!
Setze nur ein
den letzten Stein!"

Da ward der Kobold rasend, als er seinen Namen hörte, warf den Stein, den er eben hatte einsetzen wollen, weg und fuhr in seine Höhle.

Man hat das Loch, das da offen blieb, niemals zumauern können; in der Nacht ward immer alles wieder hinausgestoßen. Ein Mauersmann, der es einmal auszumauern versuchte, bekam danach die auszehrende Krankheit. Später setzte man da ein Fenster ein. Das ließ der Kobold unangetastet; es befindet sich am Aufgang zum Turme, zwischen diesem und dem Karnhause (Beinhause).

Bei der Kirche gab es noch lange nach ihrer Erbauung solchen Lärm und Spuk, dass die Einwohner es nicht auszuhalten vermochten und allmählich wegzogen. Sie haben sich darauf dort angesiedelt, wo jetzt das Dorf Hönkys steht, weil die Einwohner sich von ihrer Kirche, die nun allein steht, hatten wegschrecken (henkyse) lassen.

187. Der Hüterjunge und der Zwerg

Bei Tossens im Butjadinger-Land hütete einmal ein Junge bei bitterkaltem Wetter und eisigem Wind die Schafe. Er versuchte, sich hinter einem kleinen Hügel vor dem schneidenden Wind zu schützen und weinte, weil es ihm nicht gelang. Da stand plötzlich ein Erdmännlein vor ihm und fragte, warum er denn weine.

„Mir ist so kalt und ich habe Hunger", antwortete der Junge.

Da nahm ihn das Männlein bei der Hand und führte ihn in den Berg hinein, in eine gemütliche Höhle, wo über einem wärmenden Feuer ein Topf mit süßem Reisbrei hing. Es gab dem Jungen eine Schale davon und forderte ihn auf, zu essen. Weil der hungrige Junge zu hastig essen wollte, verbrannte er sich die Zunge. Vorsichtig blies er daher beim nächsten Löffel den Brei, um ihn abzukühlen.

Verwundert fragte das Männlein: „Warum machst du das?"

„Weil der Brei zu heiß ist", erklärte der Junge.

Da ärgerte sich das Männlein und murrte unwirsch:

„Menschen kann man es nie recht machen! Vorher war es dir zu kalt, jetzt wieder zu heiß; dann geh nur hinaus und friere wieder!"

Im gleichen Augenblick waren die gemütliche Höhle, das wärmende Feuer, der süße Brei verschwunden, und der Hüterjunge saß wieder in der eisigen Kälte vor dem Hügel.

188. Der Mühlstein am Seidenfaden

Karl Müllenhof erzählt um 1845 eine Sage aus den Steller Bergen in Friesland, wie sie aus verschiedenen Gebieten in Deutschland mit leichten Abwandlungen überliefert wird:

An einem heißen Sommertage arbeiteten bei den Steller Bergen ein Knecht und ein Mädchen im Heu. Sie waren Braut und Bräutigam und hätten gerne Hochzeit gemacht, waren aber bitterlich arm. Da sahen sie um Mittag eine dicke Kröte vorbeischleichen. Der Knecht nahm die Heugabel und wollte das hässliche Tier erstechen; aber das Mädchen fiel ihm in den Arm und bat ihn eifrig, das Tier doch leben zu lassen. Er aber wollte seine Braut foppen und tat immer, als ob er das Tier töten wolle, bis es verschwunden war. Als sie abends nach Hause kamen, sagte der Bauer zu ihnen, dass sie zu Gevatter gebeten seien, und erzählte, wie am Mittage eine Stimme ganz deutlich sich habe hören lassen, aber man habe niemanden sehen können.

Der Knecht und das Mädchen wussten gar nicht, was sie davon denken sollten. Am anderen Morgen, als sie früh aufstanden, fand aber der Knecht vor seinem Bett Sägespäne gestreut, und ebenso auf der Diele und vor dem Hause, und als er diesen nun immer weiter nachging, kam er bis an die Steller Berge. Da kam eine Stimme aus einem der Berge und sagte, er solle zu Mittag wiederkommen und seine Braut mitbringen, sie sollten Gevatter stehen. Nun sagte der Knecht dem Mädchen Bescheid, beide machten sich zurecht und gingen um Mittag zu dem Berge. Da stand dieser offen, und ein kleines Männlein in einem grauen Rock empfing sie und führte sie durch einen langen Gang hinein. Da drinnen war alles ganz herrlich und prächtig, Boden und Decke funkelten von Gold und Edelsteinen, eine kostbare Tafel mit Gold- und Silbergeschirr und mit den herrlichsten Speisen besetzt stand in der Mitte. Der ganze Raum aber wimmelte von kleinen Leuten, die sich alle um das Bett der Wöchnerin drängten.

Als nun der Knecht und das Mädchen kamen, brachte einer dem Knechte das Kind, das er zur Taufe halten sollte, und führte ihn zu der

Stelle, wo die heilige Handlung verrichtet ward. Aber da blickte der Knecht einmal über sich und sah, wie gerade über ihm an der Decke ein Mühlstein an einem seidenen Faden hing. Er wollte etwas von der Stelle weichen, konnte aber keinen Schritt tun. In Todesangst wartete er das Ende ab und trat dann schnell zurück.

Da kam der kleine Mann in dem grauen Rock wieder zu ihm und bedankte sich; von dem Mühlsteine aber sagte er dem Knechte, dass er nun wohl wisse, wie seiner Frau gestern zumute gewesen sein müsse, als er sie mit der Heugabel habe erstechen wollen; denn sie sei die Kröte gewesen.

Darauf wurden der Knecht und das Mädchen von den kleinen Leuten noch reich bewirtet, und nachdem sie gegessen hatten, brachte das graue Männchen sie wieder aus dem Berge, gab aber vorher dem Mädchen die Schürze voll Hobelspäne. Die wollte sie sogleich wegwerfen, aber der Knecht sagte: „Nimm sie mit, du kannst noch ein Feuer damit anzünden!"

Auf halbem Wege nach Hause ward die Tracht so schwer, dass sie die Hälfte doch hinauswarf. Als sie nach Hause kamen, war das übrige zu lauter blanken Dukaten geworden. Da lief der Knecht hin und wollte auch das noch holen, was sie weggeworfen; allein es war alles verschwunden. Doch hatten die beiden so viel bekommen, dass sie einen Hof kaufen und heiraten konnten; und sie haben viele Jahre glücklich gelebt.

189. Die kleinen Helfer im Lande Wursten

Ein Bauer aus Misselwarden und seine Knechte wollten einmal bei einem Acker einen Graben anlegen. Sie brauchten aber allein für die Ausmessung des geplanten Werkes so lange, dass es Abend wurde, ohne dass sie auch nur einen Spatenstich getan hatten. Da gingen sie unverrichteter Dinge wieder nach Hause, um am nächsten Morgen weiterzumachen. Als aber die Leute weg waren, kamen ringsum aus der Erde, wo sie ihre Wohnungen hatten, zahlreiche kleine Männchen in roten Röcken hervor und begannen mit ihren kleinen Spaten, den Graben auszuheben. Noch ehe der Tag anbrach, waren sie mit ihrer Arbeit fertig und verschwanden wieder unter die Erde.

Als der Bauer am nächsten Morgen mit seinen Knechten kam, war zu aller höchster Verwunderung, der Graben bereits angelegt. Voller Freude gingen sie nach Hause und machten sich einen schönen Tag.

190. Klabauter

Man sagt, wenn ein totgeborenes oder ungetauft verstorbenes Kind in der Heidelandschaft unter einem Baum begraben wird, und gerade von solch einem Baum wird Holz für den Bau eines Schiffes verwendet, so geht die Seele des Kindes mit dem Holz in das Schiff und lebt dort als Klabauter. Ein solches Schiff könne niemals zugrunde gehen. E. M. Arndt ergänzt, was Karl Müllenhoff 1844 schrieb:

Über die Klabautermännchen gibt es unterschiedliche Aussagen. Wenn ein Schiff vom Stapel läuft und ein Klabautermännchen geht an Bord, so heißt es, droht dem Schiff keine Gefahr. Sehr rasch merkt die Schiffsbesatzung, ob sich ein kleiner Kobold auf dem Schiff befindet. Er zeigt seine Anwesenheit durch Pochen und das Verrichten von Arbeiten. Er ist unsichtbar und hält sich im Schiffsrumpf auf. Tagsüber merkt man nichts von ihm. Aber nachts repariert er kaputt gegangene Dinge am Schiff. Da sagen die Leute: „Er klütert." Deshalb wird er auch gelegentlich als Klütermann bezeichnet.

Der Name Klabautermann kommt von seinem Lärmen. Wenn Seeleute ihrer Arbeit unzureichend nachgehen, dann hat der kleine Kerl ganz miese Laune, dann wirft er mit Holz um sich und der schludrige Matrose erhält auch noch von unsichtbarer Hand ein paar saftige Ohrfeigen. Gesehen haben ihn nur wenige, denn wer ihn sieht, für den bedeutet das Unglück. Er soll 2 Fuß hoch sein, trägt eine rote Jacke, weite Schifferhosen und einen runden Hut. Er staut die Ladung nach und kalfatert das Schiff an Stellen, wo niemand hinkommen kann.

Wenn ein flinker Bursch auf ein anderes Schiff wechselt, dann gibt ihm der Klabauter ein Zeichen mit, woran ihn der Klabauter des anderen Schiffes kennt und ihm ebenso gut helfen möge.

Der Klabauter treibt Schabernack mit trotzigen und faulen Matrosen und wenn alles nichts nützt, dann zeigt er sich ihnen und schneidet Gesichter. Dann ist es aber auch aus mit ihnen, denn wer den Klabauter mit leiblichen Augen sieht, dessen letztes Stündlein hat geschlagen.

Die Matrosen tun daher alles, um ihm zu gefallen. Die Matrosen setzen ihm nachts oft von ihrem Lieblingsessen hin. Von wem er so etwas annimmt und gegessen hat, dem ist er besonders gut. Besonders rührig ist er, wenn ein starker Sturm kommt oder das Schiff sonst in große Gefahr gerät. Wenn er auf einem Schiff eingezogen ist, dann weicht er nicht bis es zugrunde geht, heißt es. Wenn er das merkt und einsieht, dass trotz aller Mühe das Schiff nicht mehr zu retten ist, dann verlässt er es endlich.

Man kann ihn ja nicht sehen, dann steigt er so hoch er kann und stürzt sich dann von oben her mit großem Geräusch ins Wasser, damit man ihn hört. Wer ihn aber sehe, mit dem sei es für immer aus. Wenn der Klabautermann das Schiff verlassen hat, dann weiß das Schiffsvolk, dass es damit ein Ende hat. Jetzt versucht jeder, sich selbst in Sicherheit zu bringen.

Manche behaupten, dass nicht jedes Schiff einen Klabautermann hat. Einige sagen auch, man könne den Klabautermann auch ohne Gefahr zu sehen bekommen. Das muss man auf folgende Weise anfangen: Man gehe nachts zum Spilloch und schaue zwischen den eigenen Beinen hindurch durchs Spilloch, dann kann man ihn erblicken, wie er an der … Seite des Spillochs steht.

191. Ein Klabauter verlässt das Schiff

Nach langer Zeit lief ein Schiff wieder wohlbehalten in seinem Heimathafen ein. Es war schon dunkel und ein Matrose stand an der Reling und schaute gedankenverloren auf das Meer. Es war mucksmäuschenstill. Da hörte er ein Stimmchen piepsen:

„Hallo, wie ist es dir ergangen in der letzten Zeit?"

Ganz leise antwortete jemand vom ebenfalls im Hafen eingelaufenen Nachbarschiff: „Wie immer. Alles ist in Ordnung. Wie war es bei dir?"

„Ich habe während der ganzen Fahrt hart gewerkelt, und es ist einzig und allein mein Verdienst, dass dieses Schiff nicht mit Mann und Maus untergegangen ist. Aber meine Arbeit ist hier nicht anerkannt. Der Kapitän und die Matrosen bilden sich mächtig viel ein auf ihr vermeintliches Können und glauben, dass das sichere Heimkommen nur ihnen zuzuschreiben ist. Mir schenkten sie keinerlei Beachtung mehr. Heute Nacht noch verlasse ich dieses Schiff!"

Am nächsten Morgen ging der Matrose von Bord und heuerte auf einem anderen Frachter an.

Nach einer Ruhezeit im Hafen begann für das vom Klabautermann verlassene Schiff eine neue Fahrt. Aber an seinem Ziel kam es nie an.

192. Der Puk

Im Norden Deutschlands wird ein Kobold oft auch Puk genannt. Adolf Haas schreibt im 19. Jahrhundert:

Wer einen Puk in seinen Diensten hat, braucht nicht Not zu leiden. Denn derselbige trägt seinem Herrn so viel Geld zu, als er nur irgend wünscht und braucht.

Selten kommt es vor, dass er seinen Herrn anführt, wenn er ihm zum Beispiel statt Geld ekelhaften Schmutz bringt. Wenn der Puk auf Raub ausgeht, so hat er entweder die Gestalt einer Katze, oder er geht als Feuerdrache zum Schornstein hinaus. Die Gestalt einer Katze zieht er jedoch vor, da die Katze überall, selbst durch die kleinsten Öffnungen aus- und einschlüpfen kann. Im Hause sieht man den Puk meist als kleinen Knaben mit roter Jacke.

193. Niß Puk in der Luke

Niß Puk war ein immer freundliches lustiges Kerlchen, fleißig und auch manchmal zu einem Schabernack aufgelegt. Seinen Namen hatte er deshalb, weil er am liebsten in der Giebelluke saß wenn die Sonne vom Himmel strahlte.

Auf dem Hof Bombüll bei Tondern stand das Gesinde zusammen auf dem Hof und unterhielt sich. Puk wollte auf sich aufmerksam machen, saß in der Giebelluke und hob einmal das rechte, dann das linke Bein und schrie dabei lachend: „Hier Puke een Been, hier Puke ander Been!" Und so ging es längere Zeit fort.

Da dachte sich einer der Knechte: „Dem wird gleich seine gute Laune vergehen!"

Er entfernte sich von den anderen und ging ganz vorsichtig, um keinen Lärm zu verursachen, die Bodentreppe hinauf. Als er dem Kleinen nahe genug war, gab er ihm einen Schubs – Niß Puke fiel aus der Luke! Aber beim Aufprall lag nur ein zerbrochener Topf auf dem Boden; Puk war verschwunden.

Aber der Kleine rächte sich für diese Niederträchtigkeit an dem Knecht. Nachts ging er in dessen Kammer, hob ihn aus dem Bett, trug ihn auf den Hof und legte ihn über den offenen Brunnenschacht. Der Knecht wachte auf und bemerkte seine gefährliche Lage. Es gelang ihm, mit viel Geschick, sich unbeschadet in Sicherheit zu bringen. Allerdings war der Schreck so groß, dass er längere Zeit gesundheitlich sehr angegriffen war.

Der Puk machte sich aber auch sehr nützlich. Ganz besonders bemühte er sich um die Kühe. Eines Tages hörte er, wie ein Knecht sorgenvoll zum Bauern sagte: „Heuer haben wir einen langen und kalten Winter. Bald ist nicht mehr genug Heu da. Wo sollen wir das Futter herkriegen?"

In der nächsten Nacht ging der Kleine „auf Wanderschaft", d. h. er kundschaftete viele Höfe aus. Nach langem Suchen fand er eine mit Heu vollgefüllte Scheune auf dem Feld eines Nachbarn. Wie freute sich da der Kobold! Er schleppte Unmengen dieses Trockenfutters in den Stadel seines Herrn, sodass die Tiere in der kalten Jahreszeit nicht hungern mussten, im Gegenteil, sie bekamen mehr als sonst! Der Bauer wusste natürlich, dass hier der Zwerg geholfen hatte, allerdings wie, das war ihm egal.

Der Zwerg erhielt jeden Tag sein Essen; darauf legte er Wert! Abends musste auf dem Herd sein Schüsselchen mit süßer Grütze, verfeinert mit einem Stück Butter, stehen. Das löffelte er dann genüsslich aus und verließ anschließend die Küche. Aber wehe, wenn die Butter fehlte! Dafür rächte er sich entsetzlich! Am nächsten Morgen fand man dann die beste Milchkuh mit gebrochenem Genick tot auf dem Boden liegend vor.

Ebenso im Schleswig-Holsteinischen, aber andernorts, ärgerte ein Knecht, aus purem Übermut, laufend den zum Haus gehörenden Puk, dessen Geduld irgendwann erschöpft war. Dieser Landarbeiter musste sich das Bett mit einem Kameraden teilen. Der Kamerad war sehr groß, der andere ein ganzes Stück kleiner. Als die beiden schliefen, ging der Kobold in die Knechtskammer, stellte sich ans Kopfende des Bettes, schüttelte den Kopf und sagte „nich lyk" (nicht gleich). Dann packte er den Knecht bei den Haaren und zog ihn nach oben, bis er auf Kopfhöhe mit seinem Kameraden war. Dann stapfte er zum Fußende des Bettes, rief wieder „nich lyk", packte ihn an den großen Zehen und zog so lange, bis er mit den Füßen auf gleicher Höhe mit dem anderen war. So ging das Gerenne zwischen Kopf- und Fußende des Bettes die ganze Nacht. Der Knecht konnte sich nicht wehren, er war wie gelähmt und musste die Tortur über sich ergehen lassen. Geärgert hat er den Puk nie mehr.

194. Niskepuk

Von einem anderen Puk, der einem Bauern, namens Harro Harrsen, mit einem Hof am Deich in der Hattstedter Marsch diente, erzählt Karl Müllenhoff um 1845:

Der Mann lebte in drückenden Umständen und musste, wollte er seinen Verpflichtungen nachkommen, jede noch so geringe Ausgabe vermeiden. Trotz allen Stütz- und Flickwerkes drohte ihm jedoch sein altes Haus über dem Kopf zusammenzufallen, und so schossen ihm endlich einige gute Freunde Geld zum Bau vor, das aber nicht hinreichte, um völlig neu zu bauen. Harro Harrsen musste sich also behelfen. Alle nur irgendwie brauchbaren Holzstücke sammelte er aus dem alten Hause und brachte sie in dem neuen an.

Da fand er unter diesen einen guten Ständer aus Eichenholz; oben darin war ein Loch, worin früher ein Strebebalken gelegen hatte. Harro Harrsen war ein anschlägiger Kopf und wusste zu allen Dingen Rat. Er dachte gleich, als er die Vertiefung sah, dass sie gut als Wohnung für einen kleinen Niskepuk dienen könne. Er nagelte also, als das Haus fertig war, ein Brett von der Größe einer Manneshand darunter, stellte eine Schale mit Grütze darauf, mit reichlich Butter darin und rief nun freundlich: „Nun kommt, liebe Niskepuks!"

Diese ließen nicht lange auf sich warten. Bald kamen sie, um das neue Haus zu besehen, tanzten hindurch, und einer, der drei Zoll hoch war, blieb zurück und wählte sich die Ständerhöhle zur Wohnung. Sobald Harro Harrsen die Anwesenheit des kleinen Geistes merkte, sorgte er dafür, dass immer Grütze in der Schale war, und steckte ein noch größeres Stück Butter hinein. Das tat er alle Tage.

Von der Zeit an waren jedesmal, wenn er morgens in den Stall kam, die Pferde gestriegelt, die Kühe geglättet, die Jaucherinnen gereinigt, Futtergang und Herdraum ausgefegt und das Stroh zum Ausdreschen hingelegt. Das Vieh gedieh von Tag zu Tag, die Kühe gaben reichlicher Milch, und die Schafe warfen regelmäßig drei, vier Lämmer. So ward Harro Harrsen ein wohlhabender Mann und hieß in der ganzen Gemeinde nur der reiche Bauer. Aus diesem Grunde pflegte er seinen kleinen Einlieger immer besser.

Sein Knecht Hans war nicht weniger gut Freund mit diesem. Ging er spät abends noch aus, so passte Niskepuk auf die Stalltüre. Öffnete sie ein anderer, so erhielt er einen Schlag mit dem Knüttel ins Gesicht; vor Hans aber öffnete und schloss sie sich von selbst. Hans fand auch fast jedesmal morgens seine Früharbeit getan, wenn er nach Hause kam oder die Zeit verschlief.

Als sich Hans verheiratet hatte, trat ein neuer Knecht an seine Stelle. Dieser stand sich nicht so gut mit dem Kleinen und wollte anfangs nicht glauben, was man von ihm erzählte, und so neckte ihn dieser oft. Als daher Harro Harrsen starb, soll Niskepuk zu Hans gezogen sein. Dieser war Küster und Krugwirt in Schobüll und ward ein wohlhabender Mann. Thede Boje Thießen aber, der Knecht, der ihn abgelöst hatte, brachte es in seinem ganzen Leben nicht weiter und kam schließlich auf die Armenkasse.

195. Die Unterirdischen

Im Norden nennt man die Zwerge „die Unterirdischen", weil sie unter der Erdoberfläche ihre Behausungen haben sollen. Karl Müllenhoff schreibt um 1845, was man sich im Norden über sie erzählt:

Unter der Erde, meist in alten Grabhügeln, wohnen kleine Leute, die seit undenklichen Zeiten im Lande sind. Nur manchmal lassen sie sich sehen. So hatte eine alte Frau von ihrem Großvater gehört, er habe einmal beim Pflügen auf seiner Koppel, wo ein Riesenberg war, gesehen, dass ein unterirdisches Weibchen in einem weißen Hemd aus dem Berge herausgekommen sei; als sie ihn erblickte, lief sie schnell davon.

Jedesmal fast, wenn im Pinnebergischen Hochzeit ist, so kann man merken, dass die Unterirdischen unsichtbar mit am Tische zwischen den Leuten sitzen; sie helfen ihnen essen und es wird an der Seite, wo sie sich aufhalten, noch einmal so viel verzehrt als auf der anderen; die Speisen verschwinden nur so. Dasselbe tun sie auch im nördlichen Schleswig. Auf Sötel zu Süden Horrsted wohnten sie früher auch. Der Schafhirte von Horrsted hat oft mit ihnen getanzt. Sie hatten dann viele goldene Ketten um sich und nötigten oft den Schafhirten in ihre unterirdischen Wohnungen zu kommen. Auf den Büschen in der Nähe hatten sie zuzeiten viel Leinenzeug ausgebreitet zum Bleichen oder zum Trocknen, auch viele goldene Gefäße zum Auswettern daran aufgehängt. Sie können sehr bösartig sein. Einen Mann in Düderstapel, der mit den neuen Kolonisten ins Land zog, haben sie sein Leben lang verfolgt. Sie stahlen ihm einmal seinen Schimmel und brachten ihn erst wieder, als er lahmte. Jetzt gibt es keine Unerersche mehr, der wilde Jäger (30) *ließ ihnen keine Ruhe. Da haben sie zuletzt den Fährmann in Lübeck angenommen, dass er sie über das große Wasser (die Ostsee) setze. Einer von ihnen machte den Akkord und ehe sich's der Fährmann versah, war das ganze Schiff grimmelnd und wimmelnd voll von Unererschen, die alle mit wollten. Sie bezahlten aber gut und die Familie des Mannes hat noch ihren Reichtum von der Zeit her.*

Als sie noch ihr Wesen hatten, konnte man in einem Hause in Stocksee durchaus keine Kälber groß ziehen, sie starben immer in den ersten Tagen. Da kam einmal, als die Leute wieder eins zugesetzt hatten, eine ganz kleine Frau heraus und sagte: „Leute, Kälber könnt ihr hier nicht groß ziehn, ich habe mein Bett gerade unter dem Stall. Wenn der

Addel (die Mistjauche) herunterläuft, muss das Kalb sterben." Da verlegten die Leute den Stall und das Unglück hörte auf.

Auch in Sebelin sind einmal mehrere Unterirdische hinter den Kühen im Kuhstall aus der Erde gekommen und haben geklagt: „De trippel sünd oewer de Troll". Das sollte heißen, die Kühe stünden gerade über dem Bükkessel. Also büken die Unterirdischen auch.

Ein Bauer pflügte mit seinem Jungen. Da rochen sie, dass die Unterirdischen frisches Brot hatten. „Ach", sagten sie, „hätten wir doch auch was ab!" Als sie nun die Wende wieder herumkamen, stand da ein Tisch gedeckt vor ihnen. Sie setzten sich nieder und ließen sich's wohl schmecken. Nach der Mahlzeit aber nahm der Junge die Messer weg, da wollte der Tisch gar nicht verschwinden, tat's auch nicht eher, als bis die Messer an ihren Ort gelegt waren. Und nach der Zeit haben sie nicht einmal wieder was gerochen, viel weniger also den Tisch zum zweitenmal gesehen. Ein Rendsburger erzählt, es sei in seiner Familie lange ein ganz eigner Stein aufbewahrt gewesen, den man einst bei einem im Freien spielenden Kinde gefunden habe. Das Kind habe gesagt, ein ganz kleines Männchen hätte den Stein ihm gegeben, und es habe noch mit dem Finger auf die Stelle hingezeigt, wo das geschehen. Das Männchen aber war nachher nicht mehr zu sehen.

196. Die Zwerge und das Fuhrwerk bei Rendsburg

Einem armen Bauern im Meggerskoog bei Rendsburg sanken einmal sein Pferd und sein Wagen, mit dem er Ware auf den Markt bringen hatte wollen, so tief im Moor ein, dass er weder vorwärts noch rückwärts konnte. Er betete und arbeitete verzweifelt den ganzen Tag, doch es sank nur immer tiefer ein.

Da lief er in seiner Not zu seinem reichen Nachbarn, weckte ihn aus dem Schlaf, denn inzwischen war es schon Nacht geworden, und bat ihn, mit zwei seiner Pferde zu helfen, das Pferd und den Wagen wieder aus dem Sumpf zu ziehen. Der aber, unwirsch, weil er geweckt worden war, verweigerte ihm die Hilfe.

Weinend lief der Arme zurück und fürchtete schon, dass sein Pferd, mit dem er den Lebensunterhalt für seine Familie und sich selbst verdienen musste, inzwischen versunken war. Als er sich der Unglücksstelle näherte, nahm er aus der Ferne im fahlen Mondlicht ein seltsames Gewimmel von kleinen Leuten wahr. Diese waren aber verschwunden, als er ankam, sein Pferd und Wagen aber standen unversehrt wieder auf trockenem Boden, wohin sie die Zwerge gebracht hatten. Voller Freude rief der Bauer seinen Dank in die Dunkelheit hinein, denn seine Helfer waren verschwunden.

Am nächsten Tag fuhr der Knecht des Reichen vergnügt den Moorweg entlang. Da versank ihm an derselben Stelle, wie dem Armen zuvor, das Fuhrwerk im Sumpf. Er fluchte und schimpfte und lief zurück, um Hilfe zu holen. Aber er fand die Stelle nicht mehr.

197. Der Kelch in der Kirche von Viöl

Wie die Kirche von Viöl in Nordfriesland zu ihrem wertvollen Abendmahlskehl kam, wird in einer Sage erzählt, überliefert von Karl Müllenhoff um 1845:

Ein Mann aus Viöl kam abends von Flensburg geritten. Als er nun einen Grabhügel erreichte, feierten da die Unterirdischen eben ein großes Fest und ließen einen großen goldenen Kelch die Reihe herumgehen; darin war ein Trank, der sah wie Buttermilch aus. Der Bauer hielt sein Pferd an und bat arglistig:

„Lasst mich auch einmal einen Schluck aus dem Becher kriegen!“

Treuherzig reichten sie ihm denselben dar. Er aber ergriff ihn, goss den Trank hinter sich und sprengte davon. Da hörte er einen Unterirdischen rufen: „Dreibein, komm heraus!“

Der Bauer sah sich um und sah ein Ungeheuer hinter sich, das ihn verfolgte. Aber sein Pferd lief schneller als Dreibein. Da hörte er nun viele Stimmen rufen: „Zweibein, komm heraus!“

Der Bauer sah sich wieder um und erblickte ein anderes Ungeheuer, das sah noch viel schrecklicher aus und konnte noch schneller laufen als Dreibein, es hätte ihn aber doch nicht eingeholt. Da hörte er alle mit einer Stimme rufen: „Einbein, komm heraus!“

Der Bauer sah sich wieder um, da sah er ein drittes Ungeheuer, das war noch viel, viel schrecklicher und viel größer als die andern beiden, und kam mit gewaltigen Sprüngen, immer kopfüber, auf ihn los. Das hätte ihn auch gepackt, wäre nicht eben die große Tür seines Hauses offen gewesen. Kaum hatte er sie zugeschlagen, so war Einbein da und fuhr mit großem Geprassel dagegen, musste aber draußen bleiben. Am andern Morgen besah der Bauer sein Pferd, da hatte der Trank ihm dem Schweif bald weggesengt. So beißend war er gewesen.

Den Becher aber schenkte der Bauer der Kirche, wie er in der Angst gelobt hatte, als er Einbein sah.

198. Die Todesbotschaft

In Jagel bei Schleswig war vor Zeiten ein Wirt, der bemerkte mit Verdruss, dass sein Bier immer zu früh alle ward, ohne dass er wusste, wie. Einmal fuhr er nach der Stadt, um neues Bier zu holen. Als er nun zurückkam und bei dem Jagelberg vorbeifuhr, wo ein Riesengrab ist, hörte er ganz jämmerlich schreien:

„Pingel ist tot!
Pingel ist tot!“

Er geriet darüber in größte Angst, und fuhr schnell nach Hause; da erzählte er seiner Frau: „Ach, was hab ich eben für Angst ausgestanden; da fuhr ich an dem Jagelberg vorbei, und da schrie es so jämmerlich: Pingel ist tot! Pingel ist tot!“

Kaum hatte er diese Worte ausgesprochen, so kam ein Unterirdischer aus dem Keller gesprungen und schrie:

„Ach, ist Pingel tot, ist Pingel tot,
so hab ich hier Bier genug geholt“,

und damit lief er fort. Nachher fand man einen Krug bei dem Fasse im Keller stehen, den der Unterirdische zurückgelassen hatte; denn er hatte für den kranken Pingel das Bier gestohlen.

Mensing 1921 nach Karl Müllenhoff 1845

199. Die Onnerbänkissen

Friedlich lebten diese Zwerge auf Amrum. Die meisten von ihnen hatten ihr Zuhause im Fögedshoog, nahe bei den Dünen. Abends sah man sie dort tanzen und tagsüber legten sie ihre Wäsche zum Trocknen aus. Ausgelassen fegten sie im Winter mit ihren Schlittschuhen auf dem Wasser Merum dahin.

Aus welchen Gründen auch immer – war es Bösartigkeit oder Trunkenheit – kam ein Amrumer auf die Idee, die Wohnstatt der Zwerge kaputt zu machen. Mit Spitzhacke und Schaufel ausgerüstet, ging er zum Hügel und begann sein gemeines Tun. Er kam mit der Graberei rasch vorwärts und freute sich schon, es bald geschafft zu haben.

Als er sich wieder mal eine Verschnaufpause gönnte, erblickte er sein Haus, das lichterloh brannte. Er warf sein Werkzeug zu Boden und hetzte heimwärts. Als er dort angekommen war, stand sein Haus schmuck wie eh und je da.

Jetzt kam er zur Besinnung! Er war froh, dass ihn die Unterirdischen mit dem vermeintlichen Feuer nur getäuscht und nicht üble Rache genommen hatten.

Niemand auf der Insel hat sich daraufhin den Onnerbänkissen in böser Absicht genähert.

200. Vater Finn

Einst gab es schlimme Zeiten, in denen erbitterte Kriege zwischen den Menschen und den Zwergen herrschten. Zwar wurden Friedensverträge geschlossen, aber diese ruhigen Zeiten waren meist nur von kurzer Dauer. Eine Zwergenbehausung befand sich im Reisehoog, nördlich von Braderup auf Sylt. Als spät abends ein Sylter nach Hause ging, hörte er, wie eine Unterirdische ihrem Kind monotone Lieder vorsang. Eines davon lautete:

„Heia, hei, dit Jungen es min. - Heia, hei, der Junge ist mein.
Mearen kumt din Vaader Finn - Morgen kommt dein Vater Finn
Me di Mann sin Haud." - Mit dem Haupt eines Mannes.

Schnell entfernte sich der unfreiwillige Lauscher und ging entsetzt nach Hause.

201. Das Zwergenmesserchen

Das Gold der Zwerge bringt den Menschen oft kein Glück. Das erfuhr auch ein junger Bauer, namens Jens Sieke aus Utersum auf Föhr, der einmal bei einem Grabhügel in der Nähe seines Dorfes ein kleines grünes Messerchen fand. Eine alte Frau erklärte ihm, dass der Zwerg – hier auf Föhr Odderbaantje genannt – der es verloren hatte, es sicher bald zurückfordern werde. Dann solle er es ihm zwar geben, aber im Austausch dafür etwas verlangen.

Nicht lange danach begegnete ihm ein kleines altes Männlein, welches das grüne Messerchen unbedingt haben wollte. Jens Sieke erinnerte sich an den Rat der alten Frau, feilschte erst ein wenig mit dem Alten herum und verlangte dann, dass aus jeder Ackerfurche, die er künftig pflügen würde, ein Goldstück hervorspringen solle. Der Kleine sagte ihm das zu und bekam sein grünes Messerchen zurück.

Von da an pflügte Jens Sieke von Früh bis Abend seine Äcker um und fand wirklich in jeder Furche ein Goldstück. Die trug er heim und hortete sie in einem verschlossenen Kämmerchen. Dort saß er dann, steckte seine Hände in den glänzenden Schatz und wühlte darin herum. Er warf keine Saatkörner in die Ackerfurchen, erntete nicht, sondern pflügte nur unentwegt und sammelte Goldstücke. Weil in den Tribergen die Furchen nur ganz kurz waren, pflügte er dort, weil er da mehr Goldstücke bekommen konnte. Über das Goldsammeln vergaß er zu leben. Eines Tages fand man ihn tot hinter seinem Pflug.

In dem verschlossenen Kämmerchen entdeckte man drei große Kisten voller Gold. Sein Haus wurde später von Sturmfluten zerstört, der Hügel aber, wo Jens Sieke das Zwergenmesserchen gefunden hatte und der nach dem Bauern Siekesbarg hieß, wurde später eingeebnet und zum Deichbau benützt.

202. Die Schmiede der Unterirdischen

Ein Mann ritt eines Morgens bei den Tribergen am Wege von Apenrade nach Jordkirch vobei. Da hörte er in einem derselben schmieden. Der Bauer rief laut, man möchte ihm doch ein Häckerlingsmesser machen, und ritt weiter. Abends als er wieder zurückkam, fand er außen am Hügel wirklich ein nagelneues Messer liegen; nun legte er so viel

Geld dafür hin, als der gewöhnliche Preis ist, und nahm das Messerchen mit. Da fand es sich, dass es von ganz vorzüglicher Schärfe und Tauglichkeit war; aber die Wunden, die damit geschnitten wurden, waren unheilbar. Karl Müllenhoff

203. Die Unterirdischen bei Schleswig

Unmittelbar neben Geltorf, Kirchspiel Haddebye liegt ein Berg, der Hochberg, und dicht daneben der Brehochberg. Darin wohnten die Unterirdischen; man hat oft gehört wie sie butterten und einmal trieb ein Junge eine Sau mit Ferkeln dahin, da verschwanden die Ferkel mit einem Male hinter dem Hügel, und man hat sie nie wieder gesehen.

Die Bauern waren in früheren Jahren hier ganz außerordentlich befreundet mit den Unterirdischen. Wenn Hochzeit im Dorfe war und Kessel, Pfannen, Töpfe und dergleichen gebraucht wurden, so gingen die Bauern an den Berg und klopften an. „Was wollt ihr?" fragten dann die Unterirdischen. „Wir wollen Kessel bei euch leihen, denn morgen soll Hochzeit bei uns sein von Hans und Trina." „Wie groß sollen die Kessel sein?" fragten nun wieder die Unterirdischen und die Bauern konnten dann Kessel und Geschirre gerade so groß, wie sie gesagt hatten, am andern Morgen vor Sonnenaufgang jedes Mal abholen. Dafür gaben sie zum Dank nichts weiter als die Überbleibsel von allen Speisen, die darin gekocht waren und setzten damit die Kessel wieder vor den Berg. Ein übermütiger Bauer tat aber einmal was hinein, und seitdem leihen die Unterirdischen ihre Kessel nicht mehr aus (65). Karl Müllenhoff

204. Eppe Nekkepenn

Die Zwerge mögen die Frauen der Menschen besonders gerne leiden. Einer verliebte sich einmal in ein Mädchen aus Rantum (Sylt) *und verlobte sich mit ihr. Sie besann sich aber nach einiger Zeit anders und sagte ihm den Kauf auf. Da sagte der Kleine:*

„Ich will dich schon lehren Wort halten; nur wenn du mir sagen kannst, wie ich heiße, sollst du frei sein."

Nun fragte sie überall herum nach dem Namen des Zwerges; aber niemand wusste es ihr zu sagen.

Traurig ging sie umher und suchte die einsamsten Orte, je näher die Zeit kam, dass der Zwerg sie holen wollte; da kam sie endlich bei einem Hügel vorbei und hörte darin diesen Gesang:

„Delling skell ik bruw, (Heut soll ich brauen,)
mearen skell ik baak, (morgen soll ich backen,)
aumearn skell ik Bröllep haa: (übermorgen soll ich Hochzeit haben:)
Ik jit Ekke Nekkepenn, (Ich heiße Ekke Nekkepenn,)
min Brid es Inge fan Raantem; (meine Braut ist Inge von Rantum;)
en dit weet nemmen üs ik alliining. (das weiß niemand als ich alleine.)

Als der Zwerg nun am dritten Tage kam, um sie zu holen, und fragte, wie er heiße, da sagte sie: „Du heißt Ekke Nekkepenn!“ Da verschwand der Zwerg und kam nimmer wieder (51). Karl Müllenhoff.

Zwerg. Bild v. H. Schlitt. 19. Jahrhundert

205. Urant

Immer wieder haben Zwerge Mädchen geraubt, hier auf Rügen und auch anderswo. Um sich davor zu schützen, riet eine alte weise Frau den Mädchen, immer ein wenig Urant (66) am Körper zu tragen, denn dann sind die Unterirdischen machtlos. Eines Tages lauerten die Wichte einer jungen Frau auf, sie fassten zu und schleppten sie mit sich fort. Sie wehrte sich, konnte aber gegen die Wichte nichts ausrichten. Sie zogen das Mädchen mehr, als dass sie es trugen. Und dabei hatte es das Glück, dass sich ein Zweiglein Urant in ihren Zehen verfing. Sofort ließen sie sie fallen, denn ihre Macht war gebrochen.

206. Unterschiedliche Zwerge auf Rügen

Auf der Insel Rügen hielten sich Zwerge von unterschiedlichem Aussehen auf: Die einen waren weiß, die anderen braun. Das waren Unterirdische, die den Menschen zugetan waren und ihnen halfen wenn es nötig war. Aber es gab auch bösartige: Die waren ganz schwarz. Vor diesen musste man sich in Acht nehmen; diese hausten in der Nähe von Rambin im Inneren von zwei Anhöhen. Ihre Tätigkeit bestand darin, es sich gut gehen zu lassen, nicht zu arbeiten und sich auszudenken, wie sie die Menschen ärgern könnten. Sie raubten schöne wohlgestaltete Kinder, die dann als Domestiken für sie arbeiten mussten.

Fünfzig Jahre jeweils mussten diese Kinder für die Zwerge arbeiten. Nach dieser Zeit war die Macht der Unterirdischen über sie erloschen und sie durften den Berg verlassen. Aber in den fünfzig Jahren schritt der Alterungsprozess der Kinder kaum voran. Auch hatten sie keinerlei Zeitgefühl für ihren Lebensabschnitt im Berg.

Nicht nur Kinder mussten diesen Zwergen dienen, es konnte auch umgekehrt sind. Aber das war höchst selten der Fall. Wenn es einem Menschen möglich war, einen persönlichen Gegenstand aus dem Besitz eines dieser bösen Unterirdischen zu ergattern, so musste der in dessen Dienst treten. Ob dies aber auch auf fünfzig Jahre beschränkt oder für immer war, ist nicht überliefert.

207. Streit unter zwei Klabautermännern

Zwei Schiffe legten gleichzeitig in einem Hafen auf Rügen an. Und da trafen sich die beiden Klabautermännchen als sie kurz von Bord gingen. Sie unterhielten sich über die vorausgegangene Fahrt. Da sagte das eine: „Du glaubst gar nicht, was ich für eine anstrengende Reise hinter mir habe! Als eine Seitenplanke sich löste, musste ich diese dauernd festhalten, damit kein Wasser ins Schiff lief. Sonst wäre es untergegangen." Das andere meinte: „Das war sicher eine Anstrengung. Aber ich hatte eine noch schwerere Arbeit zu verrichten. Gleich zu Beginn unserer Reise knickte ein Sturm ganz unten den Mastbaum und ich hielt ihn fest, dass das Schiff sicher weitersegeln konnte."

Der Plankenhalter ärgerte sich, dass sein Kamerad offensichtlich mehr Kraft aufwenden musste als er, und so gab ein Wort das andere; das ging in einen bösen Streit über und endete zuletzt in einer wüsten Schägerei.

208. Der Meineid und die schwarzen Zwerge

Bauer Pagel aus Lancken-Granitz auf Rügen war ein grundanständiger und frommer Mann. Aber irgendwann veränderte sich sein Charakter. Beim Pflügen seines Ackers arbeitete er sich Jahr für Jahr weiter in die Flächen seines Nachbarn hinein. Eines Tages sagte dieser zu ihm: „Hör mal, du pflügst jedes Jahr weiter über deinen Grund hinaus. Halte ab sofort die Grundstücksgrenze ein und gib mir mein Land zurück."

Der andere erwiderte: „Was behauptest du da! Noch nie habe ich auf deinem Boden gepflügt. Das ist mein Grund, merk dir das!"

Es kam zu einem wüsten Streit zwischen den Nachbarn, der dann letztendlich vor Gericht ausgetragen wurde.

Am Rand von Lancken-Granitz war ein altes Steingrab, in dem schwarze Zwerge wohnten. Sie waren böse und manche behaupteten sogar, dass sie mit dem Teufel im Bund wären.

An diese wandte sich Bauer Pagel und bat um Hilfe, die er auch erhielt. Beim Prozess schwor Pagel, dass das strittige Stück Feld ihm gehöre und konnte dies auch anhand von Grundbucheintragungen nachweisen. Aber diese Bescheinigungen waren Fälschungen, die jedoch nicht als solche zu erkennen waren. So gewann er den Prozess.

Auch sollen die schwarzen Zwerge den Bauern mit allerlei Fähigkeiten ausgestattet haben, so dass er zu erheblichem Reichtum kam. Sicher ging der meineidige Bauer mit diesen Zwergen irgendeinen Pakt ein. Wie der aber aussah, ist nicht überliefert. Im Jenseits jedoch musste er dafür büßen. Der Geist von Pagel soll heute noch in der Nähe seines Heimatorts umgehen (29).

209. Der Puk auf Rügen

Die Mutter war längst gestorben, der Vater lag krank darnieder; das anmutigste Mädchen von Alt-Redwitz auf Rügen bewältigte alle Arbeit auf dem Bauernhof allein. Von früh bis spät schuftete sie, aber nie kam ein Wehklagen über ihre Lippen. Guste schlief schon, da rief der Vater nach ihr und bat um Wasser. Er hatte Fieber und somit argen Durst. Sie legte ein Wolltuch um die Schultern, ging mit dem Wasserkübel zum Brunnen und befestigte ihn an einem Strick. Da hörte sie ein ganz feines Piepsstimmchen aus der Tiefe.

Zuerst erschrak sie, aber dann rief sie in den Brunnenschacht: „Hallo, ist da jemand?“

Angstvoll japsend kam die kaum vernehmliche Antwort: „Schnell, hilf mir! Ich bin da reingefallen und muss sonst ertrinken.“

Gleich ließ sie den Eimer hinab, und als sie ihn wieder heraufzog, hatte sich ein Puk mit seinen kleinen Händchen an ihm festgeklammert. Als er festen Boden fühlte, also den Brunnenrand, sagte er: „Ich danke dir, dass du mich vor dem sicheren Tod errettet hast. Hier habe ich etwas für dich.“

Dann zog der Kleine aus seinem Joppentäschlein ein Zweiglein und einen Beutel. Beides gab er Guste mit den Worten: „Leg das Kräutlein in eine Kanne und gieß heißes Wasser darüber. Wenn der Sud so weit abgekühlt ist, dass man ihn trinken kann, dann gib ihn deinem Vater. Und hier, der Beutel ist für dich. Bezahle aus ihm immer alles was du benötigst.“

Ehe das Mädchen etwas erwidern konnte, war der Puk wie vom Erdboden verschluckt. Tags darauf gab sie dem Vater den Trank, ganz rasch ging es ihm besser und kerngesund konnte er nach einigen Tagen das Bett verlassen.

So viel Guste auch bezahlte, der Beutel wurde nie leer.

210. Kleine Mühe und großer Dank

In Garz auf Rügen hauste ein Mann recht und schlecht. Er hatte nur wenige Tiere in seinem Stall, aber Arbeit gab es immer mehr als genug. Eines Tages stand plötzlich ein kleines Männchen vor ihm und sagte: „Komm mit, ich möchte dir etwas zeigen. Es ist sehr wichtig!"

Der Mann begleitete den Zwerg in den Kuhstall. Dort öffnete der Wicht eine kleine Tür, die der Bauer vorher noch nie gesehen hatte. Von dort führte eine Treppe nach unten. Als sie unten angekommen waren, geleitete der Zwerg den Bauer zu einem kleinen Bettchen, in dem eine winzige Frau mit ihrem Kindchen lag.

Der Wicht sagte: „Schau her, in welch schlechter Lage meine Frau ist. Von deinem Stall tropft die Jauche direkt auf ihr Bett. Ich bitte dich daher, den Ablauf auf die andere Seite des Stalles zu verlegen. Glaub mir, es ist nicht zu deinem Schaden."

Dann führte ihn der Zwerg wieder zurück. Sofort machte sich der Bauer ans Werk und verlegte den Ablauf, was keine besondere Mühe für ihn war. Von Stund an ging es mit der kleinen Landwirtschaft aufwärts: bald schon konnte er seinen Betrieb vergrößern und er gelangte zu großem Wohlstand.

211. Der Puk bei Göhren

Vater und Tochter gingen bei Einbruch der Dunkelheit von Groß-Zicker nach Göhren. Auf einmal entdeckten sie in einiger Entfernung eine Feuerstelle, in die ein Zwerg Holz legte und kräftig hineinblies, um sie schön lodern zu lassen. Das Mädchen hielt inne und wollte näher herangehen. Aber der Vater sagte: „Schnell weiter! Nichts wie weg! Das ist ein Puk! Mit so einem hat man am besten nichts zu tun und hält Abstand. Das sind tückische Wesen!"

Er packte seine Tochter am Arm und zog sie weiter. Aber just in diesem Augenblick erfasste eine Windböe das Halstuch des Mädchens und es flog geradewegs in das prasselnde Feuer. Sie war sehr traurig über den Verlust.

Am nächsten Tag gingen die beiden den Weg wieder zurück nach Hause. Auf Höhe der Feuerstelle vom Vortag, lag am Wegrand unversehrt der Schal und auf ihm befand sich eine Vielzahl von Goldstücken. Beide kamen aus dem Staunen gar nicht mehr heraus und der Bauer musste, auch wenn es ihm sehr schwerfiel, seine Meinung über diese Zwerge ändern.

212. Die verhinderte Taufe des Kielkrops

In Lancken auf Rügen wurde einem Ehepaar ein Kind geboren, das lieblich anzusehen war. Als eines Tages die Mutter zur Wiege trat, stellte sie fest, dass das Kind ganz anders aussah. Es hatte plötzlich einen übergroßen Kopf und ganz dürre Beinchen und Ärmchen. Obwohl es seine regelmäßige Nahrung bekam und bestens versorgt wurde, wollte es absolut nicht wachsen (23).

Die Eltern beschlossen, das Kind zur Taufe zu bringen. Also fuhren die Hebamme und die Paten in einer Pferdekutsche zur Kirche. Als sie zur Brosser Brücke kamen, hörten sie, wie unter der Brücke eine Frau rief: „Kielkrop! Wo bringen die dich hin?“

Das Kind, das noch nie geredet hatte, antwortete: „Nach St. Marien. Dort wollen sie mich taufen lassen.“

Sofort warf die Hebamme das Kind unter die Brücke und im selben Augenblick kam das von der Zwergin geraubte Kind durch die Luft geflogen, direkt in die Arme der Hebamme.

213. Selbergetan und die Familie Sülm

Im Burgwall von Garz auf Rügen lebten Zwerge, die sich durch besondere Niederträchtigkeit auszeichneten. An diesen Burgwall grenzten Haus und Garten der Familie Sülm.

Die Sülms waren friedliebende Leute und deshalb wurden die Unterirdischen ihnen gegenüber immer dreister. Sogar tagsüber drangen sie in die Speisekammern ein und raubten diese schier aus.

Nicht mal vor dem großen Fleischkessel, in dem gerade gesotten wurde, machten sie Halt und stahlen daraus die leckersten Stücke. Aber irgendwann wurde es dem Hausherrn zu viel! Er nahm den Schürhaken und hieb auf einen der frechen Wichte ein, der dann ein solches Geplärre veranstaltete, dass sofort eine ganze Horde seinesgleichen im Garten war.

Sie schrien: „Was ist los, dass du so brüllst? Wer hat dir ein Leid zugefügt?“

Der Kleine heulte und schrie: „Sülm dan, Sülm dan!“ Die anderen sagten nur: „Selber getan, das ist wohl getan. Dafür haben wir keinen Zauber.“ Sie packten ihn und zogen in den Burgwall ab.

Aber anscheinend konnte der Kleine später die Sache klären, dass er sich in den Schmerz nicht selbst zugefügt hatte, denn auf dem Besitztum der Familie Sülm wurden die Wichte nicht mehr gesehen.

214. Die verwandelte Erbsenranke auf Usedom

Auf der Insel Usedom, in Pudagla, war ein reiches Prämonstratenser-Kloster. Aber irgendwann verließen die Mönche den Ort und die Gebäude verfielen immer mehr. Seit Generationen war bekannt, dass vom Kloster aus ein unterirdischer Gang bis zum acht Kilometer entfernten Mellentin verläuft. Wohl kannte man den Eingang in den Kellergewölben des Klosters, aber wo der Gang endete, das wusste niemand. Immer wieder stiegen mutige Männer ein, kehrten aber, weil jedes Licht in den Laternen nach einiger Zeit erlosch und es da unten ziemlich gruselig war, rasch wieder an die Oberfläche zurück.

Zu jener Zeit bedurfte es gar keiner großen Vergehen, und schon war man zum Tod verurteilt. Zu solch einer Frau sagte der Richter: „Du weißt um den unterirdischen Gang. Wenn du einsteigst und herausfindest, was es mit ihm auf sich hat, werde ich dich begnadigen; nicht nur von der Todesstrafe, auch von einer Gefängnisstrafe wird dann abgesehen.“

Die Frau war einverstanden; verlieren konnte sie nichts, aber Leben und Freiheit gewinnen. Zuerst schritt sie rüstig drauflos, die Laterne erlosch, dann tastete sie sich an der feuchtkalten Wand vorwärts. Es verging eine lange, lange Zeit. Plötzlich stand sie vor einer eisernen Tür, die, wie von Geisterhand bewegt, mit lautem Knall aufsprang. Eine Schar Zwerge stand vor ihr; um einen Tisch saßen mehrere mit langen grauen Bärten. Der Zwerg an der Stirnseite des Tisches fragte sehr unfreundlich:

„Wieso bist du hier? Was willst du?“

Sie schilderte ihre Lage. Daraufhin verkündete der Kleine: „Ich glaube dir und wir werden dich nicht bestrafen wegen deines Eindringens in unser Reich. Aber jetzt geh! Teile denen, die dich geschickt haben, mit, dass es ihnen ja nicht in den Sinn kommen soll, uns nochmals zu stören. Die Strafe wird dann sehr hart sein!“

Daraufhin bat die Frau: „Ihr kennt mein Schicksal. Aber die Leute werden mir nie und nimmer glauben, wenn ich das erzähle. Bitte gebt mir irgendetwas mit als Beweis, dass ich die Wahrheit sage.“

Ein Zwerg drückte ihr eine extrem lange Erbsenranke in die Hand, schob sie vor die Tür, die mit einem ohrenbetäubenden Lärm zufiel. Sie ging den langen Weg zurück, hinter sich die Erbsenranke herziehend. Voller Ungeduld wurde sie oben erwartet.

Sie schilderte ihr Erlebnis und zeigte, wie sie mit dem Bericht fertig war, als Beweis die Erbsenranke. Aber diese löste sich auf und statt ihrer lag eine schwere eiserne Kette auf dem Boden. Als die Umstehenden das sahen, beschloss der Magistrat, den Gang zuzumauern und die Kette am Brunnen zu befestigen, wo sie bis auf den heutigen Tag hängt.

215. Der betrügerische Schäfer

„Überall wird Sommersonnenwende gefeiert! Wir wollen auch ein Fest haben!“ So riefen die Zwerge, die in der Nähe von Doberan wohnten. Der Stammesälteste, der darüber zu entscheiden hatte, war einverstanden und forderte seine Leutchen auf, Vorschläge zu machen und auch gleich mitzuteilen, wer welche Aufgaben übernimmt.

Ein Fest zu organisieren und zu gestalten, bedeutet viel Arbeit; Essen und Getränke müssen herbeigeschafft werden; ebenso Tische, Stühle, Bänke, Geschirr und viele andere Dinge. Da rief einer:

„Ich kenne einen Schäfer, der sich mit seiner Herde beim Zeppelin-Holz aufhält. Sicher verkauft er mir ein Schaf. Aber dafür brauche ich Geld!“

Der Alte meinte: „Das mit dem Schaf ist eine gute Idee. Kurz vor dem Wäldchen sind zwei Hünengräber. Vor dem ersten Grab liegt ein großer Stein, der nicht zu übersehen ist. Wenn du ganz leicht mit deiner Schuhspitze an den Stein stupst, dann bewegt er sich zur Seite und du kannst die Höhle betreten. Da befindet sich Geld. Nimm davon so viel du brauchst. Dann gibst du dem Stein wieder einen kleinen Stoß und er steht auf seinem alten Platz.“

Als er auf den Schäfer traf, rief er freudig: „Hallo, wir feiern Mittsommer und da wollen wir ein Schaf braten. Ich möchte dir eines abkaufen.“ „Ich kann dir schon eines geben. Aber zuerst muss ich wissen, was du mir dafür bezahlen willst“, meinte der Schäfer und schaute den Kleinen mit listigen Augen an.

Der überlegte und schaute sich nach allen Seiten um; schließlich blieb sein Blick an dem großen breitkrempigen Hut des Schäfers hängen und er sagte: „Ich fülle deinen Hut mit blanken Talern!“

„Hahaha“, lachte der Schäfer, „wo soll denn das Geld sein? Ich sehe nichts! Schließlich muss ich Gewissheit haben, dass du mich nicht betrügst. Zeig mir also zuerst das Geld!“

Arglos ging der Zwerg mit dem Schäfer zum Hünengrab, stieß mit der Fußspitze gegen das Riesengebilde von Stein, und die Öffnung entstand. Beide traten ein. Haufenweise lagen die Taler aufgeschüttet herum. Ehe er etwas sagen konnte, füllte der Schäfer seinen Hut mit Goldtalern. Der Kleine sagte: „Du hast jetzt genug, wir gehen zur Herde und du gibst mir das Schaf.“

Der Schäfer beachtete den Zwerg gar nicht, in seinen Augen loderte die Gier, und er füllte noch die Taschen von Mantel und Hose so voll, dass er beim Verlassen der Höhle kaum noch aufrecht gehen konnte. Der Wicht stupste den Stein wieder an und mit lautem Krachen schob er sich an seinen ursprünglichen Platz.

Der bösartige Schäfer grinste den Kleinen hämisch an und entschied: „Wenn du glaubst, dass du jetzt das Schaf bekommst, dann bist du auf dem Holzweg.“ Er ging zur Herde zurück. Der Zwerg rannte ihm nach, bat und forderte, aber vergeblich. Daraufhin versuchte er ein Schaf von der Herde wegzuscheuchen, was aber misslang, weil die Hunde es immer wieder zurücktrieben; er musste also den Rückweg ohne das überreich bezahlte Tier antreten.

Ganz unvermittelt zuckten Blitze auf, denen der Donner sofort folgte, Starkregen setzte ein und dann hagelte es auch noch. Als es nicht mehr auszuhalten war, nahm der Schäfer den Hut, setzte ihn auf und die Taler fielen an ihm herunter. Das Unwetter tobte immer mehr und ein orkanartiger Sturm brach los. Die Schafe waren in größte Unruhe geraten und drängten sich an ihren Herrn.

Die Kleidung des Schäfers sog sich voll mit Wasser, dazu kamen die mit Geld vollgestopften schweren Taschen, und diesem Gewicht konnten die Nähte nicht mehr standhalten; sie platzten und auch diese

Taler fielen auf den aufgewühlten Boden. Das Unwetter war vorüber, aber auch die Goldtaler waren weg. Die Schafe hatten alles tief in den matschigen Boden getrampelt; kein Taler konnte mehr gefunden werden. Mit dem vom Wasser vollgesogenen Gewand rannte der Schäfer zur Schatzhöhle. Dort versuchte er den großen Stein von seinem Platz zu schaffen. Seine Füße waren bereits blutig vom vielen Stoßen gegen das Felsstück. Er war schier dem Wahnsinn nahe.

Der Kleine berichtete dem Zwergenoberhaupt von dem betrügerischen Schäfer. Daraufhin sagte dieser verärgert und zugleich traurig:

„Offensichtlich haben sich die Menschen verändert. Wenn diese jetzt zu Betrügern geworden sind und so mit uns umgehen, dann zwingen sie uns, unser Essen zu stehlen. Wir haben unsere unterirdischen Gänge. Heute Nacht beginnen wir mit dem Plündern der Keller und Vorratsräume der Bürger von Doberan. Wenn wir diese Nahrungsmittel aufgebraucht haben, dann holen wir uns weitere.“

216. Der Zwerg, der immer reiten wollte

Er war kein Großbauer, aber seine beiden Wallache waren die schönsten und kräftigsten weit und breit. Alle beneideten ihn. Wenn er morgens in den Stall ging, so schaute er mit Wohlgefallen auf die glänzend-braunen Kaltblüter mit ihren schwarzen Mähnen, Schweifen und Köten. Diese langen Fesselhaare, an denen sich besonders Kletten, Grassamen und Zecken festsetzten, waren immer bestens gepflegt und knapp über dem Boden abgeschnitten. Der Bauer murmelte vor sich hin: „Mit diesem Knecht habe ich ein besonders Glück. So hat sich noch keiner um die Pferde gekümmert!“

Aber hier irrte er! Der Knecht war nämlich nachlässig und faul! Als er wieder einmal spät aus dem Wirtshaus heimkam, schlich er in den Stall, um die Pferde noch mehr schlecht als recht zu versorgen. Kaum hatte er den Stall betreten, erhielt er von unsichtbarer Hand eine Ohrfeige mit solcher Kraft, dass er ein paar Meter zurückflog.

Als er sich ein wenig erholt hatte, rappelte er sich auf, wankte in Richtung Pferde und sah, dass sie bereits gefüttert und gestriegelt waren. Und das wiederholte sich mehrere Tage bzw. Nächte lang. Eines Nachts, als er wieder sehr dem Alkohol zugesprochen hatte und vor den Pferden stand, trat ein kleines ulkiges Wesen, bekleidet mit einem roten Jäckchen, knielanger Hose und uralten Stiefelchen, vor ihn hin und sagte:

„Die Tiere sind bereits versorgt. Aber ich möchte für meine Arbeit auch etwas haben! Der etwas größere Gaul ist mein besonderer Liebling. Ich will auf ihm reiten! Heb mich hoch, allein komme ich nicht hinauf!“ Zwar dachte der Knecht an die Ohrfeigen, die ihm sicher der Wicht verpasst hatte, aber der schöne Gedanke an seine eingesparte Arbeitszeit überwog. Er hob ihn auf den breiten Pferderücken.

Der Kleine hielt sich an den hintersten Haaren der Mähne fest, streckte waagrecht die Beinchen und bewegte sich wie ein Reiter. Dabei hatte er einen so glücklichen Gesichtsausdruck!

Als der Knecht ihn wieder auf den Boden stellte, blickte der Kleine ihn von unten herauf treuherzig an und meinte mit weicher Stimme:

„Du brauchst dich ab sofort überhaupt nicht mehr um die Tiere kümmern. Wann du nach Hause kommst, ist mir egal. Gesehen werde ich gewiss nicht. Wir haben überall unsere unterirdischen Gänge. Ich habe mir hier bei den Pferden einen kleinen Ausgang gegraben. So kann ich immer ganz schnell hier sein. Auch trage ich mein Nebelkäppchen, mit dem ich unsichtbar bin. Wenn du nach Hause kommst, dann lass mich so, wie eben, auf meinem Liebling reiten.“

Der Knecht versprach es.

Ein paar Wochen später meinte der Kleine: „Du Knecht, ich will nach draußen. Ich will richtig auf der Straße reiten!“

„Das geht nicht! Wenn der Bauer dich sieht, dann entlässt er mich sofort“, entgegnete der Knecht.

„Darum brauchst du dich nicht zu sorgen; ich setze mein Mützchen auf, dann bin ich unsichtbar, und nachts schlafen eh alle“, sagte der Wicht. Irgendwann konnte der Knecht nicht mehr anders, er setzte den Kleinen auf seinen geliebten Gaul, öffnete die Stalltür und der Wallach galoppierte die Straße entlang und wieder zurück und verschwand im Stall. Eines Nachts, es war mondhell, stand der Bauer am Fenster und sah das Pferd auf der Straße laufen. Er rief nach dem Knecht, der auch sofort erschien, und sagte: „Was soll das? Einer der Gäule rennt die Straße entlang!“

„Ja, der eine Wallach wird immer kräftiger; deshalb hat er sich losgerissen; ich fange ihn gleich wieder ein“, antwortete dieser schlagfertig. Dieses angebliche Losreißen, aber nur des größeren Gauls, häufte sich, was dem Bauern schon etwas merkwürdig vorkam.

Eines Tages sagte der Kleine zum Knecht: „Ich mag nicht mehr bei Dunkelheit reiten. Ich will am Tag ausreiten!“

Und an einem Sonntagvormittag, als die meisten Dorfbewohner in der Kirche waren, kam der Knecht dem immer eindringlicher werdenden Wunsch des Zwerges nach. Der prächtige Gaul verließ den Stall, lief die Dorfstraße entlang, wendete am Ortsende und trabte in Richtung Stall zurück. Wieder stand der Bauer am Fenster und brummte vor sich hin: „Das kann doch nicht mit rechten Dingen zugehen. Das Tier bewegt sich so, als säße jemand auf seinem Rücken. Sicher erklärt mir der Knecht wieder, dass sich der Gaul losgerissen hat.“

Aber jetzt nahm das Unheil seinen Lauf! Eine Schar Gänse, voran der allseits bekannte böse Ganter, rannte auf das Pferd los und attackierte es. Gänsebisse sind sehr schmerzhaft! Der Gaul geriet in Panik und ergriff die Flucht. Der Zwerg fiel zu Boden, verlor sein Mützchen und war sichtbar. Der Ganter stürzte sich auf ihn und er wäre totgebissen worden, wenn nicht der Knecht hinzugesprungen wäre und ihn in die Höhe gerissen hätte. Das Tarnkäppchen lag in einiger Entfernung, der Knecht erhaschte es, setzte es dem Kleinen auf und somit war er wieder unsichtbar. Aber zu spät!

Der Bauer öffnete das Fenster und schrie: „Knecht! Verschwinde sofort aus meinem Haus! Ich will dich hier nie mehr sehen!“

217. Zwerge feiern gern

Aufgrund ihrer Tarnkappen können sich die Zwerge unsichtbar machen. Und so war es auch bei einer Hochzeit. Unbemerkt mischten sie sich unter die Hochzeitsgesellschaft. Man wunderte sich, dass die Schüsseln ganz schnell nach dem Auftragen wieder leer waren. Das Brautpaar sagte: „Es ist unsere Hochzeit, das schönste Fest im Leben! Und niemand soll hungrig nach Hause gehen. Es wird aufgetischt, so lange noch Nahrung im Haus ist.“

Nach dem Mahl traten die Gäste vor das Brautpaar und jeder übergab sein Geschenk. Die Zwerge nahmen ihre Kopfbedeckung ab, und da war dann allen klar, warum man so viele Speisen auftischen musste. Jeder Zwerg ging zum Brautpaar, wünschte Glück und legte ein blankes Goldstück in den Korb, der überquoll. Die Jungvermählten konnten es gar nicht fassen, zu so viel Reichtum gekommen zu sein.

218. Der Schatz in der Brauerei

In den Gewölben der Brauerei in Doberan hausten fleißige brave Zwerge, Mönken genannt. Besondere Freundschaft hatten sie mit einer Frau aus dem Dorf, die Katharina Elisabeth hieß, von allen aber nur Trin-Lischen genannt wurde.

Eines Nachts kamen sie zu dieser Frau und sagten: „Trin-Lischen, wir wollen von Doberan weggehen und uns anderswo niederlassen. Du hast uns immer Küchengeräte ausgeliehen, deshalb wollen wir uns bei dir mit einem Geschenk verabschieden. Komm mit uns in die Brauerei. Dort lagert ein Schatz und du sollst ihn haben!"

„Nein, nein, nein! Ich gehe nicht mit euch. Die Brauerei fand ich schon immer schauererregend", entgegnete sie. Darauf der Wicht:

„Noch zweimal kommen wir zu dir. Dann nicht mehr, denn anschließend sind wir weg."

In der folgenden Nacht kamen die Kleinen wieder und die Frau war abweisend wie tags zuvor. Aber dann erzählte sie doch am nächsten Tag alles ihrem Mann. Der schalt sie und sagte:

„Wenn sie nächste Nacht wieder kommen, dann gehe ich mit!"

„Nein, nein, auf keinen Fall", fuhr sie ihn an. Darauf entschied er barsch:

„Wenn nächste Nacht die Zwerge kommen, dann weck mich auf! Ich habe keine Angst und geh mit ihnen. Dann sind wir reiche Leute!"

Als die Mönken kamen, versuchte sie ihren Mann zu wecken. So sehr sie ihn auch schüttelte und anschrie, er wachte nicht auf. Daraufhin verließen die Kleinen die Frau und auch den Ort. Man wusste nicht, ob sie den Schatz mitgenommen hatten oder ob er noch irgendwo in der Brauerei lagerte.

Viele Jahre später wurde die Brauerei an einen armen Mann mit einer großen Kinderschar verpachtet. Die Kinder setzte man zum Spielen auf eine Sandfläche. Sie lockerten den Sand mit kleinen Stöckchen, nahmen ihn in die Hände, formten Kugeln daraus und legten sie an den Rand. Und so gruben sie immer tiefer an dem Sandloch. Plötzlich stießen sie auf etwas hartes Glänzendes. Sie rannten damit zu ihrem Vater, der sofort erkannte, dass es sich um Gold handelte. Nach kurzem Graben kam der Schatz der Mönken zum Vorschein. Die Familie war reich und glücklich.

219. Der Prinz vom Gallberg

„Frau, ich fahr jetzt raus auf die Elde. Schlafen kann ich eh nicht. Bei Dunkelheit ist der Fischfang oft erfolgreicher wie am Tag. Ich komme so bald wie möglich zurück“, sagte der alte Fischer Köster aus Plau. Als er ans Flussufer kam und seinen Kahn losmachte, trat aus dem Gebüsch ein merkwürdig aussehendes Männchen. Es war bekleidet mit einem goldbestickten Samtmantel und hatte eine goldene Krone, in die viele funkelnde Edelsteine eingearbeitet waren, auf seinem großen Kopf.

Freundlich trat es zu dem Fischer und sagte überaus würdevoll:

„Darf ich mich vorstellen, ich bin der Prinz vom Gallberg und werde heute noch die Prinzessin vom Klöterpott heiraten. Die Hochzeit findet auf der anderen Seite des Flusses statt. Bring mich bitte hinüber. Der Fährlohn wird gut sein.“

Der Fischer war einverstanden, der Kleine stieg in den Kahn und bedeutete dem Alten, noch nicht abzulegen. Der Kahn sank ziemlich tief, aber niemand, außer dem Prinzen, war zu sehen. Dann gab er das Zeichen für die Abfahrt. Als der Fischer am drüberen Ufer anlegte, warf der Kleine ein Goldstück in den Kahn, stieg aus, und während viele Silberstücke in das Boot prasselten, wurde dieses immer leichter.

Dann sagte das Prinzlein: „Danke, lieber Fischer, für die Überfahrt. Finde dich bitte heute in drei Tagen, um dieselbe Uhrzeit, hier wieder ein. Denn dann möchte ich mit meiner Gemahlin wieder zurück. Es soll dein Schaden nicht sein.“ Dann verschwand er im Ufergestrüpp.

Es dauerte einige Zeit, bis der alte Mann verstand, zu welchem Reichtum er eben gekommen war. Er sammelte die Münzen ein, legte sie in seinen Korb, ruderte zurück und ging nach Hause zu seiner Frau. Sie zählten ein Goldstück und neunundneuzig Silbermünzen. Beide freuten sich sehr, hatte doch dadurch ihr karges Dasein ein Ende! Genau zur abgemachten Zeit wartete der Fischer am jenseitigen Ufer. Ein paar Minuten später fand sich der Prinz ein. An der Hand führte er ein entzückendes elegantes kleines Wesen, seine Gemahlin.

Nach einer freundlichen Begrüßung stieg der Zwerg mit seiner Frau in den Kahn, und dann tauchte dieser immer tiefer ins Wasser, sodass der Fischer schon Angst hatte, er würde untergehen. Als nur noch der oberste Bootsrand aus dem Wasser schaute, gab das Männlein das Zeichen zum Absetzen. Am Heimatufer verließ er mit seiner Gemahlin das Schiff und warf zwei große Goldmünzen in den Kahn und es folgten noch viele Geldstücke, ohne dass man die Geber sah.

Der Prinz und seine liebreizende Gemahlin verabschiedeten sich und verschwanden in der Hecke. Der Fischer zählte alle Münzen und legte sie in seine Kiepe. Außer den beiden Goldstücken waren es noch einhundertachtundneunzig kleinere Goldmünzen. Glücklich, sorglos und zufrieden lebte das alte Ehepaar noch lange Zeit.

220. Die Zwerge im Gallberg bei Plau

Zwei Knechte mühten sich auf einem Feld nahe dem Gallberg ab. Von der Arbeit schwitzend und müde geworden, kam es ihnen so vor, als würde es nach feinem Essen riechen. Da sagte der eine Knecht:

„Sicher kochen und backen die Zwerge. Ach, wenn wir nur ein klein wenig davon hätten!"

Plötzlich sahen sie am Rande des Feldes etwas blinken. Sie gingen hin und fanden zwei Krüge, gefüllt mit kühlem Bier, und daneben auf zwei Tellerchen frische duftende Brote. Beide waren ganz verdutzt, aber dann setzten sie sich ins Gras und ließen sich das köstliche Essen schmecken. Als sie fertig gegessen hatten, legte der eine Knecht als Dank einen Groschen in den leeren Krug. Der andere verlachte ihn und füllte seinen Krug mit Unrat. Voller Entsetzen forderte der Arbeitskamerad: „Nimm sofort den Unrat aus der Kanne und reinige sie! Wir müssen dem kleinen Volk, das uns so gut bewirtet hat, dankbar sein für diese Wohltat!" Aber der verlachte ihn nur.

Nach getaner Arbeit gingen sie nach Hause. Dort angekommen, ging der undankbare frevlerische Landarbeiter sogleich ins Bett, weil er sich nicht wohl fühlte. Einige Tage später war er tot.

221. Der arme Fischer und der Zwerg

In einer alten Bretterbude an einem breiten Fluss im Norden von Deutschland lebte eine Fischerwitwe mit ihrem Sohn, der einen großen Buckel und ein lahmendes Bein hatte. Den Lebensunterhalt verdiente er mit dem Verkauf der Fische, die er angelte. Als er eines Tages an der Burg des Ritters Max Curth vorbeihumpelte, um seinen

Fang zum Markt zu bringen, standen der Ritter und seine Tochter am Fenster. Der Ritter rief hinunter: „He, was hast du in deinem Korb?“

Der junge Mann deckte diesen ab und antwortete: „Frisch gefangene Fische aus dem Fluss!“ Sogleich kam der Haushofmeister angerannt und sagte: „Ei, das sind aber schöne Tiere; ich nehme sie dir ab! Allerdings habe ich in der Eile kein Geld eingesteckt, also muss ich es dir schuldig bleiben. Aber du bekommst es beim nächsten Mal!“

Der Jüngling, der nur Augen für die Tochter des Ritters, die schöne Maria, hatte, war selbstverständlich einverstanden.

Es war bekannt, dass der Ritter aufgrund seines verschwenderischen Lebenswandels hoch verschuldet war und ihm niemand mehr etwas borgte. Dass er nie eine Bezahlung erhalten werde, daran dachte der von Amors Pfeil getroffene Mann nicht. In sich gekehrt ging er zum Fluss zurück und war ganz in Gedanken versunken, als er plötzlich ein Hämmern vernahm, das immer lauter wurde, je weiter er ging. Als er zu einer Hecke kam und hindurchspähte, sah er auf einem Hocker ein kleines Männchen sitzen, das einen Schuh reparierte.

Blitzschnell kam ihm der Gedanke, dass er diesen Zwerg fangen müsse, um an einen Schatz zu kommen. Also schlich er zu dem Wicht, wünschte ihm einen „Guten Morgen“ und packte ihn sogleich.

Der gebärdete sich zunächst wütend, merkte aber rasch, dass er gegen den Griff nichts ausrichten konnte. Der junge Fischer sagte: „Ihr Zwerge seid im Besitz von großen Schätzen! Verrate mir bitte, wo ich einen finde und führe mich zu ihm.“

Heimtückisch grinste der Zwerg ihn an. Dieser zog ein Messer aus der Tasche, hielt es ihm vor die Brust und drohte: „Wenn du mir nicht sofort sagst, wo ich Reichtümer finde, steche ich dich ab.“

Der Wicht überlegte und konterte: „Hinter dir steht einer, der kann dir viel mehr geben als ich.“ Aber der Fischer lachte nur und meinte:

„So dumm bin ich nicht, dass ich darauf reinfalle! Sag mir auf der Stelle, wo ich den Schatz finde, sonst steche ich dich ab!“

Der Kleine tat so, als wolle er überlegen und kreischte dann panisch: „Hinter dir kommt ein wild gewordener Stier angerannt!“

Da Tiere auf der Weide waren, und der Fischer durch sein Verwachsensein nicht rasch laufen konnte, bekam er eine Heidenangst, ließ vor Schreck den Zwerg los, wandte sich um und brüllte:

„Wo ist der Bulle?“

Ein schallendes Gelächter antwortete, und der Kleine war weg.

So viel sich der Fischer auch ärgerte, über sich und die Gemeinheit des Zwerges, es half nichts, er war auf den Trick hereingefallen. Als er zu Hause ankam, war er ganz niedergeschlagen und erzählte seiner Mutter, was sich zugetragen hatte. Sie sagte zu ihm: „Sei guten Muts! Es ist sehr wahrscheinlich, dass du den Zwerg wieder triffst. Aber sei dann geschickter! Fasse ihn und drücke ihn mit dem Rücken gegen einen Baum. Dann setz ihm dein Messer auf die Brust, lass dich aber auf keinen Diskurs mit ihm ein und sag zu ihm, dass du jetzt bis zwanzig zählst, und wenn er bis dahin nicht einen entsprechenden Schatz herbeigeschafft hat, dass du ihn dann mit dem Messer am Baum befestigst.“

Einige Tage später wollte der junge Mann wieder seine Fische zum Markt bringen. Aber beim Schloss wurden sie ihm wieder, mit dem Versprechen auf spätere Bezahlung, abgenommen. Immer hatte er das Bild der schönen Maria vor sich, in die er inzwischen sehr verliebt war. Und als er erneut ohne das so dringend benötigte Geld nach Hause kam, schalt ihn seine Mutter sehr. Ein paar Tage später hörte er wieder das Klopfen hinter dem Gebüsch. Behutsam bewegte er sich auf den Zwerg von hinten zu, packte ihn und sagte: „Jetzt kommst du mir nicht mehr aus, egal welchen Trick du anwendest."

Der Wicht lachte nur und erwiderte nach kurzer Zeit: „Hinter dir steht einer und verlacht dich wegen deinem Höcker und deinem kaputten Fuß!" Die Antwort kam prompt: „Rede nicht, schaff sofort Goldstücke her, oder du bist tot." „Hahaha! Du meinst, du kannst mich einschüchtern! Das ist schon ganz anderen nicht gelungen."

„Ach da kommt der Ritter Max mit seiner schönen Maria!" Fast hätten diese Worte die Wirkung hervorgerufen, die der Zwerg sich erwartete. Aber der Fischer ließ sich nicht überlisten und, während er diesen gegen einen Baum presste und ihm das Messer gegen die Brust drückte, erklärte drohend: „Lass diese Fisimatenten! Bring endlich den Schatz herbei. Ich zähle jetzt bis zwanzig, und wenn der Schatz bis dahin nicht da ist, dann hat dein letztes Stündlein geschlagen!"

Er fing zu zählen an. Bei fünfzehn machte der Zwerg noch immer keine Anstalten, etwas zu unternehmen, da drückte er ihm das Messer fester gegen die Brust. Jetzt kapierte der Wicht den Ernst seiner Lage und er kreischte:„Hör auf! Du kriegst was du willst und noch mehr!"

Zur Bekräftigung seiner Worte trampelte er auf den Boden, ein großes Loch entstand und darin befand sich ein riesiges Gefäß mit Gold- und Silbermünzen. Der junge Mann staunte, erinnerte sich aber, wie ihn der Zwerg schon einmal übertölpelt hatte und fragte: „Ist das auch wirklich echt oder nur Lug und Trug, und wenn ich dich freigelassen habe, verwandelt sich dann alles in Unrat?"

„Ich gebe dir mein Wort! Ich und meinesgleichen werden nie wortbrüchig; darauf kannst du dich verlassen!" Mit einer heftigen Bewegung hatte er sich aus der Hand des Fischers befreit und machte keine Anstalten wegzurennen.

Dann sprach er: „Du bist ein Glückskind, weil du mich bezwungen hast und ich prophezeie dir, du wirst glücklich werden!"

Während er sprach, brach er einen Zweig von einer in der Nähe stehenden Erle ab und schlug damit dem Fischer so arg ins Gesicht, dass dieser schier ohnmächtig wurde und für kurze Zeit das Gefühl hatte, blind zu sein. Als er sich wieder erholt hatte, war das Männlein verschwunden. Er war außer sich vor Freude, als er bemerkte, dass der Schatz unverändert vor ihm stand. Schnell füllte er seine Taschen mit Geld, bedeckte das Fass vorsichtig mit Erde und eilte nach Hause.

Als er dort atemlos angekommen war, fing er gleich an, seiner Mutter alles zu erzählen. Aber diese unterbrach ihn irritiert: „Was ist los? Du hast das Gesicht und die Stimme wie mein Sohn. Aber du hast eine gesunde schlanke Statur! Keinen Buckel! Kein lahmendes Bein!“

Sie sank auf einen Stuhl. Erst jetzt bemerkte der junge Mann die Veränderung seines Aussehens. Er war sich sofort klar darüber, dass dies geschehen war, als ihm der Wicht den Hieb mit dem Erlenzweig versetzt hatte. So nach und nach holte er den gesamten Schatz nach Hause. Dann erwarb er Acker um Acker und in einigem Zeitabstand die Ländereien des hochverschuldeten Ritters.

Jetzt konnte er etwas vorweisen! Seine Liebe zu Maria war geblieben und er bat den Ritter um die Hand seiner Tochter. Der willigte sehr gerne ein, so blieb doch alles im Besitz der Familie. Das Paar wurde sehr glücklich und es lag immer ein Segen auf dem Schloss.

222. Der gestohlene Kupferkessel

In der Nähe von Klein Helle, im Kreis Altentreptow, war eine Anhöhe, die im Volksmund Zwergenberg genannt wurde, weil dort ein Zwergenvölkchen beheimatet war. Als einmal Knechte mit ihren Gespannen an dem Berg vorbeifuhren, bekamen sie ganz große Augen, denn vor dem Berg standen viele glänzende glatt polierte Kupferkessel. Ein übermütiger Knecht sagte: „Da nehm ich einen mit nach Hause. Bei dieser Menge vermissen die einen Einzelnen doch nicht.“

Ein Kamerad erwiderte: „Mach das nicht! Es ist bekannt, dass die Zwerge sehr böse werden, wenn man ihnen etwas stiehlt.“ Aber alles gute Zureden half nichts, er ging zum Berg hin, nahm den größten und schönsten Kessel weg und legte ihn auf den Wagen. Es dauerte nicht lange, da umringte eine Schar Zwerge das Gefährt des Kesseldiebs und forderte: „Gib uns sofort den Kessel, andernfalls schlagen wir dich tot!“

Der Knecht lachte, aber immer mehr Wichte kamen herzu. Der Knecht schlug auf die Pferde ein, um nur wegzukommen. Die Kameraden riefen: „Wirf doch den Kessel ab, dann ist Ruhe!“

Endlich sah er ein, dass er nicht mehr entrinnen konnte. Er stieß schweren Herzens den Kessel vom Wagen. Aber damit war es nicht getan! Die Wichte hinderten ihn am Weiterfahren. Einer stellte sich vor den Wagen und rief: „So geht das nicht, Bürschchen! Du glaubst doch nicht, dass wir den schweren Kessel zurücktragen? Nein! Den trägst du jetzt genau dorthin, wo du ihn weggenommen hast.“

Es blieb ihm nichts anderes übrig, als vom Wagen zu steigen. Er nahm den Kessel und trug ihn zurück zum Berg. Dann sagten sie zu ihm: „Hüte dich, uns nochmal zu bestehlen! Wir müssten dich dann hart bestrafen. Für diesmal lassen wir es gut sein. Übrigens, einmal im Jahr reinigen wir unsere Kessel und putzen sie auf Hochglanz. Damit sie gut trocknen, stellen wir sie in die Sonne.“ Nachdenklich schlich der Knecht von dannen und kehrte zu seinem Gefährt zurück.

223. Der Haferverkauf am Bullenberg

Aus einem Berg in Brodhagen bei Doberan kamen immer ein Bulle und eine Kuh heraus und fraßen Gras. Und schon hatte dieser Berg, in dem Zwerge zu Hause waren, einen Namen: Bullenberg.

Einst kam ein Zwerg zum Bauern Penzin und sagte: „Ich habe gesehen, dass auf deinen abgeernteten Feldern Hafer stand. Kannst du uns ein paar Säcke davon verkaufen?“ „Ja, wo soll ich den Hafer hinbringen?“ „In den Bullenberg. Das Tor ist geöffnet.“ Der Bauer dachte sich, dass er noch nie eine Öffnung oder gar ein Tor gesehen hatte, sagte aber nichts. Bauer Penzin und ein Knecht beluden den Wagen, spannten ein und auf ging’s zum Bullenberg. Vor dem Berg ließen sie ihr Gespann stehen, schulterten die Säcke und stellten sie im Berg ab.

Als sie mit ihrer Arbeit fertig waren, hielt der Bauer Ausschau nach seinem Auftraggeber, aber weit und breit war kein Unterirdischer zu sehen. Neben dem Eingang lag eine enthäutete Kuh, deren Fleisch sehr appetitlich aussah. Nach längerem Überlegen entschied der Bauer: „Wir schneiden uns jetzt einen Teil von dem Rind ab und nehmen es mit nach Hause, dann haben wir wenigstens etwas für unseren Hafer.“ Sie schnitten einen Teil ab und fuhren heim.

Abends murmelte der Bauer vor sich hin: „Wer weiß, was das für ein Fleisch ist. Vielleicht stammt es von einer kranken oder verendeten Kuh. Da bin ich lieber vorsichtig und esse es nicht selbst. Aber für den Hund ist es sicher gut genug.“ Er schnitt vom Fleisch ein großes Stück ab und warf es dem Hund hin. Als das Fleisch den Boden berührte, war es zu Goldtalern geworden.

224. Der Kelch in der Kirche von Biestow

Kritzenow ist ein kleines Dorf in der Nähe von Rostock. Und da ist ein Berg, der von friedlichen Zwergen bewohnt wurde, die mit den Menschen in Freundschaft lebten. Allerdings, eines konnten sie nicht vertragen, wenn sie jemand veräppelte. Da konnten sie richtig böse und rachsüchtig werden.

Das nahegelegene Torfmoor diente den Pferden als Weide. Die Dorfjugend wechselte sich beim Hüten nachts ab. Die Burschen saßen stolz auf ihren Pferden, hielten die Herde zusammen und ließen dabei die Peitschen schnalzen, was ihnen großen Spaß bereitete. Sie wetteiferten, wer am lautesten knallen konnte.

Einmal kamen einige Wichte zu den Hütern und baten: „Wir sind sehr lärmempfindlich. Durch das laute Knallen haben wir arge Kopfschmerzen, so arg, dass wir meinen, der Kopf würde uns zerspringen. Wir bitten euch, die Geißeln nur dann zu benützen, wenn es wirklich nicht anders geht."

Die Männchen wandten sich ab und gingen in ihren Berg zurück. Während alle, bis auf einen, dem Wunsch der Unterirdischen entsprachen, trieb es dieser daraufhin besonders wild. „Hahaha", lachte er, „das möchte ich sehen, wie denen der Schädel zerspringt".

In einer klaren, von Mond und Sternen erleuchteten Nacht, jagte jener Bursche johlend auf seinem Gaul durchs Moor und schnalzte mit der Geißel was das Zeug hielt, um die Wichte besonders zu foppen. Auf einmal stand vor ihm ein Zwerg, hielt ihm einen wunderschön gearbeiteten Kelch aus Gold und Silber entgegen und lud ihn ein, daraus zu trinken. Der Knabe nahm das Trinkgefäß und preschte auf seinem Pferd in Richtung Rostock davon. Der Zwerg verfolgte ihn, konnte ihn aber nicht einholen, weil er einen Kreuzweg nicht überqueren konnte.

Bei dem schnellen Ritt schaute sich der junge Mann immer wieder nach seinem Verfolger um. Auf diese Weise verschüttete er fast den ganzen Inhalt des Gefäßes. Als er sein Pferd in Biestow zum Stehen brachte, sah er zu seinem Schrecken, dass überall, wohin der Becherinhalt übergeschwappt war, es verbrannt aussah. Der Bursch war froh, nicht getrunken zu haben, und übergab dem Pfarrer von Biestow den Kelch für die Kirche.

225. Die wiedergefundene Frau

Es ist bekannt, dass manches Zwergenvölkchen jungen Frauen auflauerte, diese überwältigte und mit in ihre Behausung nahm. Dort mussten sie die Kinder der Wichte aufziehen. Wieder einmal verschwand eine junge Bäuerin aus Selsdorf. Man hatte keine Erklärung dafür, und so munkelte man, dass die Frau von den Unterirdischen entführt worden sei. Als der Ehemann der Verschwundenen, es war viele Jahre später, abends nach Haus fuhr, hörte er eine schöne Stimme Kinderlieder singen. Verblüfft hielt er sein Gespann an und murmelte vor sich hin: „Das ist doch die Stimme meiner Frau! Mit diesen Liedern sang sie doch immer unsere Kinder in den Schlaf!“

Er ging dem Klang der Stimme nach und sah seine Frau vor dem Berg auf einem Stein sitzen, im Arm ein Unterirdischenkind. Er ging vorsichtig hin zu ihr und sagte liebevoll: „Endlich habe ich dich gefunden. Leg den Balg ab, steig auf den Wagen und komm mit mir nach Hause.“ Mit traurigen Augen sah sie ihn an und antwortete: „Lass gut sein, ich bleibe hier. Die Speisen der Menschen vertrage ich nicht mehr.“ Aber der Bauer ließ nicht locker. Er zog sie zu seinem Gefährt, hob sie auf den Sitz und fuhr nach Hause.

Sie aber kränkelte und bald brachte man sie zum Friedhof.

226. Der nackte Helfer

Ein Schuster arbeitete fleißig mit seinem Gesellen in der kleinen Werkstatt in Plau (Mecklenburg). Am Morgen stand das, was tagsüber nicht fertig wurde, sauber verarbeitet auf dem Arbeitsstuhl des Meisters. Eines Tages war ein Auftrag für Stiefel von einem sehr gut zahlenden Kunden rasch auszuführen. Deshalb sagte der Meister zu seinem Gesellen: „Es tut mir leid, aber diese Stiefel werden schon morgen in der Früh abgeholt. Du musst heute eine Nachtschicht einlegen. Wir dürfen diesen Kunden nicht verlieren!“

Als der Meister Feierabend machte, werkelte der Geselle munter weiter. Als die Kirchturmuhr die Mitternacht verkündete, kam ein nackter Zwerg durch die Tür. Ohne den Gesellen zu beachten, setzte er sich auf den dreibeinigen Hocker des Meisters und arbeitete emsig drauf los. Zunächst erschrak der Gehilfe, dann stand er auf, nahm seine Laterne und verließ den Raum. Aber da er sehr neugierig war, lugte er durchs Schlüsselloch. Da sah er, dass der Zwerg ein Licht anzündete und unbeirrt seiner Tätigkeit nachging.

Am nächsten Morgen erzählte der Bedienstete dem Meister von seinem Erlebnis. Die Frau des Meisters sagte: „Jetzt wissen wir, wer nachts der fleißige Helfer ist. Aber wir wollen dem Kleinen etwas Gutes tun und ihm zeigen, dass wir uns über seinen Fleiß freuen und ihm dankbar sind. Der arme Kerl ist nackt. Wir lassen ihm ein Kleidchen anfertigen." Das legten sie am nächsten Abend bereit. Um zwölf Uhr nachts kam der Kleine, entzündete das Licht, ging zum Schemel, stutzte, als er das Röckchen darauf liegen sah und murmelte: „So ist das also; ich soll das Haus verlassen." Er nahm das Röckchen, löschte das Licht aus und verschwand – für immer (11).

227. Das gestohlene Messerchen

Der Rummelsberg ist eine kleine Anhöhe, ein früheres Hünengrab, in der Nähe von Schwerin. Da wohnten Zwerge. Oft sahen die Leute diese vor ihrem Berg Tischchen und Stühlchen aufstellen und feiern. Eines Tages sah ein Bub die gedeckten Tische und betrachtete sie mit großen neugierigen Augen. Das goldene Geschirr und das silberne Besteck konnte er gar nicht genug bewundern. Er konnte nicht widerstehen, nahm ein Messerchen weg, steckte es ein und lief davon. Zu Hause zeigte er es voller Freude seinem Vater und erzählte, wie er dazu gekommen war. Der aber erschrak heftig und sagte barsch: „Wenn man den Unterirdischen etwas wegnimmt, so nehmen sie das sehr übel! Du gehst jetzt sofort wieder zurück und legst das Messer genau an den Platz, wo du es weggenommen hast. Beeile dich!"

So schnell er konnte, lief der Bub zum Berg, legte das Messerchen an seinen Platz und alles war wieder in Ordnung.

228. Oh Jemine

In einem kleinen Berg bei Schabow wohnten friedliche Zwerge. Einer von ihnen ging täglich ganz stolz, bekleidet mit einem roten Röckchen, in die Küche des Schlosses, denn da war er als Bratenwender beschäftigt. Eines Tages betraten Bedienstete die Küche und berichteten: „Merkwürdig, die Unterirdischen klatschen mir erhobenen Händen und rufen dabei ‚Oh Jemine! Oh Jemine!'"

Sofort ließ der Kleine alles liegen und hetzte zu seiner Behausung. Welche Bedeutung das ‚Oh Jemine' hatte, ist nicht bekannt. Jedenfalls wurden ab diesem Tag die Wichte nicht mehr gesehen.

229. Der Schuhhagen-Schatz in Greifswald

Eines Nachts kam zu einer Frau in Greifswald ein Zwerg und sagte: „Du weißt doch, wo er Ortsteil Schuhhagen ist. Gehe dorthin, da wirst du einen großen Schatz finden!" Dann beschrieb er die genaue Fundstelle. Die Frau reagierte nicht darauf.

Das Männchen kam in der folgenden Nacht wieder, und auch ein drittes Mal. Jetzt erzählte sie ihrem Mann von der seltsamen Begebenheit. Er meinte: „Es ist doch nichts bekannt, dass unsere heimischen Zwerge den Menschen jemals Schaden zugefügt haben. Geh hin, dann stellt sich ja heraus, ob der Wicht die Wahrheit gesagt hat."

Also ging sie mit klopfendem Herzen zu der bezeichneten Stelle. Es lag nur ein Haufen Unrat da, alles durcheinander: Bohnenranken, Hobelspäne, Staub und Dreck. Als sie dies und nichts anderes vorfand, regte sie sich sehr auf, aber sie warf einige Späne und eine Bohnenranke in ihren Korb, um ihrem Mann zu beweisen, dass der Zwerg sie zum Narren gehalten hatte. Sie ging zur Arbeitsstätte ihres Mannes und entleerte den Korb auf seiner Werkbank. Aber wie staunte sie! Die Bohnenranke war zu Gold und die Späne waren zu Silber geworden. Sofort lief sie zurück, aber der Unrathaufen war weg.

Auch zu einer Wöchnerin kam nachts der Zwerg und beschrieb ihr in Schuhhagen ganz genau die Stelle, wo sie einen Schatz finden würde, der nur mit einer dünnen Schicht Humus bedeckt sei. Weil sie aufgrund ihres Zustandes nicht hingehen konnte, bat sie immer wieder ihren Mann, für sie die Arbeit zu erledigen. Endlich war er einverstanden, obwohl er einen argen Widerwillen verspürte.

An besagter Stelle stieß er auf ein Gefäß, in dem sich nur Fischschuppen befanden. Verärgert nahm er eine Handvoll heraus, die er dann wutentbrannt seiner Frau aufs Bett warf und brüllte: „Hab ich dir nicht gleich gesagt, dass dich die Zwerge foppen wollen! Ich ärgere mich, dass ich dir den Wunsch erfüllt habe!“

Fast fielen ihm die Augen heraus! Die Schuppen hatten sich in Goldtaler verwandelt. Er stürzte zur Tür hinaus und hetzte an die Fundstelle zurück. Aber das Gefäß war nicht mehr da.

230. Das Messingtöpfchen

Gastwirt Fitzner, bei dem viele Reisende ein gutes Quartier fanden, betrieb auch eine Landwirtschaft. Morgens, und oft auch abends, fanden sich Leute aus dem Dorf ein, um frisch gemolkene Milch zu kaufen. Eines Morgens gab es eine Verzögerung im Stall. Deshalb mussten die Dörfler auf ihre Milch warten. Sie stellten ihre Krüge und Pötte an der Theke nebeneinander auf, in der Reihenfolge, in der sie das Gasthaus betreten hatten, setzten sich auf die Stühle und unterhielten sich. Wieder ging die Tür auf, und ein kleines Weiblein, das seine Wohnstatt im Galgenberg bei Alt-Strelitz hatte, betrat den Raum. Es trug ein winziges Messingtöpfchen in der Hand und gab es Herrn Fitzner. Mit feinem Stimmchen sagte die Zwergin: „Halbvoll bitte.“

Dann kletterte sie auf einen Stuhl und wartete mit den anderen, die ihre Unterhaltung unterbrochen hatten und sie anstarrten. Nach einiger Zeit wurde die Tür einen Spalt geöffnet und ein ganz winzig kleines Mädchen drückte sich hindurch und wispelte: „Mutter, ich weiß nicht was ich tun soll. Brüderchen ringt nach Atem und schnauft kaum mehr. Ich glaube, dass es gleich aufhört zu leben.“

Erschrocken rutschte die Zwergin vom Stuhl, eilte zur Tür, fasste ihr Töchterchen bei der Hand und eilte davon. Das Töpfchen ließ sie zurück und holte es auch nie mehr ab.

231. Der neugierige Bauer

Die Landwirte von Lütten-Butzin fuhren immer gemeinsam mit ihren Gespannen, die mit Korn beladen waren, nach Güstrow. Dort verkauften sie ihre Ware und nach einer guten Brotzeit im Gasthaus ging’s wieder zurück. In der Gegend war häufig Diebsgesindel unterwegs. Und die Bauern dachten richtig: Die Räuber überwältigten nur einzeln fahrende Fuhrleute und keinen Konvoi. Aus unerklärlichen

Gründen sank das hinterste Fuhrwerk mit dem Heck im Boden ein. Die Vorausfahrenden merkten gar nicht, dass der Kamerad zurückblieb. Er versuchte, aus dem Loch wieder herauszukommen, vergeblich. Da stand plötzlich ein kleines graugekleidetes Männchen neben ihm und sagte: „Mit deinem schwer beladenen Wagen wirst du ohne Hilfe nicht mehr aus dem Loch kommen. Aber ich mache dir einen Vorschlag. Verkaufe mir das Getreide. Was ist der Preis?“

Der Bauer überlegte und dachte sich: „Der Zwerg wird mir schon helfen, das Gefährt wieder flott zu kriegen und es ist bekannt, dass die Unterirdischen große Schätze haben. Warum soll ich ihm meine Gerste nicht verkaufen?“

Also stimmte der Bauer zu und nannte den Betrag, den er haben wollte. Der Wicht sagte: „Drüben im Sonnenberg sind wir beheimatet. Ich gehe voraus und du fährst mir nach!“ Der Bauer setzte sich aufs Fuhrwerk, nahm die Zügel in die Hand, die Rösser zogen an und der Wagen bewegte sich, als wäre er nie festgesessen gewesen. Der Berg öffnete sich, und es wurde ihm bedeutet hineinzufahren. Dort stürmten viele kleine Kerlchen herbei, nahmen die Säcke vom Wagen und schütteten deren Inhalt in große Holzwannen. Als sie damit fertig waren, nahm einer der Kleinen einen leeren Sack, verschwand damit, brachte ihn mit Inhalt zurück und übergab ihn dem Wartenden. Dabei sagte er: „So, hier hast du deinen Lohn. Aber, ich warne dich! Öffne den Sack erst zu Hause! Auf keinen Fall vorher!“

Er fuhr in Richtung seines Heimatortes, aber irgendwann hielt er es nicht mehr aus, er platzte schier vor Neugier, denn er wollte unbedingt wissen, was in dem Sack ist. Also hielt er auf halbem Wege an, löste den Strick, sah erwartungsvoll hinein und erschrak, weil der Inhalt ganz normaler Pferdemist war. Er schrie in seiner Wut: „Diese Unterirdischen haben mich betrogen!“

Er war so fuchsteufelswild, dass er an Ort und Stelle den Sack entleerte und eiligst heimfuhr. Als er dort die Säcke ausstreifte und dann zusammenfaltete, spürte er, dass in der Ecke des Sackes, der mit dem Pferdemist befüllt war, etwas Hartes lag. Als er hineingriff und dies herausnahm, sah er, dass es pures Gold war. Jetzt begriff er, dass sich der Pferdemist in Gold verwandelt hatte. Sofort fuhr er zu der Stelle, wo er den Mist entsorgt hatte. Aber er fand nichts mehr vor. Traurig starrte er vor sich hin und dachte: „Hätte ich doch auf den Zwerg gehört! Aber meine verfluchte Neugierde wurde mir zum Verhängnis.“

232. Ein Wechselbalg wird entlarvt

Zwei Jahre war das Kind schon alt. Es wuchs nicht, es sprach nicht, es hatte einen riesigen Kopf und einen merkwürdig dünnen Körper. Die Eltern in dem Ort Plau wussten sich keinen Rat mehr. Sie fragten einen klugen alten Mann, was mit dem Kleinen los sein könnte. Er meinte: „So wie ihr mir die Angelegenheit schildert, nehme ich an, dass es sich um einen Wechselbalg (23) handelt. Wenn ihr Gewissheit haben wollt, dann nehmt – aber das Kind muss es sehen – eine Eierschale, füllt Bier hinein, gebt Hefe dazu und stellt sie auf die Herdplatte. Wenn der Kleine dann etwas sagt, dann steht fest, dass die Unterirdischen euer Kind gegen dieses Wesen ausgetauscht haben."

Die Eltern befolgten den Rat des Alten und machten alles so, wie er ihnen vorgeschlagen hatte. Kaum brodelte das Bier, schrie der Kleine: „Ich bin so alt wie das Gold in Böhmen, aber ich sehe zum ersten Mal, dass man in einer Eierschale Bier braut." Die Eltern überlegten nun, was sie tun sollten. Da sagte der Mann: „Nächste Nacht werfen wir das Kind in die Elde." Um Mitternacht traten die Eltern zur Wiege und ein schönes kräftiges Kind lag darinnen. Die Unterirdischen hatten ihr Kind geholt und das andere zurückgebracht.

233. Der Kobold und die Frau von Bischdorf

Eine alte Frau in Bischdorf hatte einen Kobold (4-8) und lebte in großer Eintracht mit ihm. Sie saß gemütlich in ihrem Lehnstuhl, er hielt sich auf dem Herd auf, und sie unterhielten sich immer prächtig. Das wussten die Nachbarn zu berichten, die immer wieder auf leisen Sohlen zu den Fenstern schlichen, hindurchspähten und versuchten, von den Gesprächen zwischen den beiden etwas mitzubekommen.

Gelegentlich vernahmen sie, wie der Zwerg zu seiner Herrin sagte: „Hast du irgendeinen Wunsch? Dann sag ihn mir! Du weißt, ich erfülle ihn dir gerne!" Dann erwiderte die Alte: „Schön von dir, dass du mich fragst. Natürlich wünsche ich mir etwas! Ich hätte gerne..."

Dann äußerte sie ihren Wunsch. Das konnte eine mit Edelsteinen besetzte goldene Kette mit den dazu passenden Ohrringen sein, oder ein Armreif, oder ein Säckchen mit Goldstücken, oder sonst etwas. Dann sprang der Kleine freudig vom Herd und verließ das Haus. Es dauerte nicht lange, dann kam er mit dem Gewünschten zurück.

234. Die Eierspeise und der Kielkropf

Schon vor Jahren hatten die Unterirdischen einer Frau einen Kielkropf untergeschoben. Trotz bester Pflege gedieh das hässliche Wesen nicht. Eines Tages sagte es zur Bäuerin: „Zeig mir etwas, was ich noch nie gesehen habe."

Die Frau nahm ein Ei, erhitzte eine Pfanne auf dem Herd, gab Butter dazu, entfernte die Schale vom Ei und ließ es in die Pfanne gleiten. Dann gab sie die Eierspeise dem Kind zum Essen. Das weigerte sich und schrie: „Ich bin so alt wie das böhmische Gold. Aber so was habe ich noch nie gesehen und essen tu ich das auch nicht!"

Die total entnervte Frau packte das Wesen und verabreichte ihm eine Tracht Prügel. In der Nacht holten die Zwerge den Kielkropf. Allerdings, das vor Jahren geraubte Kind brachten sie nicht zurück.

235. Der gestohlene Krug

Nach des Tages schwerer Arbeit in Penzlin, gingen zwei Männer müde nach Hause. Als sie auf Höhe des Lindenbergs waren, hörten sie aus dem Berg Tanzmusik erklingen und stampfende Schritte, wie bei ausgelassenen Tänzen. Einer der Männer sagte zu seinem Genossen:

„Sieh, die Zwerge feiern! Ich habe gewaltigen Durst und könnte bei denen doch etwas zum Trinken bekommen." Er trennte sich von seinem Kameraden, umkreiste den Hügel, fand aber keine Tür. Deshalb schrie er: „Hallo, ihr feiert da drinnen sicher ein Fest! Ich bin auf dem Heimweg von der Arbeit und mich plagt großer Durst. Könnte ich vielleicht von euch ein Schlückchen bekommen?"

Gleich darauf stand neben ihm ein Zwerg und reichte ihm einen wunderbar verzierten Krug und sagte freundlich: „Hier trink!" Das ließ sich der Mann nicht zweimal sagen! Gierig schlürfte er von dem Inhalt, und er fand, noch nie etwas Köstlicheres getrunken zu haben. Dann nahm plötzlich ein böser Gedanke von ihm Besitz und er dachte:

„Bei meinem Durst müsste der Krug doch längst geleert sein. Das ist ein Wunderkrug, der nicht leer wird. Diesen Krug nehme ich mit, dann habe ich immer ein wohlschmeckendes Getränk!"

Er fasste ganz fest den Krug und rannte davon. Der hilfsbereite Kleine war im ersten Augenblick ganz verdutzt, erfasste aber rasch die Lage, und schrie. Sofort war er von vielen Wichten umringt, denen er den Sachverhalt schilderte. Sie rannten dem Dieb nach, aber dieser war ihnen mit seinen langen Beinen weit überlegen. Da rief einer:

„Einbein, du kannst ihn einholen! Du bist der Schnellste von uns."

Der hüpfte mit seinem einen Bein eilig hinter dem Flüchtenden her und hätte ihn auch eingeholt, aber der Dieb rannte über einen Kreuzweg und einen solchen können die Zwerge nicht überqueren. Einbein konnte ihm nur noch hinterherrufen: „Den Krug können wir verschmerzen. So oft und so viel du auch daraus trinkst, er wird nie versiegen. Aber! Blicke niemals in den Krug hinein!"

Dann drehte sich Einbein um und hopste zu seinen Kameraden. Der Dieb fühlte sich glücklich, den Krug in seinen Besitz gebracht zu haben. Viele Jahre trank er nur aus dem Krug und erfreute sich prächtiger Gesundheit. Aber irgendwann überwog die Neugier! Er schaute in den Krug hinein. Auf dem Boden saß eine eklige Kröte und glotzte ihn an. Ab diesem Zeitpunkt war es mit der Wunderkraft des Kruges vorbei. Zwar war die Kröte verschwunden, aber der Krug blieb trocken. Schon bald darauf wurde der Mann krank und starb kurz darauf.

236. Missglückter Kindsraub

„Es ist mondhell. Da brauche ich nicht extra das Licht anzünden. Ich kann auch so mein noch nicht getauftes Kind bewachen", dachte eine Wöchnerin aus Lanken bei Parchim. Es dauerte nicht lange, da wurde die Schlafzimmertür geöffnet und eine Zwergin trat ein. Sie schlich zum Bett und wollte das Kind nehmen. Die Mutter hielt es fest; aber die Zwergin entwickelte ungeheure Kräfte, die dann doch nicht für ihr Vorhaben ausreichten, denn die Frau schrie nach ihrem Mann, der auch kam. Dann war die Zwergin verschwunden.

237. Das Schwert am feinen Faden

Auf einem Feld breiteten zwei Mägde Dung aus. Plötzlich schrie die eine angewidert „pfui, pfui“ und hob ihre Gabel in die Höhe, um mit ihr im nächsten Augenblick eine am Boden sitzende fette Kröte aufzuspießen. Das andere Mädchen brüllte sie an: „Halt ein! Was hat dir das arme Tier getan? Nichts! Also lass es am Leben!“ Sie ließ die Gabel sinken und beide setzten ihre Arbeit fort.

Ein paar Wochen später erschien bei den beiden ein Zwerg und sagte höflich: „Meine Frau hat ein Kind bekommen. Am nächsten Sonntag ist Taufe. Wir laden euch ganz herzlich ein. Ich hole euch ab.“

Sie sagten zu, und am Sonntag wurden sie, wie vereinbart, abgeholt. Sie gingen zur Wohnung der Unterirdischen und wurden sogleich zur Wöchnerin geführt, um den Winzling zu betrachten. Die kleine Frau sagte zu ihnen: „Es ist schön, dass ihr mich besucht. Bleibt doch vor der Taufe und dem Festessen noch ein klein wenig bei mir!“ Sie setzten sich auf die beiden Stühle vor dem Bett und unterhielten sich.

Plötzlich bemerkte die eine Magd, dass direkt über ihrem Kopf ein Schwert, mit der Spitze nach unten, an einem ganz dünnen Faden hing, der jeden Moment zu reißen drohte. Sie schrie auf, hatte panische Angst und wollte weglaufen. Da sagte die Zwergin: „Bleib ruhig sitzen. Das Schwert, auch wenn es an einem Spinnwebfaden hängt, wird nicht herabfallen. Ich wollte dir nur zeigen, wie es mir zumute war, als du mich mit der Gabel aufspießen wolltest.“

238. Die räuberischen Zwerge von Malchow

Ein Zwergenvölkchen, mit dem die anderen Unterirdischen nichts zu tun haben wollten, und vielerorts wegen seiner Heimtücke, Dreistigkeit und Streitsucht bereits ausgewiesen worden war, fand eine Bleibe auf einem Feld außerhalb von Malchow. Dort standen drei uralte riesige Eichen. Unter diesen hausten sie und hatten viele weitverzweigte Gänge und Nischen gegraben. Ansonsten waren sie faul und feierten ihre Unverschämtheiten.

Was sie brauchten, stahlen sie sich zusammen, indem sie auf dem vielbefahrenen Weg, nahe ihrer Behausung, die Fuhrwerke ausplünderten. Und zu diesem Zweck hatten sie ein ganz raffiniertes System. Mit ihren Nebelkäppchen waren sie unsichtbar. Sie lauerten den Gefährten auf. Wenn diese die Eichen passiert hatten und der sandige Weg bergan ging, dann kletterten sie auf die ohnehin schon schwer beladenen Wägen, versuchten sich recht schwer zu machen und warteten ab. Dann kam der Moment, wo die Pferde nicht mehr in der Lage waren die Fracht zu ziehen, zumal die Räder im Sand feststeckten. Die Knechte schlugen unbarmherzig auf die Gäule ein. Aber auch das half nichts. Dann stiegen die Bauern und Knechte vom Wagen, gingen um diesen herum und sahen, dass sie ohne fremde Hilfe nicht mehr weiterkommen konnten. Sie ließen alles liegen und stehen und machten sich auf den Weg ins Dorf. Bei ihrer Rückkehr stand dann der Wagen leer da. Also mieden die Einheimischen diese Straße und machten lieber einen weiten Umweg. Nur noch Fremde, die von dieser Wegelagerei nichts wussten, waren die Opfer.

Eines Tages fuhr wieder einmal ein schwer beladener Wagen mit Anhänger, gezogen von vier Pferden, auf dieser schlechten Straße. Die beiden Knechte hatten keine Ahnung von dem Unwesen der Zwerge. Einer saß auf dem Wagen, der andere auf einem Pferd. Plötzlich wurden die Gäule immer langsamer und keuchten. Der zu Pferde Sitzende schimpfte, fluchte und hieb auf sie ein. Aber nichts half.

Der Kutscher drehte sich um, und da sah er, wie sich das Korn an mehreren Stellen bewegte, und das war nicht normal. Er führte immer einen langen robusten Stecken mit sich, man weiß ja nie, in welche Lage man kommt. Diesen Stecken nahm er jetzt und schlug kräftig auf die Körner. Der Erfolg zeigte sich sogleich! Ein zerlumptes potthässliches kleines Wesen glotzte ihn entgeistert an, sein Nebelkäppchen lag ein Stück weiter weg. Der Kutscher rief: „Prügle nicht die Pferde! Steig schnell herunter, komm hierher und prügle aufs Korn!“

Gemeinsam schlugen sie, gewiss nicht sanft, auf das sich bewegende Getreide. Fluchtartig verließen die Kleinen heulend und stöhnend den Wagen. Als die Knechte nach allen Seiten blickten, sahen sie drei von diesen üblen Zwergen in Richtung Eichen stolpern. Das waren diejenigen, denen sie die Tarnkappen vom Kopf geschlagen hatten. Jetzt konnten die beiden ihre Fahrt ohne Schwierigkeiten fortsetzen.

Das Schicksal der drei Nebelkäppchen? Sie lagen irgendwo im Korn begraben und dann gerieten samt Korn ins Mahlwerk der Mühle.

Das Schicksal der drei nebelkappenlosen Zwerge? Sie konnten nur einmal in ihrem Leben Nebelkappen erhalten und sie waren also immer sichtbar. Die Burschen, die das Weidevieh beaufsichtigten, machten sich einen besonderen Spaß daraus, diese drei durch die Flur zu hetzen. Man kann sich wohl vorstellen, wie es bei diesen Zwergen jetzt zuging. Natürlich wollten diese drei wieder Tarnkappen haben, und so versuchten sie, diese nachts den anderen, während sie schliefen, zu stehlen. Aber gleichgültig, wie sie auch untereinander stritten, drei Wichte konnte man immer sehen.

239. Eine Hand voll Milch

Bei einem Bauern in Göhlen arbeitete eine fleißige Magd. An einem Montag stand plötzlich ein kleines Männchen vor ihr und sagte:

„Wir wohnen im Damskerberg, gleich gegenüber, und beobachten dich schon lange. Obwohl du unermüdlich und emsig deine Arbeit verrichtest, ist die Bäuerin unfreundlich und barsch mit dir. Am nächsten Sonntag soll ein Neugeborenes bei uns getauft werden, und ich bitte dich, das Amt der Patin zu übernehmen."

Zunächst lehnte sie ab, aber als der Kleine sie so treuherzig ansah und wiederum inständig bat, meinte sie: „Versprechen kann ich es dir nicht, dass ich komme. Aber bis Sonntag ist noch lange hin und da habe ich jetzt genügend Zeit zum Überlegen."

Die Magd war ratlos. Also fragte sie mehrere Leute, die sie gut kannte, was sie tun soll. Alle rieten ihr, das würdevolle Amt anzunehmen, da eine Absage die Unterirdischen vermutlich sehr kränken würde. Am nächsten Sonntag ging sie in ihrem besten Kleid zum Berg. Dort wurde sie schon freudig erwartet und gleich zur Wöchnerin geführt. Dann war die Feier. Sie hielt das winzige Zwergenkindchen in ihren Händen und war glücklich wie noch nie zuvor in ihrem harten Leben. Als sie sich verabschiedete, strich sie dem Winzling mit dem Zeigefinger nochmals liebevoll über das Köpfchen. Dann sagte der Zwerg, der am vergangenen Montag zu ihr gekommen war: „Heb deine Schürze auf, und wenn du in deiner Kammer bist, schütte den Inhalt in deinen Koffer." Während dieser Worte füllte er diese mit Erde. Dann fuhr er fort: „Eine Bitte haben wir an dich! Du wirst es bisher nicht bemerkt haben, dass sich neben der Kuhstalltür ein Loch im Boden befindet. Es sieht aus wie ein Mauseloch. Jeden Morgen und Abend, nach dem Melken der Kühe, gieß jeweils eine Hand voll Milch in dieses Loch." Die Magd nickte und ging nach Hause. Dort schlich sie in ihre Kammer und entleerte den Schürzeninhalt in ihren Koffer. Aber es war keine Erde mehr, sondern pures Gold.

Täglich dachte die Magd voll Freude an ihr Patenkindchen und vorsichtig ließ sie die Hand voll Milch in das Mauseloch rinnen. Insgeheim hoffte sie, dass der Zwerg sie wieder einmal einladen würde, um ihren Liebling zu besuchen. So verstrich die Zeit.

Zufällig kam die Bäuerin in den Stall, als die Magd gerade die Hand voll Milch in das Mauseloch gleiten ließ. Als sie dies sah, brüllte sie: „Was soll dieser Unfug! Rede!" Auch als die Frau ihr eine kräftige Ohrfeige gab, biss sie sich nur auf die Lippe, sagte aber nichts. Die Herrin beschimpfte sie noch arg, verließ aber dann den Stall.

Ein paar Tage später ging die Bäuerin in der Früh mit einem großen Topf voll kochendem Wasser zum Stall und entleerte diesen über dem Mauseloch. Vergeblich hatte die Magd versucht, die Bäuerin von der schändlichen Tat abzuhalten. Dabei bekam sie selbst noch einen Schwapp von dem Wasser ab.

Als die Frau zufrieden und höhnisch lachend den Stall verließ, hörte sie ihr Kleinkind herzerweichend brüllen und dann nur noch wimmern. Sie stürzte zur Wiege und fand es in einem bösen Zustand vor. Es war vollkommen verbrüht und starb kurze Zeit später. Noch am gleichen Tag nahm die Magd ihren Koffer und verließ das Gehöft.

240. Die schlechte Ratgeberin von Brahlsdorf

Flachs und der Abfall davon, das Werg, mussten verarbeitet werden. Ob der vielen Arbeit, die die Bäuerin ganz allein bewältigen sollte, weil die Mägde mit der Feldarbeit und im Stall voll beschäftigt waren, stöhnte sie nur noch vor sich hin und sagte: „Ich weiß nicht mehr ein noch aus mit der Arbeit. Wenn ich nur ein paar freundlich gesinnte Unterirdische auf dem Hof hätte, die mir helfen würden!"

Kurze Zeit später stand ein kleines Weiblein vor ihr und meinte: „Bäuerin, wir helfen dir gern! Verrichte du deine Arbeit, wir kümmern uns um den Flachs.“ Freudig überließ sie der Zwergin, zu der sich noch viele weitere kleine Leutchen gesellten, die Werkelei. Als alles versponnen war, trat die Wichtelfrau vor sie hin und sprach:

„Wir sind jetzt fertig. Gib uns einen Kessel, dann bleichen und waschen wir den Faden.“ Glücklich über die getane Arbeit, lief die Bäuerin zur Nachbarin, um von ihr den großen Kessel auszuleihen.

„Wofür ist der Kessel notwendig?“ fragte die neugierig.

Daraufhin gab ihr die Bäuerin Auskunft. Die Nachbarin schlug die Hände über dem Kopf zusammen, beugte sich ganz nah zu ihr hin und wisperte ihr ins Ohr: „Diese Unterirdischen sind ganz bösartige Wesen und meinen es sicher nicht gut mit dir! Du wärst sehr töricht, wenn du denen den Kessel mit dem kochenden Wasser geben würdest! Die wollen das Garn darin sicher nicht weiterverarbeiten. Die wollen dich in das brodelnde Wasser stoßen, damit du dir die Haut verbrennst und elendiglich zugrunde gehst.“

Die Bäuerin, die sehr einfältig und ob dieser hetzerischen Reden eingeschüchtert war, stammelte: „Gib mir einen Rat, wie ich mir diese Zwerge sofort vom Hals schaffen kann!“ „Nichts einfacher als das! Ruf ganz laut im Hof, dass der Berg brennt. Da wohnen sie nämlich. Und noch etwas, sobald sie aus dem Haus sind, stell einen Besen quer in die Türöffnung. Dann kommen sie nicht mehr zurück.“

Sie tat, was ihr die Nachbarin empfohlen hatte. Sofort stürzten die braven fleißigen Kleinen aus dem Haus und rannten in Richtung ihrer Behausung. Aber sehr schnell merkten sie, dass alles Lug und Trug war. Sie waren ob dieser miesen Behandlung sehr traurig und nie mehr halfen sie den Leuten bei Tätigkeiten.

241. Gutes Miteinander

Öfters liehen sich die Unterirdischen in Stalendörp in Mecklenburg von den Dorfbewohnern Geräte aus. Meist handelte sich sich um den sog. „Backeltrog“. Wenn sie ihn nach kurzer Zeit wieder blitzblank zurückbrachten, so lag immer ein frisches Brot als Dankeschön darinnen, das so vorzüglich schmeckte, dass kein Bäcker in der Lage war, Gleiches zu fabrizieren.

242. Das Petermännchen

In der Hoffassade von Schloss Schwerin befindet sich eine Figur des Petermännchens, gekleidet mit hohem Federhut, Stulpenstiefeln und Wams, wie im 17. Jahrhundert üblich, die an den bekanntesten Zwerg im Raum Mecklenburg erinnert. Über Petermännchens Herkunft gibt es zwei Schilderungen. Die einen sagen:

Ganz Schwerin und Umgebung sind unterminiert mit Gängen von Unterirdischen. Ein Gang führte vom Petersberg bei Pinnow direkt zum Schloss. Eines Tages beschloss der Landesfürst, seinen Wohnsitz auf Schloss Schwerin zu nehmen. Darüber waren die Zwerge in großer Unruhe. Sie meinten, die Herrscherfamilie müsse beschützt werden und zugleich wollten sie wissen, was im Schloss vor sich geht. Nach langen Beratungen kamen sie überein, dass sich dauerhaft einer der Ihren auf dem Schloss aufhalten müsse. Aber wer? Das war eine große Entscheidung, von der die Sippe schier überfordert war.

Endlich fiel die Wahl auf Peter. Sie meinten, dieser erfülle die Voraussetzungen, die für solch eine verantwortungsvolle Tätigkeit vonnöten war. In jeder Hinsicht hob er sich von seinen Artgenossen ab. Er war ein paar Zentimeter größer, übte das Schmiedehandwerk aus und war dadurch sehr kräftig; er war sehr intelligent und hatte sich durch vieles Lesen einen höheren Bildungsgrad erworben. Auch glänzte er mit gutem Benehmen. Peter nahm die Wahl an. Er wurde entsprechend seiner künftigen Position ausgestattet: Gewänder in grau, rot und schwarz, gespornte Stulpenstiefel, hoher Hut mit Feder. So hielt Petermännchen Einzug im Schloss Schwerin.

Die anderen sagen:

Peter war ein Prinz aus dem Slawenstamm der Obriten. Missionare sollten das Land christianisieren. Dabei kam es zu einem heftigen Streit und der Prinz erstach einen Christenpriester. Dieser verwünschte ihn noch im Sterben, dass er fortan im Schloss als Zwerg hausen müsse. Noch heute soll er auf seine Erlösung warten.

Welche der beiden Herkunftssagen richtig ist, weiß niemand. Aber um das Petermännchen ranken sich viele Sagen, von denen hier einige erzählt werden.

– Petermännchen lebt(e) im Schloss Schwerin. Unter seinem großen Hut trug es ein Nebelkäppchen, so dass es unsichtbar war und niemand wusste, wo es sich gerade aufhielt. Aber oft nahm es das Tarnkäppchen ab und stolzierte, für jedermann sichtbar, durchs Schloss. In der Regel trug es sein graues Gewand; wenn es das rote anlegte, dann bedeutete das Krieg; trat es aber schwarzgewandet auf, so hieß dies, dass jemand aus der herzoglichen Familie sterben werde. An seinem breiten Gürtel hing ein riesiger Schlüsselbund, so dass es jederzeit zu allen Gemächern des Schlosses Zutritt hatte.

Peter inspizierte auch die Ställe, und wenn er fand, dass die Pferde nicht so behandelt wurden, wie es sich gehörte, dann verabreichte er, natürlich unsichtbar, dem zuständigen Knecht ein paar Ohrfeigen, von solcher Stärke, dass dieser sich um die eigene Achse drehte und ein paar Tage lang mit geschwollenem Gesicht herumlief. Das zeigte Wirkung bei den Bediensteten! Der Schlendrian nahm merklich ab. Treue fleißige Arbeitsknechte und Mägde belohnte er mit Geld.

– Schon lange beobachtete Peter eine besonders tüchtige Magd. Eines Tages, als sie gerade die Betten der herzoglichen Familie herrichtete, trat er zu ihr und sagte: „Kannst du mir mein Bett auch so schön machen?“ Sie nickte. Er nahm sie bei der Hand, führte sie in die Kellergewölbe, wo er sein Quartier hatte. Das Mädchen schüttelte das Bett auf, bezog es frisch und verabschiedete sich. Petermännchen sagte „Danke“ und gab der Magd ein großes Stück Gold.

– Eines Nachts beobachtete Petermännchen längere Zeit einen Soldaten, der zur Wache im privaten herzoglichen Bereich eingeteilt war. Dieser betrachtete, wie es Petermännchen schien, ganz begierig die vielen wertvollen Dinge, wie goldene und silberne Trinkgefäße, Teller, Figuren und Vasen. Plötzlich stellte sich Peter neben ihn und sagte: „Ich sehe, dass du Gefallen hast an all den schönen Dingen. Von dem Zeug steht das meiste doch nur unnütz da. Fülle deine Taschen damit. Das Gold kannst du sicher gut an einen Goldschmied verkaufen. Sei nicht dumm! Nimm davon! Keiner wird merken, dass etwas abgeht!“ Der Soldat war entrüstet und antwortete: „Diese Sachen gehören der Herrschaft! Nie würde ich etwas nehmen! Ich bin kein Dieb!“ Peter versuchte es nochmal, ihn zu überreden. Ziemlich verärgert sagte der Soldat: „Du kannst mich nicht verführen! Lass mich endlich in Frieden und geh!“

Nachdem Peter von der Willensstärke und Loyalität des jungen Mannes überzeugt war, sagte er zu ihm: „Ich freue mich über deine Ehrlichkeit. Ich bitte dich, mir einen Gefallen zu erweisen. Hab keine Angst, es ist keine Gefahr für dich dabei. Wenn dein Dienst zu Ende ist, dann komm in diesem Trakt des Schlosses zur Kellertreppe. Ich erwarte dich dort."

Der Soldat war einverstanden. Zum vereinbarten Zeitpunkt erwartete ihn Petermännchen. Sie gingen durch viele Gänge, bis endlich der Zwerg mit einem seiner vielen Schlüssel eine Tür öffnete. Sie betraten ein großes Gewölbe. Petermännchen legte ein altes Schwert auf den Tisch und sagte: „Du siehst, das Schwert ist in einem üblen Zustand. Bring es bitte wieder auf Hochglanz!"

Das war eine Arbeit, mit der sich der Soldat auskannte! Freudig machte er sich ans Werk. Und schon bald erstrahlte das Schwert. Nur an der Spitze befand sich noch ein hartnäckiger Rostfleck. Er schmirgelte, putzte und polierte lange Zeit daran herum. Jetzt war nur noch ein ganz kleiner Punkt zu entfernen! Aber da tat es plötzlich einen Knall und der Soldat fiel bewusstlos zu Boden. Als er aus seiner Ohnmacht erwachte, befand er sich auf einer Wiese vor dem Schloss. Er stand frisch und unversehrt auf. Seine Taschen fühlten sich schwer an und dann bemerkte er drei Stangen herrliches massives Gold.

Als die Militärzeit zu Ende war, konnte sich der der junge Mann ein sehr großes Gehöft kaufen. Er gründete eine Familie. Alles was er unternahm, gelang. Glücklich, zufrieden und reich verbrachte er sein Leben. Erst auf dem Totenbett offenbarte er seinen Kindern, woher der Wohlstand kam.

– Mancher Soldat, der für die Wache eingeteilt war, verdankte Petermännchen, dass er dem Arrest entging. Und das lief so: Die Soldaten schliefen manchmal ein und Petermännchen weckte sie, ehe die Patrouille kam.

– Die Herzogin vermisste ein wertvolles Schmuckstück, maß dem aber keine Bedeutung bei, weil sie dachte, sie hätte es verlegt. Als aber immer mehr Schmuck verschwand, und nichts mehr davon auftauchte, war es klar, dass hier ein Dieb am Werk war. Nach langem Überlegen fiel der Diebstahlsverdacht auf einen schon seit Jahrzehnten im Haus tätigen Diener, der sich jeweils, vermeintlich allein, zu den Tatzeiten in den Gemächern der Herzogin aufgehalten hatte.

Obwohl er hoch und heilig versicherte, frei von Schuld zu sein, wurde er ins Verlies auf ein stinkendes feuchtes Bündel Stroh geworfen. Dort sollte er, nur mit Wasser und etwas Brot, so lange bleiben müssen, bis er den Diebstahl zugab. Petermännchen, das dem alten treuen Herrschaftsdiener sehr zugetan war, und an dessen Unschuld glaubte, besuchte ihn täglich im Kerker, brachte ihm warme Decken und gutes kräftiges Essen aus der Schlossküche. Dann sagte Petermännchen immer: „Sei guten Muts! Es dauert nur kurze Zeit, dann kommst du frei! Ich werde den wahren Dieb überführen."

Eines Tages verkündete Petermännchen: „Nun habe ich herausgefunden, wer die Sachen gestohlen hat."

Nun galt es, den Schurken zu überführen. Teilweise trug er die gestohlenen Schmuckstücke in seinen Taschen mit sich, teilweise hatte er sie in seinem Zimmer in einem Kissen versteckt. Petermännchen blieb dem Dieb immer dicht auf den Fersen, und wenn mehrere Leute versammelt waren, fiel plötzlich hinter dem Gauner ein Schmuckstück zu Boden, welches das unsichtbare Petermännchen hinwarf. Entweder hatte Petermännchen es ihm aus der Tasche gezogen oder aus dem Kissen genommen. Rasch war klar, wer die Sachen wirklich gestohlen hatte. Als der Dieb erkannte, dass Leugnen nichts mehr brachte, gestand er. Daraufhin verbüßte er eine lange Haftstrafe.

Der alte brave Schlossdiener wurde sofort aus dem Verlies geholt und um Verzeihung gebeten für das Unrecht, das man ihm angetan hatte. Die Herrschaft versuchte ihn mit Geld und sonstigen Geschenken für die angetane Erniedrigung abzufinden.

– Kaiser Ferdinand II. gab, während des Dreißigjährigen Krieges, im Jahr 1628 das Herzogtum Mecklenburg an den erfolg- und ruhmreichen Feldherrn Wallenstein. Das wunderschöne Schloss in Schwerin wollte er zu seiner Residenz machen. Alle, die herzogliche Familie und die Bediensteten, flohen. Nur Petermännchen blieb.

Und dann war es so weit! Wallenstein und seine Begleitmannschaft rückten an. Schon von weitem war der Feldherr zu erkennen. Dann zog er im Schloss ein. Nach kurzer Rast inspizierte er es. Was er da sah, gefiel ihm so gut, dass er entschied, künftig hier zu residieren. Er gab dazu seine Anweisungen, und schon an seiner gewaltigen Stimme erkannte man, dass er keinen Widerspruch duldete. Gleich diese Nacht wollte er im Schloss verbringen.

Petermännchen verfolgte grimmig und unsichtbar diese Aktion und beschloss, diesem hochdekorierten, eingebildeten General den Aufenthalt so ungemütlich wie möglich zu gestalten. Schließlich war der Herzog der rechtmäßige Besitzer des Schlosses und nicht Wallenstein.

In einem geräumigen Bett legte der sich schlafen. Vor der Tür stand eine mehrere Mann starke Wache zu seinem Schutz. Als er fest eingeschlafen war, begann der Zwerg ihn zu quälen. Zuerst warf er einen Stuhl durch den Raum. Wallenstein drehte sich nur auf die andere Seite und schnarchte weiter. Also musste der Zwerg schwerere Geschütze auffahren! Er warf mehrere Möbelstücke durch die Gegend, die mit großem Lärm auseinanderfielen. Nun zog er ihm die Bettdecke weg und schleuderte sie in eine Ecke des Zimmers, dann zwickte er ihn in die Zehen. Wallenstein rief nach der Wache, die ins Zimmer gestürzt kam und einen im Bett zusammengekauerten, zitternden General vorfand. Als er sich durch die Anwesenheit der Wache sicherer fühlte und sich ein wenig gefangen hatte, sagte er: „Bringt mir sofort Seni, er soll die Sache deuten. In diesem Zimmer spukt es." Der Astrologe Seni wurde geweckt und zu seinem abergläubischen Herrn gebracht. Dieser riet, ein anderes Zimmer zu beziehen. Wallenstein ordnete an, dass im anderen Flügel des Schlosses ein Schlafgemach für ihn bereitet werden sollte, was mit großer Emsigkeit durchgeführt wurde.

Wallenstein bezog das andere Prunkgemach. Vor der Tür ließ er die Wache verdoppeln. Als er sich zu Bett gelegt hatte, schlief er sofort ein. Aber es dauerte nicht lange! Peters Wut hatte sich zwischenzeitlich noch mehr gesteigert. Er kratzte an den Wänden, trampelte durchs Zimmer, stampfte auf den Boden, schob das Bett hin und her, sprang aufs Bett und fuchtelte mit einem Dolch in der Hand vor Wallensteins Gesicht herum. Das Mondlicht schien durchs Fenster und so sah der sonst überall Schrecken verbreitende General die Klinge unmittelbar vor sich glänzen. Er brüllte nach der Wache. Zwischenzeitlich riss Petermännchen an dem riesigen Gemälde, das am Kopfende des Bettes hing, und den eigentlich amtierenden geflohenen Herzog darstellte. Das Bild fiel auf Wallenstein herab und begrub ihn unter sich.

Die Wache kam ins Zimmer gestürzt und befreite ihren Herrn von der Last des Bildes. Dem standen Angst und Grauen ins Gesicht geschrieben. Schlotternd stammelte er: „Packt alles zusammen und sattelt die Pferde. Wir verlassen das Gebäude und ziehen nach Güstrow."

Etwa zwei Jahre betrug die Regentschaft Wallensteins. Er wohnte in Güstrow. Während dieser Zeit betrat er nie wieder Schwerin.

– Ein hoher Hofbeamter, der sich für unwiderstehlich hielt, und dem auch viele Damen ihre Gunst schenkten, stellte schon längere Zeit der bildschönen, braven Tochter eines Gartenknechtes nach. Lange Zeit konnte sie ihm geschickt entwischen. Aber irgendwann kam der Tag, an dem ihr dies nicht mehr möglich war.

Schloss von Schwerin. Stahlstich um 1850

Als er wusste, dass niemand in der Nähe war, schlich er sich von hinten an, umklammerte sie und zerrte sie in ein Zimmer. Sie schrie und wehrte sich verzweifelt gegen den hohnlachenden Wüstling, aber niemand konnte sie hören. Plötzlich wurde dieser gepackt und durch den Raum geschleudert. Dabei fiel er mit dem Gesicht in eine Vitrine. Blutend und mit zerschnittener Visage rappelte er sich hoch. Petermännchen war der jungen Frau zu Hilfe gekommen. Jetzt machte er sich sichtbar, nahm das verängstigte Mädchen bei der Hand und sagte beruhigend: „Du brauchst nie mehr Angst zu haben vor diesem bösen Menschen! Komm mit!“ Er führte sie vor das Schloss und steckte ihr noch einen Beutel mit Geld zu. Die immer noch Weinende bedankte sich und ging nach Hause. Ein Hofmedicus entfernte sehr schmerzhaft die Glassplitter aus dem Gesicht des Hofbeamten. Aber es blieben wulstige rote Narben zurück, die an einigen Stellen nicht abheilten und ständig nässten. Er war für den Rest seines Lebens entstellt und so unansehnlich geworden, dass er es nicht mehr wagte, sich einer Frau zu nähern. Einige Zeit später heiratete das Mädchen einen braven Handwerker und von dem „Petermännchengeld“ konnte sich das junge Paar ein Häuschen nebst Einrichung kaufen, und es war noch viel Geld übrig. So lebten sie glücklich und zufrieden mit ihren Kindern.

243. Das Männlein bei den Scheuern von Stargrad

Treu, brav und zuverlässig drehte der Nachtwächter seine Runden in Stargrad. Eines Nachts hörte er ein Geplärre, immer wieder unterbrochen von einem Schluchzen. Erschrocken rannte der Mann in die Richtung, aus der die Stimme kam. Er sah ein kleines Männchen auf einer Mauer stehen, das immer nur rief „hilf mir, hilf mir, hilf mir…“.

„Was soll ich dir helfen? Kommst du allein nicht mehr von der Mauer herab? Oder was?“ sagte der Nachtwächter. Der Zwerg aber schrie nur immer sein „Hilf mir“.

Der Nachtwächter wandte sich ab und ging seiner Aufgabe weiter nach. Und so ging es mehrere Nächte fort, nur dass das Geschrei immer kläglicher wurde, und irgendwann sagte der Mann resigniert:

„Wenn du nicht sagst, wie ich dir helfen kann, so soll dir Gott Vater, Sohn und Heiliger Geist helfen!“

Nach diesen Worten war das Wehklagen es Zwerges wie weggeblasen. Er machte einen Freudensprung und rief: „Danke! Danke! Du hast mich erlöst!“ Daraufhin war er verschwunden.

244. Die Geschwister

Irgendwo im Norden lebte ein braves Ehepaar mit seinem Töchterchen. Als dann noch ein Knabe geboren wurde, schien das Glück perfekt zu sein. Aber in einem der wenigen Augenblicke, in denen der Kleine nicht bewacht war, wurde er von den Zwergen geholt, und statt des eigenen Kindes lag ein Wechselbalg in der Wiege. So bestürzt und traurig die Eltern auch waren, so zogen sie beide Kinder mit der gleichen Liebe auf. Bald wurden die Kinder Waisen und waren ganz auf sich selbst gestellt. Sie bewohnten das Häuschen, das ihnen die Eltern hinterlassen hatten, bauten in dem kleinen Gärtchen Gemüse an und konnten auch sonst ihren Lebensunterhalt bestreiten. Eines Tages im Winter sagte der Zwerg, der nur eine Größe bis etwa zum Knie eines Menschen hatte: „Liebe Schwester, mach mir ein Bällchen!“

Das Mädchen, das alles für seinen Bruder tat, machte dem Kleinen einen Ball, mit dem er spielte. Er warf den Ball, und wo er ihn von der Erde aufhob, von dort warf er ihn weiter, so lange, bis er an einen See kam. Auf diesem See waren vier Brüder, von denen jeder, jeweils in größerer Entfernung vom anderen, ein Loch in das Eis geschlagen hatte und mit einem Speer nach Fischen jagte.

Unglücklicherweise fiel das Bällchen vor einen der Fischer. Der Kleine bat: „Wirf mir bitte mein Bällchen wieder her!" Aber der grobschlächtige Mann lachte nur und warf es in das Loch im Eis. Der Zwerg bat nochmals, aber der Mann versuchte den Ball, mit seinem Speer, noch tiefer in das Loch zu stoßen. Daraufhin wurde der Kleine sehr zornig und entfaltete, wie es den Zwergen meist eigen ist, enorme Kräfte. Er stürzte auf den Fischer los, brach ihm einen Arm und zwang ihn, das Bällchen aus dem Loch zu holen. Bis die anderen drei mitbekamen, was geschehen war, war der Kleine längst fortgerannt.

Die vier Brüder gingen nach Hause und sagten ihrer Mutter, dass sie diesen Armbruch rächen wollten. Die Mutter, die um die Macht und Kraft der Zwerge wusste, versuchte sie von ihrem Vorhaben abzubringen. Aber umsonst! Am nächsten Tag marschierten sie, ausgerüstet mit Speer und Axt, mit großem Gebrüll zum Häuschen der Geschwister. Als das Mädchen der Männer gewahr wurde, schrie es auf und hatte große Angst. Der Kleine aber sagte nur:

„Lass sie nur kommen! Reg dich nicht auf! Ich bin nicht dein kleiner hilfloser Bruder, der deinen Schutz braucht. Ich habe nämlich enorme Kräfte in mir. Mit diesen Fischern werde ich leicht fertig."

Die brüllenden Männer versuchten die Tür zu öffnen, was ihnen nicht gelang. Dann schlugen sie mit ihren Äxten dagegen, und als sie ein Loch in die Tür geschlagen hatten, streckte einer der Männer seinen Kopf hindurch, den der Zwerg, der sich ebenfalls schwer bewaffnet hatte und hinter der Tür wartete, abschlug. Dann zog er den Körper durch die Öffnung. Die anderen drängten nach, und ihnen erging es ebenso. Als alle vier tot dalagen, zerrte der Kleine sie ins Freie, zerstückelte sie und überließ sie den Raben zum Fraß.

245. Die Unterirdischen von Dobbin

Auch in Dobbin bei Krakow haben früher die Unterirdischen gehaust und sich oft von den Leuten Kessel und ‚Grapen' geliehen, die sie stets blank gescheuert zurückbrachten. Einmal ist ein Botengänger von Güstrow nach Dobbin zurückgekehrt. Spät abends begegnet er bei Serrahn einem großen Trupp von dem kleinen Volk, und auf sein Be-

fragen, wohin sie wollten, antworteten sie: „Wi kam'n von Dobbin un will nu annerwegt hen; in Dobbin geföllt uns dat eich nit, do wart uns dat Evangelium tau straff.“ (70)

246. Ein Zwergenvolk hält Hochzeit

Das uralte Adelsgeschlecht derer von Bünau hat über ganz Deutschland verteilt Schlösser und Burgen. In der Mark Brandenburg hielt sich die Frau von Bünau mit ihrem erst vor kurzem geborenen Kind allein in der großen Stube auf. Ganz sachte wurde die Tür geöffnet und schüchtern trat ein kleines Männchen vor das Bett der Frau, verneigte sich tief und sagte sehr vornehm: „Edle Frau, entschuldigt mein Eindringen. Aber ich komme mit einer Bitte zu Euch. Ein Paar unseres Volkes möchte heiraten. Dürfen wir die Hochzeitsfeier in diesem Raum abhalten? Wir sind gewiss nicht laut und Platz brauchen wir auch nicht viel. Wir halten uns unter dem großen Ofen, der auf Beinen steht, auf. Ich bitte Euch, uns die Erlaubnis zu geben.“

Frau von Bünau überlegte nicht lange und gab die Erlaubnis. Die Hochzeitsgesellschaft kam ein paar Minuten später angetrippelt und verschwand unter dem Ofen. Als die Feier zu Ende war, trat der Zwerg wieder vor das Bett der Adeligen, bedankte sich und schenkte ihr drei kleine Brötchen mit den Worten: „Achtet auf diese Brötchen! Gebt sie niemals weg, denn so lange diese in Eurer Familie sind, wird nie Not und Unglück einkehren.“

Frau von Bünau ordnete an, dass die Brötchen in den Turm eingemauert werden sollten. Die Familie lebte in Glück und Wohlstand, viele Generationen lang. Dann kam ein Schadensfeuer, dem auch der Turm zum Opfer fiel. Von da an war es mit dem Wohlstand vorbei.

247. Der mitleidige Zwerg

Ein rechtschaffenes Tagelöhnerehepaar in Prenzlau werkelte und werkelte. So sehr sie sich auch abmühten, sie kamen auf keinen grünen Zweig. Sie hatten zwar ein kleines Häuschen und hungern mussten sie auch nicht. Es reichte gerade für die beiden. Da bekam die Frau ein Kind. Sie konnte deshalb nicht arbeiten gehen, und das was der Mann verdiente, war zu wenig. Da die Taufe und die anschließende Feier anstanden, ging der Mann zu seinen begüterten Verwandten, sich Geld zu borgen – erfolglos. Die Frau lag in ihrem Bett, neben sich das Kind, und war ganz verzweifelt ob ihrer Armut. Da bewegte sich ein Stein auf dem Boden, wurde zur Seite geschoben und aus der Öffnung kam ein Zwerg. Sie erschrak heftig, wusste sie doch, dass Zwerge oft Kinder stahlen oder austauschten. Der Wicht stellte sich vor das Bett, lächelte freundlich und sagte:

„Erzähl mir, warum du so traurig bist!"

Daraufhin erzählte sie ihm von ihrem kargen, arbeitsreichen Leben, und dass sie nicht wisse, wie es jetzt mit dem Kind weitergehen sollte. Der Zwerg unterbrach sie nicht und hörte aufmerksam zu. Dann sagte er: „Sei guten Muts! Ich helfe dir. Steh auf und komm mit mir."

Ängstlich schaute die Frau auf ihr Kind, aber der Zwerg beruhigte sie und sagte, dass ihrem Kind kein Leid geschehen würde. Also stand sie auf, folgte ihm durch die Öffnung im Boden, ging mit ihm durch einen langen unterirdischen Gang, den er mit einem Laternchen ausleuchtete, und sie landeten dann in der Neustädtischen Kirche. Wie staunte sie! Überall lag Gold.

Der Kleine sagte: „Hier stehen überall Bottiche. Nimm einen davon und fülle ihn mit dem herumliegenden Gold." Wie im Traum tat die Frau wie ihr geheißen. Zusammen schleppten sie den Behälter und gingen den gleichen Weg zurück, den sie hergekommen waren.

Sofort sah sie nach ihrem Kind, das friedlich schlummerte, drehte sich um und wollte dem Männchen danken. Aber es war verschwunden. Auch der Stein saß wieder fest an seinem Platz. Aber das viele Geld war da; sie hatte also nicht geträumt! Sie schob es unter das Bett. Tief betrübt traf der Mann wieder zu Hause ein und erzählte von der Erfolglosigkeit seiner Bittbesuche. Als er so niedergeschlagen auf dem Bettrand saß, sagte die Frau: „Lieber Mann, mögen sich auch unsere Verwandten durch Hartherzigkeit auszeichnen, so hat unsere Not doch ein Ende." Sie erzählte ihm alles, was sich zugetragen hatte.

Sie freuten sich, waren nun reich, blieben aber immer brav und bescheiden und vergaßen die Armen nicht. Nur ihre wohlhabenden Verwandten interessierten sie nicht mehr.

248. Der Kobold von Blankensee

Ein Bauer, der sich bei Blankensee im Brandenburgischen einen Hof gekauft hatte, merkte bald, dass irgendetwas im Haus nicht stimmte und dass er einen Kobold mitgekauft hatte. Er stellte alles

Mögliche an, den ungebetenen Mitbewohner loszuwerden. Umsonst! Da riet ihm ein alter Mann, mit dem Kobold in den Wald zu fahren und diesen dort unter einem Vorwand dazu zu bringen, auf einen Baum zu steigen. Wenn der Kobold oben sei, solle er schnell davonfahren.

Gesagt, getan. Schon am nächsten Morgen setzte er den Plan um, nahm seine Axt und behauptete, im Wald einen Baum fällen zu wollen. Natürlich war der Kobold, wie immer, bei ihm auf dem Wagen. Im Wald angekommen, zeigte der Bauer auf eine ganz besonders hohe Buche und bat den Kobold, doch hinaufzusteigen und mit dem Wipfel zu wippen, dann könner er sie leichter fällen. Als der Kobold ganz oben im Baum saß, sprang der Bauer in sein Fuhrwerk und fuhr so schnell er konnte davon. Er war aber noch nicht weit gekommen, da hörte er hinter sich eine Stimme: „Was rast du denn so schnell, glaubst du etwa, der Teufel ist hinter dir her?"

Als der Bauer sich umschaute, saß der Kobold vergnügt hinter ihm im Wagen.

249. Kloster Chorin

Wunderbar gelegen, am Mariensee in Brandenburg, war das einstmals reiche Kloster Chorin. Aber irgendwann ging es abwärts, die Mönche zogen aus, und langsam verfiel es. Wieso es dazu kam, weiß niemand, aber vermutlich durch ungute Machenschaften eines Abtes sei es verwünscht worden. Irgendwann waren in der Umgebung der Abtei kleine graue Männchen mit dreieckigen Hüten zu sehen. Sie taten niemandem etwas zuleide, aber trotzdem hatte man eine gewisse Scheu vor ihnen. Des Öfteren wollten sie, dass Leute mit ihnen ins Kloster gingen. Zu diesem Zweck kamen sie nachts in die Häuser und wollten die Menschen zu sich locken.

Mitten in der Nacht hörte ein Küfer, der schon fest schlief, seinen Namen rufen: „Jens! Steh auf und komm an die Pforte des alten Klosters mit deinem Werkzeug!" Er reagierte nicht; auch nicht auf die zweite Aufforderung. Nach dem dritten Rufen war er hellwach und sagte sich: „Was soll's! Ich fühle mich ausgeschlafen und gehe zur genannten Stelle." Er packte sein Handwerkszeug zusammen und ging dorthin. Da erwartete ihn ein Unterirdischer, der über das Kommen des Handwerkers große Freude zeigte und zu ihm sagte: „Es ist schön, dass du meinem Ruf gefolgt bist. Wir brauchen deine Dienste. Hab keine Angst, es geschieht dir kein Leid! Aber ehe du das Kloster betreten darfst, muss ich dir die Augen verbinden, so lange, bis wir an deinem Arbeitsplatz sind.“

Der Mann willigte ein. Das Männchen nahm ihn bei der Hand, führte ihn durch Gänge und eine Treppe hinab. Da entfernte es die Augenbinde. Sie befanden sich in einem großen Gewölbe. Hier ging der Wicht mit ihm zu zwölf Fässern, die er reparieren sollte. Sogleich machte sich Jens an die Arbeit, und als er fertig war, sagte der Kleine:

„Gute Arbeit! Bei jedem Fass liegt ein Stapel Gold. Nimm von jedem etwas, insgesamt so viel, dass alle deine Taschen gefüllt sind.“

Der Küfer tat wie ihm befohlen, packte sein Werkzeug zusammen, der Zwerg legte ihm die Augenbinde wieder um, ging mit ihm den Weg zur Klosterpforte zurück, nahm ihm die Binde ab und verschwand. Fröhlich ging Jens nach Hause und war ein reicher Mann.

250. Der Wunschkobold

Bauersleute aus Netzen in Brandenburg wünschten sich sehnlichst einen Kobold, weil dieser seinem Herrn immer zu Diensten sein musste. Und tatsächlich stellte sich so ein Wesen ein. Aber es war kein braves Zwerglein, sondern ein meist unangenehmer Mitbewohner. Da er die Teller plötzlich in der Küche herumwarf, nahmen die Leute an, dass er hungrig sei. Sie setzten ihm Birnen, Bohnen und Klöße vor.

Aber darüber war er sehr erzürnt, packte den Teller mit dem Essen und entleerte ihn über dem Kopf des Bauern. Dieser erschrak ungeheuer und stammelte: „Was willst du denn essen?“ Frech schrie der kleine Kerl: „Ich will Braten und frischgeräucherten Schinken!“

So sehr sich die Leute einen arbeitswilligen Kobold gewünscht hatten, so sehr wünschten sie jetzt, den Kerl wieder loszuwerden, was aber unmöglich war, egal wie es der Bauer auch anstellte. Er wusste von vertriebenen Kobolden und deshalb ging er zu ehemals betroffenen Leuten und fragte um Rat. „Sag ihm, er soll dir einen Sack Gold herbeischaffen. Das kann er nicht, weil es zu viel ist, und wenn er eine Arbeit nicht ausführen kann, dann verlässt er das Haus“, schlug einer vor. Aber der Zwerg erfüllte den Wunsch in einer ganz kurzen Zeitspanne. Dann riet ein anderer, er solle dem Kobold eine große Menge Flachs zum Spinnen geben, das könne er nicht bewältigen.

Warum der Zwerg diesen Wunsch nicht erfüllen konnte, ist unbekannt. Jedenfalls verließ er schimpfend das Haus und wurde nicht mehr gesehen.

251. Der neugierige Holzfäller

Jeden Tag ging ein braver Holzfäller in der Morgendämmerung in den Wald nahe Petkus in Brandenburg, um für seinen Auftraggeber Bäume mit der Axt zu fällen, die er auch noch entasten, entrinden, zurechtsägen und stapeln musste. Erst bei Einbruch der Dunkelheit beendete er seine Arbeit. Er arbeitete allein, ohne Kameraden. Und wenn er abends seine Tagesleistung betrachtete, dann war er immer ganz traurig, weil er so wenig geschafft hatte.

Als er eines Tages im Morgengrauen an seine Arbeitsstätte kam, waren doppelt so viele Bäume gefällt, als er am Vortag geschafft hatte. Jeden Tag war es künftig so. Der rechtschaffene Mann konnte sich nicht erklären, wer in der Nacht seine Arbeit fortführte. Also beschloss er, sich auf die Lauer zu legen.

Aber diese Neugier verärgerte die Zwerge, die nachts für ihn tätig waren. Sie kamen weder in dieser Nacht noch in irgendeiner anderen. Der Holzfäller musste sich abschinden, wie zuvor auch.

252. Das merkwürdige Schaf in Rabenstein

Für ein karges Essen und einen Schlafplatz im Heu, diente ein armer Junge bei einem Bauern in Rabenstein in Brandenburg als Viehhirte. Kaum hatte er morgens das Gehöft mit seinen Schafen verlassen, so gesellte sich immer ein kräftiges schwarzes Schaf dazu. Da das Tier sich mit den anderen vertrug, war es dem Hüter egal, ob da ein zusätzliches Tier mitlief oder nicht.

Ehe er abends zu Hause die Tiere in den Pferch oder Stall trieb, konnte er das schwarze Schaf nirgendwo mehr sehen.

Wenn der Junge dann zum Essen in die Stube kam, machte der Bauer ihm oft Vorwürfe, wie: „Es geht nicht an, dass du so nachlässig bist! Ich füttere dich nicht umsonst durch. Heute bist du beim Hüten wieder eingepennt und die Herde hat auf einer Fläche gegrast, die nicht dafür vorgesehen ist! Wenn du weiter so schlecht arbeitest, kannst du dein Bündel schnüren und schauen, dass du anderswo unterkommst, wenn dich überhaupt jemand nimmt.“

Oder er hielt ihm irgendeine andere Nachlässigkeit vor.

Der Junge rätselte darüber nach, woher der Bauer immer alles wusste. Irgendwann kam ihm in den Sinn, dass das mit dem schwarzen Schaf zusammenhängen müsse. Sicher war es der auf dem Dachboden wohnende Kobold, der sich in verschiedene Gestalten verwandeln konnte. Und jetzt packte den Hütejungen die Wut! Er sammelte Steinchen und warf damit auf der Weide, als Zeitvertreib, nach dem schwarzen Schaf; aber immer verfehlten sie, aus unerklärlichen Gründen, ihr Ziel. Ein paar Tage später, als der Junge in gebückter Haltung im hintersten Winkel der Tenne beschäftigt war, sah er plötzlich, dass das Heu brannte. Er konnte sich in Sicherheit bringen und dabei schrie er unaufhörlich: „Zu Hilf! Zu Hilf! Das Heu brennt!"

Aber, aus vollem Halse lachend, rief ihm die Bäuerin aus dem Küchenfenster zu: „Keine Angst! Verrichte deine Arbeit weiter! Das ist unser Kobold. Er wollte dich nur erschrecken, weil du ihn mit Felsstückchen beworfen hast!“

Von da an wusste der Hirte, dass sich sein Verdacht bestätigt hatte. Von nun an beachtete er das schwarze Schaf nicht mehr, das weiterhin täglich zur Weide mitging. Allerdings achtete der Junge auch ganz fest darauf, dass ihm kein Fehler, wie einschlafen, unterlief.

253. Der böse Wühl

In einer Wassermühle in Brandenburg verlief das Leben friedlich. Aber plötzlich war alles anders! Ein Kobold hatte Einzug gehalten. Er war ein äußerst unangenehmer Zeitgenosse, der alles durcheinanderbrachte. Er löste nachts die Stricke von den Säcken, die die Bauern mit Getreide gefüllt zum Mahlen angeliefert hatten, und schüttete alles auf dem Boden aus. Auch vor den Mehlsäcken machte er nicht Halt. Wenn er besonders schlechte Laune hatte, dann begab er sich in das Flüsschen, an dem die Mühle stand und von dem sie betrieben wurde, tauchte unter und schlug so heftig um sich, dass das Wasser derart in Wallung kam, dass das Mühlrad sich so schnell bewegte, dass man meinte, es müsse bersten. Die Leute sagten dann:

„Jetzt wühlt er wieder.“ Und schon hatte die Mühle einen Namen. Sie wurde nur noch als „Wühlmühle“ bezeichnet und der Kobold als „Der böse Wühl“. Der Schaden, den er anrichtete, war immens. Alle möglichen Mittel wandte der Müller an, dieses garstige Wesen zu vertreiben. Nichts half! Schon dachte der Müller darüber nach, die Mühle zu verkaufen. Aber wer kaufte schon so etwas mit einem bösartigen Zwerg? An einem regnerischen Abend pochte es an die Tür.

Der Müller öffnete diese einen Spalt, blickte in ein Paar große schwarze Knopfaugen und sah einen zottigen Pelz. Vor Schreck schlug er gleich die Tür zu und bekreuzigte sich. Aber dann vernahm er eine menschliche Stimme: „Guter Mann, es ist Nacht und ich habe mich verirrt. Ich bin ein Bärentreiber und bitte dich, mir und meinem zahmen Bären ein Nachtquartier zu geben.“

Nach kurzem Überlegen trat der Müller vor die Tür, besah sich die beiden und war einverstanden. Selbstverständlich wurde der Bär, im Gegensatz zu seinem Herrn, nicht im Haus, sondern in der Mühle daneben untergebracht, wo er sich sogleich in eine Ecke verzog und friedlich schlief.

Der Kobold, der von dem Gast nichts wusste, kam mit ein paar Papierfetzen, Holzspänen, einigen Holzstückchen, einem Pfännchen und Nahrungsmittel in den Lagerraum. Er entfachte auf dem Steinboden ein Feuerchen, setzte die Pfanne darauf und kochte sich ein mit Honig gesüßtes Mus.

Der Bär erwachte von dem köstlichen Essensgeruch, schnupperte in die Kochrichtung, erhob sich lautlos aus seinem Winkel und tapste zur Kochstelle. Dort schubste er den Kobold leicht an, aber es reichte aus, dass dieser gleich ein paar Meter durch den Raum flog.

Als er sich aufgerappelt hatte, sah er im Feuerschein ein schwarzes Fellungeheuer mit riesigen Pfoten, das eben sein Mus verzehrte. Hals über Kopf stürzte der böse Wühl aus der Mühle. Am nächsten Tag holten der Müller und sein Gast den friedlichen Bären; der Bärentreiber bedankte sich und zog mit seinem Tier weiter.

Ab diesem Zeitpunkt verlief das Leben in der Mühle wieder normal, denn vom Kobold war nichts mehr zu bemerken. Der Müller war glücklich darüber, auch wenn er sich nicht erklären konnte, warum der so plötzlich verschwunden war.

Nach gut einem Jahr, es war ein kalter Spätherbstabend, saß der Müller in der Stube und genoss seinen wohlverdienten Feierabend. Vorsichtig wurde die Tür geöffnet und ganz schüchtern stand der Kobold mit seinem großen Kopf und seinem roten Jäckchen in der Türöffnung. Der Müller, der gar nicht mehr an den Zwerg gedacht hatte, fiel vor Schreck fast vom Stuhl. Der Kleine fragte: „Ist der große zottige Schwarze noch da?“ Jetzt war dem Müller schlagartig klar, warum der Zwerg die Mühle verlassen hatte. Sogleich antwortete er: „Ja natürlich ist der immer noch da! Und stell dir vor, sieben Junge, die genauso aussehen wie er, hat er gekriegt!“

Daraufhin stürzte der Kobold zum Haus hinaus und man hat nie mehr etwas von ihm gehört.

254. Der vertriebene Kobold vom Spreewald

Ein Bauer aus Kossin benötigte, wie üblich, Saatgut. Es wurde ihm ein Händler in Schönewald empfohlen, der besonders gute Samenkörner hätte. Er sagte zu sich: „Warum soll ich immer beim gleichen Händler kaufen? Probier ich halt mal was Neues aus!"

Und so suchte er das neue Samengeschäft auf. Bauer Eule orderte seine Sachen und der Ladenbesitzer ging mit ihm in den Lagerraum, um das Gewünschte abzuwiegen und in Säcke zu verpacken. Er schaute sich in der großen Halle um, und sein Blick blieb in einer entfernten Ecke haften. Dort stand nämlich ein großer merkwürdiger tonnenartiger Behälter. Als der Verkäufer merkte, wohin sich der Blick seines Kunden richtete, sagte er zu ihm:

„Ich warne dich, den Deckel dieser Tonne zu lüften und hineinzusehen. Es würde dir nämlich schlecht bekommen."

Hätte der Händler nichts gesagt, so wäre es dem Bauer nie eingefallen, in die Tonne zu schauen. Aber jetzt überwog die Neugierde, was vermutlich auch vom Kaufmann beabsichtigt war.

Er fragte sich: „Was ist da wohl Geheimnisvolles drinnen? Das möchte ich jetzt wissen!"

Als die Säcke zum Fuhrwerk getragen wurden und der Bauer allein in der Scheune war, ging er eilig zu dieser Tonne und lupfte ein wenig den Deckel, um ins Innere zu sehen. Ein abschreckend aussehendes schwarzes Wesen glotzte ihn mit starrem Blick an. Sofort ließ er den Deckel fallen und ging ins Freie. Er bezahlte, verabschiedete sich und kutschierte zurück nach Kossin.

Plötzlich bemerkte er, dass das Wesen aus der Tonne neben seinem Fuhrwerk munter herlief. Er erschrak und schlug mit der Lederpeitsche nach dem Kobold. Aber natürlich traf er ihn nie; der rannte um die Pferde und den Wagen, zog mit zum Gehöft und huschte ins Haus. Der Bauer lief hinterher und jagte ihn aus dem Haus, aber so schnell konnte er gar nicht schauen, wie der Kleine wieder im Haus war und herumwuselte.

„Wie werde ich nur dieses eklige Wesen wieder los?" fragte er sich täglich mehrmals. Da hörte er von einem alten Müller, der in vielen, schier aussichtslosen Fällen den Leuten erfolgreiche Ratschläge gegeben hatte. An diesen wandte sich der Landwirt in seiner Verzweiflung. Der hörte sich die Sache an und sagte:

„Hast du in der Tür unten einen Ausschnitt, durch den die Katze jederzeit das Haus betreten und verlassen kann?" „Ja, an der Hintertür meines Hauses“, antwortete der Hilfesuchende. „Dann pass gut auf! Jage den Kobold zur Vordertür hinaus und verschließe sie. Dann renn zur Hintertür, setze dich neben die Öffnung für die Katze und halte einen Sack davor. Der Kobold wird in den Sack laufen, verschließe ihn sofort und dann prügle auf den Sack ein, so kräftig du kannst!“

Der Bauer tat wie ihm geraten. Nachdem er den Kobold im Sack heftig durchgeprügelt hatte und dieser nur noch wimmerte, trug er den Sack ein Stück vom Hof weg auf die Straße, öffnete ihn und ließ den Wicht herauspurzeln. Dieser entfernte sich hinkend, aber trotzdem rasch. Wohin ihn seine Flucht führte, ob zu seinem früheren Herrn in Schönewald oder anderswohin, ist nicht bekannt.

255. Raubritter Jaczko vom Babelsberg

Auf dem Babertsberg, auch Babelsberg genannt, bei Potsdam stand eine mit dicken Mauern und einem Wall umgebene Ritterburg, die als uneinnehmbar galt. Auf ihr hauste ein böser raffgieriger Ritter namens Jaczko. Überall war er gefürchtet ob seiner Grausamkeiten. Er plünderte die Schiffe auf dem Fluss aus, die Kaufleute, die ihre Waren auf der Straße transportierten, die Bauern in ihren Höfen und sogar vor den Tagelöhnern in ihren armseligen Hütten machte er nicht halt.

Wenn ihm danach zumute war, dann folterte er die Leute und metzelte sie nieder. Auch mussten seine rohen Kerle den hübschen Bauernmädchen auflauern und sie auf seine Burg schleppen. Wenn er ihrer überdrüssig war und sie nicht schon aufgrund der barbarischen Behandlungen gestorben waren, so wurden sie davongejagt.

Die Leute hassten ihn, mussten aber alles in ohnmächtiger Wut ertragen, denn gegen dieses Raubgesindel waren sie machtlos. Es wagte keiner mehr, sich an die Obrigkeit zu wenden, denn auch diese konnte ihm angeblich nicht Herr werden. Aber selbstverständlich, von wem auch immer, erfuhr der Ritter von diesen Klagen und dann erging es den Leuten entsetzlich. Wenn in der näheren Umgebung für einige Zeit nichts mehr zu holen war, dann dehnte er seine Raubzüge weit ins Land aus, ja sogar bis in Nachbarländer. Da ging dann immer ein Aufatmen durch die Bevölkerung, denn es war für einige Zeit Ruhe.

Wieder einmal unternahm er einen Raubzug in die Ferne. Wochen vergingen, sogar Monate, und in den Leuten keimte die Hoffnung auf, dass er auf diesem Raubzug umgekommen sei und seine Leute gleich mit ihm. Sie wollten schon eine Dankmesse für diese Erlösung lesen lassen. Aber so weit kam es dann doch nicht. Eines Tages kehrte er mit vielen hochbeladenen Gespannen zurück. Daran sah man, dass er überreichlich Beute gemacht hatte. Und die Angst war wieder da. Die Leute wussten, nicht lange würde es dauern, bis das Drangsalieren wieder Tagesordnung war. Neben ihm ritt eine verhüllte Frau.

Jaczko hatte seinen Raubzug bis nach Sachsen ausgedehnt. Neben anderen Schurkereien hatte er dort eine reiche Burg überfallen. Den Schlossherrn und seine Frau hatte er sofort niedergemetzelt; dann sollten die Kinder, die dies mitansehen hatten müssen, darankommen.

Hier hielt der bestialische Mensch, wie vom Blitz getroffen, ein. Er hatte sich urplötzlich in eine Tochter des toten Schlossherrn verliebt. Ihre Geschwister erschlug er, nur dieses eine Mädchen verschonte er und nahm es mit. Und das war die Frau an der Seite des zu Hause angekommenen Raubritters.

Am nächsten Morgen eröffnete er dem Burgfräulein aus Sachsen, dass er es heiraten wolle. Voller Ekel entgegnete Mechthilde: „Nein! Lieber sterbe ich, als dass ich Eure Frau werde. Ich habe mitansehen müssen, wie Ihr meine Eltern und Geschwister abgeschlachtet habt. Ich heirate keinen Mörder!“

Er entgegnete so ruhig, wie man es nie und nimmer von ihm erwartet hätte: „Dass dir der Tod lieber wäre, das glaube ich dir. Aber ich will, dass du lebst, denn noch nie gefiel mir eine Frau so gut wie du. Auch verspreche ich, dass es dir gut geht bei mir. Ich gehe sogar so weit, dass ich nichts dagegen habe, wenn du weiterhin die christliche Religion beibehalten willst. Sieh also ein, dass an deinem Schicksal nichts zu ändern ist, finde dich also damit ab."

Das erste Mal in seinem Leben hatte der aus einem slawischen Geschlecht stammende brutale Ritter Angst; Angst, dass sich Mechthilde etwas antun würde, um so ihrem Schicksal zu entfliehen. Er ließ sie deshalb von seinen Bediensteten scharf bewachen. Aber durch die dauernde Apathie seiner Frau, verlor er doch mit der Zeit das Interesse an ihr und die Dienstboten bewachten sie nicht mehr rund um die Uhr. Mechthilde erwartete ein Kind, und als das Kind zur Welt kam, waren die Mägde irgendwo, nur nicht in der Nähe von Mechthilde.

Die edle Frau erschrak. Sie hörte merkwürdige Geräusche im Raum. Es hörte sich an, als wären Ratten oder gar ein Marder ins Zimmer eingedrungen. Sie verhielt sich ruhig und spähte auf dem Fußboden umher. Da gewahrte sie, dass sich ganz langsam eine Bodenplatte bewegte, so dass eine Öffnung entstand, aus der viele Zwerginnen hervorschlüpften.

Sogleich trat eine von ihnen vor ihr Bett und sagte: „Hab keine Angst! Wir kennen dein Schicksal und wollen dir helfen. Wir versorgen dein neugeborenes Töchterchen, denn das Gesinde kommt nicht so schnell. Wir wohnen schon Jahrhunderte in diesem Berg. Vor Jaczkos Zeiten halfen wir den Bediensteten bei der Arbeit. Aber jetzt, bei diesem schlechten Menschen, haben wir nichts zu suchen. Glaub mir, dein Weinen und Beten hat unseren König veranlasst, uns zu dir zu schicken, um dir beizustehen."

Nachdem die Wichtelfrauen, sie trugen alle lange braune Gewänder, Mutter und Kind alles zugutegetan hatten, was nur ging, sagte eine: „Wir kommen jetzt jede Nacht und versorgen dich und das Kind." Darauf verließen sie das Gemach auf dem gleichen Weg wie sie gekommen waren und rückten die Steinplatte wieder zurecht. Mechthilde war das erste Mal, seit dem grausamen Überfall ihres Gatten, glücklich. Jaczko war heimgekehrt von einem Raubzug, ohne Beute. Und in welcher Stimmung er war, kann man sich vorstellen! Sogleich wurde ihm berichtet, dass die Herrin ein Kind geboren habe.

Er rannte in ihr Gemach, aber als ihm gesagt wurde, dass es ein Mädchen war, schrie und tobte er, weil er sich einen Sohn erwartet hatte.

Ein Jahr später kam ein zweites Kind. Auch diesmal standen die kleinen Weiblein der Wöchnerin bei. Es war wieder ein Mädchen. Da jammerte und wehklagte Mechthilde, die Todesangst um das Leben der Kinder hatte, so laut, dass Jaczko, der sich in der Nähe aufhielt, in ihr Zimmer raste. Das kleine Völkchen verschwand sofort im Boden, aber er sah noch einen Stofffetzen der letzten Zwergin und das Bewegen der Bodenplatte. Jetzt kannten Wut und Jähzorn keine Grenzen! Er schrie: „Du bist mit dem Teufel im Bunde! So eine Brut dulde ich nicht unter meinem Dach! Ich lasse dich mit deinen unnützen Kindern von meinen Knechten aus dem Fenster in die Havel werfen!"

Er schrie nach dem Gesinde. Vergeblich, denn die Knechte waren in einem anderen Trakt der Burg. Deshalb verließ er den Raum und stapfte die Stiege hinunter, um die rohen Gesellen zu holen. Inzwischen kehrten die Weiblein zurück, holten die Gräfin mit ihren Kindern und brachten sie zu ihrem König. Der war sehr freundlich und sagte: „Ich heiße dich in unserem unterirdischen Reich herzlich willkommen. Hier seid ihr in Sicherheit! Jaczko kann euch nichts anhaben". Sie wurde in ein prächtig ausgestattetes Zimmer geführt.

Rasend vor Wut kehrte der Ritter mit seinen bestialischen Spießgesellen in das Gemach seiner Frau zurück. Als er das Zimmer leer fand, stürzte er sich auf die Steinplatte, die er beim Verschwinden der Zwerge sich hatte bewegen sehen. Er kniete nieder und versuchte mit bloßen Händen die Platte herauszureißen, was aber nicht gelang. Seine Kumpane sollten mithelfen, aber auch die waren erfolglos.

Er brüllte: „Auf, sattelt die Pferde, wir gehen auf Raubzug! Ich muss mich außerhalb dieser Mauern betätigen. Wenn wir zurückkommen, dann geht es diesem Teufelsvolk an den Kragen!"

Sie verließen die Burg, folterten und töteten die Bauern, die ihnen nicht schnell genug ihre Habseligkeiten anschleppten, von denen auch kaum bis nichts mehr vorhanden war, weil der Unhold ihnen schon alles genommen hatte. Niemand konnte oder wagte es, ihn zu stoppen. Wie auch?

Mechthilde und ihre Kinder hatten es gut im Innern des Berges. Sie wurden liebevoll von den Wichtelfrauen umhegt. Mit der Zeit fand sie ihren Seelenfrieden, freute sich am Gedeihen ihrer Töchter und empfand eine tiefe Dankbarkeit den Zwergen gegenüber. Eines Morgens schreckte sie aus dem Schlaf auf, denn sie hörte ein lautes Grollen und Bersten. Als sie die Augen aufschlug, bemerkte sie, dass sie auf einer Wiese mit wunderschön blühenden Blumen am Waldrand lag. Um sie herum standen die Wichtelfrauen mit den beiden Mädchen. Dann gewahrte sie eine Unzahl von Zwergen, die alle bepackt mit Säcken waren. Sie stammelte: „Was ist los? Was ist das für ein Lärm? Wo bin ich?"

Freundlich lächelnd stand der König vor ihr und sprach: „Sorge dich nicht! Sicherlich hast du in der letzten Zeit ein Werken und Hämmern im Berg vernommen. Wir haben den Berg unterminiert, so dass er jetzt, nachdem wir ihn verlassen haben, zusammengestürzt ist. Alle Bewohner der Burg sind tot." Sie fing an zu jammern: „Nur durch mich habt ihr diese Unannehmlichkeiten mit Jaczko bekommen. Nur wegen mir müsst ihr jetzt eure Heimat verlassen! Oh, was bin ich unglücklich!" Und sie weinte bitterlich.

Die kleinen Frauen erschraken heftig und versuchten sie zu trösten. Aber der König sagte: „Nein, es ist nicht deine Schuld, dass wir von hier weggehen. Schon lange gefiel es uns hier nicht mehr wegen des Raubritters, der uns schon immer hasste. Längst hatten wir geplant wegzuziehen. Aber jetzt war das Maß voll. Jaczko und sein Gesindel haben die Strafe erhalten, die sie verdient haben. Aber nun zu dir und deinen Kindern. Du brauchst nichts mehr zu fürchten! Du kannst jetzt über dein zukünftiges Leben frei entscheiden!"

Mechthilde sah sich um, sah wie die Wichtelfrauen Tränen in den Augen hatten während sie die Kinderchen herzten. Sie wandte sich dem König zu und fragte:

„Was soll ich denn nur tun? Ohne euch, liebe Zwerge, bin ich ganz verlassen."

Der König antwortete: „Wir geben dir von unseren Reichtümern, so viel, dass du mit deinen Kindern sehr gut leben kannst und nie Sorgen haben wirst. Du kannst dich in der Gegend niederlassen oder in deine Heimat zurückkehren und dich wieder vermählen, allerdings mit einem Mann, den du dir selbst auserwählst."

Mechthilde entgegnete: „Was ist mit euch? Wohin geht ihr?"

Ganz ruhig meinte der König: „Wir ziehen in den Harz."

„Ach, lieber König, ihr seid so gut zu mir gewesen. Und ich habe mich bei euch so wohl gefühlt. Wie lieb waren alle zu meinen Kindern! Ich will nicht mehr heiraten! Was täte ich in meiner Heimat in Sachsen? Ich habe dort keine Angehörigen mehr und alles würde mich wieder an die grausame Ermordung meiner Eltern und Geschwister erinnern. Und hier bleiben? Nein! Kann ich nicht mit euch in den Harz ziehen? Oder bin ich eine Last für euch? Bitte sei ehrlich!"

Die Wichtel brachen in Jubel aus und der König sagte gütig: „Natürlich kannst du bei uns bleiben. Wir sind sogar sehr glücklich über deine Entscheidung! Schau dich um, wie sich alle freuen!"

Sie zogen alle zusammen in den Harz und lebten dort glücklich und zufrieden. Die Sage berichtet weiter, dass die beiden Mädchen edle Ritter geheiratet haben und von den Zwergen mit großen Reichtümern in die Ehe geschickt wurden.

Der Babelsberg hatte also ursprünglich drei Gipfel. Jetzt sind es nur noch zwei, weil der höchste, mit der vom Land her uneinnehmbaren Burg des Raubritters, mit Mann und Maus in der Havel verschwand.

Domplatz in Berlin um 1690

256. Der Kurfürst und die Zwergin

Kurfürst Johann Georg I. befand sich am 18. August 1644 nahe der Stadt Chemnitz. Da sahen einige seines Gefolges im nahen Wald ein Weiblein, das nur eine Elle groß war. Sie umzingelten und erhaschten es. Dann brachte man es vor den Kurfürst. Da sagte es:

„Ich tue Euch kund, dass es Frieden gibt im Land!"

Daraufhin verfügte der adelige Herr: „Lasst die Zwergin frei und bringt sie an die Stelle, wo ihr sie gefunden habt. Vor fünfundzwanzig Jahren wurde ein Männlein von gleicher Gestalt gefangen. Das prophezeite damals Unfrieden und Krieg."

257. Ein Heiliger Abend im Hause Montag

Die ganze Familie war in Berlin zur Christmette gegangen. Nur Frau Montag, die ein paar Tage zuvor ein Kind bekommen hatte, blieb allein zu Hause und lag in ihrem feudalen Bett, das rundum mit Schleiern versehen war. Als sie so vor sich hindämmerte, hörte sie plötzlich ein Trippeln und Huschen im Raum. Ganz vorsichtig spähte sie durch den Vorhang. Sie traute ihren Augen kaum! Im Raum waren lauter kleine Leutchen, die Tische, Stühlchen sowie Geschirr herbeischleppten und einen Festschmaus vorbereiteten. Die Zwerglein tanzten paarweise um die Tafel und setzten sich dann zum Essen nieder.

Die Wöchnerin erschrak unendlich, wurde doch immer wieder erzählt, dass die Zwerge Säuglinge rauben, und sie hatte furchtbare Angst um ihr Kind. Zu allem Überfluss schrie es jetzt aus vollem Halse. Die Wichte hielten inne, denn das Geschrei des Kindes hatten sie gehört. Nach wenigen Sekunden brach ein Streit unter dem kleinen Völkchen aus, der aber rasch beigelegt wurde. Frau Montag hoffte nur darauf, dass ihre Leute bald von der Kirche zurückkehren würden. Nach einiger Zeit, die ihr wie eine Ewigkeit erschien, hörte sie, dass die Familie zurückkam; auch die Zwerge wurden dessen gewahr. Während die meisten Wichtel ihre Gerätschaften zusammenpackten, sonderten sich einige von ihnen ab, liefen zum Bett und wollten die Vorhänge auseinanderreißen.

Verzweifelt klammerte die Frau mit den Fingern die Stoffbahnen zusammen, um ihr Kind zu schützen. Zwischenzeitlich war der schwere Gang des Herrn Montag bereits vor der Zimmertür zu vernehmen. Jetzt war für die Zwerge höchste Eile angesagt, sich davonzumachen. Sie ließen vom Vorhang ab und verschwanden, wie die anderen, hinter dem Ofen.

Die Familie Montag war nicht arm, von Reichtum jedoch war sie weit entfernt. Aber nach diesem Zwergengelage zog der Wohlstand in ihrem Hause ein.

258. Nächtliches Backen in Rimor

Wo das Zwergenvölkchen seine Behausung hatte, wusste niemand. Jedenfalls ärgerten diese Kleinen, die die Leute als „Hollrägen" bezeichneten, die Leute in Rimor in Brandenburg. Deshalb wollten die Menschen abends immer möglichst schnell nach Hause, um in der Dunkelheit, denn da traten die Hollrägen verstärkt auf, nicht lange unterwegs sein zu müssen. Es ging die Kunde durch den Ort, dass die Zwerge einem nachts nichts anhaben konnten, wenn man ein Zweiglein Dill bei sich hatte und mit diesem vor den Gesichtern der Kleinen herumwedelte. Ein Bauernbursch, der am Abend noch bei seinem Mädchen war, besorgte sich solch ein Zweiglein. Tatsächlich verfolgte ihn auf dem Nachhauseweg dieses Völkchen.

Er griff in die Tasche und zog den Dill heraus. Sofort brach Panik bei den Kleinen aus und sie entfernten sich.

Noch in der gleichen Nacht zogen sie ein paar Ortschaften weiter. Plötzlich schnupperten sie den Duft von frisch Gebackenem, und sogleich machten sie das Haus auch ausfindig, aus dem der Geruch kam. Ein Zwerg sprang auf das Fensterblech, guckte zum Fenster hinein und sah die Bäuerin Schmalznudeln backen, wovon schon eine ganze Schale des Gebäcks auf dem Tisch stand.

Er klopfte ans Fenster; arglos öffnete die Frau, um nachzusehen, und schon sprang die ganze Horde in den Raum. So schnell konnte die Frau gar nicht schauen, wie die Schale leer war. Sie musste immer wieder Teig in die Pfanne geben und backen, um den Hunger der gierigen Zwerge zu stillen. Als der ganze vorbereitete Teig verbacken war, atmete die Frau auf und dachte, dass das gefräßige Völkchen jetzt wieder gehen würde.

Aber weit gefehlt! Wie es dazu kam, konnte sie sich nicht erklären, aber die Schüssel war wieder randvoll mit Teig gefüllt. So ging es fast die ganze Nacht hindurch. Dann, offensichtlich hatten die Kleinen genug gegessen, war kein Teig mehr vorhanden und sie zogen vollgefressen durch das Küchenfenster ab. Endlich konnte sich die Frau zum Schlafen hinlegen. Als sie am nächsten Morgen das Geschirr spülen wollte, sah sie, dass die Teigschüssel mit Gold gefüllt war.

259. Der wunderbare Ring

Es ist schon sehr lange her, da wohnte in Kalbe in Sachsen eine weise Adelige, Frau von Alvensleben, deren Rat und Hilfe bei den Leuten sehr gefragt war. Besonders bewandert war sie auf dem Gebiet der Naturheilkunde und sie wurde auch bei schwierigen Geburten hinzugezogen. Nachts erwachte sie einmal, weil sie eine weibliche Stimme hörte, die nach ihr rief. Sie öffnete das Fenster und sah in den Hof hinunter. Da bemerkte sie eine Person, nach Art der Mägde gekleidet, die sogleich mit leiser Stimme sagte:

„Edle Frau, verzeiht mir, dass ich Euch aus dem Schlaf gerissen habe. Aber wir sind in arger Not. Meine Herrin bekommt ein Kind und es geht ihr sehr schlecht. Sie wird immer schwächer und wir fürchten sowohl um ihr Leben als auch um das des Kindes. Bitte kommt mit mir vor die Stadt!“

Frau von Alvensleben erwiderte: „Das wird nicht möglich sein, denn nachts sind die Stadttore geschlossen und niemand kann hinaus oder herein."

„Sorgt Euch nicht darum, die Tore sind offen. Bitte eilt, es ist keine Zeit zu verlieren", meinte die Magd. Frau von Alvensleben kleidete sich an, nahm ihre Sachen, die sie bei Krankenbesuchen benötigte, und trat vor die Tür. Schweigend gingen sie durch das offene Stadttor über eine Wiese in Richtung eines Berges. Die Magd sagte: „Noch etwas ganz Wichtiges! Setzt Euch dort, wo ich Euch hinführe, auf keinen Fall irgendwo hin, sei es ein Stuhl oder Bett, und esst nichts von den angebotenen Speisen; trinkt auch nichts!"

Ein bequemer Weg führte in den offen stehenden Berg. Die Magd begleitete sie zu einer Zwergin, die größte Schwierigkeiten hatte, ihr Kind auf die Welt zu bringen. In ihrer ruhigen umsichtigen Art leistete Frau von Alvensleben Hilfe und kurze Zeit später lag das Kindchen in der Wiege. Sie ignorierte die bereitstehenden Nahrungsmittel, verabschiedete sich von der Wöchnerin und bat die Magd, sie wieder nach Hause zu bringen. Als sich die Magd vor dem Schloss verabschiedete, sagte sie: „Im Namen meiner Herrin soll ich Euch zum Dank für die geleistete Hilfe diesen goldenen Ring geben. Verwahrt ihn gut und gebt ihn an Eure Nachkommen weiter. Solange dieser Ring sich im Besitz derer von Alvensleben befindet, wird über dem Geschlecht Glück und Wohlstand sein. Sollte der Ring verlorengehen, so wird Euer Geschlecht aussterben."

Nach diesen Worten war die Zwergin nicht mehr zu sehen. Am nächsten Morgen erzählte die Frau ihrem Mann von der Begebenheit in der Nacht. Er lächelte nachsichtig und meinte: „Da hattest du ja einen aufregenden Traum." „Nein", entgegnete sie, „hol den Schlüssel zur Kommode und sperr die Schatulle auf, da wirst du den Ring finden." Der Ring soll in der Familie immer noch vorhanden sein und in einem Tresor liegen.

260. Der unheimliche Fund im Kloster

Das Barfußkloster in Leipzig gehörte den Franziskanermönchen. Der Name rührt daher, weil, aufgrund des Armutsgelübdes, diese Ordensleute in der Regel barfuß gingen; nur in Ausnahmefällen trugen sie Sandalen. Herr Scheibe, ein wohlhabender Leipziger, ließ in seinem Haus, das ursprünglich einmal zum Kloster gehörte, eine Wandvertäfelung entfernen, um die Mauer zu restaurieren. Nachdem die Mauer freigelegt war, entdeckte man mehrere zugekleisterte Löcher. Interessiert stocherten die Handwerker im größten Loch herum. Da fielen mehrere Messer, von ganz unterschiedlicher Form, heraus. Die einen waren blank, die anderen verrostet; die Griffe waren aus Holz, Elfenbein oder Silber, in manche waren Edelsteine eingearbeitet.

Daraufhin gab Herr Scheibe den Auftrag, alle Wände abzuklopfen, ob Hohlräume vorhanden waren, in denen irgendwelche Dinge lagerten. Auch den Kellerboden ließ er umgraben. Und tatsächlich, man fand haufenweise runde Töpfe, in denen sich Skelette von Kleinkindern befanden.

Ab dem Zeitpunkt dieser Funde trieb ein Kobold sein Unwesen in diesem Haus. Er war unsichtbar. Tagsüber warf er mit allen möglichen Gegenständen nach den Bewohnern, nachts riss er den Leuten die Bettdecken weg und zwickte sie. Nie konnte man ausmachen, wo er sich gerade befand. Ein Rufen war aus dem Schrank zu hören, der abgesperrt war, oder es kam von der Eckbank, oder sonst irgendwoher. Immer wieder wurde er auf seine Herkunft angesprochen. Nie antwortete er darauf. Einmal fluchte ein Knecht ganz arg und beschimpfte dabei den Kobold. Plötzlich stieß er einen Schmerzensschrei aus und die Umstehenden sahen, wie ein Pantoffel, von unsichtbarer Hand geführt, auf das Gesicht des Schimpfenden eindrosch. Mehrere Tage lief der Geschlagene mit geschwollenen Backen herum.

Zwischenzeitlich hatte der Eigentümer das Haus verkauft. Der Käufer musste ebenfalls unter dem Unruhestifter leiden. Da dachte er: „Vielleicht will der Kobold nur auf einen Schatz aufmerksam machen. Ich werde im Keller nochmal graben lassen, und zwar tiefer wie der Vorbesitzer. Und wenn ich den Schatz finde, dann gehört er mir!"

Aber er fand nichts. Und den Kobold hatte er weiterhin am Hals.

261. Die gekauften Kobolde

Emil Sommer berichtet im Jahr 1846: *In Auerbachs Hof zu Leipzig bekommt man Kobolde zu kaufen; doch muss man sich vorsehen, dass man nicht betrogen wird. Es gibt nämlich arme und reiche Kobolde.*

Die reichen bringen ihrem Gebieter Geld und Speisen und was er sonst von ihnen verlangt; die armen aber besitzen selbst nichts und können darum auch nichts geben; sie zehren vielmehr nur von der Habe ihres Herrn und sind darum eine große Last, zumal da man sie nicht loswerden kann, wenn man sie einmal hat.

262. Der wüste Kobold von Pausitz

In einem Gehöft in Pausitz bei Riesa wütete ein Kobold. Er trug ein weißes Hemd, das mit roten Bändern an Hals und Ärmeln versehen war, neue graue Strümpfe, aber uralte Schuhe. Einen Hals hatte er eigentlich gar nicht. Der große gelbbehaarte struppige Kopf mit den Glotzaugen saß direkt auf dem Nacken und hing leicht nach hinten. Nichts konnte ihn stoppen. Besonders hatte er es auf Lebensmittel abgesehen. Diese verschleppte er und versteckte sie unter dem Heu, oder er vermengte sie mit den Fäkalien der Tiere im Stall, dann vermischte er das Mehl mit den Körnern, und alles beschmierte er auch noch mit Butter. In der Küche warf er sämtliches Geschirr durcheinander und verunreinigte es mit Abfällen jeder Art. Wenn er dann noch immer nicht genug hatte, dann schlich er nachts in die Schlafkammern, zog vorsichtig den Mägden die Betten weg und riss ihnen die Hemden vom Leib. Irgendwie mochte er aber die dreizehnjährige Tochter des Bauern. Ihr gegenüber war er immer artig.

So sehr man sich auch bemühte, man konnte dieses ekelhafte Wesen nicht fangen. Aber es gibt ein altes Sprichwort: Jeder findet seinen Meister! Eines Tages war der Kobold am Milchasch; das ist eine tiefe Schüssel, in der Milch gelagert wird, von der sich dann der Rahm absondert. Aus dieser Schüssel schlürfte der Kobold vom bereits abgesetzten Rahm. Daraufhin wurde die Schüssel in einem mit Kette, Schloss und Riegel gesicherten Schrank aufbewahrt. Das brachte den Kobold so in Rage, dass er mit der Mistgabel die Kühe traktierte und verletzte! Dann machte er sich an diesem Schrank zu schaffen, um ihn zu öffnen, und er war so vertieft in diese Arbeit, dass er nicht bemerkte, wie sich der Bauer von hinten näherte. Er warf sich auf den Kobold und rief nach den Knechten, die mit allerlei landwirtschaftlichem Werkzeug herbeieilten, um ihn zu verprügeln. Aber geschickt entwand er sich ihnen, stürmte auf die Straße und verschwand, für immer!

263. Zwergenhochzeit auf Burg Eilenburg

Der Graf von Eilenburg (Eulenburg) in Nordsachsen war an seinem Schreibtisch über alte Schriftstücke gebeugt, als er ein merkwürdiges Rascheln vernahm. Er hob den Kopf und sah sich um. Im Zimmer wimmelte es von kleinen Gestalten und ihm zu Füßen stand ein Zwerglein in prächtiger Uniform. Es schaute mit treuherzigem Blick nach oben und dem Graf direkt in die Augen. Ehe der Graf etwas sagen konnte, sprach der Kleine:

„Wir feiern heute ein großes Fest, eine Hochzeit! Wir bitten Euch, diese Feier hier in der Bibliothek abhalten zu dürfen. Selbstverständlich wäre es für uns eine große Ehre, wenn Ihr, edler Herr, daran teilnehmen würdet. Allerdings haben wir eine Bitte! Niemand sonst aus Eurer Familie oder vom Gesinde darf uns beim Feiern zusehen."

Freundlich und amüsiert antwortete der Schlossherr:

„Ich bin einverstanden und bin gerne euer Gast!"

Sogleich kam ein kleines niedliches Geschöpf auf den Grafen zu, nahm ihn bei der Hand und führte ihn an die inzwischen gedeckte Tafel. Dann setzte Musik ein und die Kleine geleitete ihn zur Tanzfläche. Das Tanzen gestaltete sich etwas schwierig aufgrund der Größenverhältnisse. Es war ein fröhliches Fest. Plötzlich schaute ein Zwerg zur Decke, die anderen taten es ihm gleich. Da war durch eine Luke das Gesicht der alten Gräfin zu sehen, die neugierig das Hochzeitsfest beobachtete. Der uniformierte Zwerg, der offensichtlich der Zeremonienmeister war, trat zum Grafen und sagte: „Danke für Eure Gastfreundschaft. Aber, wie Ihr selbst seht, wir wurden beobachtet. Deshalb müssen wir die Feier abbrechen. Schade! Zur Strafe soll Euer Geschlecht nie mehr als sieben Ritter zählen." Und so war es.

264. Die drei goldenen Brote zu Pomsen

Von Schloss Pomsen wird eine sehr ähnliche Sage erzählt wie von Eilenburg, von Burg Hoya oder dem Schloss derer von Bünau. J. G. Th. Gräße schreibt 1855:

Zwei Stunden von Grimma liegt an der Straße von Leipzig das alte Schloss Pomsen. Dort saß vorzeiten das adelige Geschlecht von Pomickau, zu dessen Herrschaft auch die umliegenden Dörfer gehören.

Als einst das Haupt der Familie mit dem Markgrafen von Meißen in den Türkenkrieg gezogen war, gebar seine Gattin während seiner Abwesenheit ein Söhnlein. Eines Morgens, als sie mit ihrem Kinde allein in ihrem Schlafgemache lag, sah sie, wie sich die schwere Türe geräuschlos von selbst öffnete und in langen Reihen ein Zwergenvolk hereinkam. Die kleinen Leute waren prächtig gekleidet, und das Ganze war offenkundig ein Hochzeitszug. Voran gingen die Musikanten, ihnen folgten Bräutigam und Braut sowie deren Eltern und dann die Hochzeitsgäste in bunter Reihe. Im Zimmer stand auf sechs Füßen ein ungeheurer Ofen, und der Raum, den sie einschlossen und der eine Art Halle bildete, war das Ziel des Zuges. Dort stellten sich alle paarweise auf und führten zu den Weisen der Musik Tänze auf, wie sie die adelige Frau, die von ihrem Bette aus alles mitansah, noch niemals erschaut hatte. Als sie nun genug getanzt hatten, schickten sich die Zwerge zum Abzuge an und verließen die sonderliche Tanzhalle so, wie sie gekommen waren.

Als sie am Bette der erstaunten Schlossherrin vorüberzogen, blieb der Bräutigam stehen, verneigte sich tief und dankte ihr für ihre Gastfreundschaft, die er und seine Brüder bisher im Schlosse und besonders jetzt beim Vermählungsfeste genossen hätten. Als Zeichen der Erkenntlichkeit wolle er ihr drei goldene Brötchen überreichen. Die solle sie gut aufheben, denn solange sie im Besitz der Familie seien, werde diese immer grünen und blühen und an Reichtum und Glück zunehmen. Nach diesen Worten zog der Hochzeitszug ab.

Die Schlossfrau war über dieses sonderbare Erlebnis überaus verwundert und glaubte schließlich, geträumt zu haben. Sie verfiel in einen tiefen Schlaf, aber als sie daraus erwachte, fand sie die drei goldenen Brötchen, die ihr verheißen worden waren, vor sich auf der Bettdecke liegen und erkannte, dass ihr Erlebnis Wirklichkeit gewesen war.

Nicht lange darauf kehrte ihr Gemahl mit reicher Beute aus dem Türkenkriege heim, und beide ließen nun die Brötchen, damit sie nie verlorengehen könnten, in den einen Schlossturm einmauern. Dort blieben sie bis zum Dreißigjährigen Kriege, wo Feinde in die Gegend kamen und Feuer an das Schloss legten.

Da stürzte der Turm ein und die Brötchen verschwanden. Seit dieser Zeit verließ das Glück die Familie Pomickau, denn sie verlor ein Gut nach dem anderen und schließlich auch das Schloss Pomsen.

265. Kobold Mützchen bei Freiberg

Ein Kobold besonderer Art trieb einst in der Gegend von Freiberg in Sachsen sein Unwesen. Ludwig Beschstein schreibt um 1853:

Bei Freiberg ist ein Gehölz, das heißt der heimische Busch, und in demselben hauste vordem ein Kobold, den die Leute Mützchen nannten und damit an den bekannten Kobold Hütchen (vgl. Nr. 16) erinnerten. Geist Mützchen gehörte zu jenen gespenstischen Hockelmännchen, die sich den Reisenden und solchen Leuten , die im Walde Geschäfte hatten, aufhockten und sich weite Strecken tragen ließen, bis die Leute ganz abgemattet waren und fast odemlos umsanken. Wenn sie ihn nun fast nicht mehr tragen konnten, hüpfte er von ihrem Rücken plötzlich weg, schnellte auf einen Baum und stieß ein schmetterndes Gelächter aus.

Das arge Possenspiel trieb Geist Mützchen bei Freiberg bis 1573, und sind viele Personen durch sein Aufhocken krank geworden. Mützchen glich in allem dem Geist Osschaert im Wanslande und machte gar wunderliche Grimassen, wenn es ihm beliebte, sich erblicken zu lassen.

Eine Butterhökerin fand einen prächtigen Käse im heimischen Busch. Des Fundes froh und überrechnend, was sie dafür lösen werde, legte sie ihn in ihren Tragekorb, da wurde der Korb so schwer, dass sie endlich von der Last niedergezogen ward und in die Knie sank und den Korb abwarf, da rollte ein Mühlstein aus dem Korbe in die Büsche, und aus den Büschen schaute Mützchen mit gellendem Gelächter, daher man auch von einem hell und grell Lachenden zu sagen pflegt: Der lacht wie ein Kobold.

Den Namen aber hatte Mützchen von seiner Nebelkappe, die ihn unsichtbar machte, und wenn er sie abtat, so sah man ihn, dann setzte er sie oft plötzlich wieder auf und war im Nu verschwunden, davon ist das Sprichwort entstanden, wenn jemand etwas sucht und es an einem Orte gesehen zu haben überzeugt ist und es nun doch nicht finden kann, dass man sagt: Ja, da sitzt es und hat Mützchen auf – nämlich der Zwerglein unsichtbar machendes Nebelkäppchen.

266. Der schwere Stein

Auf einer Weide, in der Nähe von Dresden, saß ein Junge, der die Schafe seines Herrn hütete, im Gras und träume mit offenen Augen vor sich hin. Plötzlich rieb er sich die Augen und dachte laut:

„Sehe ich jetzt Dinge, die es gar nicht gibt? Da drüben bewegt sich doch ein Stein!“ Er stand auf und ging zu der Stelle. Und tatsächlich, wie von unten angehoben, bewegte sich der große runde Stein ein Stück in die Höhe, um dann gleich wieder in seine vorherige Lage zurückzufallen. Einige Zeit schaute der Hütejunge zu. Dann bückte er sich und schob ihn beiseite. Aus dem Loch darunter schlüpfte ein Zwerglein, stellte sich vor den Jungen und sprach:

„Ewig schon sitze ich in diesem Loch und bemühe mich vergeblich den Stein zu entfernen. Du hast mich befreit und auch erlöst von einem Fluch. Schaffe mir Arbeit und ich verrichte sie.“

„Wenn das so ist, dann hilf mir beim Hüten und achte darauf, dass sich kein Tier von der Herde entfernt“, entgegnete der Junge. Der Kleine lief immer um die Herde herum und hielt sie so zusammen.

Wenn sich wirklich mal ein Schaf ein paar Meter entfernte, dann trieb er es sofort zu den anderen zurück. Als es schon zu dämmern begann, sagte der Junge: „Ich danke dir, dass du mir geholfen hast. Ich muss jetzt nach Hause. Leb wohl!“

Aber das kleine Männlein antwortete: „Nein, nein! Nicht leb wohl!

Ich muss jetzt immer für dich arbeiten, ich geh mit dir nach Hause."

Mit schreckgeweiteten Augen starrte der Junge den Kleinen an und stammelte: „Das ist unmöglich! Ich darf niemanden mit nach Hause bringen. Versteh mich! Ich habe viele Geschwister und einen bösen Stiefvater, der mich dafür verprügeln würde. Bei uns ist kein Platz. Bitte geh anderswo hin."

„Du hast mich aber befreit", und nach kurzer Überlegung fuhr der Kleine fort: „Es gibt noch eine andere Möglichkeit. Ich muss nicht unbedingt bei dir bleiben. Wenn du mir einen anderen Herrn beschaffst, bei dem ich wohnen kann, so will ich dich verlassen."

Zunächst war der Junge mit seiner Weisheit am Ende. Dann kam ihm die rettende Idee! Er deutete auf das Haus des Nachbarn, der keine Kinder hatte und bei dem darum genug Platz vorhanden war, nickte dem Kleinen freundlich zu und verließ ihn.

So kam der Nachbar zu einem hilfreichen Mitbewohner.

267. Der hartnäckige Zwerg

Früher sah es in Dresden anders aus als heute. Anstelle des jetzigen Johannesplatzes stand eine Kirche mit Friedhof. Hier bewohnte ein Töpfer eine kleine Kate und arbeitete, je nach Auftragslage, auch nachts. Viele Jahre erschien in seiner Werkstatt ein kleines graugekleidetes Männchen, schaute ihn durchdringend an, hob die Hand und forderte ihn durch Handzeichen auf, ihm zu folgen.

Aber der Töpfer war ein sehr frommer, ängstlicher Mann und sagte sich: „Der Wicht meint, ich soll mit ihm gehen. Aber das mach ich auf gar keinen Fall! Wer weiß, vielleicht ist alles nur Blendwerk des Teufels und der will meine Seele. Nie und nimmer gehe ich da mit!"

Der Zwerg war hartnäckig, der Töpfer aber auch. Nach langer Zeit ging dieser den Weg allen Fleisches und starb. Sein Sohn übernahm die Werkstatt. Auch jetzt ließ der Zwerg nicht von seinen Besuchen ab und verhielt sich so wie bei dessen verstorbenem Vater.

Irgendwann, man weiß nicht, ob der Zwerg dem jungen Meister mit der Zeit lästig wurde, oder doch die Neugierde überwog, folgte er dem Kleinen. Der wies ihm den Weg zur Ratsherrngruft, lotste ihn dort eine steile Treppe hinab und dann weiter in einen düsteren Gang, nahm dort einen Behälter aus einer der hinteren Nischen, nahm den Deckel ab und übergab den Hafen seinem Begleiter. Er war randvoll mit Goldmünzen!

Der junge Mann war verblüfft und ratlos. Als er sich nach dem Zwerg umsah, war dieser verschwunden. Er stellte den Topf ab, rieb sich die Augen, aber der Schatz war immer noch da. Dann legte er den Deckel auf das Gefäß und ging damit nach Hause. Oft dachte er dankbar an das kleine Männchen, dem er sein Vermögen verdankte.

268. Die törichte Magd

Um die Zeit zu nutzen, saß eine Magd am Waldrand im Gras und spann, während sie die Kühe ihres Herrn hütete. Da kam ein unansehnliches, völlig verdrecktes Waldweibchen aus dem Gebüsch hervor. Als es die Hirtin sah, hielt es inne und ging auf sie zu. Obwohl das Mädchen erschrak, grüßte es freundlich. Die Zwergin sagte: „Es wäre nett von dir, wenn du mich kämmen und lausen würdest. Dafür arbeite ich an deiner Spindel." Die gutherzige Magd war einverstanden und machte sich über das verfilzte Haar her.

Nach Beendigung der Prozedur, die lange genug gedauert hatte, schieden sie voneinander. Abends wickelte die Magd das Garn ab, und nachdem sie schon einige Knäuel vor sich liegen hatte, murmelte sie vor sich hin: „Ja, was soll das! Ist denn der Faden unendlich lang?"

Kaum waren die Worte ausgesprochen, da war die Spille leer.

269. Der Windberg bei Burgk

Obwohl er schon ein alter Mann war, spielte er am Wochenende und bei Feiern in vielen Orten auf. Überall war der Spielmann gern gesehen, denn so eine mitreißende Musik verstand keiner seiner Kollegen zum Tanz aufzuspielen. Müde ging er einmal nach einer langen Tanzveranstaltung den weiten Weg nach Burgk in Sachsen.

Als er am Windberg vorbeikam, murmelte er vor sich hin: „Schon meine Großmutter hat mir erzählt, dass im Windberg ein verzaubertes Schloss ist, in dem unermessliche Schätze lagern. Oh, wenn ich da nur hinein dürfte! Ich würde alle Taschen mit Gold füllen! Dann bräuchte ich mich nicht mehr abzuplagen mit meiner Geige. Nein, eigentlich muss ich mich mit der Geige gar nicht plagen, ich musiziere gern. Aber der lange Nachhauseweg ist es, der mich so anstrengt! Der macht mich ganz fertig."

Da stand plötzlich ein kleines Männchen vor ihm und sagte: „Wir feiern gerade eine Hochzeit und suchen einen Musikanten. Komm mit in den Berg, in unser Schloss, und spiel uns zum Tanz auf!"

Der Spielmann fiel vor Schreck fast zu Boden. Aber da sprach der Zwerg weiter: „Komm mit! Wenn du im Schloss bist, so spiele Tanzmusik. Aber pass jetzt gut auf! Während deines ganzen Aufenthalts im Palast, darfst du kein einziges Wort sagen. Wenn du etwas gefragt wirst, so antworte nicht! Auch auf die Frage, was du bezahlt bekommen möchtest, sei so stumm wie ein Fisch!"

Ehe er etwas erwidern konnte, packte ihn das Männchen bei der Hand und zog ihn mit sich fort. Schon bald betraten sie durch ein Tor den Berg. Und da war es: Das verzauberte Schloss! Der Spielmann konnte sich gar nicht sattsehen an dem Prunk. Er wurde in einen Festsaal geführt, wo sich eine vornehme Gesellschaft aufhielt. Als sie den Musikanten erblickten, erhoben sich die Herren und forderten die Damen zum Tanz auf. Er spielte auf seiner Geige die wunderbarsten Melodien. So ging das etwa eine Stunde lang. Dann umringten sie den Musikus, und einer aus dem Kreis trat auf ihn zu und sagte: „Welche Bezahlung willst du für deine Arbeit?"

Er antwortete nicht, aber dann hielt er seinen verbeulten Hut vor den Frager. Daraufhin wurde dieser mit glühenden Kohlen gefüllt. Schon wollte er aufschreien, aber da stand der Kleine, der ihn hergebracht hatte, vor ihm und schubste ihn aus dem Saal, und flugs stand er wieder an der Stelle, wo ihn der Zwerg angesprochen hatte. Nichts war mehr vom Schloss zu sehen. Hätte der Spielmann nicht den Hut mit den glühenden Kohlen in den Händen gehalten, so hätte er gedacht, dass alles nur ein wunderschöner Traum gewesen war. Erst wollte er den Hut ausleeren, aber er hatte Angst, dass er von dem Kleinen beobachtet würde und dieser ihn dann arg bestrafen würde. Also behielt er, mit gestreckten Armen, den Hut in den Händen; unter den Oberarmen waren Geige und Bogen eingeklemmt.

Je weiter er ging, desto schwerer wurde der Hut. Als er an seiner Haustür ankam, drehte er ihn um, sodass die glühenden Kohlen ins Gras fielen. Dann betrat er sein Haus und ging ins Bett. Am nächsten Morgen schaute er gleich nach seinem Hut. Der hatte weder Brandlöcher noch sonst eine Beschädigung. Verwundert drehte er ihn nach allen Seiten und da sah er, in einer Ritze neben einer Naht, ein Goldstück blinken.

Er musste nicht lange überlegen, was das bedeutete. Sofort sprang er vor die Tür, denn da hatte er ja den Hut entleert. Aber statt der erwarteten Goldstücke fand er nur noch ein Häufchen Asche. Der Spielmann ärgerte sich sehr über seine Ungeschicklichkeit. Da er aber ein sonniges Gemüt hatte, grämte er sich nicht lange und dachte nur:

„Vielleicht treffe ich den Zwerg wieder und er nimmt mich nochmal mit ins Zauberschloss, damit ich zum Tanz aufspiele. Dann werde ich gewiss anders umgehen mit meinem Lohn!"

Ruine bei Tharandt. L. Richter um 1836

270. Goldkohlen und Goldstengel

Ähnlich erging es einem anderen Musiker. Lothar schreibt zu Beginn des 19. Jahrhunderts:

Nicht weit von Tharandt bei Dresden liegen in einem Wald etliche Überbleibsel eines alten Schlosses, in dessen Grundtiefen große, wun-

derbare Schätze an Gold und edlen Steinen verborgen ruhen. Zuweilen fanden Nahrung suchende Menschen einige Öffnungen, die zur dunklen Schlosstiefe leiteten. Sie gingen hindurch, und ein uralter Mann, der ehemalige Wärter der Burg, begegnete ihnen, führte sie hinab in ein lichthelles Gewölbe, zeigte ihnen alles und beschenkte sie von dem hier aufgeschichteten Gold.

Ein armer Spielmann wurde, der Sage nach, hier von einem Zwerg in einen Saal mit zwölf uralten schweigenden Männlein geführt und anschließend mit glühenden Kohlen beschenkt, die sich zu Hause in Goldstücke verwandelten.

Ein Weinbauer, der nahe Dresden einen Weingarten besaß, sah dort einmal einen langen Stengel herausragen. Er zog daran und brachte auch mehrere Ellen davon heraus, bevor er abbrach. Da erst erkannte man, dass er aus purem Gold war. Das soll sich im 17. Jahrhundert ereignet haben.

271. Die Hutbergzwerge bei Weißig

Unweit von Dresden, bei dem Dorf Weißig bei Eschdorf, befindet sich der Hutberg. Seinen Namen hat er daher, weil in ihm ein den Menschen gegenüber freundlich gesinntes Zwergenvölkchen wohnte, das als Kopfbedeckung spitze Hüte trug. In ihrem Berg hatten sie große Schätze lagern.

Eines Tages saß auf einer Wiese am Hutberg ein armer, zu Tode betrübter Bauer, der unverschuldet so sehr in Not geraten war, dass er seine Steuern und sonstigen Verpflichtungen nicht rechtzeitig bezahlen konnte. Deshalb sollte er in den nächsten Tagen mit seiner Frau und der immer hungrigen Kinderschar das Haus verlassen. Er wusste deshalb nicht mehr aus noch ein.

Da stand auf einmal vor ihm ein Zwerg aus dem Hutberg und sagte:

„Ich weiß, dass du durch Unwetter deine Ernte verloren hast und eine Seuche im Stall deine Tiere dahinraffte. Ich will dir helfen und borge dir Geld. Dann kannst du deine Schulden bezahlen und Saatgut sowie ein paar Kühe und Schafe kaufen. Damit wirst du Gewinn erzielen.“ Dann ging das Männchen in den Berg, holte Geld, gab es dem Bauern und vereinbarte mit ihm noch einen Termin, zu dem das geborgte Geld zurückzuzahlen war.

Dem Bauern glückte alles, was er von da an unternahm, und zum vereinbarten Termin ging er zum Berg, rief nach seinem Gönner, zahlte das Geborgte zurück und bedankte sich für die Hilfe. Als die anderen Leute davon erfuhren, wandten sich einige, die auch in arge Bedrängnis geraten waren, an die Hutbergzwerge. Auch sie erhielten Darlehen, die sie ebenfalls pünktlich zurückzahlten.

Als eines Tages ein heruntergekommener, verdreckter Mensch das Geborgte zurückzahlen wollte, sagte der Zwerg zu ihm: „Wie siehst du aus! Von einem solch unsauberen Geschöpf nehme ich kein Geld in Empfang. Geh nach Hause, wasche dich und auch deine Kleidung, kämme dich und komm in einem ordentlichen Zustand heute in vier Wochen mit dem Geld wieder!“

Der Mann meinte aber besonders schlau zu sein. Genau vier Wochen später erschien er erneut am Berg, und zwar in dem gleichen miesen Zustand wie zuvor. Der kleine Hutmann trat ihm entgegen, musterte ihn von oben nach unten und von unten nach oben, wobei er den Kopf ganz tief in den Nacken legen musste,.

Er sagte voll Abscheu in aufgebrachtem Ton: „Ich kenne deine Absicht! Du glaubst, auf diese Weise das Geld ergaunern zu können. Nun gut. Du kannst es behalten. Geh mir aus den Augen! Lass dich nie mehr hier oder auch in der Nähe des Hutberges blicken! Pfui! Pfui! Pfui!“

Dann drehte sich der Zwerg um und ließ den Mann stehen. Der aber freute sich, weil er nicht gedacht hatte, dass es so einfach wäre, das Geld behalten zu können, lachte höhnisch in Richtung Berg und ging ein Liedchen trällernd nach Hause. Es dauerte nicht lange, da schmolz sein mit dem geliehenen und dann erschwindelten Geld erworbenes Vermögen dahin und er kam an den Bettelstab, während seine rechtschaffenen Nachbarn in besten finanziellen und materiellen Verhältnissen lebten, in Verbindung mit einer guten Freundschaft zu den Zwergen.

Einige Zeit zog ins Land und da verließ dieses Zwergenvolk die Gegend, ließ vorher aber verkünden, dass den Leuten, die noch Schulden bei ihnen hatten, diese so lange gestundet würden, bis das Volk wieder zum Hutberg zurückkehre. Weinend standen die Leute da und winkten den Zwergen nach. Wohin sie gezogen sind, weiß keiner, zurückgekommen sind sie bis zum heutigen Tag nicht.

Guckkastenbild von Dresden. 19. Jahrhundert

272. Der Kobold, der nicht mehr arbeiten brauchte

Im Sachsenland gelang es einem Bauern, einen Kobold zu fangen, er ihm zu Diensten sein musste. Täglich musste der Kobold seinem Herrn heranschaffen, was dieser wollte; das waren Nahrung, Kleidung, Hausrat, Futter fürs Vieh und Geld. Immer wenn der Zwerg die Stubentür öffnete, schrie ihn der Bauer, der gemütlich in seinem Lehnstuhl saß, an: „Leg mir die Sachen vor die Füße, aber beeil dich!“ Dann schaute er flüchtig das Gebrachte an und befahl hohnlachend:

„Schaff mir mehr ran! Und später bringst du dann die Sachen da hin, wo sie hingehören. Futter in den Stall, Geld in die Truhe. Du weißt schon, wo alles verstaut wird.“

So ging das tagein, tagaus. Rücksichtslos nutzte der Hausherr den Kleinen aus. Eines Tages kam dieser, noch mehr keuchend als sonst, zur Tür herein und schleppte einen schweren Sack mit sich, der voller Goldstücke war.

Als der Bauer diesen Reichtum sah, dachte er, und das erstmalig, dass sein Hausgeist mit einer kleinen Schaffenspause belohnt werden müsse. Deshalb teilte er ihm großspurig von oben herab mit: „Leg den Sack ab und ruh dich für den Rest des Tages, und morgen auch aus."

Der Kobold aber lachte seinen Herrn an und erwiderte:

„Alter, jetzt hast du einen Fehler gemacht! Nicht für heute und morgen ist Ruhe für mich, sondern für immer. Du hättest nicht sagen dürfen, dass ich eine Rast einlegen soll, das ist jetzt dein Verhängnis. Ab jetzt bin nämlich ich der Herr hier und ich sage dir auch gleich, wie hier in Zukunft alles abläuft. Wir teilen uns diesen Raum. Der Querbalken an der Decke zeigt die Grenze an. Du bleibst auf der Seite, wo du eh schon bist. Ich halte mich auf der anderen Seite des Balkens, dir gegenüber, auf. Versuche ja nicht einen Fuß in mein Revier zu setzen oder gar durch die Tür zu entwischen, denn dann breche ich dir sofort das Genick. Auch brauchst du gar nicht darüber nachsinnen, wie du mich los wirst. Nur ein Priester, der frei von allen Sünden ist, kann mich wegbannen. Das wäre deine Erlösung. Aber es gibt weltweit nur zwei solche Gottesmänner, und es ist aussichtslos, dass einer von ihnen hierherkommt."

Der Bauer schrie so laut um Hilfe, dass die Nachbarn vor dem Gehöft zusammenliefen; er klagte ihnen sein Unglück, aber das Haus getraute sich keiner zu betreten, denn mit böse glänzenden Augen starrte sie das grün gekleidete Männchen an. Bestürzt traten sie vom Fenster weg und gingen in ihre Häuser zurück.

Die Leute sandten immer wieder Priester zu ihrem Nachbarn. Jeder der Männer, der beim Betreten des Gehöftes schon mit den Beschwörungsgebeten begann, wurde sogleich vom Kobold verlacht und es wurden ihm seine Sünden, von denen niemand sonst etwas ahnte, weithin hörbar vorgehalten. Die Bannformeln blieben ihnen dann im Halse stecken und sie zogen sich eilends zurück.

Nach ewig langer Zeit fand sich ein Geistlicher ein, der für sein gottesfürchtiges, schier heiligmäßiges Leben bekannt war. Man nahm an, dass dieser Herr nie eine Sünde begangen hatte. Als er die Türschwelle überschritt, verlachte ihn der Zwerg nicht, sondern sagte ganz sanftmütig: „Du bist fürwahr ein frommer Mann. Und fast, aber auch nur fast, wäre es dir möglich, mich zu bannen. Aber auch du bist nicht ohne Sünde! Erinnere dich ganz weit zurück. Du warst noch ein kleiner Bub, da hast du zu Hause im Hühnerstall zwei Eier aus einem Nest gestohlen. Andere Sünden hast du nicht begangen. Aber dieser kleine Diebstahl reicht aus, mich nicht von hier wegzubringen."

Und, so geht die Sage, wartet der Bauer, der weder Nahrung zu sich nimmt, noch sterben kann, noch immer, dass einer der beiden sündenfreien Priester ihn erlöst.

273. Der grüne Peter

Ein Großbauer aus Oppach in der Oberlausitz trug immer grüne Kleidung, die aufs Sorgfältigste gepflegt war. Deshalb wurde er der grüne Peter genannt. Mit hocherhobenem Haupt und ungeheuer eingebildet, stelzte er umher und war unendlich stolz auf seinen Wohlstand. Niemand in der ganzen Umgebung hatte so prächtiges Vieh in den Ställen und auf der Weide und so ertragreiche Felder wie er. Aber dass er dies alles den im Gehöft hausenden Zwergen verdankte, das wusste er nicht. Eines Tages lobte der Herr den Oberknecht, weil die Tiere so gut gepflegt waren. Da sagte der Knecht: „Nicht mir musst du danken, sondern den kleinen Helferlein, die die Pferde striegeln und sich auch sonst pflegerisch um den Viehbestand mühen."

„Was", schrie der Bauer, „diese Unterirdischen sind in meinem Haus! Ich fasse es nicht! Die brauche ich nicht! Mein Reichtum ist nur deshalb vorhanden, weil ich hier die Wirtschaft gut in Schuss halte. Sofort verlässt dieses Pack mein Anwesen!"

Am nächsten Tag stolzierte der Bauer in den Stall und da sah er ein Zwerglein emsig werkeln. Er packte es mit seinen derben Händen und plärrte: „Wurde dir nicht gesagt, dass ich deinesgleichen hier nicht dulde! Ich werde dich töten!"

Der Kleine bettelte, nach Luft japsend, um sein Leben. Die Knechte und Mägde baten inständig, unter Tränen, den fleißigen Zwerg zu verschonen. Aber nichts half! Der brutale Bauer war so in Rage, dass er den Kleinen auf den Boden warf und ihn mit seinen plumpen Schuhen zermalmte. Fassungslos vor Entsetzen stand das Gesinde da. Sofort verließen die Zwerge das Gehöft und verfluchten den Hofherrn. Nach und nach kündigte das Gesinde den Dienst auf. Von da an ging es mit dem Hof bergab. Im Stall brach eine Seuche aus, es kam zu Missernten, der Bauer verfiel dem Alkohol und der Versteigerungstermin war nicht mehr fern. Aber das musste der grüne Peter, der jetzt ungepflegt und heruntergekommen aussah, nicht mehr erleben. Als er an einem Gründonnerstag betrunken nach Hause fuhr, braute sich ein Unwetter zusammen; es blitzte und donnerte, die ausgemergelten Pferde brachen aus, er schlug auf die Tiere ein und fluchte dabei entsetzlich.

Da wurde er in seinem Gefährt vom Blitz erschlagen.

274. Zwergenschelmerei bei Zittau

Im Breitenberg bei Zittau wohnten lustige, fidele Zwerge, die den Menschen manchen Streich spielten, ihnen aber doch wohlgesonnen waren und sie das auch spüren ließen. Aus einer Unterhaltung zwischen einem Ehepaar erfuhr einer der Wichte, dass am gleichen Tag in einem nahe gelegenen Ort eine Hochzeit stattfand. Sofort lief er aufgeregt zu den anderen und erzählte davon. Sie beschlossen, selbstverständlich unsichtbar, an dieser Feier teilzunehmen. Ein Bauer, der in der Nähe auf dem Feld arbeitete, hörte dieses Gespräch und rief:

„He da! Ich werde nur ganz selten zu einer Hochzeit eingeladen. Ihr seid auch nicht eingeladen und geht trotzdem hin. Bitte nehmt mich mit und lasst mich auch an dieser Freude teilhaben!"

Zuerst erschraken die Kleinen, aber ihr Oberhaupt entschied dann:

„Gut, du darfst mit uns gehen. Wir leihen dir eine Tarnkappe und dann bist du unsichtbar, wie wir auch. Aber eine Bedingung haben wir! Du kannst essen und trinken so viel zu willst, aber du darfst nichts vom Mahl mit nach Hause nehmen!" Der Bauer versprach dies und dann zogen sie gemeinsam zur Feier. Die Zwerglein setzten sich zwischen die Gäste. Für den Bauern war dies nicht möglich. Er setzte sich an das Ende eines Tisches und ließ es sich gut gehen.

Aber irgendwann dachte er: „Ich esse und trinke von diesen herrlichen Sachen. Eigentlich habe ich ein schlechtes Gewissen meiner Frau gegenüber, die sich jetzt zu Hause abrackert. Ein klein wenig von dem vielen köstlichen Essen, das überhaupt niemandem abgeht, kann ich schon in meine Tasche stecken und ihr mit nach Hause bringen."

Der Gedanke wurde zur Tat! Aber die Wichtel sahen dies und waren darüber dermaßen verärgert, dass sie sofort die Gesellschaft verließen, aber dem Bauern vorher ganz schnell die Nebelkappe vom

Kopf nahmen, was dieser gar nicht bemerkte. Der stopfte weiter in sich hinein, aber nur einige Sekunden lang, denn dann hatte die Hochzeitsgesellschaft begriffen, dass einer in verdreckter Arbeitskleidung am Tisch saß, der nicht hingehörte. Sogleich fielen sie über ihn her und jagten ihn unter Schlägen aus der Wirtschaft.

Irgendwann sind die Zwerge weggezogen. Sie heuerten einen Bauern aus Heinerwalde an, der das ganze Völkchen samt seinen Schätzen für gute Bezahlung wegbrachte. Den Grund für ihren Weggang konnte man nur vermuten: Lautes Glockengeläute und das Gekläff der vielen Hunde, die in Ober- und Niederolbersdorf beheimatet waren. Wie es heißt, zogen sie nach Böhmen in das Reich Rübezahls und wollten erst zurückkommen, wenn das Sachsenland österreichisch werde.

275. Der betrogene Bauer bei Königsbrück

Ein Bauer pflügte sein Feld am Keulenberg in der Oberlausitz. Plötzlich setzte sich die Pflugschar fest, und er konnte nicht mehr weiter. Er dachte, es wäre eine starke Wurzel, stellte den Pflug zur Seite und wollte diese mit einer Kreuzhaue aus dem Erdreich entfernen. Aber schnell merkte er, dass es keine Wurzel war, sondern ein Stück Metall. Mit großer Anstrengung gelang es ihm endlich, dieses aus dem Boden zu lösen. Er sagte bei sich: „Dieses Stück bringe ich zum Schmied und er muss mir daraus neues Werkzeug machen."

Der Schmied hielt das Metall ins Feuer, aber es verhielt sich nicht wie Eisen. Deshalb sagte er: „Ich weiß nicht, um was es sich hier handelt, aber Eisen ist es nicht. Irgendwie verändert sich auch die Farbe. Beim besten Willen, ich kann daraus kein Werkzeug machen. Aber frag doch in der Stadt einmal nach, um was es sich handeln könnte."

Der Bauer fuhr in die Stadt und befragte alle möglichen Leute; zuletzt landete er bei einem Goldschmied. Lange besah der das schwere Metallstück, kratzte auch ein wenig daran herum und stellte ganz schnell fest, dass es sich um einen Goldklumpen handelte. Während er ihn scheinbar achtlos zur Seite legte, sagte er: „Das ist ein ziemlich minderwertiges Stück Metall. Aber da du schon so lange herumgelaufen bist und das schwere Stück mitgeschleppt hast, habe ich Mitleid mit dir, weil ich dich enttäuschen muss. Aber lass das Metall da, vielleicht kann es einmal jemand brauchen. Ich kaufe es dir trotzdem ab.

Für den Betrag, den ich dir gebe, kannst du in die Wirtschaft gegenüber gehen und dir ein Essen kaufen, damit du den Nachhauseweg gestärkt antreten kannst."

Der Bauer war froh, das schwere Stück nicht mehr mit nach Hause nehmen zu müssen und willigte in den Handel ein. Der Goldschmied aber lachte sich ins Fäustchen, denn er hatte das Geschäft seines Lebens gemacht! Aus diesem Goldklumpen schmolz er eine Unmenge Goldmünzen und wurde ein reicher Mann.

Die Vogeltelle in der sächsischen Schweiz. Radierung v. L. Richter

276. Ein glücklicher Heiliger Abend in Budissin

Ein armer Strumpfwirker aus Budissin arbeitete sehr viel, aber die Not war bei ihm ständiger Gast. Seine Frau verdingte sich bei Bauern als Tagelöhnerin, um wenigstens die Milch für die sechs immer hungrigen Kinder zu verdienen. Ein begüterter Bürger aus Görlitz schuldete dem Mann noch Lohn für erbrachte Arbeit. Also machte er sich am Heiligen Abend auf den Weg nach Görlitz, um dort das geschuldete Geld für längst gelieferte Ware abzuholen. Wenigstens am Heiligen Abend wollte er dann in der Stadt für seine Kinder einen Christstollen kaufen. Als er das prunkvolle Haus erreicht hatte, klingelte er, eine Bedienstete öffnete, und er bat zum Hausherrn geführt zu werden.

„Sag mir in welcher Angelegenheit du kommst, dann melde ich dich, und er entscheidet dann, ob er mit dir spricht oder nicht."

Der sauber, aber doch ärmlich gekleidete Mann sagte: „Der Herr schuldet mir Geld für gelieferte Ware. Ich warte schon lange auf die Bezahlung, die aber nie erfolgt ist. Deshalb bin ich gekommen. Ich möchte das Geld abholen. Ich brauche es dringend für meine Kinder."

Das Hausmädchen verschwand und er musste in dem eleganten Flur warten. Es dauerte nicht lange, dann erschien das Mädchen wieder mit hocherhobenem Kopf und überheblichem Gesichtsausdruck und sagte:

„Ich soll dir von meinem Herrn ausrichten, dass er keine Zeit hat, dich zu empfangen. Auch hat er kein Geld im Haus und du sollst ein andermal kommen. Ich habe jetzt keine Zeit mehr. Einen schönen Tag!" Sie geleitete ihn zur Haustür und schob ihn hinaus. Der Mann war dem Weinen nahe. Nicht einmal am Heiligen Abend konnte er seinen Kindern eine Freude machen. Traurig trat er den Rückweg an.

Es war schon dunkel, als er in der Nähe des Ortes Krische, seitlich im Gebüsch, Kerzenschein gewahrte. Neugierig lugte er durch die Ästchen und da zwängte sich ein kleines Männchen hindurch und sagte zu ihm: „Hab keine Angst, komm zu mir hinter die Hecke und feiere mit mir Weihnachten. Auch ein Geschenk habe ich für dich!"

Der Mann trat hinter die Hecke; da waren viele kleine Nadelbäumchen, bestückt mit Kerzen, Äpfeln, Lebkuchen, Nüssen und allerlei Leckereien. Er kam aus dem Staunen nicht mehr heraus. Der Zwerg meinte: „Nimm dir von den Sachen, so viel du willst. Deine Familie soll auch eine Freude haben."

Der Mann nahm den Sack, mit dem er den Stollen transportieren hatte wollen, und füllte ihn mit den Naschereien, während das Männchen ihm aufmunternd zunickte und lächelte. Der Mann bedankte sich und der Kleine verabschiedete sich.

Als er wieder auf den Weg hinaustrat und sich nochmals umsah, war hinter der Hecke kein Kerzenschein mehr vorhanden. Je weiter er ging, umso beschwerlicher wurde ihm der Weg; er hatte das Gefühl, als würde der Sack auf seinem Rücken immer schwerer. Er überlegte:

„Wenn ich einen Teil der Sachen aus dem Sack nehme, im Gebüsch verstecke und morgen hole, komme ich rascher nach Hause."

Aber sogleich verwarf er diese Idee wieder, denn er wusste, dass die leckeren Sachen von irgendwelchen Tieren aufgefressen werden würden oder durch die Feuchtigkeit bis zum nächsten Morgen verdorben sein würden. „So bleiern der Sack auch ist, ich muss ihn so, wie ich ihn gefüllt habe, zu meiner Familie bringen", entschied er.

Als er endlich völlig erschöpft zu Hause ankam, stürmten ihm die Kinder in großer Erwartung entgegen und riefen: „Endlich bist du da, lieber Vater! Wir haben sehnsüchtig auf dich gewartet!"

Dabei schielten sie nach dem Sack auf seinem Rücken. Er stellte ihn auf den Stubenboden, löste den Strick und sah, dass er voller Goldmünzen war. Alle standen um den Sack und starrten hinein. Nun hatte alle Not ein Ende!

Trotz des Reichtums blieb er brav und fleißig. Er konnte sich notwendige Maschinen und Garne kaufen. Sein Geschäft florierte; er stellte Leute ein. Bald schon war er zu hohem Ansehen und Wohlstand gelangt. Nie vergaß er die Armen, gehörte er doch früher selbst zu diesen, und daran erinnerte er sich immer.

277. Der prophezeiende Zwerg

Immer in der Nacht vom 14. auf 15. Januar, zur Geisterstunde, entlädt sich ein entsetzliches Gewitter auf einem Berg nahe Zittau. Auf dieser Anhöhe steht dann ein äußerst furchteinflößender, abstoßend aussehender Zwerg. Der hält in der einen Hand einen Kelch, in der anderen ein hässliches, krötenähnliches Tier. Mit seinen großen roten, triefenden Augen, die beim Aufleuchten der Blitze entsetzlich anzusehen sind, blickt er abwechselnd auf den Kelch und auf das Tier. Irgendwann hebt er das Tier in die Höhe und versenkt es dann im Kelch.

Es sammeln sich immer viele Leute an, die mit Angst und Neugier zugleich dieses Vorgehen verfolgen, denn zischt eine Flamme im Kelch auf, so bedeutet das, dass es im Laufe des Jahres in der Gegend eine Feuersbrunst gibt. Wenn aber über den Kelchrand Blut fließt, so heißt das, dass im Ort ein Mord geschieht. Wenn die Geisterstunde um ist, dann hebt der Zwerg eines seiner krummen Beinchen und tritt heftig auf den Boden, der sich sogleich öffnet und er verschwindet darin. Zugleich ist vom Donner nichts mehr zu hören und vom Blitz nichts mehr zu sehen.

Der Berg liegt friedlich da, wie eh und je – bis zum nächsten Jahr.

278. Der anhängliche Kobold

Im Sächsischen diente längere Zeit ein Kobold treu und brav seinem Herrn. Aber mit der Zeit langweilte er sich und trieb immer mehr Schabernack, so dass er für den Bauern bald unerträglich wurde. Tag und Nacht sann der Bauer, wie er ihn loswerden könnte. Er brachte ihn in weit entfernte Ortschaften, in andere Gehöfte, in den Wald und an alle erdenklichen Plätze. Nichts nützte; meist war der Kobold schon vor ihm wieder zu Hause. Als der Bauer wieder die halbe Nacht vor sich hingegrübelt hatte, glaubte er endlich eine todsichere Vorgehensweise gefunden zu haben, um den Kobold loszuwerden.

Am nächsten Morgen ging er mit seinem Hausgeist in den Wald. Dort schlug er einen Baum um, setzte dann einen Keil am Stammende an und hämmerte ihn hinein. Dann sagte er zum Kobold: „Fass an und halte den Stamm auseinander, damit ich den Keil noch tiefer reinschlagen kann.“

Der tat wie ihm geheißen, aber der Bauer entfernte in Windeseile den Keil, so dass der Zwerg eingeklemmt war, rannte zu seinem Wagen, sprang auf und hieb auf die Pferde ein, um möglichst schnell nach Hause zu kommen, denn er dachte, auf diese Weise den Zwerg losgeworden zu sein.

Aber er war noch gar nicht weit gekommen, da hörte er hinter sich rufen: „Sag mal, ist da nicht eben der Nachbar an uns vorbeigefahren?“

Dem Bauern entglitten vor Schreck fast die Zügel, er drehte sich um, und da saß ganz vergnügt sein Hausgeist hinten auf dem Wagen. Und der Kobold fuhr mit nach Hause und der Bauer musste ihn weiter behalten.

Eine ähnliche Geschichte wird von einem Knecht erzählt, bei dem ein Kobold Quartier genommen hatte. Auch er versuchte vergeblich sich von diesem zu befreien. Nachdem alles fehlgeschlagen war, wollte er, ohne jedes Dienstaufsagen bei seinem Herrn, den Hof am nächsten Morgen heimlich verlassen. Er dachte, so den Kobold loszuwerden. Als der Knecht am Vorabend des Umzugs noch durch den Hof ging, sah er den Kobold an einem Wassereimer sitzen.

Er ging zu ihm hin und fragte: „Was tust du da?" „Das siehst du doch! Ich wasche meine Kleidchen, ich will fein aussehen, wenn wir morgen umziehen", antwortete der Zwerg.

Dem Knecht wurde klar, dass er den Wicht nie mehr los werden würde; und er musste sich wohl oder übel damit abfinden.

279. Der Aufhocker bei Torgau Sachsen

Von einem Aufhockerkobold erzählt um 1853 Ludwig Bechstein:

Ein Seiler aus Torgau, der über Land gewesen war und seines Weges heimwärts wandelte, traf einen Knaben auf dem Felde an, der saß am Boden, hatte ein Brettspiel vor sich liegen und spielte in demselben. Da der Weg nicht breit war und das Knäblein schier mitten im Wege saß, so stieß der Seiler beim Überschreiten an das Brett, so dass die Steine sich verschoben. Da schrie der Knabe. „Warum verrückt Ihr mein Brettspiel? Wartet nur, mein Vater wird's Euch danken!"

Und rückte darauf seine Steine wieder in Ordnung, und der Seiler ging weiter. Nicht lange währte es, etwa nach hundert Schritten, so holte der Mann ein uraltes, graues greises Männlein ein, das sehr müde schien und ihn ansprach, es sei gar so müde, er möge es doch tragen. Da lachte der Seiler über die Maßen; ob das Männlein ihn für ein Kamel halte, das einen alten Affen tragen müsse?

„Musst doch tragen, musst doch tragen! Hast meinem Söhnlein das Spiel verrückt!" rief das Männlein und sprang mir nichts dir nichts dem Seiler auf den Rücken und war so schwer, ach so schwer, und jener mochte schütteln und rütteln, wie er wollte, er rüttelte und schüt-

telte das alte Männlein nimmer ab. Und so hockelte er es bis vor das Tor von Torgau, dort fiel es von ihm wie ein Nußsack und war verschwunden. Von Zorn und Angst und Mattigkeit ganz schwach und krank kam der Seiler nach Hause, und nach zehn Tagen war er tot,

Nun hatte der Seiler einen kleinen Sohn, der jammerte und schrie unsäglich, da trat das Bübchen zu ihm, dem sein Vater das Spiel zerstört, und sprach: „Höre auf zu klagen und zu weinen. Deinem Vater ist ganz wohl geschehen. Bald sollst du und deine Mutter ihm nachfolgen, denn es wird eine gar schlimme Zeit kommen in Preußen, Meißen und Reußen, darinnen niemand besser sein wird als denen, die gestorben sind."

Das geschah im Jahre 1669, und gingen bald darauf der Kriegswirren genug durch die Länder, da der Kurfürst von Brandenburg mit einer Armee von zweiundzwanzigtausend Mann zu Ross und zu Fuss aufbrach und gegen die in Deutschland eingefallenen Franzosen zu Felde zog und andere deutsche Völker sich ihm verbündeten.

280. Mittags erscheint ein Zwerg

Um die Mittagszeit sah man in der Niederlausitz, der genaue Ort ist nicht überliefert, häufig einen Zwerg, der seinen Spaß mit den Menschen, für die das alles andere als lustig war, trieb.

Er trug eine Kiepe mit Holz auf dem Rücken und jammerte und ächzte vor sich hin. Mitleidige Holzarbeiter boten ihm ihre Hilfe an. Aber da kam dann plötzlich Leben in die Gestalt! Das Wimmern verstummte und der Kleine lachte laut und bösartig. Der hilfsbereite Holzer wurde zu Boden gestoßen, wo er sich vor Schmerzen krümmte; oder die Arbeitsgeräte lagen kaputt herum. Lange trieb dieses Mittagsmännchen sein Unwesen, aber auf einmal war es verschwunden.

281. Die Heigidl

Die Heigidl, oder auch Heugütel genannt, leben auf Wiesen im Erzgebirge. Gutmütige Wesen sind sie, wenngleich sie etwas Furchteinflößendes haben. Sie schauen uralt aus, haben einen dichten Bart in dem von Falten zerfurchten Gesicht, funkelnde Augen und tragen nur zerschlissene Kleidung. Einst stand ein Gewitter am Himmel. Der Bauer rief dem Gesinde zu: „Eilt euch, damit wir das Heu noch trocken nach Hause bringen!" Und sie schafften es tatsächlich.

Als das Heu abgeladen und eingelagert wurde, sprang plötzlich aus dem Heu ein winziges schwarzes Wesen vor die Bäuerin. Diese schrie im ersten Moment auf, da sie nicht beurteilen konnte, ob es sich um eine Ratte oder ähnlich Ungutes handelte. Aber der Wicht grinste und hüpfte fröhlich umher, kraxelte auf den Heuboden und verschwand dort. Der Zwerg machte sich von da an überall im Haus nützlich. In der Küche war am Morgen immer das Geschirr gespült und alles blitzte; wenn der Bauer mit seinen Leuten im Stall melken wollte, so was das und jede andere Stallarbeit schon erledigt.

Ein Heugütel hält sich nur bei rechtschaffenen, gottesfürchtigen Leuten auf und sucht sich selbst seinen Platz aus. Sieht man einmal so ein Wesen auf dem Feld und versucht es zu fangen, und der äußerst seltene Fall tritt ein, dass man es erwischt, so kratzt und beißt es, dass man es gerne wieder loslässt. Obwohl der Zwerg dem Haus nur Gutes bringt, wollen manche Bauern ihn nach einiger Zeit wieder loswerden. Zu diesem Zweck lässt man dem stets Bloßfüßigen ein Paar ganz kleine Schühchen machen und stellt sie dorthin, wo er sie sehen muss. Und sieht er sie, dann hört man ihn die ganze Nacht, in der er trotzdem seiner selbstgewählten Arbeit nachgeht, schluchzen und jammern. Am Morgen ist er dann für immer verschwunden (11).

282. Der Wein liebende Kobold

Die mäandrierende Straße war ein vielgenutzter Handelsweg über einen Berg im Erzgebirge. Fast auf der höchsten Stelle stand das Gasthaus „Zum Schwan". Alle kehrten dort ein, und zwar gerne, herrschte doch immer eine angenehme und fröhliche Atmosphäre, und dadurch erlangten die Wirtsleute großen Wohlstand. Als der Wirt überraschend starb, führte seine resolute Witwe mit Können und Fleiß das rentable Gasthaus mit mehreren Mägden und Knechten erfolgreich weiter.

Von einem Tag auf den anderen war es mit dem Hausfrieden vorbei! Die Kühe im Stall zerrten an ihren Ketten und waren voller Unruhe; die Pferde bäumten sich anscheinend grundlos auf. Schnell war man sich klar darüber, dass ein Kobold im Haus Einzug gehalten hatte. Überall trat er unsichtbar auf. Niemand war vor seinen Bubenstreichen sicher. Die Mägde zog er an ihren Zöpfen durch den Stall, beim Melken stieß er ihnen den Schemel weg, so dass sie samt Eimer nach hinten fielen: in der Küche warf er Töpfe, Pfannen und alles war Lärm verursachte durcheinander; den Knechten machte er die Ackergeräte und sonstiges Werkzeug kaputt, schubste sie, wenn sie die Tiere fütterten, und vieles mehr.

Er wurde immer unverschämter, und dann hielt er es nicht mehr für nötig, immer seine Tarnkappe zu tragen. Überall tauchte er auf, schnitt Grimassen, steckte die Zeigefinger in die Mundwinkel, zog diese weit auseinander und stieß dabei entsetzliche Schreie aus, dann stampfte er mit seinen krummen Beinchen auf den Boden und lachte sich halbtot, weil es ihm wieder gelungen war, die Leute zu erschrecken. Die Wirtin bezahlte bereits den doppelten Lohn an das Gesinde, nur dass es blieb. Aber es half nichts. Alle verließen den Hof, weil sie die Bösartigkeit des Kobolds nicht mehr ertrugen. So war ein laufender Wechsel des Dienstpersonals; die Wirtin bekam nur Leute, die nirgends anderswo unterkamen und schludrig und faul waren.

Irgendwann fand der Kobold heraus, dass im Keller guter Wein lagerte. Dem sprach er sehr zu und durch den Alkoholkonsum wurde er noch schlimmer. Die Wirtschaft ging, im wahrsten Sinne des Wortes, den Bach hinunter. Die Wirtin war verzweifelt! Sie erinnerte sich, dass in einer Mühle, ein paar Ortschaften weiter, auch einmal ein Kobold gewütet hatte, der aber dort ausgezogen war. Die Schwanenwirtin suchte diesen Müller auf und fragte ihn um Rat.

Der sagte: „Ich verstehe dich gut. Dein Kobold ist ja noch viel schlimmer als meiner war. Auf den Rat einer alten Frau hin, ließ ich ihm neue Kleidung anfertigen und legte sie an einen Platz, wo er sie gleich sehen musste. Und tatsächlich, als er das neue Kleidchen sah, zog er es sofort an, ließ den Kopf hängen und sagte ganz niedergedrückt: ‚Nun hab ich den Lohn, muss auf und davon (11)‘. Und tatsächlich ist er dann verschwunden.“

Das erste Mal seit langer Zeit war die Wirtin guter Dinge. Der etwa drei Spannen (68) große üble Hausgenosse trug ein an vielen Stellen abgeschabtes, schmutziges graues Gewand und zerrissene Schuhe. Sofort ließ sie beim Schneider ein herrliches Kleidchen aus Samt nähen; der Schuster fertigte dazu Schühchen aus feinstem Leder. Das alles legte die Schwanenwirtin in den Weinkeller auf das Stühlchen, auf dem der Zwerg bei seinem Alkoholgenuss meistens saß.

Sie war neugierig auf die Wirkung.

Deshalb stellte sie sich vor die Tür, und als sie am Gepolter merkte, dass er im Keller war, spähte sie durch das Schlüsselloch. Er stutzte als er die feinen Sachen sah. Dann nahm er ein Stück nach dem anderen in seine Händchen und begutachtete es. Dann warf er alles auf den Boden, trampelte darauf herum und plärrte lachend:

„Ei wie nett, ei wie fein!
Lieber ist mir doch der Wein!
Zum Zippel, zum Zappel, zum Kellerloch 'nein!
Alles muss gesoffen sein!" (15)

Fast hätte die Frau der Schlag getroffen ob der Erfolglosigkeit. Sie war fassungslos. Martha, ihre Tochter, versuchte sie zu trösten und hatte dann die Idee, einen Priester vom Nachbardorf, der als mutiger Mann bekannt war, zu holen. Die Wirtin ging zusammen mit einer Magd, die den reich mit Esswaren bestückten Korb tragen musste, zu jenem Pfarrer. Sie schilderte ihm ihre arge Lage, und während der Geistliche in Richtung Korb schielte, sagte er: „Morgen komme ich, und dann bist du den elenden Zwerg los. So eine Vertreibung ist für mich ein Kinderspiel! Übrigens, hast du noch von dem köstlichen Malvasier, den du mir letztes Jahr vorgesetzt hast?"

„Ja" entgegnete die Frau, „aber es ist nicht mehr viel vorhanden".

Darauf meinte der Mann: „Ich glaube, dass es sinnvoll ist, wenn ich gleich mitkomme.“ Er holte ein dickes Buch und ein großes Kreuz, und dann gingen sie zum Gasthaus. Dort angekommen, gingen sie sofort in den Keller. Lateinische Sätze murmelnd, hoch erhoben das Kreuz in der rechten Hand und das Buch in der linken, so betrat er mutig den Weinkeller. Es dauerte nur kurze Zeit, dann hörte man ein schrilles Lachen hinter einem Weinfass und der Kobold rief:

„Pfäfflein, willst mich bannen? Schnick, Schnack!
Pfäfflein, zieh von dannen! Schnick Schnack!
Pfäfflein, lass das Beten sein!
Stiehlst der Kirch‘ den Opferwein!“ (15)

Dem Pfarrer blieb das Wort im Hals stecken. Dann schnaufte er durch, und die Beschwörung ging weiter. Erneutes höhnisches Lachen und dann rief der Kobold:

„Pfäfflein, willst mich bannen? Schnick, Schnack!
Pfäfflein, zieh von dannen! Schnick, Schnack!
Pfäfflein, lass das Beten sein!
Würfelst mit dem Schelmenbein!“ (15)

Vor Schreck ließ der Geistliche das schwere Buch fallen, und nachdem er sich einigermaßen gefangen hatte, schleuderte er brüllend dem Kobold eine Verfluchung nach der anderen entgegen. Aber es half nichts, denn der Zwerg plärrte wieder unter Lachen:

„Pfäfflein, willst mich bannen? Schnick, Schnack!
Pfäfflein, zieh von dannen! Schnick, Schnack!
Pfäfflein, lass das Beten sein!
Geh zu deiner Katharein,
sitzt bei ihrer Spulen,
denkt an ihren Buhlen!“ (15)

Das hatte der Pfarrer nicht erwartet! Er ließ das Kreuz sinken, raffte sein Buch auf und verließ mit hängenden Schultern den Keller. Nachdem ihn die Wirtin sehr abschätzig ansah, war dem guten Mann die Sache noch peinlicher. Er stammelte nur noch: „Ich gehe jetzt, aber am nächsten Sonntag komme ich wieder. Dieser Kobold ist schlimmer wie der Teufel selbst und alles, was er gesagte hat, sind infame Lügen! Verlass dich auf mich, ich werde ihn bannen!“

Der Geistliche kam weder am Sonntag, noch an irgendeinem anderen Tag; er mied sogar die Nähe des Gasthofs. Die Wirtin aber suchte nach einem anderen passenden Haus und wurde auch fündig.

Dann sagte sie zu ihrer Tochter: „Kind, ich kann einfach nicht länger hier bleiben. Ich werde verkaufen und darum fahre jetzt weg, auf die andere Seite des Berges, und schaue einige Anwesen an, die für einen Kauf für mich in Frage kommen. Es fällt mir sehr schwer, hier wegzugehen, von einem Haus, wo ich nur Schönes erlebt habe.“

Dabei fing sie an zu weinen und die Tochter stimmte mit ein.

Ein paar Tage später übergab die Wirtin ihrer achtzehnjährigen Tochter die Schlüssel, und nach vielen Ermahnungen fuhr sie weg. Fast eine Woche war vergangen. Sie hatte ein Gasthaus gefunden, das ihren Vorstellungen entsprach. Sie kehrte nach Hause zurück. Aber etwa eine halbe Wegstunde von ihrem Daheim entfernt, ließ sie den Knecht mit dem Wagen stehen, sagte zu ihm, dass er in etwa zwei Stunden weiterfahren solle und machte sich zu Fuß auf den Heimweg.

Schon von weitem hörte sie Zither-Musik und fröhliche Lieder. Sie schlich, von Baumstämmen verdeckt, näher zum Haus.

Da sah sie einen gutgelaunten attraktiven jungen Mann, vor dem ein großer Becher Wein stand, an einem Tisch sitzen, dem die Musik zu verdanken war. Was aber die Frau sofort störte: Ihre Tochter lehnte am Türrahmen und ließ kein Auge von dem Burschen, der auch Martha mit verliebten Blicken ansah. Einem Racheengel gleich trat sie aus den Bäumen hervor und stand mit funkelnden Augen, mühsam beherrscht, vor den beiden. Martha erschrak heftig, in ihrer Verlegenheit steckte sie, wie ein kleines Kind, den Finger in den Mund und kaute an ihm. Der junge Mann unterbrach sein Spiel, erhob sich, nahm seinen Hut ab, verbeugte sich höflich vor der Wirtin und sah sie mit strahlendem Blick an. Der Ärger, den sie noch kurz vorher empfunden hatte, war verschwunden. Sie sagte nur: „Da geht es ja lustig zu! Kaum bin ich außer Haus, tanzen die Mäuse auf dem Tisch. Sag, wer bist du und wo kommst du her?“

Er antwortete: „Ich bin ein Student auf Wanderschaft und mach hier Station. Ich danke für den Wein und wünsche dem Haus Segen!“

Die Wirtin meinte, dass sie von Dank und Segen nichts habe, und ehe sie den Gast zum Gehen auffordern konnte, sagte Martha: „Mutter, er hat sich den Trunk wohlverdient. Unsere gescheckte Kuh, die schon länger dahinkränkelt, hat er schon fast gesund gemacht. Sie frisst wieder Klee. Er meint, dass er sie in ein paar Tagen völlig geheilt hat. Darum, liebe Mutter, gönnt ihm ein paar Tage im Gasthaus!“

Blitzschnell schoss folgender Gedanke der Wirtin durch den Kopf: Vielleicht kann der Student nicht nur Kühe kurieren, sondern weiß auch ein Mittel gegen den Kobold! Also sagte sie: „Na gut, du kannst bleiben, bis die Kuh gesund ist."

Tatsächlich war die Kuh nach zwei Tagen gesund. Während dieser Zeit beobachtete die Wirtin den jungen Mann ganz genau. Und dann zog sie ihn ins Vertrauen. Sie berichtete ihm alles über den wüsten Kobold, bis hin zum missglückten blamablen Bannversuch. Der Student machte ein ernstes Gesicht und ging mit ihr in den Weinkeller, und die vielen Fässer imponierten ihm sehr. Mit tiefer, fast gruseliger Stimme rief er: „Incubus! Incubus!" (D. h. nächtlicher Dämon.)

Es dauerte nicht lange, da rief der Zwerg:

„Schülerlein, Schülerlein,
spar dir dein Griechisch und Latein,
hier ist nichts zu holen,
mach dich auf die Sohlen,
stiel dem Bauer ein Schinkentrumm,
dreh der Gans den Kragen um!" (15)

Daraufhin ging der Bursche wieder nach oben, setzte sich in der Gaststube zur Hausfrau und sagte: „Ich konnte mich nun selbst überzeugen, was das für ein böser Kerl ist. Trotzdem wage ich das Experiment und bin mir sicher, dass er aufgibt. Aber für Gottes Lohn mache ich diese Arbeit nicht! Ihr müsst mir versprechen, mir das zu geben, was ich verlange."

Die Wirtin meinte: „Und das wäre?" „Martha", entgegnete er.

Sie schaute gar nicht erschrocken drein, gefiel ihr doch der junge Mann. Er hatte seine Fähigkeiten bereits bei der Heilung der Kuh unter Beweis gestellt und noch so manch andere Arbeit in den letzten Tagen gut verrichtet. Auch hatte sie längst bemerkt, dass ihre Tochter und der junge Mann sehr verliebt ineinander waren. Sie seufzte tief und meinte: „In Gottes Namen! Du sollst meine Tochter zur Frau bekommen, auch wenn ich andere Pläne mit ihr hatte. Mein Einverständnis gilt aber nur, wenn du es schaffst, dass der elende Kobold verschwindet!"

Sie hielt ihm die Hand entgegen und freudig schlug er ein. Dann stellte er fest: „Das ist eine schwierige Aufgabe für mich. Allein schaffe ich es nicht. Ehe ich hierher kam, war ich mit zwei Kollegen unterwegs, die sicher noch in der Gegend sind. Ich will sie suchen, damit sie mir helfen. Dann wird die Sache gelingen, davon bin ich überzeugt!“

Sofort machte er sich auf den Weg, fragte überall nach den beiden, und nach drei Tagen kam er mit ihnen zurück. Die Wirtin erschrak, als sie die beiden merkwürdigen Gestalten sah: Der eine war dick und in seinem Gesicht prangte eine riesige rote Nase; der andere war sehr groß und dürr und am Hals hatte er ein kropfähnliches Gebilde.

Gutes Essen wurde reichlich aufgetragen und ein großes Gefäß mit Wein stand dabei. Aber den Wein wiesen sie mit der Begründung zurück, dass sie für ihre schwere Arbeit einen klaren Kopf bräuchten. Diese Einstellung gefiel der Wirtin sehr! Als es bereits dämmerte, machten sich die drei auf den Weg in den Keller. Martha starb schier vor Angst um ihren Liebsten. Mutter und Tochter gingen zeitig zu Bett. Aber Martha fand keinen Schlaf.

Vorsichtig schlich sie zu fortgeschrittener Stunde in Richtung Keller. Schon auf der Kellertreppe hörte sie ein Stimmengewirr und lallende Lieder. Es war richtig gruselig. Dann presste sie das Ohr aufs Schlüsselloch und hörte „dreimal drei ist neune, ihr wisst schon was ich meine! Fidibum!“ Das musste die Bannformel sein! Sie rannte davon und warf sich auf ihr Bett und weinte vor Angst.

Als am Morgen der Hahn krähte, verließ die Wirtin ihr Bett, kleidete sich an, nahm den Schlüsselbund, ging die Treppe hinunter, schloss die Haustür auf und dann das Hoftor. Da wischte etwas Kleines aus dem Haus in Richtung Hoftor. Es war nicht mehr der freche Grimassen schneidende Kobold, sondern ein graues bedrücktes Wesen, mit einem Haselnussstecken über der Schulter, an dem ein kleines Bündel baumelte. Ehe er das Gehöft verließ, drehte er sich nochmal um, betrachtete das Haus und sagte mit gebrochenem Stimmchen:

„Alles leer, alles leer! Muss fort auf Nimmerwiederkehr!“

Darauf verließ er das Gehöft und war für immer verschwunden.

Sofort eilte die Frau in den Keller. Sie klopfte an die Tür, sie rief, dann schlug sie mit der Faust dagegen. Totenstille. Sie hatte plötzlich Angst, dass den Männern etwas zugestoßen sei. Nach einiger Zeit öffnete der zukünftige Schwiegersohn, total kraftlos und erschöpft, die Tür. Sie umarmte ihn und sagte: „Du hast es geschafft mit deinen Begleitern! Der heimtückische Kobold ist fort! Ich danke dir! Du hast das Unmögliche fertiggebracht!“ Er rief nach seinen Kumpanen, die dann ganz verschlafen herbeikamen.

Die beiden Helfer wollten ihren Weg nach einer guten Stärkung sogleich fortsetzen. Das war ganz nach dem Geschmack der Wirtin! Sie gab ihnen reichlich Geld mit auf den Weg. Dann sagte sie zu ihrem zukünftigen Schwiegersohn und ihrer Tochter: „Werdet glücklich miteinander. Eurer Hochzeit steht nichts mehr im Wege!“

Hernach ging die Wirtin in den Keller, um einen Krug Wein zu holen. Aber wie schaute sie! Es war kein Wein mehr da. Alle Fässer waren leer. Fast hätte sie einen Wutausbruch gehabt. Aber sie besann sich und murmelte nur vor sich hin: „Ich muss froh sein, dass der Kobold vertrieben wurde und ein paar Fässer Wein kann ich wieder kaufen. Aber wenn mein zukünftiger Herr Schwiegersohn glaubt, er kann trinken so viel er will, dann befindet er sich auf dem Holzweg! Den Wein, den der in Zukunft trinkt, den teile ich ihm zu. Aber die beiden anderen Gesellen will ich hier nicht mehr sehen!“

Und so hielt sie es auch, so lange sie lebte, und sie lebte sehr lang.

283. Das dankbare Holzweiblein bei Jöhstatt

Diese Wesen hausen in Wäldern, sind in der Regel den Menschen gegenüber freundlich gesinnt, helfen ihnen gelegentlich bei der Arbeit und beschenken sie. Allerdings werden sie vom Wilden Jäger gejagt, und wenn dieser ihrer habhaft wird, dann werden sie in Stücke zerrissen. Aber die Weiblein haben einen Zufluchtsort, wo ihnen der Wilde Jäger nichts anhaben kann. Das sind Baumstümpfe, die mit drei Kreuzen bezeichnet sind (30). In der Nähe von Jöhstatt im sächsischen Erzgebirge sah man oft ein Holzweiblein. Im ausgehenden Winter war ein Holzarbeiter mit dem Fällen von Bäumen beschäftigt. Als wieder ein Baum gefällt war, schlug er sofort in den Strunk drei Kreuze. Und in diesem Augenblick floh gerade solch ein Holzweiblein vor der Wilden Jagd. Es hielt inne als es den Baumstumpf mit den Kreuzen sah und setzte sich darauf. Dadurch war es gerettet.

Als der Spuk um war, nahm es Holzspäne und füllte damit den Korb, in dem der Mann immer sein Essen beförderte. Der aber sagte sich: „Was soll ich diese Späne nach Hause tragen?“ Er entleerte den Korb und ging heim. Offensichtlich war jedoch ein Span im Geflecht des Korbes zurückgeblieben, und als er zu Hause angekommen war, sah er ein Blinken. Der kleine Span war zu Gold geworden. Sogleich lief er in den Wald zurück, aber er fand keinen einzigen Span mehr.

284. Die Gämsen im Erzgebirge

Man meint, dass es Gämsen nur im Hochgebirge gibt! Nein, sie sind auch anderorts, wie z. B. im Erzgebirge, zu Hause. Dort hatte es ein Jäger ganz besonders auf die Gämsen abgesehen. Als er eines Morgens auf einem hohen Fels stand und gerade zum Schuss anlegte, stand, wie eben aus dem Boden gewachsen, ein unansehnlicher, abstoßend wirkender Zwerg vor ihm. Vor Schreck ließ der Jäger das Gewehr sinken, kam ins Straucheln und konnte gerade noch das Gleichgewicht halten, denn sonst wäre er in die Tiefe gefallen.

Der Wicht herrschte ihn an: „Die Gämsen hier sind mein Rudel! Lange Zeit schon stiehlst du mir Tiere! Jetzt ist das Maß voll! Ich fordere dein Blut als Ausgleich für diese Schandtaten!“

Der Jäger wurde aschfahl und stammelte: „Halt ein in deinem Zorn. Woher sollte ich wissen, dass diese Gämsen dein Eigentum sind? Ich bitte dich inständig um Vergebung! Hab Nachsicht mit mir und schone mich. Ich gelobe, nie mehr deine Gämsen zu jagen.“ Der Zwerg überlegte kurz und sprach dann: „Gut, ich will Gnade vor Recht ergehen lassen. Jede Woche, immer am siebten Tag, hängt eine frisch geschlachtete Gämse vor deiner Hütte. Aber ich warne dich! Wenn du wortbrüchig wirst, geht’s dir an den Kragen!“

Nach diesen Worten war der Zwerg verschwunden.

Und tatsächlich, jeden siebten Tag erhielt der Jäger eine wohlgenährte Gämse, und er genoss das Nichtstun. Aber nach einiger Zeit wurde es ihm langweilig, und wieder ein wenig später hielt er dieses träge Leben nicht mehr aus. Es zog ihn auf die Höhen, um wieder eine Gämse zu schießen. Eines Tages erklomm er mit seiner Flinte die Felsen. Plötzlich stand der Inbegriff eines Prachttieres vor ihm. Ohne zu überlegen, riss er das Gewehr an die Wange und zielte; aber ehe er den Schuss auslösen konnte, war urplötzlich der Zwerg da und schleuderte ihn in die Tiefe, wo er zerschmettert liegen blieb (69).

285. Der getötete Bergarbeiter

Hans war ein armer Bursche und dazu noch kränklich. Aber so sehr er sich mühte, er bekam keine andere Arbeit, als die eines Hilfsknechts in einem Bergwerk in Freiberg im Bereich der Elisabeth-Fundgrube. Da er aufgrund seiner schlechten Gesundheit immer nur sehr wenig schaffen konnte, saß er oft allein in einem Seitenschacht und weinte vor sich hin.

Eines Tages stand vor ihm ein kleines Männchen und sprach: „Ich bin der Beschützer dieser Grube. Dein Wehklagen ist bis zu mir gedrungen. Ich sehe, du bist ein braver Bursche und nicht schuld an deinem Unglück. Ich will dir helfen. Aber dafür gibt es drei Bedingungen! Zu jeder Schicht musst du mir mitbringen,

1. eine Pfennigkerze,
2. einen Pfennigwecken und
3. du musst ewig schweigen über unser Abkommen. Solltest du jemals einem Menschen davon erzählen, so ergeht es dir übel."

Hans gelobte hoch und heilig die Forderungen zu erfüllen. Daraufhin übergab der Zwerg dem jungen Mann Silber. Und so ging lange Zeit alles prima. Aber aufgrund des jetzt guten Einkommens, konnte sich Hans auch zu den Kameraden gesellen und mit ihnen nach Feierabend ein Bier in der Wirtschaft trinken. Und da passierte es! Ein recht schmackhaftes Bier wurde ausgeschenkt und Hans trank weit über seinen Durst; er war betrunken! In diesem Zustand lockerte sich seine Zunge und er erzählte den Kameraden von seinem Abkommen mit dem Zwerg. Als er am nächsten Morgen erwachte, konnte er sich gleich daran erinnern, dass er seinen Schwur gebrochen hatte.

Bangen Herzens trat er die Schicht an. Er fuhr in die Grube ein, denn er sollte den Förderkorb mit Silber beladen. Oben warteten die Kameraden auf sein übliches Zeichen, dass das Silber heraufgezogen werden kann. Aber es rührte sich nichts. Die Kumpel riefen in die Tiefe. Nichts!

Doch auf einmal bewegte sich das Seil. Sie zogen den Behälter in die Höhe. Aber wie erschraken sie, als nicht das Fördergut in der Kiste war, sondern der obere Rand mit brennenden Pfenniglichtern bestückt war und darinnen kauerte der erwürgte Hans, und das letzte Pfennigbrot lag auch noch bei.

So erbarmungslos wurde der arme Knecht für das gebrochene Wort bestraft.

Bergleute bei der Arbeit. Holzschnitt um 1556 aus G. Agricola: De re metallica libri XII

286. Der Dank des geretten Zwerges

Er arbeitete als Bergmann in einem sächsischen Bergwerk, seine Frau als Tagelöhnerin im Dorf und beide waren sehr fleißig. Sie konnten sich gar nicht erklären, warum bei ihnen die Not zu Hause war, während es den Nachbarn, die die gleichen Tätigkeiten verrichteten und zudem oft noch eine Schar Kinder zu versorgen hatten, erheblich besser ging. An einem Abend sprachen die Eheleute wieder einmal darüber, ohne jeden Neid oder Groll auf die Nachbarn. Nachdenklich meinte die Frau: „Vielleicht wäre alles anders, wenn wir ein Kind hätten. Es heißt doch, Kinder bringen Segen ins Haus."

Ihr Mann stimmte ihr zu. Täglich baten sie nun den lieben Gott beim Abendgebet, dass er ihnen doch einen Sohn schenken möge. Einige Tage später, als der Mann im Bergwerk hart werkelte, stand vor ihm ein braun gekleideter Zwerg und sagte: „In einem Jahr wird bei euch alles anders, und ihr habt mehr als das, um das ihr täglich betet."

Bevor der Bergmann etwas über die Lippen brachte, war das Männlein verschwunden. Als er nach der Schicht nach Hause kam, teilte er gleich seiner Frau mit, was er erlebt hatte. Sie hörte aufmerksam zu und sagte: „Mir ist das Gleiche widerfahren! Auch vor mir stand heute ein Zwerglein und sagte dasselbe."

Beide fühlten sich so glücklich, wie schon lange nicht mehr. Sie arbeiteten noch mehr wie zuvor, um wenigstens Kleidung für das Kind kaufen zu können. Kaum war ein Jahr vergangen, da hatte der Mann auf der anderen Seite des Berges Besorgungen zu tätigen. Es dauerte länger wie er angenommen hatte, und als er auf dem Rückweg war, dunkelte es bereits. Er eilte voranzukommen, musste aber sehr vorsichtig sein, um in dem Geröll nicht abzurutschen. Als er im Tal in der Nähe des Flusses war, hörte er, der Stimme nach von einem Kind, jämmerliche Hilferufe. Er rannte zum Ufer und sah, so meinte er wenigstens, ein Kind mit den Wellen kämpfen.

Ohne zu überlegen sprang er in den Fluss und zog das Kind heraus. Der Kleine berichtete von einem Palast, wo er zu Hause sei, von Gold, Silber, Edelsteinen und vielem mehr. Aber der Bergmann konnte damit nichts anfangen, sondern nahm ihn auf den Arm und murmelte vor sich hin: „Vielleicht ist das der Sohn, den wir uns gewünscht haben."

Freudig trug er ihn nach Hause. Als er dort ankam, war die Mitternacht längst vorüber. Er dachte, seine Frau wäre bereits zu Bett gegangen, aber es brannte noch Licht. Als er die Stube betrat, empfing sie ihn voller Freude und teilte ihm mit, dass der liebe Gott ihnen zwei

Knaben geschenkt habe. Aber zugleich stellte sie traurig fest, dass sie nur ein Hemdchen hatte und deshalb nur ein Kind kleiden könne; das andere lag nackt da.

Der Mann, sich der Armut schmerzlich bewusst, überlegte, wie er seiner Frau beibringen solle, dass noch ein drittes Kind zu versorgen wäre. Aber ehe er zu ihr etwas sagen konnte, schrie sie auf und warf sich über ihre Kinder: „Das ist kein Kind, was du in den Armen hältst! Schau dir das alte Gesicht an! Das ist ein Zwerg! Es ist bekannt, dass Zwerge Kinder stehlen oder austauschen! Hinaus mit ihm!“

Sogleich sprang der Wicht vom Arm des Mannes und rannte zur Tür hinaus. Die Frau war ganz außer sich und ihr Mann versuchte sie zu beruhigen. Auf dem Boden lag ein Päckchen, das vorher noch nicht dagewesen war. Sie nahmen es auf und staunten; darin waren je sechs Hemdchen, Tücher und Röckchen sowie zwei Perlenschnüre, an denen ein Pflänzchen baumelte. „Das ist ein Geschenk vom Zwerg“, rief der Mann und seine Frau strich dankbar über die schönen Sachen und sagte: „Danke, lieber Wohltäter! Verzeih mir, dass ich so grob zu dir war! Es tut mir von Herzen leid! Ich weiß jetzt, dass du nichts Böses im Schilde führst!“

Dann betrachtete sie die Kettchen und sah, dass es sich bei den Pflänzchen um Orant (66) handelte. Schnell streifte sie den Kindern die Kettchen über mit den Worten: „Meine herzigen Kinderchen, jetzt seid ihr geschützt. Kein böse gesinnter Zwerg kann euch bis zur Taufe etwas anhaben!“

Einige Zeit später war die Taufe angesetzt. Arbeitskollegen aus dem Bergwerk sollten die Paten sein. Aber nach einer Taufe ist das Taufessen fällig. Die Leute überlegten, was sie auftischen könnten, da sie selbst nicht viel hatten. Da sprang die Tür wie von selbst auf und drei große Schinken, vier Brote und zwei große Säcke wurden von unsichtbarer Hand hereingeschoben. Sie öffneten die Säcke und fanden Fleisch, Gemüse, Mehl und viele andere Nahrungsmittel, von denen eine Familie viele Wochen leben konnte.

Der Bergmann wollte die Sachen gleich in den alten Vorratsschrank in der Diele, der fast immer leer war, legen, aber als er die Tür öffnen wollte, war dies nicht möglich. Er und seine Frau versuchten es gemeinsam, die Tür doch so weit zu öffnen, dass man hinein konnte. Und was fand er vor? Ein großes Fass Bier! Jetzt konnten sie die Taufgäste bewirten. Aber sie stellten fest, dass sie für solch eine Feier nicht genügend Geschirr hatten. Der Mann sagte:

„Ich habe einmal von einer Höhle gehört, wo Zwerge prachtvoll leben, und ich weiß wo diese liegt. Ich will hingehen, denn dort sollen sie in mondhellen Nächten auf einer Wiese tanzen und sich die Zeit vertreiben. Da sie ihre Nebelkappen tragen, können sie von den Menschen nicht gesehen werden. Ich gehe hin und klopfe an die Höhle. Vielleicht tritt der gute Zwerg hervor und ich frage ihn, ob er uns Küchengerätschaften leihen kann."

Er ging zur Höhle und plötzlich stand der Zwerg vor ihm, den er vor dem Ertrinken gerettet hatte. Der Bergmann trug seine Bitte vor und der Kleine sagte: „Komm morgen früh hierher, dann steht das Gewünschte bereit."

Am nächsten Morgen, als er bei der Höhle eintraf, standen Teller, Schüsseln, Gläser, Besteck und vieles mehr bereit. Er steckte einen Teil davon in seinen Rückenkorb und ging nach Hause. Nach der Taufe sagte der Pfarrer, dass er so schöne kräftige Jungen schon lange nicht mehr gesehen habe. Dann fand ein fröhliches Taufessen statt. Am nächsten Morgen reinigten die Eheleute die ausgeliehenen Sachen, putzten sie blitzeblank, gossen Bier in einen Krug, gaben Speisen in eine Schüssel und der Mann trug alles zur Höhle zurück.

Die Kinder gediehen prächtig, und als die Mutter an ihrem ersten Geburtstag morgens vor das Bettchen trat, lagen sechs Goldstücke darauf. Und jedes Jahr am Geburtstag legte der Zwerg sechs Goldstücke auf das Bett. In der Nacht vor dem dreizehnten Geburtstag hörte der Vater einen der Buben husten, er stand auf und kochte Tee.

Als er ihn dem Kind bringen wollte, ging eben die Tür auf und der Zwerg trat herein. Als der aber das Licht bemerkte, rannte er in panischem Schrecken weg und kam von da an nie wieder.

287. Schicht im Schacht

Der Besitzer des Bergwerks „Zur treuen Freundschaft" in Johanngeorgenstadt war gestorben. An der Trauerfeier mussten alle, die bei ihm in Lohn und Brot standen, teilnehmen, insbesondere die Knappen in ihrer schmucken Tracht mit den goldglänzenden Knöpfen. Um an den Trauerfeierlichkeiten teilnehmen zu können, war eine Stunde früher Schicht im Schacht.

Ein Bergmann, der in einem hinteren Stollen allein arbeitete, dachte nicht mehr daran, dass früher als sonst ausgefahren werden sollte. So war er mutterseelenallein in der Grube, ohne es zu bemerken. Als er meinte, dass es Zeit wäre, sich zur Ausfahrt zum Förderkorb zu begeben, sah er im Gang jemanden mit einer Laterne auf sich zukommen; er nahm an, dass es der Steiger sei. Als die Gestalt näher kam, erkannte er, dass es sich um ein braungekleidetes kleines Männchen handelte. Dieses fragte ganz verwundert: „Hat die Schicht schon begonnen?"

Verdutzt schaute es der Bergmann an, und da dämmerte ihm, dass er das vorgezogene Schichtende übersehen hatte. Ohne weiter etwas zu sagen, hängte das Bergmännlein seine Lampe an einen vorstehenden Stein und verschwand. Der Bergmann ging zum Aufzug und wartete, bis seine Kameraden wieder in die Tiefe gekommen waren. Ganz aufgeregt erzählte er dem Steiger von seinem Erlebnis. Dieser meinte nur: „Lieber Hans, du warst in Panik als du bemerktest, dass du allein hier unten warst. Während der langen Wartezeit bist du sicher eingeschlafen und hattest diesen Traum!"

„Nein", erwiderte er, „geht mit, ich kann euch zu der Stelle führen, wo ich dem Grubenmännchen begegnet bin."

„Gut, dass du Ruhe gibst, gehe ich mit dir."

Wie erstaunt aber war er, als er das Laternchen sah. Sofort schaute er es ganz genau an und stellte fest, dass es sich um kein dem Bergwerk gehörendes Grubenlicht handelt. Sofort ordnete er an, an der Stelle, an der das Laternchen hing, Bohrungen durchzuführen. Und siehe da, es war eine reiche Erzlagerstätte, die den Erben des verstorbenen Besitzers großen Gewinn brachte. Darüber, dass der Knappe irgendeine Belohnung erhielt, ist nichts bekannt.

288. Das Zwergloch im Scheibenberg

Auf der Ostseite des sagenumwobenen Scheibenbergs im Obererzgebirge befindet sich eine Höhle, die Zwergloch genannt wird. Darüber erzählt J. G. Th. Grässe um 1855:

Darin wohnten sonst der Sage nach viele Zwerge, deren König Oronomassan (nach anderen Zembrokal) hieß. Sie waren nicht über 2 Schuh lang und trugen recht bunte Röckchen und Höschen. Es schien ihr größtes Vergnügen zu sein, die Leute zu necken; sie taten aber auch manchem viel Gutes und halfen vorzüglich frommen und armen Leuten. Einst im Winter ging ein armes Mädchen aus Schlettau in den am Fuß des Scheibenberges gelegenen Wald, um Holz zu holen. Da begegnete ihr ein kleines Männlein mit einer goldenen Krone auf dem Haupte, das war Oronomassan. Er grüßte das Mädchen und rief gar kläglich: „Ach, du liebe Maid, nimm mich mit in deinem Tragkorb! Ich bin so müde, und es ist so kalt, und ich weiß mir keine Herberge! Drum nimm mich mit zu dir in dein Haus!“

Das Mädchen kannte den Zwergkönig zwar nicht, aber da er gar zu flehentlich bat, so setzte sie ihn in ihren Tragkorb und deckte ihre Schürze über ihn, damit es ihm nicht auf den Kopf schneien möchte. Darauf nahm sie den Korb auf den Rücken und trat den Rückweg an.

Aber das Männchen in ihrem Korbe war zentnerschwer, und sie musste alle Kräfte zusammennehmen, dass sie die Last nicht erdrückte. Als sie nach Hause gekommen, setzte sie den Tragkorb keuchend ab, und wollte nach dem Männchen darin sehen, und deckte die Schürze ab. Aber wer schildert ihr freudiges Staunen? Das Männchen war fort und statt seiner lag im Tragkorb ein großer Klumpen gediegenen Silbers.

289. Der Goldklumpen im Scheibenberg

M. Lorenz Schwabe war im Jahr 1605 Pfarrer in der kleinen Stadt Scheibenberg im Obererzgebirge. Diese verdankt ihren Namen dem im Nordwesten der Stadt gelegenen Basaltberg, der wegen seines Aussehens seit Menschengedenken genauso heißt und von dem behauptet wurde, dass darin Zwerge reiche Schätze gehortet hätten.

Die Gattin des Pfarrers hatte einmal ihre Freundinnen aus Annaberg zum Kaffeekränzchen eingeladen. Nach einiger Zeit schlug eine der Damen vor, einen Spaziergang zu machen. Alle stimmten freudig zu. Die Gastgeberin meinte: „Gehen wir doch zum Scheibenberg. In diesem sollen Zwerge hausen“, und schelmisch fügte sie hinzu, „vielleicht begegnet uns einer und beschenkt uns!“

Die anderen schmunzelten und die lustige Gesellschaft machte sich auf den Weg. Als sie zu dem sagenumwobenen Berg kamen, gewahrten sie eine Höhle, zu der drei Stufen hinabführten. Von Haus aus waren sie zwar ängstlich, aber die Neugierde überwog und sie wagten sich hinein. Kaum hatten sie darin ein paar Schritte getan, da lag vor ihnen ein großer Goldklumpen. Erschrocken hasteten sie aus der Höhle und eilten nach Hause.

Sie erzählten ihr Erlebnis dem Pfarrer und baten ihn, mit ihnen zurück zur Höhle zu gehen. Als sie an besagter Stelle ankamen, war keine Öffnung mehr im Berg zu sehen.

290. Das graue Männlein im Zinnwald

Das Gebiet nordwestlich der Stadt Graupen (heute Krupka) bis weit nach Tschechien hinein hieß früher Zinnwald (Cinovec). Dort wurde bereits im 14. Jahrhundert Silber abgebaut. Von nah und fern kamen Knappen, um zu arbeiten. Auch drei Brüder aus Sachsen wollten dort ihr Glück finden. Sie arbeiteten fleißig und brachten es zu Wohlstand, ja sogar zu Reichtum. Irgendwann aber war die Silberader im Gestein abgebaut. Sie unternahmen viele, auch mit hohen Kosten verbundene Versuche, eine neue zu finden, umsonst. So schmolz ihr Vermögen immer mehr dahin, obwohl sie von früh bis abend schwer arbeiteten.

Da hatte der jüngste der Brüder einmal einen sonderbaren Traum, den er auch nach dem Aufwachen nicht vergessen hatte. Er erzählte seinen Brüdern, dass er darin ganz allein im Schacht gearbeitet habe und plötzlich sei, wie aus dem Nichts, ein kleines graues Männlein mit einem Grubenlicht vor ihm gestanden und habe freundlich „Glück auf" zu ihm gesagt.

Dann habe es gefragt, warum er so traurig sei und er habe ihm seine ganzen Sorgen erzählt und dass er nun eine andere Silberader finden müsse, sonst könne er seine Familie nicht mehr ernähren. Da habe das Männlein mit dem Kopf geschüttelt und gesagt, dass er hier vergeblich suche. Hier sei nur mehr taubes Gestein. Er solle weiter ins Gebirge hineingehen, zu einem Platz, den das Männlein ihm genau beschrieb. Dort würde er sein Glück machen. Dann war das Männlein verschwunden.

Die drei Brüder beschlossen, den Rat, den der Jüngste im Traum erhalten hatte, zu befolgen. Auf dem Kamm des Gebirges fanden sie Felsen mit Zinngestein, das offen zutage lag. Nun berieten sie hin und her, wo sie wohl am besten den Abbau beginnen sollten. Da stand plötzlich wieder das graue Männlein vor ihnen und sprach kopfschüttelnd: „Was seid ihr doch für drei wunderliche Köpfe."

Da wussten sie, dass sie die richtige Stelle gefunden hatten und begannen sofort mit der Arbeit. In kurzer Zeit fanden sie eine gewaltige

Zinnader, gründeten eine Zeche und nannten sie – nach dem Ausspruch des Bergmännleins – „Zu den drei wunderlichen Köpfen".

Die drei Brüder gelangten durch ihren Fleiß bald wieder zu ihrem vorigen Reichtum. Viele Bergleute zogen in die Gegend, die man, wegen der großen Zinnvorkommen, bald „Zinnwald" nannte, ebenso wie die Stadt, die sich nun dort ausbreitete.

291. Die guten Bergmännlein und die bösen Berggeister

Ein gelehrter Mann im Erzgebirge wollte einmal genau wissen, was es mit den Geistern in den Schächten und Stollen auf sich habe, von denen die Knappen so viel erzählen. So fuhr er viele Male mit den Knappen in die Gruben ein und beobachtete das Treiben der Geister in den Silberschächten. Er hat dann alles aufgezeichnet, es ist auf Pergament gedruckt und in Schweinsleder gebunden worden.

Zwei Arten von Berggeistern sind in den Gruben des Erzgebirges anzutreffen, sie hausen in der Tiefe des Erdinnern und steigen, wenn sie die Lust dazu ankommt, hinauf in die Schächte. Die einen sind den Menschen wohlgesinnt, die anderen betrachten sie als Eindringlinge und hassen sie deshalb. Die freundlichen Berggeister nennt der Knappe „Guteli". Sie sind quicklebendig wie kleine Äffchen, tanzen und turnen im Schacht umher, hocken auf den Wagen, klopfen bisweilen emsig an den Wänden und tun so, als ob sie schrecklich fleißig wären. Aber sie bringen nichts weiter.

Zum Scherzen und Possenmachen sind sie aber immer aufgelegt. Sie schrecken die Bergmänner durch plötzliches Sturmgetöse, werfen oft auch mit Holzstücken und kleinen Steinen nach ihnen. Haben sie es gar zu arg getrieben, dann suchen sie die Gefoppten dadurch zu versöhnen, dass sie ihnen neue Erzadern zeigen.

Ganz anders geartet sind die bösen Berggeister, die von den Knappen die Bergmönche genannt werden. Sie sind darauf aus, den Menschen, die in ihr Reich vorgedrungen sind, zu schaden, wo sie nur können. Besonders arg trieben sie es einmal in den St. Annen- und Rosenkranzgruben. Zwölf Knappen, die von auswärts kamen und ihre einheimischen Kumpel wegen ihrer Ängste vor den Bergmönchen verlachten, sahen, nachdem sie eingefahren waren, ein Ross mit einem Hals, so lang wie der übrige Körper, und mit Augen wie Feuerräder auf sich zukommen. Sie drückten sich eng an die Wand des Stollens und vor ihren Augen verwandelte sich das Ross in einen Bergmönch. Er hauchte die zwölf Knappen mit eisigem Atem an, und bis auf einen, der weiter entfernt gestanden war, waren sie alle auf der Stelle tot. Nachdem er oben bei Tageslicht von dem Geheimnis in der Tiefe berichtet hatte, starb auch er. Gerhard Aick

292. Die Wichtlein am Kuttenberg

Wie die Leute in Böhmen über Zwerge dachten, beschreiben die Brüder Grimm um 1816 so:

Die Wichtlein und Bergmännlein erscheinen gewöhnlich wie die Zwerge, nur etwa dreiviertel Elle groß. Sie haben die Gestalt eines alten Mannes mit einem langen Bart, sind bekleidet wie Bergleute nur mit einer weißen Hauptkappe am Hemd und einem Leder hinten, haben Laterne, Schlägel und Hammer. Sie tun den Arbeitern kein Leid, denn wenn sie bisweilen auch mit kleinen Steinen werfen, so fügen sie ihnen doch selten Schaden zu, es sei denn, dass sie mit Spotten und Fluchen erzürnt und scheltig gemacht werden. Sie lassen sich vornehmlich in den Gängen sehen, welche Erz geben oder wo gute Hoffnung dazu ist. Daher erschrecken die Bergleute nicht vor ihnen, sondern halten es für eine gute Anzeige, wenn sie erscheinen, und sind desto fröhlicher und fleißiger. Sie schweifen in den Gruben und Schachten herum und scheinen gar gewaltig zu arbeiten, aber in Wahrheit tun sie nichts. Bald ist's als durchgrüben sie einen Gang oder eine Ader, bald, als fassten sie das Gegrabene in einen Eimer, bald, als arbeiteten sie an der Rolle, und wollten etwas heraufziehen, aber sie necken nur die Bergleute damit und machen sie irre. Bisweilen rufen sie, wenn man hinkommt, ist niemand da.

Am Kuttenberg in Böhmen hat man sie oft in großer Anzahl aus den Gruben heraus- und hineinziehen gesehen. Wenn kein Bergknappe drunten, besonders wenn groß Unglück oder Schaden vorstand (sie klopfen dem Bergmann dreimal den Tod an), hat man die Wichtlein hören scharren, graben, stoßen, stampfen und andere Bergarbeiten mehr vorstellen. Bisweilen auch, nach gewisser Maße, wie die Schmiede auf dem Amboss pflegen, das Eisen umkehren und mit Hämmern schmieden. Eben in diesem Bergwerke hörte man sie viel-

mals klopfen, hämmern und picken, als ob drei oder vier Schmiede etwas stießen; daher sie auch von den Böhmen Hausschmiedlein genannt wurden. In Idra stellten ihnen die Bergleute täglich ein Töpflein mit Speise an einen besonderen Ort. Auch kauften sie jährlich zu gewissen Zeiten ein rotes Röcklein, der Länge nach einem Knaben gerecht, und machten ihnen ein Geschenk damit. Unterlassen sie es, so werden die Kleinen zornig und ungnädig.

293. Die Heilingszwerge

Dort, wo Jeschkenbach und Rauschenbach in Böhmen zusammenfließen, liegt Schloss Aicha. In der Gegend ringsum gab es früher Eichenwälder, woher auch der Name stammt. Die Gebr. Grimm erzählen um 1816 über dort steil aufragende Felsen: *Am Fluss Eger zwischen dem Hof Wildenau und dem Schlosse Aicha ragen ungeheure große Felsen hervor, die man von alters her die Heilingsfelsen* (71) *nannte.*

Die Heilingsfelsen (versteinerte Zwerge) im 19. Jahrhundert

Am Fuß derselben erblickt man eine Höhle, inwendig gewölbt, auswendig aber nur durch eine kleine Öffnung, in die man, den Leib gebückt, kriechen muss, erkennbar. Die Höhle wurde von kleinen Zwergen bewohnt, über die zuletzt ein unbekannter alter Mann, namens Heiling, als Fürst geherrscht haben soll.

Einmal vorzeiten ging ein Weib, aus dem Dorfe Taschwitz bürtig, am Vorabend von Peter Pauli in den Forst und wollte Beeren suchen; es wurde Nacht, und sie sah neben diesem Felsen ein schönes Haus stehen. Sie trat hinein, und als sie die Tür öffnete, saß ein alter Mann an einem Tische, schrieb emsig und eifrig. Die Frau bat um Herberge und wurde willig angenommen. Außer dem alten Mann war aber kein lebendes Wesen im ganzen Gemach, allein es rumorte heftig in allen Ecken, der Frau ward greulich und schauerlich, und sie fragte den Alten: „Wo bin ich denn eigentlich?"

Der Alte versetzte, dass er Heiling heiße, bald aber auch abreisen werde, „denn zwei Drittel meiner Zwerge" sind schon fort und entflohen. Diese sonderbare Antwort machte das Weib nur noch unruhiger, und sie wollte mehr fragen, allein er gebot ihr Stillschweigen und sagte nebenbei: „Wäret Ihr nicht gerade in dieser merkwürdigen Stunde gekommen, solltet Ihr nimmer Herberge gefunden haben."

Die furchtsame Frau kroch demütig in einen Winkel und schlief sanft, und wie sie am Morgen mitten unter dem Felsgestein erwachte, glaubte sie geträumt zu haben, denn nirgends war ein Gebäude da zu ersehen. Froh und zufrieden, dass ihr in der gefährlichen Gegend kein Leid widerfahren sei, eilte sie nach ihrem Dorfe zurück, es war alles so verändert und seltsam. Im Dorf waren die Häuser neu und anders aufgebaut, die Leute, die ihr begegneten, kannte sie nicht und wurde auch nicht von ihnen erkannt.

Mit Mühe fand sie endlich die Hütte, wo sie sonst wohnte, und auch die war besser gebaut; nur dieselbe Eiche beschattete sie noch, welche einst ihr Großvater dahin gepflanzt hatte. Aber wie sie in die Stube treten wollte, ward sie von den unbekannten Bewohnern als eine Fremde vor die Tür gewiesen und lief weinend und klagend im Dorfe umher.

Die Leute hielten sie für wahnwitzig und führten sie vor die Obrigkeit, wo sie verhört und ihre Sache untersucht wurde; sieh da, es fand sich in den Gedenk- und Kirchenbüchern, dass grad vor hundert Jahren an ebendiesem Tag eine Frau ihres Namens, welche nach dem Forst in die Beeren gegangen, nicht wieder heimgekehrt sei und auch nicht mehr zu finden gewesen war. Es war also deutlich erwiesen, dass sie volle hundert Jahr im Felsen geschlafen hatte und die Zeit über nicht älter geworden war. Sie lebte nun ihre übrigen Jahre ruhig und sorgenlos aus und wurde von der ganzen Gemeinde anständig verpflegt zu Lohn für die Zauberei, die sie hatte erdulden müssen (40).

294. Die versteinerten Zwerge bei Aicha

In Böhmen, nicht weit von Ellbogen, liegt in einem rauhen, aber schönen Tal, durch welches sich die Eger bis beinahe ans Karlsbad in mancherlei Krümmungen durchwindet, die berühmte Zwergenhöhle. Die Bewohner der benachbarten Dörfer und Städte erzählen davon folgendes: Diese Felsen wurden in alten Zeiten von kleinen Bergzwergen bewohnt, die im Stillen da ihr Wesen trieben. Sie taten niemandem etwas zuleid, vielmehr halfen sie ihren Nachbarn in Not und Trübsal. Lange Zeit wurden sie von einem gewaltigen Geisterbanner beherrscht, einmal aber, als sie eben eine Hochzeit feiern wollten und darum zu ihrer Kirche ausgezogen waren, geriet er in heftigen Zorn und verwandelte sie in Stein, oder vielmehr, da sie unvertilgbare Geister waren, bannte er sie hinein.

Die Reihe dieser Felsen heißt noch jetzt die verwünschte Zwergenhochzeit, und man sieht sie in verschiedenen Gestalten auf den Bergspitzen stehen. In der Mitte eines der Felsen zeigt man das Bild eines Zwerges, welcher, als die übrigen dem Bann entfliehen wollten, zu lange im Gemach verweilte und, indem er aus dem Fenster nach Hilfe umherblickte, in Stein verwandelt wurde. Gebrüder Grimm

295. Hipel-Pipel

In der Nähe von Königshain wohnten im Wald die Holzleutchen. Das waren brave Zwerge, die keinerlei Scheu vor den Menschen hatten. Sie waren dankbar, wenn man ihnen etwas zum Essen brachte.

Die alte Glocke der Kirche von Königshain war in die Jahre gekommen; sie wurde nicht mehr geläutet, weil ihr Klang dumpf und hässlich geworden war. Jahrelang rief der Pfarrer in den Gottesdiensten auf, für eine neue Glocke zu spenden. Endlich war das Geld beisammen; es konnte eine neue große Glocke gekauft werden. Sie hatte einen schönen Klang und war weithin hörbar und natürlich wurde sie mehr als oft eingesetzt.

Die Holzleutchen wurden immer weniger, weil sie – wie alle Zwerge – Glockengeläut nicht aushalten konnten; sie wanderten in andere Gegenden aus. Zum Schluss war nur noch ein altes Zwergenpaar da. Es dauerte gar nicht lange, da kam der Holzwichtel in den Ort gelaufen, zu einem Bauern, der ihm immer ein paar Happen mitbrachte, wenn er im Wald zu tun hatte, lamentierte und stieß von Weinkrämpfen geschüttelt hervor: „Hipel-Pipel ist tot.“ Der Bauer sagte mitleidig: „Ich denke, dass Hipel-Pipel deine Frau war.“

Der Kleine nickte und presste seine Händchen gegen die Schläfen und dann an die Ohren. Daraufhin wandte er sich ab und ging in Richtung Wald, und nimmer wurde er gesehen. Der Bauer vermutete, dass Hipel-Pipel durch die Lautstärke der neuen Glocke gestorben war. Jetzt wusste er auch, warum die Zwerge alle weggezogen waren.

296. Die Rüttelweiber

In der Gegend von Kynast und nach dem nahen Riesengebirge zieht der Wilde Jäger (30) *mit all seinem Gefolge und Getose und wird von den Bewohnern nur schlechthin der Nachtjäger genannt. Auch dort glauben die Leute, dass er, wie im Vogtlande, die Moosleute* (34) *und Waldwichtel jagt und plagt, und nennen die kleinen Moosweibchen Rüttelweiber.*

Für diese gibt es nur eine Rettung vor des Nachtjägers Gewalt und schnellem Griff, wenn sie nämlich an einen abgehauenen Baumstamm kommen, zu dem beim Fällen der Holzmann gesprochen „Gott walt's!“ da finden sie alldort Asyl und Ruhe. Hat jener aber gesprochen: „Walt's Gott!“ so schirmt ein solcher Stamm die Weibchen nicht und sie müssen weiter und weiter vor dem Nachtjäger fliehen.

297. Das Buschweiblein mit dem Zauberkamm

Oben auf dem Jeschken, der mit 1012 m höchsten Erhebung im Jeschkengebirge, wohnen Zwerge – so heißt es seit jeher. Sie werden Buschmännlein oder -weiblein genannt. In Reichenberg (heute Liberec) am Fuße des Berges lebten einmal zwei Mädchen, die sich, so oft es ihnen möglich war, im Freien aufhielten. Sie streiften gerne gemeinsam durch Wald und Feld, ließen sich auf den Bäumen im Wind wiegen, beobachteten Tiere und Pflanzen und hatten dann oft nicht mehr die Zeit, sich vor der Schule nochmals zu waschen oder Tannennadeln und Ästchen aus ihren zerzausten Haaren zu kämmen.

„Struwwelliesen" wurden sie deshalb spöttisch von ihren Schulkameradinnen genannt, was sie aber nicht sehr bekümmerte.

Eines Tagen waren die beiden Kinder tief in den Wald gegangen und so hoch auf den Berg gestiegen, dass sie auf dessen Kamm gelangten. Mit Schrecken mussten sie dort feststellen, dass der schmale Pfad hier zu Ende war. Sie stapften einige Zeit durch unwegsames Gelände. Weil die Bäume aber hoch waren und sie nirgends zu einer Lichtung sahen, fanden sie den Weg zurück nicht mehr und verirrten sich vollkommen.

„Was sollen wir jetzt machen?"

„Wie finden wir bloß wieder heim?"

So fragten sie sich gegenseitig verzweifelt, und das Weinen war den sonst so fröhlichen Mädchen näher als das Lachen. Da hörten sie plötzlich ein Rascheln aus dem Unterholz. Erschrocken schauten sie hin und sahen ein kleines hübsches Weiblein, ganz in Braun gewandet und mit wirrem grünem Haar, das wie ein Moosgeflecht auf seinem Kopf saß, aus dem Dunkel der dichten Äste hervorkommen. Die Kinder wollten schon davonlaufen, aber das Weiblein rief mit feiner Stimme: „Habt keine Angst vor mir. Ich bin ein Buschweiblein. Ich bin zwar nicht schön, weil ich so verstrubbelte Haare habe, aber ich bin nicht böse und tue niemandem etwas zu Leide."

„Du bist sehr schön", rief eines der Mädchen voller Überzeugung, „wenn du einen Kamm hättest, würden wir dich kämmen, dann wärst du noch schöner!"

Da lächelte das Buschweiblein freundlich, zog einen kleinen Kamm unter seinem braunen Kleidchen hervor und gab ihn dem Mädchen. Nun striegelten beide Kinder abwechselnd das wirre Haar der Zwergin. Zu ihrem Erstaunen ging dies ganz leicht; im Handumdrehen wurde das verzottelte Moosgeflecht zu schönem, grüngolden glänzendem Haar, das seidig über die Schultern des Weibleins fiel.

„Wie schön du bist", staunten die Kinder und wollten dem Buschweiblein den Kamm zurückgeben. Dieses aber erklärte:

„Den dürft ihr behalten, weil ihr so freundlich zu mir gewesen seid. Das ist ein Zauberkamm. Damit werdet ihr immer schön gekämmte

Haare haben. Aber ihr dürft niemandem das Geheimnis des Kammes verraten oder ihn bei anderen anwenden, sonst verliert er seine Wirkung."

Nachdem es so gesprochen hatte, führte es die Kinder zu dem Pfad zurück, auf dem sie auf den Berg gestiegen waren, bis zu einer Stelle, wo diese selbst wieder den Heimweg fanden. Dort verabschiedete es sich von ihnen und war dann plötzlich verschwunden. Nun waren die beiden Mädchen sehr froh, weil sie sich wieder auskannten. Aber sie gingen nicht sofort nach Hause, zuerst wollten sie den Zauberkamm ausprobieren. Zu ihrer großen Freude konnten sie sich gegenseitg ganz leicht die Haare entwirren und glätten und diese bekamen einen Glanz, als wären sie aus Gold, und fielen – wie bei dem Buschweiblein – seidig über ihre Schultern. Sie fühlten sich wie Prinzessinnen.

Alle waren über die Verwandlung der beiden Mädchen erstaunt und niemand nannte sie fortan mehr „Struwwelliesen".

Lange Zeit schafften sie es, ihr Geheimnis, wie sie zu den schönen goldenen Haaren gekommen waren, für sich zu behalten. Dann aber drang ein Mädchen ihrer Schulklasse, das langes, dichtes schwarzes Haar hatte, aber unbedingt auch blond sein wollte, so lange in die beiden, bis diese schwach wurden, ihr Geheimnis verrieten und versprachen, den Zauberkamm an ihm auszuprobieren. Aber wie das Buschweiblein gewarnt hatte, der Zauberkamm hatte von Stund an seine Wirkung verloren, die schwarzen Haare waren und blieben schwarz.

Nun meinten alle, die beiden Mädchen würden ohne den Zauberkamm wieder zu „Struwwelliesen" werden, aber sie täuschten sich. Diese setzten nun ihren ganzen Ehrgeiz ein, ihre schönen Haare auch mit normalen Kämmen zu behalten und das gelang ihnen auch.

298. Die Zwerge von Breitenfurt

Nahe Breitenfurt liegt der Ort Freiwaldbau. Dort lebte ein rechtschaffenes fleißiges Schusterehepaar mit seinen beiden Töchtern, Helga und Emilie. Abends wurden die Kinder immer ermahnt, ihre Spielsachen ordentlich aufzuräumen, denn alles was herumliegt, würden die Zwerge in der Nacht holen und nie mehr zurückbringen.

Die beiden Mädchen folgten den Eltern und gewissenhaft hielten sie Ordnung. Emilie dachte nicht weiter nach, aber Helga! Als der Vater wieder einmal so viele Aufträge hatte, dass er nicht wusste, wie er fertig werden sollte, stellte Helga fest: „Es gibt doch die Zwerge. Ihr erzählt immer, wie sie den Leuten bei der Arbeit helfen. Warum helfen sie nicht unserem Vater beim Flicken und Neuanfertigen der Schuhe? Das ist der Beweis! Es gibt gar keine Zwerge!"

Die Mutter antwortete: „Die Zwerge haben so viel zu tun, dass sie bisher keine Zeit hatten, zu uns zum Arbeiten zu kommen." Helga sagte nichts darauf, sondern überlegte und dachte: „Wenn sie nicht zum Arbeiten kommen, dann kommen sie überhaupt nicht, und dann holen sie auch nicht unsere Spielsachen. Das probier ich aus."

Emilie ließ sich nicht beirren und hielt brav Ordnung; nicht so Helga! Aber so ganz sicher schien sie sich doch nicht gewesen zu sein. Eines Abends räumte sie nämlich zwar einen Teil ihrer Spielsachen weg; ihren Puppenwagen aber ließ sie im Flur stehen und ein paar wenige Spielsachen achtlos herumliegen.

Es passierte nichts, mehrere Nächte lang. Aber dann war eines Morgens alles, was nicht aufgeräumt war, verschwunden (74). Da war dann der Schreck groß! Und als auch ein tagelanges gründliches Suchen nichts brachte, war der Jammer groß. Nie wieder tauchten die Gegenstände auf. Ab diesem Zeitpunkt hielt auch Helga peinlich Ordnung, und sie war froh, dass wenigstens ein Teil ihrer Spielsachen noch vorhanden war. Den hatte sie nämlich aufgeräumt gehabt.

299. Die Holzzwerglein und die seltsamen Wesen

Aus der Gegend zwischen Tachau im Böhmischen und Bärnau im Bayerischen erzählt Gustav Jungbauer folgende Sage:

An der Grenze des Tachauer Bezirkes gegen Bärnau brannten einmal zwei Männer Kohlen. Als es eines Nachts sehr kalt war, schliefen sie beide „zwiegstöß" in einem Sacke, das heißt, dass der eine den Kopf oben, der andere unten herausstreckte. Da kamen die Holzhetzer (30) *und hetzten ein Holzweiblein daher. Weil aber neben dem Meiler ein Baumstumpf war, auf dem drei Kreuze eingehauen waren, setzte sich das Holzweiblein darauf und war so vor seinen Verfolgern sicher.*

Da sah es den Sack mit den zwei Köpfen und sagte: „Solche Leut hab ich noch nie gesehen, zwei Köpf und keine Füß! Jetzt weiß ich den Böhmerwald schon neunmal zu Wies und Feld und neunmal zu Wald und hab nichts solches gesehen. Das muss ich meiner Mutter sagen, die ist noch einmal so alt wie ich (35)*."*

Ein anderes Holzweiblein musste sich bei Eisenstein über drei Holzmacher wundern; die hatten sich im Walde so gelagert, dass sie die Köpfe beisammen hatten und die Füße in alle Richtungen ausstreckten. Da kam das Holzweiblein des Weges, stieg über alle sechs Beine und tastete im Dunkeln nach den Köpfen, die alle drei auf einem einzigen Moossacke ruhten.

Da sprach es verwundert: „So was hab ich noch nie gesehen, und denk doch den Böhmerwald neunmal Feld und neunmal Wald. Sechs Füß und nur ein Kopf! Da muss ich gleich heim, dass ich's meiner Großmutter erzähl, die ist neunmal so alt wie ich.“

Wieder anders ging es bei drei Holzmachern aus Smilau zu. Weil es sehr kalt war, steckten sie beim Neunebrotessen (72) *alle zusammen die Füße in einen Sack. Da stand mit einem Mal ein Waldmännl vor ihnen, nahm die Pfeife aus dem Munde und sagte; „Jetzt denk ich schon neunmal Feld und neunmal Wald und neunmal Wiesen, aber ein solches Vieh hab ich noch nie gesehen, hat drei Köpf, sechs Händ und nur einen Fuß. Da muss ich gleich den Großvater fragen. Damit verschwand es.*

Ausschnitt aus Gemälde von H. Schlitt. 19. Jh.

300. Die Kohlen der Zwergin

In und um Bergreichenstein im Böhmerwald gab es, so heißt es, viele Zwerge. Gustav Jungbauer schreibt um 1926:

In Bergreichenstein lebte einst ein armes altes Weib, das stets kränlich war und daher in der Nacht nicht schlafen konnte. So sah es einmal um Mitternacht, dass sich die Türe öffnete und ein kleines Weiblein eintrat. Es trug eine Schaufel mit glühenden Kohlen und schüttete diese in die „Kienleuchten", die Mauernische, in der die zur Beleuchtung dienenden Kienspäne angezündet werden. Darauf ging das Weiblein hinaus und brachte wieder glühende Kohlen, die es ebenfalls ausschütten wollte. Da schrie die Kranke voll Entsetzen: „Was fällt dir ein? Du wirst mir doch nicht das Haus anzünden wollen?"

Ohne Antwort zu geben, nahm darauf das sonderbare Weiblein die Kohlen wieder auf die Schaufel und trug sie fort. Einige Kohlenstücke blieben dabei aber zurück. Die Kranke schlief nun ein; als sie am nächsten Morgen erwachte, sah sie zu ihrem Erstaunen in der Kienleuchte einige Goldstücke und ärgerte sich sehr, dass sie durch ihren Zuruf das Weiblein genötigt hatte, die Kohlen wieder wegzunehmen.

301. Das Goldhämmerchen von Bergreichenstein

Wie es heißt, beuten die Zwerge seit Urzeiten die Goldadern im Böhmerwald bei Bergreichenstein aus, lange vor den Menschen:

Als dann später in den Bergwerken gearbeitet wurde, versäumte einmal ein Bergknappe, der allein in einem Stollen beschäftigt war, die Ausfahrt und musste daher in der Grube über Nacht bleiben. Der junge Geselle empfand bei dem Gedanken an seine Verlassenheit durchaus kein Grauen, sondern schlief, da er rechtschaffen müde war, ruhig ein.

Um Mitternacht weckte ihn jedoch lautes Ächzen und Stöhnen, und deutlich hörte er zu wiederholten Malen den Ruf: „Befreie mich!"

Der Knappe schlug ein Kreuz und schritt dann mutig dem Schalle nach; er kam zu einer Felswand, hinter der die Rufe zu hören waren. Er hieb mit seinem Krampen aus Leibeskräften auf die Wand ein, und kaum war ein faustgroßes Loch entstanden, so schlüpfte ein Zwerglein aus der Öffnung und sprach:

„Weil du mich aus meinem Gefängnis befreit hast, sollst du mit Gütern überhäuft werden!"

Mit diesen Worten zog es ein Hämmerchen aus reinem Golde hervor und reichte es dem Knappen. „Wo immer du mit diesem Hammer anklopfst, wirst du Gold in Hülle und Fülle finden", sagte das Männlein und verschwand.

Der Knappe aber gelangte bald zu großem Reichtum.

302. Die Waschweibchen

Im Böhmerwald erzählt man auch von den Waschweibchen, das waren ganz kleine Wesen, die um die Sommersonnenwende an einem bestimmten Bachlauf erschienen und dort ihre winzigen Wäschestücke wuschen und in der Sonne bleichten. Sie waren sehr gutmütig und taten niemandem etwas zuleide. Die Leute schauten ihnen nur von Ferne zu, denn sie wollten die Weiblein nicht erschrecken. Ein Bursche aber, von Beruf Fallensteller, baute sich einmal ein ganz kleines Fangeisen aus dünnen Drähten und fing bei der nächsten Sommersonnenwende ein Waschweiblein ein. Er trug es vorsichtig nach Hause und zeigte es stolz allen Dorfbewohnern.

Das Waschweiblein fing unverzüglich an, im Haus alles zu waschen und zu scheuern, was der Sauberkeit bedurfte. Es war für alle eine große Hilfe, so klein es auch war. Weil es aber immer barfuß lief, auch als dann wieder der Winter vor der Türe stand, wollten sich die Eltern des Fallenstellers bedanken und ließen feine kleine Schühchen anfertigen, die sie dem Waschweiblein als Geschenk hinstellten.

Das Waschweiblein weinte bitterlich, als es die Schuhe sah, zog sie an und rannte dann aus dem Haus fort (11). Von da an hat niemals mehr jemand ein Waschweiblein am Bachlauf gesehen.

303. Hühnerdreck und Goldrädchen bei Gojau

Bei der Ruine der Burg Ruben bei Gojau (heute Kájov) war es früher nicht geheuer. Manchmal sah man eine schwarzgekleidete Dame, die einen goldenen Schlüssel in der Hand hielt, in einer schwarzen Kutsche, die von feurigen Pferden gezogen wurde. Der Weinkeller, der sich noch unter der Ruine befinden soll, öffnet sich, so heißt es weiter, zu ganz bestimmten Zeiten. Aber niemand kann hinein, denn der Eingang wird von einem riesigen schwarzen Hund bewacht. Auch Zwerge sollen in der Ruine hausen. G. Jungbauer schreibt:

Einmal kam ein Weiblein zu der Ruine Ruben bei Gojau und sah plötzlich einen Haufen Golddukaten vor sich liegen. Außer sich vor Freude füllte sie ihre Schürze mit den kostbaren Münzen und eilte nach Hause. Von ihrem Reichtum geblendet, hatte sie anfangs gar nicht gemerkt, dass ein graues Männchen hinter ihr herlief und immerfort schrie: „Du trägst Hühnerdreck, du trägst Hühnerdreck!"

Endlich wurde sie aber doch auf das widrige Geschrei aufmerksam, sah in die Schürze und fand sie wirklich voll Hühnermist. Zornig schleuderte sie den Unrat weg und schlich weinend nach Hause. Wer aber beschreibt ihr Erstaunen, als ihr daheim beim Abbinden der Schürze ein blitzender Dukaten in die Hand fiel, der sich unter dem Schürzenbande veborgen hatte. Schnell begab sich das Weib zu der Stelle zurück, wo es den Hühnermist weggeworfen hatte, fand aber weder Gold noch Mist.

Ein anderes Mal spielte ein kleiner Knabe bei der Ruine und fand einen Backtrog voll gelber Rädchen. Er nahm vier davon, damit ihm sein Vater ein Wägelchen mache. Als er aber die Rädchen zu Hause zeigte, waren es Dukaten. Der Vater ging nun mit ihm, um die anderen Rädchen zu holen. Als sie aber zu dem Troge kamen, gab es ein Geräusch, und alles versank im Erdboden.

304. Die Fenixmännchen

In Schlesien hausen die Fenixmännlein in Hügeln oder auch im Wurzelwerk von Sträuchern. Sie sind zwergartige Wesen, deren Gesellschaft man besser meidet. In Schwammelwitz galt eine Wöchnerin als verschollen. Ein Suchen und Befragen der Nachbarn ergab nichts. Eines Tages arbeitete ihr Mann auf dem Feld, das durch den Krebsbach vom sogenannten Fenixhügel getrennt war. Als er so umherblickte, sah er seine Frau mit leidendem Gesichtsausdruck im Bach Wäsche waschen.

Der Mann lief zum Wasser und rief: „Was ist los mit dir? Wo kommst du denn her? Wir haben überall nach dir gesucht, aber vergebens!" Traurig antwortete sie: „Ich bin im Fenixhügel. Diese Zwerge haben mich verschleppt; sie haben ein Neugeborenes, das ich nähren muss." Der Bauer bemerkte: „Du bist allein! Du brauchst nur durch den Bach zu waten und schon bist du bei mir! Komm!"

„Das ist nicht möglich, denn diese Wichte sind unheimlich schnell und würden uns sofort einholen und mich zurückschaffen. Aber es gibt eine Möglichkeit, diesen Bösen zu entkommen. Geh nach Hause und sattle unser schnellstes Pferd. Du musst aber noch ein Bündel rohen Flachs, einen Kamm und Seife mitbringen. Frag nicht warum, für eine Erklärung ist jetzt keine Zeit! Eile!“

Der Mann verlor keine Zeit und stürzte nach Hause. Kurze Zeit später preschte er mit den von seiner Frau geforderten Sachen heran, überquerte den Bach, riss seine Frau vor sich aufs Pferd und hastete davon. „Mach schnell, ich muss zu Hause das Dach über dem Kopf haben. Die Zwerge werden uns rasch einholen“, drängte sie und schon rannten diese hinter dem Ross her.

Als die Männlein das Ehepaar schon fast eingeholt hatten, rief die Frau: „Wirf den Flachs hinter dich!“

Dieser Flachs musste erst von den Verfolgern zerrupft werden und dadurch konnten die Eilenden einen Abstand zwischen sich und die Zwerge bringen. Aber es waren viele Männchen und dadurch waren sie rasch fertig. Sie holten wieder auf. Da rief die Frau: „Wirf den Kamm hinter dich! Damit müssen sie den Flachs hecheln.“

Das brachte dem Reiter wieder einen Zwischenraum. Aber als sie fertig waren, holten sie sehr rasch auf. Als sie schon gefährlich nahe waren, schrie die Frau: „Wirf die Seife hinter dich.“

Und da die Zwerge auf dieser ausglitten, hatte der Reiter einen erheblichen Vorteil. Angekommen beim Gehöft, sprang der Mann vom abgehetzten Pferd, riss seine Frau herunter und rannte mit ihr unter das schützende Dach. Jetzt hatten die Kleinen den Hof erreicht. Aber ihr Opfer war bereits in Sicherheit, und so mussten sie abziehen, wenn auch voller Enttäuschung, Wut und Zorn.

305. Steinmännchen und Haarwichtelmännchen

In der Gegend um Kirchenhain waren auch die Steinmännchen beheimatet. Das waren niedliche Zwerge, die nur in der Johannisnacht aus ihrem Berg herauskamen. Da hüpften sie ausgelassen auf den Steinen der Anhöhen herum. Sonst waren sie nicht zu sehen.

Dann wird in Grafenort von einer besonderen Zwergenart, die es anscheinend sonst nirgendwo gibt, berichtet. Das sind die Haarwichtelmännchen. Diese waren bei den Mägden besonders beliebt.

Sie kamen eine ganze Zeitspanne vor der Morgendämmerung in die Kammern der Mädchen, die am Abend ihre langen Haare gelöst hatten und während der Nacht offen trugen. Sie wuschen die Haare, kämmten und bürsteten sie und flochten wunderschöne Zöpfe. Das war natürlich eine willkommene Zeitersparnis jeden Morgen für die Mägde, konnten sie doch auf diese Weise eine ganze Stunde länger schlafen.

Man hat es nie erfahren, ob sich eine Magd nur aus Neugier schlafend stellte, weil sie solch einen Wichtel mal sehen wollte, oder ob sie zufällig aufwachte. Jedenfalls schlug sie die Augen auf, als so ein Zwerg ihre Haare bearbeitete, ergriff ihn, betrachtete ihn eine Weile und sagte dann: „Endlich sehe ich dich mal! Danke für deine wertvolle Hilfe! Nicht nur für die Zeit, die ich dadurch länger schlafen kann am Morgen danke ich dir, sondern auch, dass mein Haar so schön glänzend geworden ist.“

Der Zwerg sagte mit seinem feinen Stimmchen: „Nicht danken! Nicht danken!“

Die einfältige Magd lachte nur, zog ihn zu sich heran, gab ihm einen Kuss und ließ ihn dann frei. Er schaute sie mit durchdringendem Blick traurig an und verließ die Kammer.

Ab diesem Tag kamen die Haarwichtel nicht mehr (11).

306. Die Fenichsmännlein verlassen Schlesien

Tat man den Fenichsmännlein etwas Gutes, so dankten sie das damit, dass sie verdorrtes Laub zurückließen, das sich dann in Gold verwandelte. Aber ansonsten musste man sich vor ihnen in Acht nehmen! Waren sie doch dafür bekannt, dass sie Kinder und auch Frauen stahlen. Deshalb wurden sie mit der Zeit von den Leuten verfolgt. Irgendwann kamen sie darauf, ihren Lebensstil doch zu überdenken und da beschlossen sie, wegzuziehen. Aber wohin? Jedenfalls weiter weg und auf die andere Seite der Neiße.

In der Gegend um Grottkau wollte sich ein Fischer nach getaner Arbeit auf den Weg nach Hause machen. Da stand plötzlich neben ihm ein Zwerg und sagte mit einem leisen hohen Stimmchen: „Kannst du einen Fährdienst übernehmen? Meine Leute und ich wollen heute noch über das Wasser. Du erhältst einen guten Lohn."

Der Fischer überlegte und antwortete: „Es wird zwar bald dunkel, aber es ist Vollmond und da ist es dann doch genügend hell, so dass ich sicher über den Fluss fahren kann. Ich rudere euch hinüber.“

Der Wicht stieß einen schrillen Pfiff, der so gar nicht zu seinem feinen Stimmchen passte, aus, und von allen Seiten kamen kleine grauschwarze Wesen angewuselt. Sie standen vor dem Boot und schauten bekümmert drein, denn wie wollten sie da hineinkommen? Der Fischer erkannte die Schwierigkeit, holte ein Brett und stellte es auf. So konnten die Kleinen ganz leicht über diese Holzbohle vom Ufer bis zum Bootsrand kommen. Von dort purzelten sie samt ihren prall gefüllten Säcken in den Kahn. Als es im Boot nur noch so wurlte, waren endlich alle an Bord. Das Männchen, das der Anführer des Völkchens war, kletterte zuletzt ins Boot und bedeutete dem Fischer abzufahren.

Als sie am jenseitigen Ufer landeten, rutschten alle über die Bohle vom Rand des Kahns zum Ufer hinab. Der Anführer blieb zurück und warf dem Fährmann verschrumpeltes Laub in den Hut. Dieser ärgerte sich über diese anscheinende Frechheit und entleerte den Hut beim Aussteigen in den Kahn.

Als er am nächsten Morgen wieder zum Fischfang auslaufen wollte, sah er in der hintersten Ecke etwas blinken. Er schaute nach und fand eine große Goldmünze. Jetzt dämmerte ihm, dass sich das Laub in Gold verwandelt haben musste. So sehr er auch suchte, er fand nichts mehr, denn der Wind hatte die Blätter in den Fluss geweht und nur ein einziges Blättchen schien sich im Kahn verschlupft zu haben.

So sehr er sich auch über seine Torheit ärgerte, es brachte nichts.

Carlsbad in Böhmen.

307. Der bedrohte Bauer von Langenbielau

Oft arbeitete ein Bauer aus Langenbielau bei schönem Wetter, und wenn die Abende lind waren, noch nachts auf seinen Feldern. Es war ein schöner Johannisabend und schon dunkel.

Bei den Quarklöchern (so werden Höhlen und Gänge im Berg bezeichnet, deren Wände eine merkwürdige weiße Beschichtung aufweisen, so als ob es Käse wäre; daher der Name Quark) war es ganz hell. Er dachte laut: „Komisch, da brennt ein helles Licht. Das habe ich vorher noch nie gesehen. Da muss ich jetzt schon nachschauen, was los ist."

Neugierig hetzte er zum Berg und sah ein riesiges Gewölbe mit vielen funkelnden Edelsteinen, Gold und Silber. Gleich neben dem Eingang war ein Holztrog, randvoll gefüllt mit Goldtalern. Schnell wollte er seine Taschen füllen, aber als er in das Gefäß griff, war es verschwunden und der Lichtschein war auch weg.

Anstelle des Trogs stand ein Galgen, und eine beträchtliche Anzahl von Zwergen umringte ihn. Sie schrien: „Er wollte uns bestehlen! Den hängen wir jetzt auf! Er hat den Tod verdient!" Sie schleppten ihn zum Galgen. Er war unfähig sich zu wehren; er hatte keine Kraft, um gegen die Vielzahl der Unterirdischen anzukommen.

Als sie ihm bereits den Strick um den Hals gelegt hatten, rief einer der Wichte: „Haltet ein! Er kann uns noch nützlich sein!"

Dann ging er zu dem vor Angst schlotternden Bauern hin und sagte: „Wir nehmen dir die Schlinge jetzt wieder ab. Aber umsonst verschonen wir dich nicht! Morgen Abend, um die gleiche Zeit wie jetzt, stehst du mit deinem großen Heuwagen nebst Anhänger vor unserer Höhle. Und spann genügend Pferde vor! Solltest du nicht kommen, dann kommen wir zu dir und töten dich. Hast du das verstanden?"

Der Bauer zitterte vor Angst und presste ein „Ja" hervor. Dann eilte er zurück zu seinem Acker.

Wie abgesprochen, fand er sich am nächsten Abend bei der Höhle ein. Einige Wichte hatten Laternchen in den Händen und leuchteten den anderen, damit sie das Fuhrwerk beladen konnten. Sie verstauten Unmengen Gold und andere wertvolle Sachen auf dem Wagen und setzten sich dann selbst noch drauf. Dann ging's los! Die Pferde mussten ihre ganze Kraft aufwenden, um das Gefährt zu ziehen. Ein Zwerg, offensichtlich der Anführer, nahm neben dem Bauern Platz und wies ihm den Weg zum Zobtenberg, in etwa 25 Kilometer Entfernung.

Dort angekommen, wurde alles unter einem Baum abgeladen. Dann kletterten mehrere Zwerge auf diesen und schüttelten die Äste, die sich über dem Gefährt befanden. Der Anführer dankte für den Transport und verabschiedete sich.

Als der Bauer zu Hause war, bemerkte er, dass das Laub, das die Kleinen von den Ästen geschüttelt hatten, pures Gold geworden war.

308. Das Gespenst im Keller

Zu einem braven rechtschaffenen Mann, der in Gottesberg bei Waldenburg lebte, kam ein Zwerg und sagte: „Komm mit mir in den Keller. Da hält sich ein Gespenst auf. Wenn wir dieses garstige Wesen sehen, dann erschrick nicht, sondern ruf laut: Alle guten Geister loben Gott den Herrn!"

Der Wicht hatte in solch einem Befehlston gesprochen, dass der Mann glaubte, gar keine andere Wahl zu haben, als mitzugehen. Der Mann wusste also, was ihn erwartete, und dadurch konnte das Gespenst ihm keine Angst einflößen. Er tat wie der Zwerg ihm befohlen. Lautlos verschwand das garstige Wesen. Daraufhin meinte der Kleine:

„Geh zu dem Regal, wo der Rahmtopf steht. Entferne den Stein und geh mit dem Topf hinauf in deine Wohnung."

Dann war vom Zwerg nichts mehr zu sehen. Der Mann tat wie ihm geheißen, entfernte den Holzdeckel, und als er in den Topf blickte, war dieser gefüllt mit Gold.

309. Der taubstumme Knecht

Nahe Polkendorf war ein taubstummer Knecht auf eine Birke geklettert, um Ruten zu schneiden, die er dann zu Besen binden wollte. Mittags fand sich am Fuß der Birke ein von Kopf bis Fuß kohlrabenschwarzer Zwerg ein, der Geld in eine Holzkiste zählte. Durch allerhand Zeichen bedeutete er dem Knecht, dass er vom Baum herunterkommen solle. Der Mann war darüber so aufgewühlt, dass er sich mit seinem Messer in die Hand schnitt und vom Baum purzelte. Er raffte sich auf, rannte nach Hause und umhüllte dabei die blutende Hand mit einem Tuch. Dort verständigte er sich mit den anderen Knechten durch Zeichen, dass sie mit ihm zu dieser Birke kommen sollten.

Aber dort war von dem Wicht und dem Geld nichts mehr zu sehen.

310. Der letzte Pfennig

In Godullahütte lebte ein grundanständiger Bergarbeiter mit seiner Familie. Er fing an zu husten, kränkelte und wurde immer schwächer. Trotzdem musste er in die Grube einfahren, weil er keine andere Arbeit bekam. Seine Leistung war entsprechend seinem Zustand: Er förderte nur wenig und der Verdienst war deshalb gering. Als ihn wieder einmal plötzlich ein Schwächeanfall heimsuchte, setzte er sich in einen Seitengang des Bergwerks, ruhte ein wenig und murmelte: „Wenn nur der Berggeist sich meiner erbarmen würde!“

Kaum hatte er das ausgesprochen, stand, wie aus dem Boden gewachsen, ein kleines Männlein vor ihm, das sogleich in die Wand ein großes Loch stieß, aus dem viel Kohle gefördert werden konnte. Sie arbeiteten einen ganzen Monat miteinander und dann war Zahltag. Als der Knappe seinen Lohn ausbezahlt bekommen hatte, legte der Zwerg über einen aufgelassenen Schacht ein Brett, auf das sich beide setzten, um, wie sie vereinbart hatten, den Lohn zu teilen.

Der Bergmann machte zwei Häufchen von dem Geld, am Ende blieb ein einzelner Pfennig übrig. Der Hauer sagte: „Nimm du die Münze. Du hast viel mehr gearbeitet als ich.“

Der Wicht erwiderte: „Nein, auf keinen Fall! Nimm du das Geldstück!“ „Dann teilen wir es. Ich habe ein scharfes Messer und damit wird es gelingen“, meinte der Knappe.

Aber so weit kam es nicht. Der Berggeist sagte: „Du bist ein aufrichtiger Mann! Behalte du den Pfennig, und nicht nur diesen. Auch meinen Lohnanteil darfst du behalten, weil ich ihn nicht brauche. Aber hättest du mich betrogen, dann wäre es dir übel ergangen. Schau mal auf das Brett, auf dem wir uns niedergelassen haben.“

Der Bergmann hätte fast aufgeschrien; er saß nämlich auf einem Strohhalm.

311. Der Hofnarr einer Herzogin

In der Gegend um Lusdorf zeigten sich überall schwarze, weiße und graue Männchen, sogar ein blaues soll gesehen worden sein. Eine Herzogin, die im Glogauer Dom beigesetzt ist, hielt sich ein graues Männchen als Hofnarr. Heute noch soll sich dieser Zwerg gelegentlich zeigen. Von ihm erzählt man sich allerlei Geschichten. Als er einmal dem Küster erschien, trat ein paar Tage später ein arges Gewitter auf, und den Dom traf ein Blitzschlag. Auch den Brand des Turmes soll er angezeigt haben. Jedoch auch Schabernack ist von ihm bekannt:

Ein Schäfer wunderte sich, dass nachts unter den Tieren im Stall immer wieder Unruhe ausbrach. Einmal nahm er all seinen Mut zusammen, schlich in den Stall und machte Licht. Da sah er, wie ein grauer Wicht die bereits in Panik geratenen Tiere durcheinanderhetzte.

Auch den Fährmann bei der Steinauer Fähre hat er oft geneckt. Er rief: „Fährmann setz über“, und wenn der dann am anderen Ufer erschien, füllte der Zwerg blitzschnell das Boot mit allerlei Unrat so sehr, dass nur noch dessen oberer Rand aus dem Wasser sah. Gelegentlich kam der Fährmann, so kräftig er auch ruderte, stundenlang nicht von der Stelle.

312. Der Schlossherr von Thammer

Ein Unglück nach dem anderen traf den Graf auf Schloss Thammer. Am Ende war er ganz verarmt und sah keinen anderen Ausweg, als seinen gesamten Besitz zu verkaufen. Er ging in seinen einsamen Moorwald, setzte sich auf einen Baumstumpf, vergrub das Gesicht in den Händen und haderte mit seinem Schicksal.

Plötzlich, wie aus dem Nichts, stand ein Männlein vor ihm. Es hatte einen dichten langen weißen Bart und trug ein schwarzes Lederjäckchen. Es fragte den Herrn, dem es die Verzweiflung ansah: „Warum bist du so unglücklich?"

Der Schlossherr sah auf und berichtete ihm von seiner schier aussichtslosen Lage. Daraufhin sagte der Zwerg: „Grab an dem Platz, auf dem du hier sitzt, und Reichtum ist dir gewiss!"

Als der Graf zu einer Frage ansetzte, war der Wicht schon verschwunden. Es wurde gegraben und gegraben, lange Zeit! Man fand nichts, nur Moorerde. Bald kam der Sommer mit seinen glühend heißen Tagen. Die Oberfläche des Aushubs war strohtrocken und die Sonne brannte hernieder. Da entzündete sich ein Teil dieser obersten Schicht. So erkannte man, dass dieses Material, der Torf, brennbar war; es war ebenso wertvolles Brennmaterial, wie Holz oder Kohle. Nun nahm der Reichtum des Grafen stetig zu, wie es das Männlein vorausgesagt hatte, und er konnte alle seine Schulden bezahlen.

Der Edelmann wusste, wem er den Wohlstand verdankte. Weil der Zwerg beim damaligen Zusammentreffen ein Lederwams trug, bezeichnete er ihn bei sich als „Ledermännchen".

Zur ewigen Erinnerung ließ der Schlossherr ein Bild vom Ledermännchen, nach seinen Angaben, malen, und es wurde an einem besonders schönen Platz aufgehängt. In späteren Zeiten wollten öfters Nachfahren des Grafen das Bild von seinem Platz entfernen. Aber das brachte demjenigen jeweils Unglück und es spukte dann im Schloss, in Verbindung mit gehörigem Lärm. Sobald das Bild wieder an seinem angestammten Platz war, hörte der Spuk auf.

313. Graf Eulenburg und der Zwerg

Von der Liebe bitter enttäuscht, lebte einsam der letzte Graf Eulenburg auf seiner Festung, nahe dem Ort Leuenburg. Seine einzigen Bediensteten waren ein Haushofmeister und eine schaffensfreudige Köchin. Oft wurde diese vom Haushofmeister gefragt, warum sie nach Fertigstellung der Mahlzeiten, von jedem Gericht je einen Löffel auf die Herdplatte gab. Nachdem er aber von ihr nichts erfahren konnte, gab er die Fragerei auf und hielt das Ganze für eine Marotte.

Als sich der Graf eines Nachmittags in seiner Bibliothek aufhielt, hörte er ein Rascheln. Schon wollte er seinen Haushofmeister rufen und ihn anweisen, eine Mausefalle aufzustellen.

Aber wie erstaunt war der Burgherr, als er aus der Richtung, aus der die Geräusche kamen, eine leise Stimme vernahm: „Fingerling bittet, dir seine Aufwartung machen zu dürfen", und schon war ein winziges Wesen auf den Tisch gesprungen, erwies seine Referenz und sprach weiter: „Ich bin der Oberste der Hauszwerge auf Schloss Eulenburg und noch niemals hat uns jemand gesehen."

Der Graf fragte amüsiert: „Und warum habe ich die Ehre?"

„Du bist der letzte Eulenburg. Über kurz oder lang kommt die Zeit, dass wir Hauszwerge und die Eulenburgs hier Abschied nehmen müssen. Aber ich möchte Dir Dank sagen für Herberg und Kost."

Verwundert frug der Graf: „Welche Kost?"

Da wurde das Geheimnis der Köchin gelüftet: „Deine hervorragende Köchin hat immer von jeder Speise ein Löffelchen für uns abgezweigt."

Dann erklärte der Zwerg weiter: „Ich heirate morgen. Und ich bitte dich, meine Hochzeit auf dem Schloss abhalten zu dürfen. Allerdings bitte ich dich noch um ein weiteres Entgegenkommen! Halte dich, bitte, samt deinem Gesinde, während meiner Feier in der Bibliothek auf. Auch bitte ich dich, mir zu versprechen, mich bei meiner Hochzeit nicht zu belauschen."

Der Graf war im ersten Moment verdutzt ob dieses Ansinnens, war aber nach kurzer Überlegung einverstanden. Freudig sprang der Kleine vom Tisch und verschwand in der Ecke, aus der er gekommen war.

Dem Grafen war es irgendwie peinlich, seinem Gesinde die Sache mit der Zwergenhochzeit zu erklären. Aber er beorderte seine Leute für den nächsten Tag, zu der mit dem Zwerg vereinbarten Zeit, in die Bibliothek, um sein Versprechen einzuhalten.

Als nach zwei Stunden die Köchin immer noch nicht erschienen war, musste sie der Haushofmeister suchen. Wo sollte er suchen? Natürlich zuerst in der Küche! Betreten mochte er diese nicht, deshalb spähte er durchs Schlüsselloch. Fast hätte er vor Entsetzen laut aufgeschrien über das was er sah! Der wertvolle Teppich aus dem Salon lag in der vom Ruß geschwärzten Küche! Aber seine Fassungslosigkeit steigerte sich noch, als er die Braut, die niemand anderer war als die Köchin, im Hochzeitskleid auf dem Fußboden sitzen sah. Um sie herum standen die Zwerge und tranken einander zu.

Der Haushofmeister vergaß voll und ganz seine Würde! Er stolperte und rannte zur Bibliothek. Ganz außer Atem berichtete er seinem Herrn, was er gesehen hatte. Schaudernd fragte der Graf:

„Ist die Köchin eingeschrumpft auf Zwerggröße?"

„Nein, sie sah aus wie immer.“ Der Graf konnte nachts kaum schlafen. Immer wieder wurde er von Alpträumen heimgesucht; er konnte kaum fassen, dass seine biedere Köchin die Braut eines Zwerges war!

Am Morgen erwachte der Graf durch ein Geraschel. Als er sich die Augen rieb, sah er Fingerling vor seinem Bett stehen, der auch sogleich sagte: „Meine Frau ist sehr glücklich! Und ich bin es auch! Niemand braucht sich irgendwelche Sorgen zu machen. Ich bin gekommen, um mich bei dir zu bedanken und dir einen Ring zu überreichen. Solange ihn der Älteste dieses Hauses trägt, wird nie ein Unglück über die Eulenburg kommen. Es war mein Wunsch, dir diesen Ring, ohne jede Bedingung, zu geben. Aber! Aber! Leider hat dein Haushofmeister uns durchs Schlüsselloch beobachtet. Auf diese Weise hast du dein Versprechen gebrochen. Zur Strafe dafür wird es nie mehr wie sieben lebende Eulenburgs geben.“

Bald darauf entschloss sich der Graf zu heiraten. Seine Familie zählte sieben Mitglieder. Und so blieb es immer. Der Älteste der Familie erbte jeweils den Ring und trug ihn immer an seiner Hand. Auf der Eulenburg herrschte Glück und Wohlstand.

314. Der Wechselbalg von Pillau

Kinder, die noch nicht getauft waren, mussten immer bewacht werden, denn sie waren besonders gefährdet, von den Zwergen geholt oder ausgetauscht zu werden. Meist waren die Kinder der Unterirdischen hässlich und viele Zwergenmütter darüber so unglücklich, dass sie in die Stuben der Wöchnerinnen gingen, dort das schlummernde Menschenkind aus der Wiege nahmen, ihr eigenes Kind ersatzweise in das Bettchen legten und dann verschwanden (vgl. Anmerkung 23).

In Pillau war eine Mutter nur kurz eingeschlafen, und als sie erwachte, bemerkte sie zu ihrem Schrecken, dass das Kind in der Wiege einen riesigen Kopf hatte. Sogleich begriff sie, dass es sich um einen sogenannten Wechselbalg handelte. Sie war sehr bedrückt und machte sich arge Vorwürfe, weil sie kurz eingeschlafen war. Trotzdem versorgte sie den Kleinen, der nicht wuchs und auch kein Wort sprach. Eines Tages lag das Kind leblos in seinem Bettchen.

Die Frau dachte, es sei tot und verließ das Haus, um entsprechende Maßnahmen zu treffen. Wie sie am Fenster der Stube vorbeiging, sah sie das missgestaltete Wesen auf dem Tisch tanzen und singen. Sie eilte in die Kammer zurück und sah den Kleinen in seinem Bettchen liegen, wie zuvor. Zufällig ging gerade eine alte Frau, die als sehr weise galt, am Anwesen vorbei. Die Mutter rief durchs Fenster:

„Bitte warte einen Augenblick. Ich möchte dich um Rat fragen!"

Dann ging sie hinaus und erzählte ihr, was vorgefallen war. Und tatsächlich wusste die Alte, was zu tun war: Der Ofen wurde geheizt, und als das Feuer so richtig prasselte, nahm die Greisin den Wechselbalg, öffnete die Ofentür und machte Anstalten, das Kind hineinzuwerfen.

Im gleichen Moment hetzte eine Zwergin zur Tür herein, warf das geraubte Kind, das sie mit sich trug, in die Wiege, riss der Greisin den Wechselbalg aus den Händen und verschwand.

315. Der Rat des Zwerges

In Gurschdorf lebten Zwerge, die den Menschen sehr zugetan waren und ihnen gerne halfen. So brachte einmal ein Bauer auf seinem Feld Samen aus. Plötzlich stand ein altes graues Männchen vor ihm und fragte, ob er gerade Lein säe, was der Ackermann bejahte. Daraufhin erklärte der Zwerg:

„Diese Stunde ist nicht geeignet zum Säen von Lein. Ich kann dir nicht vorschreiben, wann du deinen Acker bestellen sollst. Aber ich rate dir, warte ab, bis diese ungeeignete Zeit um ist, dann verrichte deine Arbeit weiter. Ich verlasse dich jetzt und gehe rüber zum Kobelsberg. Wenn ich meinen Hut schwenke, dann säe weiter."

Der Bauer hielt inne, setzte sich auf den Boden und blickte in die Richtung, in die der Zwerg gegangen war. Plötzlich schwenkte der seinen Hut und entfernte sich. Der Bauer säte weiter.

Als die Ernte anfiel, waren die zuerst besäten Flächen total vom Unkraut bedeckt, während die erst später bewirtschafteten Bereiche wunderbaren Lein trugen (73).

316. Der rachsüchtige Zwerg

Auf Schloss Loyz in Pommern fühlte sich ein Kobold, der Chimmeke genannt wurde, zu Hause. Er verrichtete allerlei Arbeiten, streifte durch die Räume, war friedlich, trieb keinen Schabernack und tat niemandem etwas zuleide. Aber eine Forderung hatte er:

Täglich musste ihm am Abend ein Schüsselchen süße Milch in der

Küche bereitgestellt werden, was auch immer geschah. Ein sehr frecher, bösartiger Küchenjunge legte es darauf an, den Zwerg zu ärgern. Als eines Abends alle die Küche verlassen hatten, nahm er das von der Magd bereitgestellte Milchschüsselchen, trank es aus und verunreinigte es. Dabei verhöhnte und schmähte er den Zwerg.

Am nächsten Morgen, als der Küchenjunge, beim Gedanken an den vorigen Abend, feixend die Küche betrat, zum Herd ging, um Feuer zu machen, packte ihn der Zwerg, tötete ihn und zerhackte den ganzen Körper in kleine Teile. Diese gab er mit Wasser in einen großen Topf, schürte den Herd und stellte den Grappen darauf. Als der Koch kam, wunderte er sich über den Topf auf dem Feuer. Er lupfte den Deckel, schaute hinein und erkannte sofort, dass das einmal der Küchenjunge gewesen war.

Nach diesem Vorfall hat der Kobold das Schloss verlassen.

317. Rache erzeugt Rache

In dem kleinen Ort Sydow bei Schlawe in Pommern molk eine Magd täglich die Kühe. Wenn sie den Melkkübel abstellte und sich nur kurz anderen Arbeiten widmete und dann wieder zurückkam, wunderte sie sich immer: „Seltsam, ich hatte doch mehr Milch im Eimer. Aber vielleicht irre ich mich."

Eines Tages sagte die Bäuerin: „Wir hatten doch früher immer mehr Milch. Weißt du, warum wir jetzt weniger haben?"

„Nein, ich habe mir darüber auch schon Gedanken gemacht, bin aber zu keinem Ergebnis gekommen."

Da erklärte die Frau zornig: „Das können nur die Unneretzken (Unterirdischen) sein! Denen werde ich zeigen, was es heißt, mir Milch zu stehlen! Wer weiß, was sie sonst noch alles an Schaden angerichtet haben!"

Wutentbrannt rannte sie in die Küche und stellte einen großen Topf mit Wasser auf die Herdplatte. Zwischenzeitlich suchte sie den Stall nach Löchern ab. Und sie wurde fündig! In einer Ecke sah sie, dass der Boden nicht eben war und die Erde etwas verändert aussah. Sie hatte genug gesehen. Dann ging sie zur Küche, holte den Topf mit dem siedenden Wasser und goss dieses dort im Stall über den Boden. Sie freute sich diebisch über ihr Werk.

Ein paar Tage später kam eine Zwergin zur Magd und wisperte ihr zu: „Such sofort deine Sachen zusammen, pack dein Bündel und verlass dieses Haus. Es ist keine Zeit zu verlieren. Deine Herrin hat siedendes Wasser in die Stallecke gegossen. Dabei wurde mein Kind, das darunter in der Wiege lag, und für das ich die Milch brauchte, verbrannt. Du warst gut zu uns. Ich weiß, Du konntest das gemeine Werk deiner Herrin nicht verhindern. Ich will nicht, dass du Schaden nimmst. Gehe sofort weg vom Haus."

Die Magd tat, was die Kleine zu ihr gesagt hatte. Sie war nur wenige Schritte vom Gehöft entfernt, als alle Gebäude lichterloh in Flammen standen und die Bäuerin mit ihrer gesamten Habe verbrannte.

318. Der treue Knecht

Ein zu Wohlstand gekommenes rechtschaffenes Ehepaar in Persanig in Pommern, das sich sehnsüchtig ein Kind wünschte, bekam ein liebes Mädchen. Aber schon bald nach der Geburt war alles anders. In der Wiege lag ein unansehnliches Wesen. Das Kind vertilgte Unmengen an Nahrung, wurde mit der Zeit immer dickleibiger und bösartiger. Die Eltern waren verzweifelt; schon lange war ihnen klar, dass es sich um einen Wechselbalg (23) handeln musste. Aber sie getrauten sich nicht, das Kind zu züchtigen oder sonst eine Strafe zu verhängen, denn sie hatten Angst, dass die Unterirdischen dies ihr eigenes Kind spüren lassen würden. Deshalb ertrugen sie alles.

Nur einen Knecht am Hof ärgerte das Mädchen nicht und setzte sich oft neben ihn. Der begegnete deshalb dem Kind freundlich, denn er hatte ja keinen Grund, im Gegensatz zu allen anderen Hausbewohnern, ihm böse zu sein. Auch brachte er ihm gelegentlich vom Feld etwas mit, etwa einen schönen Stein oder ein hübsches Blümchen.

Eines Tages, ein Gewitter stand am Himmel, das sich jeden Moment entladen konnte, hastete dieser Knecht mit dem hochbeladenen Heuwagen zur Scheune. Warum das Tor zu war, darüber hatte er keine Zeit nachzudenken. Das kleine Mädchen hockte träge im Gras und glotzte durch die Gegend. Da murmelte der Knecht vor sich hin:

„Ach, wenn du doch jetzt das Tor öffnen könntest, dann würde ich nicht kostbare Zeit verlieren."

Dabei machte er Anstalten, das Gefährt zu verlassen. Das Kind, das bisher nie ein Wort gesprochen hatte, lachte laut, sprang auf, öffnete das Tor und rief: „Ich kann das Fuder allein abladen. Ihr wisst nicht, welche Kräfte ich habe! Und jetzt pass gut auf! Ich meine es gut mit dir! Verlass sofort den Hof. Es wird nämlich ganz arg abwärts gehen mit diesem Gehöft! Dafür sorge ich! Was ich dir jetzt anvertraue, das ist ein Geheimnis. Solltest du es je einem Menschen berichten, dann bist du ein toter Mann! Es verhält sich nämlich so: Ich gehöre zum Volk der Unterirdischen. Ich bleibe aber weiterhin auf diesem Gehöft und werde die Bauersleute arm fressen. Ich gehe erst zu meinen Leuten zurück, wenn die Herrin ihre Schlüssel zu Geld macht und sich Salz von der Nachbarin leihen muss."

Der Knecht war bestürzt, als er das vernahm. Die Bauersleute waren immer nett zu ihm; er wurde nie ausgenutzt und bekam mehr Lohn als alle Knechte in der Umgebung. Und er war seinen Leuten gegenüber loyal. Er sah ja, wie das Ehepaar unter dem Kind litt. Er musste es ihnen sagen, wie sie das schreckliche Wesen loswerden konnten. Aber er hing an seinem Leben und wollte nicht sterben. Also grübelte er darüber nach, was er tun sollte. Da fiel ihm etwas ein. Als er sich sicher war, dass die Eheleute in der Scheune, ganz in seiner Nähe, arbeiteten, nahm er einen Rechen, steckte ihn mit dem Stiel ins Heu und sagte: „Lieber Rechen, das was ich keinem Menschen erzählen darf, weil ich sonst gewaltsam sterben muss, das berichte ich jetzt dir!"

Dann sagte er alles, was er von dem Mädchen erfahren hatte.

Die guten Leute hatten genug gehört. Die Frau verkaufte ihre Schlüssel an einen Altwarenhändler und ließ das Salz ausgehen. Dann ging sie zur Nachbarin, um sich Salz auszuleihen. Als sie nach Hause kam, war der Wechselbalg verschwunden.

319. Leerer Wagen bergab, beladener Wagen bergauf

Um zu seinen Wiesen zu gelangen, musste ein Bauer immer einen Berg zwischen Kolkau und Zanowitzer See hinunterfahren, und dann mit dem voll beladenen Wagen bergauf. Als er wieder einmal mit dem leeren Wagen bergab fuhr, brummelte er vor sich hin: „Jedes Mal, wenn ich zu diesen Wiesen fahre, ärgere ich mich maßlos! Leerer Wagen bergab, voller Wagen bergauf! Das ist eine Schinderei für mich und die Pferde."

Plötzlich war er umringt von vielen graugekleideten fröhlichen Zwergen. Sie riefen: „Sei nicht griesgrämig! Wir helfen dir auf dem Rückweg!" Ehe der Bauer etwas antworten konnte, waren sie wieder verschwunden. Wie üblich belud er seinen Wagen, den die Pferde gemächlich den Berg hochzogen. Als der Berg überwunden war, sagte der Bauer: „Gott sei Dank, das wäre wieder einmal geschafft!"

„Das verdankst du nur uns, dass es so gut ging! Wir haben nämlich den Wagen geschoben“, tönte es aus dem Wald, und er sah noch ein paar Wichte, die im Unterholz verschwanden.

Jetzt dachte er nach, betrachtete erst die Pferde, dann den sandigen Boden und stellte fest, dass die Tiere weder schwitzten noch irgendwelche Ermüdungserscheinungen hatten; im Boden waren nicht, wie sonst üblich, die tiefen Spuren zu sehen. Der Bauer rief den Kleinen nach: „Habt Dank für eure Hilfe! Vielleicht helft ihr mir beim nächsten Mal wieder!“

320. Schwund der Vorräte

Die Leute verwahrten ihre Vorräte in den Kellern. Bei einem Bauern in Neuendorf in Pommern erfuhren die Töpfe mit Honig und eingemachtem Obst einen ziemlichen Schwund. Hier konnten nur die Unterirdischen am Werk sein! Die Hausleute setzten sich auf die Lauer, um die Diebe auf frischer Tat zu erwischen – vergeblich! Trugen doch die Wichte ihre Nebelkäppchen und waren dadurch unsichtbar.

Als der Bauer selbst wieder einmal im Keller war, hörte er plötzlich jemanden mit knarzender Stimme rufen: „Hippert is doot!“ Daraufhin war ein Rascheln zu vernehmen und dann war es mucksmäuschenstill. Er ging zu den Regalen und inspizierte alles. Bei einem Honigtopf stand ein kleines Eimerchen und im Topf war noch ein silbernes Löffelchen. Sicher war der Zwerg Hippert krank gewesen und ein Kamerad hatte für ihn immer gute kräftigende Nahrung geholt. Als dieser die Botschaft vernahm, dass Hippert tot ist, hat er vor Schreck alles liegen und stehen lassen, um nach Hause zu eilen.

321. Belehrung durch Zwerge

Unter einem großen Küchenherd in einem Bauernhof in Pommern lebten Unterirdische. Sie verhielten sich ruhig und störten niemanden. Wenn die Bauersleute nachts im Bett lagen, dann begann für die Zwerge das Leben in der Küche.

Täglich kämmte die Bäuerin das dichte Haar ihrer Kinder, in dem sich Läuse eingenistet hatten. Damit das Ungeziefer nicht auf andere Köpfe überspringen konnte, warf sie die dem Kamm entnommenen Haare mit den Läusen auf die heiße Herdplatte, wo alles sofort verkohlte und einen bestialischen Gestank verursachte, was sie selbst keineswegs störte, aber die Zwerge.

Eines Tages wollten die Zwerge die Geburt eines Kindleins feiern. Dazu luden sie die Hausfrau ein. Eine Unterirdische stellte vor sie eine Schüssel, die mit einem Tuch abgedeckt war. Die Bäuerin schaute ganz verwundert, als sie den Stoff entfernte. Die Schüssel war gefüllt mit Läusen. „Was soll das?" fragte die Hausfrau entsetzt, und eine Zwergin antwortete:

„Es ekelt dich vor dieser Speise. Ganz richtig! Uns ekelt es auch, denn wisse, wir benutzen die Herdplatte als Tisch. Wir bitten dich, in Zukunft kein Ungeziefer mehr auf die Herdplatte zu schleudern."

Die Bäuerin versicherte dem kleinen Volk, nie mehr Unrat auf der Herdplatte schmoren zu lassen.

322. Der Wechselbalg von Hohenfelde

Es war brütende Hitze und mit einem Gewitter war zu rechnen. Alle mussten hinaus aufs Feld zur Roggenernte, sogar eine Wöchnerin mit ihrem Kind. Sie legte es hinter ein Roggenmännchen, damit es im Schatten lag und nicht der prallen Sonne ausgesetzt war.

Plötzlich erklang ein Gewimmer, die Frau eilte zu der Stelle, wo sie ihr Büblein abgelegt hatte, und statt seiner lag ein hässliches Wesen mit einem riesigen Kopf und Glotzaugen im Gras. Die Arbeiterin schluchzte herzzerreißend, sodass das ganze Gesinde neugierig angelaufen kam.

Eine alte erfahrene Magd erfasste sofort die Lage und sagte zur Jammernden: „Da drüben am Waldrand ist eine Haselnussstaude. Hol dir davon einen Stecken und prügle das Kind kräftig, gleichgültig wie laut es schreit. Aber achte darauf, dass du immer auf dieselbe Stelle schlägst; dann geh von dem Roggenmännchen weg."

Sie tat, wie ihr die Alte empfohlen. Der Balg plärrte jämmerlich, dann ging sie zurück zu den anderen. Immer weniger war von dem Geschrei zu hören. Als es still ganz war, wartete die Frau noch ein bisschen; dann begab sie sich wieder zu dem Roggenmännchen.

Das widerliche Wesen war weg und ihr eigenes Kind lag wieder da. Allerdings wies der Körper Striemen auf. Die Unterirdischen hatten das Kind auch mit einer Rute geschlagen. Sonst ging es dem Kleinen gut und die Verletzungen waren bald abgeheilt.

323. Die neugierige Frau aus Allenstein

Die Ehefrau eines wohlhabenden Allensteiner Stadtrates namens Schellendorf wollte den arbeitsreichen Tag in Ruhe ausklingen lassen. Sie sagte zu ihrer Magd, die sie gefragt hatte, ob sie noch etwas brauche: „Lösch das Licht aus und geh; ich läute, wenn ich noch etwas benötige.“ Sie saß in ihrem bequemen Lehnstuhl und döste vor sich hin.

Plötzlich verspürte sie einen Luftzug. Sie stand auf, und ehe sie begriff was los war, sah sie eine Unmenge von Zwergen im Raum.

Jedes Männlein hatte einen spitzen Hut auf dem Kopf und in der linken Hand ein Laternchen mit einem blau schimmernden Licht. An der rechten Hand führte jeder ein festlich gekleidetes Weiblein mit sich. Sie stellten sich zum Tanz auf und tanzten einen Reigen.

Frau Schellendorf erschauderte und bedeckte das Gesicht mit den Händen, konnte es aber nicht lassen, die Finger ein wenig zu spreizen und hindurchzulugen. Eines der Männchen trat auf die Frau zu und sagte mit schnarrender Stimme: „Schau nicht durch die Finger und blinzle auch nicht!“

Die Frau tat so, als wenn der Wicht nichts gesagt hätte. Nach einiger Zeit trat der Zwerg nochmals vor sie hin und sagte eindringlich:

„Ich sage es dir nochmal! Lass die Augen geschlossen! Das ist meine letzte Warnung!“

Aber sie kümmerte sich nicht darum und betrachtete weiterhin die Tänze durch die Finger. Jetzt war die Geduld des Wichtes erschöpft. Er ging zu einem tanzenden Männchen und befahl ihm:

„Verschließ die Fenster!“

Sogleich stellte sich der Zwerg vor die Frau, sah sie durchdringend an und hauchte ihr in die Augen. Von Stund an war sie blind. Obwohl die besten Heilkundigen sich ihrer annahmen und keine Kosten gescheut wurden, blieb sie ohne Augenlicht bis zu ihrem Tod.

324. Der Zwerg im Schlossberg

Bei Tilsit liegt inmitten von Weideflächen der Schlossberg, in dessen Mitte sich ein merkwürdiges Loch befindet. Dass es sich um keine Tierhöhle handelt, das wußten alle. Ängstlich und zugleich ehrfürchtig gingen die Leute daran vorbei. Man erzählte sich, dass auf diesem Berg ein Schloss gestanden hatte, in dem unermessliche Schätze gehortet wurden. Und auf einmal war der Prunkbau, aus welchen Gründen auch immer, verschwunden, und ein Loch hatte sich im Boden aufgetan. Dieses Loch hielt man für den Kamin des versunkenen Schlosses. Allerdings sah niemals jemand Rauch aus diesem Loch kommen.

Von Zeit zu Zeit sah man in diesem Bereich einen alten grauen Zwerg mit schneeweißen Haaren, und die Leute wisperten sich zu, dass das vielleicht der alte verwunschene Burgvogt sein könnte. Auf den Grasflächen hüteten einige Buben das Vieh ihrer Eltern. Neugierig besahen sie immer das Loch, riefen hinein oder warfen Steine nach innen. Nichts rührte sich. Da wurden die Buben immer kühner.

Sie sammelten Stricke und knüpften sie aneinander. Das Seil soll eine Länge von etwa hundertdreißig Metern gehabt haben. Dann packten die älteren Buben den Jüngsten und banden ihm das Seil um. Der schrie und schlug um sich. Aber vergebens! Sie ließen ihn am Strick durch das Loch in die Dunkelheit hinab. Die Öffnung schien bodenlos zu sein. Der Bub war bereits so weit in der Tiefe, dass man oben sein Schreien und Weinen gar nicht mehr hörte. Und auf einmal war das Seil leicht und nicht mehr straff. Sie vermuteten, dass er den Boden des Lochs erreicht hatte.

Nach einiger Zeit wollten sie ihn wieder nach oben ziehen und die Buben platzten schier vor Neugier über das, was der Kleine ihnen berichten werde. Zu ihrem Schreck bemerkten sie, dass das Seil leicht blieb, also dass niemand mehr daran befestigt sein konnte. Als sie das Seil in seiner ganzen Länge hochgezogen hatten, fanden sie ihren Verdacht bestätigt. Sie ließen alles liegen und stehen und rannten nach Hause. Am nächsten Tag machten die Kinder einen weiten Bogen um den Berg, um die Tiere zu einer anderen Weidefläche zu bringen. Als sie, vom schlechten Gewissen geplagt, so vor sich hinzockelten, kam ihnen plötzlich der Kleine fröhlich lachend entgegen. Wie staunten sie, seine Taschen und die Mütze waren voller Gold! Sie umringten ihn und riefen alle durcheinander: „Wo kommst du her? Woher hast du das Gold? Wir waren sehr besorgt um dich und dachten, dass dir Schlimmes widerfahren ist! Erzähl!"

Der Kleine berichtete: „Als ich Boden unter den Füßen hatte, befand ich mich in einer Küche. Da kam ein ganz kleines Männchen freundlich auf mich zu und sagte, während es den Strick von mir abband: ‚Hör auf zu weinen und hab keine Angst! Folge mir!' Dann ging der Zwerg mit mir in alle Räume des Palastes. Überall blitzte und blinkte es von Gold, Silber und Edelsteinen. Mir taten die Augen weh und ich wurde müde. Als er dies bemerkte, führte er mich zu einem Bett und wünschte mir einen guten Schlaf. Solch ein weiches Bett! Als ich heute Morgen erwachte, stand er freundlich lachend vor meinem Bett, und als ich aufgestanden war, füllte er mir Mütze und Taschen mit Gold und gab sich als der verwunschene Schlossvogt zu erkennen. Dann führte er mich durch einen Gang, an dessen Ende eine schmale Tür war. Diese öffnete er mit einem großen Schlüssel und sagte noch: ‚Leb wohl! Ich wünsche dir Glück!' Ich stand auf einer Wiese, und als ich mich umsah, war das Tor verschwunden."

Die Knaben waren ob dieser Schilderung aufs Höchste erstaunt, aber dann regte sich der Neid. Auch sie wollten an das viele Gold kommen und malten sich aus, wie schön ihr Leben ohne Arbeit wäre. Einer von ihnen schleppte das schwere Seil herbei, und dann ging der Streit los, wer zuerst durch den Kamin hinuntergelassen werden sollte. Sie kamen überein zu losen. Der auf diese Weise ermittelte Sieger durfte zuerst in das Innere des Berges. Sie ließen ihn hinab, das seines Gewichts entledigte Seil zogen sie hinauf, hüteten die Tiere bis zum Abend und gingen dann heim.

Am nächsten Tag eilten sie in freudiger Erwartung zu der Stelle, wo sie am Vortag auf den Zurückgekommenen getroffen waren. Aber der Junge kam nicht; nicht an jenem Tag, auch nicht an irgendeinem anderen. Er blieb verschwunden. Die Kinder waren fassungslos. Ab dieser Zeit mieden sie die nähere Umgebung des geheimnisvollen Lochs.

325. Die Barstukken von Rastenburg

Die in Rastenburg hausenden Zwerge werden Fingerlinge oder Barstukken genannt. Woher dieser Name kommt, ist unbekannt. Wie es heißt, wohnen sie hauptsächlich in einem Hügel bei dem Dorf Heiligelinde, wo in früheren Zeiten eine gewaltige Linde gestanden hatte, unter der sich zu Heidenzeiten die Menschen versammelt, Verträge ausgehandelt, Ehen geschlossen oder Gericht gehalten hatten.

Die Barstukken waren den Leuten freundlich gesinnt und unterstützten sie, wo es nötig war. Nicht nur allerlei Arbeiten verrichteten sie, sie brachten denjenigen wertvolle Dinge, die ihre Arbeiten zu schätzen wussten. Die Leute dankten ihnen damit, indem sie am Abend auf einem Tisch Speisen für die Kleinen herrichteten.

Aber schlimm war es, wenn sie die Verpflegung verschmähten. Dann war irgendetwas vorgefallen, was sie verärgert hatte und sie ließen sich in jenem Anwesen nicht mehr blicken.

Andere behaupten, dass der König der Barstukken Puschkait hieß, und dass ihre Wohnungen immer unter den Hollerbüschen bei den Häusern der Menschen seien.

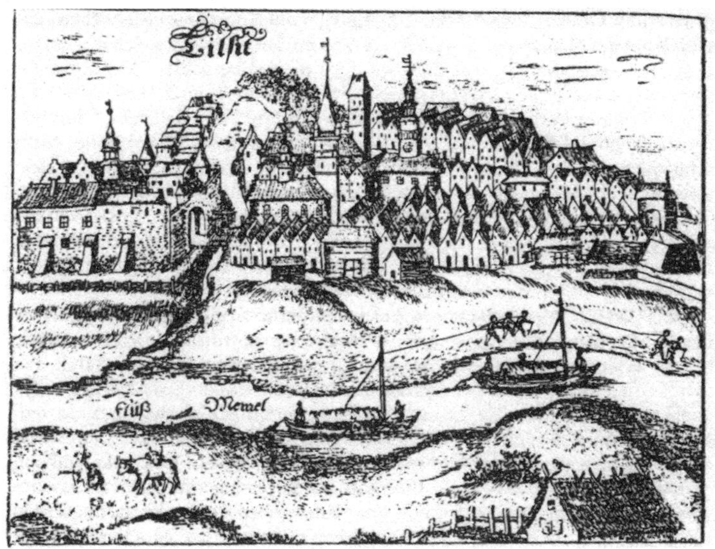

Alte Abbildung von Tilsit

326. Das vergessene Kind bei Lomnitz

Bis spät in die Nacht hinein musste eine bettelarme Witwe bei einem Bauern, ein paar Ortschaften von ihrem Daheim entfernt, arbeiten, um wenigstens Milch und Essen zu verdienen. Überallhin musste sie ihr Kleinkind mitnehmen, weil sie niemanden hatte, der auf das Kind hätte aufpassen können. Das hätte Geld gekostet, und das hatte sie nicht.

In einer dunklen Johannisnacht ging sie erschöpft von der Arbeit, das schlafende Kind auf den Rücken gebunden, über die Berge in Richtung Lomnitz. Es war ihr ziemlich mulmig zumute, denn sie hörte in der Ferne eine Kirchturmuhr Mitternacht schlagen.

Da war ihr plötzlich, als würde sich jeden Moment ein arges Gewitter entladen. Dann gab es einen Knall und im Berg tat sich eine große Öffnung auf, aus der es hell leuchtete. Erschrocken wollte die Frau weglaufen, aber vor ihr stand ein weiß gekleideter Zwerg, lächelte sie so freundlich an, dass sie alle Scheu verlor, und bedeutete ihr, in den Berg zu kommen. Sie betrat die hell erleuchtete Höhle und war geblendet von dem Glanz des Goldes und der Edelsteine. Der Zwerg sagte: „Ich weiß, dass du trotz deines Fleißes am Hungertuch nagst. Ich will dir helfen. Nimm von den Kostbarkeiten so viel du willst. Aber achte darauf, der Berg steht nur die sogenannte Geisterstunde über offen. Einige Zeit ist schon verstrichen, aber du hast immer noch genügend Zeit. Bevor die Uhr die erste Stunde schlägt, musst du den Berg verlassen haben. Vergiss aber das Wichtigste nicht!"

Nach diesen Worten war der Wicht verschwunden.

Die Frau füllte ihre Schürze mit Gold, Silber und Edelsteinen, lief vor den Berg und entleerte die Schürze davor. Dann ging sie wieder in den Berg zurück, um die Schürze erneut zu befüllen. Dabei bemerkte sie, dass das Kind auf dem Rücken hinderlich war, sie nahm es ab und setzte es mitten in die glitzernden Steine. Freudig spielte das Kind mit all den schönen Dingen. Die Schürze wurde wieder gefüllt und vor dem Berg entleert. Jetzt wurde die Frau das Opfer ihrer Gier! Sie sah nur noch den Reichtum, stopfte die Schürze immer wieder voll und rannte damit vor die Höhle. Als sie wieder einmal die Schürze auskippte, schlug es 1 Uhr. Es gab einen ohrenbetäubenden Donnerschlag, und der Berg sah aus wie immer, die Öffnung aber war verschwunden.

Im gleichen Moment dachte sie an ihr Kind, das noch im Innern des Berges war. Sie jammerte, weinte, schrie, pochte gegen den Berg, aber er öffnete sich nicht mehr. So ging das den Rest der Nacht und auch am folgenden Tag. Dann trat sie wankend den Heimweg an, ohne ihr Kind und ohne die zusammengerafften Reichtümer, denn die waren zu Erde zerfallen.

In ihrer Verzweiflung kränkelte sie das ganze Jahr über dahin. Ihre einzige Hoffnung war die nächste Johannisnacht, und dass sich da der Berg wieder öffnen möge. Abgehärmt und nur noch ein Schatten ihrer selbst, so sah die Frau ein Jahr später aus. Sie ging zum Berg; schon viele Stunden vor Mitternacht fand sie sich dort ein. Und tatsächlich öffnete er sich mit dem zwölften Glockenschlag unter argem Lärm.

Sie stürzte hinein, sah ihr Kind, das noch genau so fröhlich spielend in dem Edelsteinhaufen saß wie im Jahr zuvor, riss es an sich und hetzte zum Berg hinaus. Draußen setzte sie sich ins Gras, drückte ihr Kind an sich und brach in Freudentränen aus.

Die Uhr schlug ein Uhr. Die Geisterstunde war um, der Berg verschloss sich wieder mit einem Höllenlärm. Im selben Moment löste sich das Kind in den Armen seiner Mutter auf, und es blieb nur noch ein Häufchen Staub übrig. Der Schmerz und die Qual der Frau waren so unerträglich, dass sie noch in der gleichen Nacht an Ort und Stelle starb (40).

In einer anderen Version der Sage wird erzählt, dass die Frau mit dem Kind im Arm nach Hause rannte, wo beide glücklich zusammen weiterlebten, wenn auch wie zuvor, in großer Armut.

327. Eine Hebamme kommt zu Reichtum

Vater und Tochter lebten in ärmlichen Verhältnissen in einem kleinen Häuschen außerhalb eines Ortes in Pommern. Es war schon nach elf Uhr nachts, da wurde zaghaft an die Stubentür geklopft. Das Mädchen öffnete und ein Zwerg, mit einem Laternchen in der Hand, stand davor und sagte sogleich: „Du bist doch Hebamme. Bitte komm rasch mit mir und steh meiner Frau bei."

Sie legte ihren Schal um, nahm ihre Tasche und fragte den Kleinen, ob sie weit fahren müssen. Er meinte: „Es ist nicht weit, wir gehen zu Fuß."

Voraus ging das Männchen mit der Laterne, die ungemein hell leuchtete. Sie marschierten auf einer Prachtstraße; links und rechts befanden sich prunkvolle Häuser mit gepflegten Gärten. Auf einmal wurde die Straße schmal und ging in einen ein wenig abwärts führenden Weg über, an dessen Ende sich ein kleines Häuschen befand. Der Unterirdische öffnete die Tür und führte die Hebamme zu seiner Frau.

Schon bald lag ein niedliches Zwergenkind in den Armen der glücklichen Mutter.

Der Zwerg fragte die Hebamme, was sie für ihre Arbeit zu bekommen habe. Sie antwortete: „Ich habe deiner Frau doch gern geholfen. Dafür will ich nichts haben!" Daraufhin meinte er nur: „Heb deine Schürze auf!" Sie tat wie ihr befohlen, und ganz schnell füllte der

Wicht diese mit dem Kehricht, der hinter der Stubentür lagerte. Dann brachte er das Mädchen zurück, und als sie die Haustür erreicht hatten, war er verschwunden. Sie wendete sich nach allen Himmelsrichtungen, aber von der schönen Straße war nichts mehr zu sehen. Kopfschüttelnd betrat sie die Kate.

Der Vater war noch nicht zu Bett gegangen und erwartete seine Tochter. Sie erzählte ihm, was sie erlebt hatte, und ließ die Enden der Schürze los, so dass deren Inhalt auf den Boden fiel. Aber es war kein Unrat mehr, sondern blankes Gold!

328. Die schlimme Prophezeiung

Nahe Ragnit an der Memel liegt Szillen. Gewissenhaft versah der dortige Nachtwächter seinen Dienst, um das Dorf vor einem eventuell ausbrechenden Feuer oder sonstigen Katastrophen rechtzeitig zu warnen. Er verkündete nicht, wie andernorts üblich, die Mitternacht mit einem zwölfmaligen Blasen in eine Trompete. Er benutzte eine Pfeife und pfiff zwölfmal.

Als er gerade bei der Kirche war, bemerkte er, dass sich etwas bewegte. Als er sich dieser huschenden Gestalt vorsichtig näherte, sah er, dass es ein Zwerg war. Streng fragte der betagte Mann den Wicht:

„Was willst du?"

Der lachte aus vollem Hals und rief: „Blas doch dreizehnmal statt zwölfmal!"

Daraufhin war er verschwunden.

Von besonderen Vorkommnissen in der Nacht, musste der Nachtwächter jeweils dem Bürgermeister berichten. Am nächsten Tag wurde der Gemeindevorsteher informiert. Dieser glaubte nicht an einen Zwerg; er meinte, dass dem alten Mann irgendjemand einen Streich spielen wollte, und sagte: „Ich halte dieses Wesen, das du gesehen hast, für ein maskiertes Kind, das einen Streich spielen wollte. Wenn es nochmal erscheinen sollte, dann pfeif halt dreizehnmal! Versuche, so nahe wie möglich an dieses Wesen heranzukommen und fang es. Dann wissen wir, wer hinter diesem Schabernack steckt."

Genau wie in der vorigen Nacht, erschien das Männchen wieder und forderte den Nachtwächter auf, dreizehnmal zu pfeifen. Er pfiff dreizehnmal, aber als er den Wicht fassen wollte, war dieser schon verschwunden. Verdutzt beendete der Wächter seinen Dienst und ging nach Hause.

Als es gerade hell geworden war, rannte der Bürgermeister zum Haus des Nachtwächters und nahm den Finger nicht mehr von der Klingel, bis dieser am Fenster erschien. Sogleich schrie der Bürgermeister: „Deine Aufgabe ist es, mich von allen Vorkommnissen in der Nacht zu benachrichtigen. Am Kircheneingang stehen drei Särge! Ich kann mir nicht vorstellen, dass du diese nicht gesehen hast! Wer hat sie abgestellt?"

Der alte Mann war vollkommen überrascht und sagte: „Es waren keine Särge da. Aber der Zwerg verschwand an dieser Stelle."

„Komm sofort mit zur Kirche", forderte das Ortsoberhaupt.

Als sie bei der Kirche ankamen, waren schon fast alle Einwohner des Ortes versammelt. Der Bürgermeister ließ die Särge durch den Totengräber öffnen. Da setzte allen der Atem aus!

Der erste Sarg war voll von gestocktem Blut, der zweite Sarg war gefüllt mit Wasser und dritte Sarg war leer.

Alle waren entsetzt und standen vor einem Rätsel. Eine alte Frau, die als eigentümlich galt, blickte ganz gedankenverloren in die Ferne und sagte nach einiger Zeit mit brüchiger Stimme: „Diese Särge bedeuten, dass ein furchtbares Unglück über Ostpreußen kommen wird. Kriege wird es geben, die viel Blut und Tränen fordern."

Der Ortsvorsteher war ob dieser Prophezeiung sehr skeptisch und meinte den Leuten gegenüber, dass große Hoffnung bestehe, dass sich die Greisin auf einer falschen Fährte befinde, da es ihr ja nicht möglich sei, den leeren Sarg zu deuten.

Da aber trat Leben in den ausgemergelten Körper der Frau. Sie riss die trüben Augen weit auf, ihr Körper straffte sich und sie hämmerte mit ihrem Stock gegen die Särge, breitete die Arme aus und weissagte:

„Das Land wird leer und ausgestorben sein und kein Mensch ist mehr da, um die Toten zu bestatten; Häuser und Friedhöfe verfallen. Der leere Sarg ist unsere arme, von allen verlassene Heimat."

Die schreckliche Weissagung war bald in ganz Ostpreußen bekannt.

Der I. Weltkrieg kam. Die Leute waren glücklich, dass die Prophezeiung nicht eingetroffen war. Trotzdem blieb in der Bevölkerung eine Angst, dass sich die Prophetie bewahrheiten könnte. Jahrzehnte später traf der Orakelspruch ein:

Der dritte Sarg bedeutete die Heimat, die durch Vertreibung und Ausplünderung verlorenging.

Zwerge am Feuer. Ludwig Richter

Anmerkungen und Kommentare

1) Der Name „Schraz“ oder „Schrazel“ bedeutet im Bayerischen Wald soviel wie Zwerg. Schrazellöcher gibt es beispielsweise häufig in der Umgebung von Regen, Viechtach oder Bodenmais. Diese Erdställe sind teilweise bis ins 9. Jahrhundert nachweisbar. Hier sollen – nach dem Glauben der Leute – die „Erdmandl“, „Erdleutl“ oder „Schrazel“ gewohnt haben: *Diese sogenannten Schrazel(Erdmännlein) löcher geben den Forschern noch immer Rätsel auf, da man ihre Entstehung und ihren Zweck nicht kennt. Es wird von keltischen Kultstätten ebenso wie von Schlüpfen und Verstecken während der Kriegswirren des Mittelalters gesprochen. Letzteres dürfte am ehesten zutreffen, was aus der Anlage der Gänge ersichtlich ist.* (Quelle Stadt Regen S. 382). *Die sagenhaften Schrazellöcher des Bayer. Waldes sind innerhalb des Stadtgemeindegebietes in der Ortschaft Sumpering vertreten. Beim Bau der Weinberger-Scheune im Jahr 1962 wurde an der nordöstlichen Wegböschung ein unterirdischer Gang freigelegt, der etwa 1,20 m hoch und 60 bis 80 cm breit ist. Nach 25 Metern ist er durch Einsturzmaterial verschüttet. Die Gangöffnung wurde wieder geschlossen.* (Quelle: Stadt Regen S. 382). Hier wurde sogar noch ein zweiter Gang gefunden. 1974 wurde ein Schrazelloch in Burgstall bei Regen entdeckt. Unterirdische Gänge wurden auch bei Kanalarbeiten im Jahr 1962 in Dürrwies bei Seiboldsried nahe Bischofmais gefunden. Werner Pohl schreibt in „Der Landkreis Regen“ S. 334-335: *Von Viechtach berichtet bereits die Chronik von Bürgermeister Baumhoelzl aus dem Jahre 1825 von solchen Schrazelgängen. Es handelt sich um fünf unterirdische Gänge, die an verschiedenen Stellen des Marktes in Kellern ihren Ausgang nahmen. Diese Gänge führten in Richtung St. Anna-Kapelle, wo sie zusammengestoßen sein sollen. Man nahm an, dass man sich hier in Kriegszeiten zu Besprechungen zusammenfand. Auch sollen Wertgegenstände hier deponiert worden sein... In Hartbühl, Gemarkung Blosserberg (jetzt Stadt Viechtach) wurde beim Anwesen Maimer vermutlich durch Verkehrserschütterungen der nahe vorbeiführenden Straße durch einstürzendes Erdreich ein Schrazelloch im Juni 1973 sichtbar. Der Gang in einer Länge von etwa 100 Metern wurde nach dem letzten Weltkrieg noch zum Versteck verschiedener Sachen verwendet.* Wie Werner Pohl weiter erklärt, waren diese Erdställe direkt in Boden und Gestein gegraben, an manchen Stellen oft nur 50 cm hoch und hatten Ausbuchtungen, in die manchmal auch Bänke eingehauen waren. Es gibt über ihre Herstellung aber weder schriftliche Urkunden noch wird überliefert, wann und wofür sie wirklich gegraben worden sind. Noch heute werden bei Grabungsarbeiten immer wieder solche unterirdischen Gänge gefunden. Manche halten sie für keltische Kultstätten, etwa Manfred Böckl, der aber mit seiner Anschauung unter Wissenschaftlern umstritten ist, weil er nur diese eine Deutung gelten lassen will und keine andere Erklärung sonst, die auch plausibel ist.

2) Meyers 1909 Bd. 20 S. 1040

3) Weichselzopf, auch Wichtelzopf genannt, ist laut Meyers Bd. 20 S. 468 v. 1909:...*eine durch grobe Unreinlichkeit hervorgebrachte, oft auch durch Ekzeme der Kopfhaut (Kopfgrind) und mangelnde Haarpflege bei langem Krankenlager* *beförderte Verfilzung der Kopfhaare zu einem undurchdringlichen Knäuel, in dem das Ungeziefer eine willkommene Brutstätte findet.*

4) Kühn S. 308, 8.15 dazu: *Die Sagen vom Kobold sind zahlreich. Übergänge zu Teufels- und Drachensagen sind eindeutig erkennbar. Es handelt sich gewöhnlich um einen dämonischen, zumindest aber leicht erzürnbaren und im Zorn maßlosen Geist. Nach Hildebrand ist das Wort „Kobold" aus dem Althochdeutschen „Hausverwalter" abgeleitet. Das Wort „Kofa" für Kammer klingt heute noch im Wort „Schweinekoben" an. Vom Wortstamm „Koben" ist auch die Bezeichnung „Kobermännchen" für Kobolde verständlich. Da früher der Ranzen oder auch „Kober" genannt wurde, entstanden schließlich Sagen, in denen „Kobermännchen" auf irgendeine Weise in einen Ranzen gelangten oder in einen solchen gebannt wurden. Auch im Bereich Volksmärchen gibt es Beispiele dafür, dass sich in einem Ranzen unheimliche Vorgänge abspielen.*

Quensel S. 219 ergänzend: *Die Kobolde sind unberechenbar. Sie plagen die Hausbewohner, treiben allerlei Mutwillen, beunruhigen das Vieh, so dass man ihnen im Frankenwald Stallhasen als Reitpferde hält. Doch werden sie auch mit vielen gutmütigen, ja frommen Zügen bedacht, dass sie freundlich zu schauen sind. Der Kobold ist seiner Natur nach ein Hausgeist und hat als solcher seine regelmäßigen Opfergaben zu beanspruchen.*

5) Kühn S. 309, 8.15 dazu: *In besonderen Fällen heißt der Kobold „Butzemann" von Butz, was soviel wie Baumstamm bedeutet. Auch die Bezeichnung „Wicht" ist bekannt. Sie bedeutet im Germanischen allgemein „Wesen".*

6) Kühn S. 309 dazu: *Für den Menschen bedrohliche Formen nahm der Kobold als Verkörperung der Seele Verstorbener an.*

7) Kühn S. 309, *8.15*: *Es gibt christliche Legenden, in denen Kobolde mit den bösen Engeln gleichgestellt werden, die gemeinsam mit Luzifer vom Himmel gestürzt wurden. Hier besteht wiederum eine Brücke zum Teufel.*

8) Kühn S. 306, 8.14: *Hier ist die Wortverwandtschaft Ranzen – Kober – Kobold interessant.*

9) Diese Sage, von Heinrich Sohnrey 1880 verfasst, wurde 1962 von F. H. Gottwald neu bearbeitet und 2018 von G. Schinzel-Penth behutsam der neuen Rechtschreibung angepasst.

10) Bechstein S. 87: *Manche sagen, dass dieses Bern, wovon der Held Dietrich den Namen geführt, nicht das Bern in der Schweiz, auch nicht das welsche Bern, Verona, gewesen, sondern das rechte Dietrichs-Bern* (vgl. S. 399 A 10 in Zwerge, Wichtel u. Gnome Bd. I) *sei Bonn gewesen. Der älteste Teil dieser Stadt habe auch Verona oder Bern geheißen, und da in dieses rheinische Land und Gefilde so viele Taten Dietrichs von Bern fallen, von denen in alten Heldenbüchern viel zu lesen ist, dürfte wohl etwas Wahres an der Sache und Sage sein.*

11) *Petzoldt S. 417 dazu: Das „Ausgelohnt Motiv" erscheint bereits im 14. Jh. in der Literatur. Das Kleidergeschenk wird von Zwergen (Kobolden, Fänggen, Holzweiblein) als symbolische Aufkündigung des Dienstverhältnisses aufgefasst. Vielleicht handelt es sich um ins Mythologische gewandelte Relikte eines aus dem bäuerlichen Gesinderecht stammenden Brauches, nach dem der Lohn jährlich an einem bestimmten Tag gezahlt wurde, der auch gleichzeitig Tag der Entlassung war, wenn nicht vorher eine Verlängerung vereinbart wurde.*
Solche Tage waren, regional verschieden, etwa Maria Lichtmess oder Martini. Petzoldt weiter: *Neben einer Geldsumme erhielt das Gesinde an diesem Tag auch Kleidergeschenke, die jeweils festgelegt waren und zur Entlohnung gehörten. Hierzu lässt sich auch die Redensart stellen: „Der bekommt bald ein Paar Schuhe", die man gebrauchte, wenn jemand entlassen werden sollte.*
Paul Quensel S. 216 dazu ergänzend: *Nicht nur durch neue Kleider wurden die Zwerge verscheucht... Auch Ausplappern, Glockenläuten, Anis und Kümmel, den sie nicht vertragen können, das überlaute Schrillen und Schwirren der Klingen in den Schleifkoten, sowie Spott und unsinniges Tun treiben sie zur Auswanderung.*

12) Pröhle H. Zeitschrift für deutsche Mythologie von 1853 Bd. I S. 197

13) Uther II S. 48: *Selfkant, so nennt man im Jülicher und Aachener Land den Grenzstrich gegen das Holländische hin, etwa von Herzogenrath bis Erkelenz. Im alten Tuchweberland ein für jeden vertrautes Wort; denn vom Tuch ist der Ausdruck hergenommen, die gewebte Kante, die nicht gesäumt zu werden braucht, ist der „Selfkant", der sich selbst die Kante ist.*

14) Der Name Overmännkes, im Limburgischen Auvermannetje, soll laut Uther II S. 48f: *...aus Alver(Elben)manntje entstanden sein. Es waren demnach ursprünglich Opfer, die man Elben, den Seelen der Abgeschiedenen und Vorfahren darbrachte; solche Geister konnten wie hier in der Erde unter Acker, Haus und Hof sein oder in Bergen, Felsen und Wäldern, sie konnten zuzeiten auch durch die Luft in Wind und Nebel fahren. Versäumte man nichts in ihrem Dienst, so waren sie freundlich und hilfsbereit; versah man es irgendwie oder vernachlässigte und reizte man sie mit Willen, so waren sie ebenso rasch und mächtig zu schaden und zu rächen.*

15) Wörtlich übernommen, deshalb *kursive Schrift.*

16) Andere Namen der Stadt sind: Gressiona, Gressionau oder Grasigrone.

17) Eine ähnliche Sage wird von einem Kloster in Hildesheim und Bischof Berhard zu Hildesheim erzählt, Bechstein I S. 182f.

18) Dazu Uther II S. 53: *Stellenweise ist die Erinnerung schon so verworren und verblasst, da man Zwerge für Reste eines alten zurückgedrängten, aussterbenden Volksstammes hält, so meinten die Leute von Broichhoven (im Selfkant). Die Övermännkes, die da früher in dem jetzt abgetragenen Bolleberg ‚agen Diek' hausten, wären Heiden gewesen, hätten auch einen eigenen Kirchhof gehabt.*

19) Man hielt diese „Römermännchen" für Heiden. Dazu werden auch die Quärresmännchen gezählt, die bei Mausbach im Indegebiet, im sog. Quärresloch, gewohnt haben sollen. Einige von ihnen sollen sich taufen haben lassen. Diese bezeichnet man mit dem Namen „Stätgens". Der Name kommt heute noch im Gebiet von Höngen vor.

20) Ähnliche Sagen erzählt man in der Schweiz und im Elsaß, vgl. „Zwerge, Wichtel und Gnome" Bd. I S. 253 u. 283

21) Wikipedia: *Im Jahr 1372 wurde die Burg auf Befehl des Erzbischofs von Köln, Friedrich III. von Saarwerden mit Unterstützung der Bürgerschützen von Ahrweiler zerstört, um das Raubrittertum, das von dieser Burg ausging zu beenden.*

22) Hollen oder Neunhollen wurde ebenso wie anderen Zwergen nachgesagt, dass sie Neugeborene aus der Wiege stahlen und dafür Wechselbälge, vgl. Anm. 23, hineinlegten.

23) Wechselbalg und Kielkropf sind ausgetauschte Kinder ohne Gedeihen, von hässlichem Aussehen, die stets quengeln und weinen. Sie sind Unterirdische. Man sagt, dass manche sogar den Teufel zum Vater haben. Weil die Kinder der Unterirdischen mit ihren riesigen Köpfen auf dürren Körperchen so abstoßend wirken, sind viele Zwergenmütter darüber unglücklich und stehlen in den Zimmern von Wöchnerinnen deren Säugling und vertauschen ihn mit ihrem Wechselbalg. Durch Misshandlungen, die dem Wechselbalg, auch Kielkropp oder Kielkropf genannt, angetan werden, wird meist dessen Zwergmutter gezwungen, ihn wieder zurückzunehmen und das heimlich entrissene Kind wieder zurückzugeben. Kinder, die noch nicht getauft waren, galten als besonders gefährdet für solch einen Kindsaustausch, ebenso Kinder, die scheinbar unbeaufsichtigt irgendwo abgelegt wurden, weil die Mutter irgendeiner Tätigkeit nachgehen musste. Paul Quensel S. 214 dazu: *Gern vertauschen die Wichtel ihre Wechselbälge gegen Menschenkinder. Das wird ihnen besonders auf dem Felde leicht, wenn die Säuglinge an die Abwand oder in der Furche statt auf der Höhe der Sottel gelegt werden.*

24) zitiert Lyncker 1854 S.62 Nr. 65

25) Rudolf Steiner: Geistige Wesen in der Natur. Themen aus dem Gesamtwerk Bd. 18, ausgewählt und herausgegeben von Wolf-Ulrich Klünker 2. Aufl. 1998 Verlag Geistiges Leben Stuttgart S. 94/95

26) vgl. Sage: Blochmonter Zwerg in Zwerge, Wichtel u. Gnome Teil 1 S. 265

27) Raufen sind Gestelle mit Längsstäben, meist aus Holz, die Stroh, Heu oder Gras zum Füttern von Tieren enthalten. Durch die in bestimmten Abständen stehenden Längsstäbe können die Tiere das Rauhfutter fassen und herausziehen.

28) Käsmandl oder Kasermandl: Dazu schreibt Theodor Vernaleken in Alpensagen, Wien 1858, Nr.143, S. 238: *Das Käsmandl, vorzugsweise im Lesachwinkel (Lungau) sichtbar, ist ein kleines Männlein von eisengrauer Farbe, mit erdfalbem runzlichtem Gesichte. Zur Sommerszeit lebt es auf den höchsten Bergzinnen in unzugänglichen Gewänden und dunkeln Wäldern, wo es sich von Wurzeln und Kräutern nährt. Im Herbste, wenn der Senne von der Alm mit seiner Herde heimgefahren ist, kommt das Käsmandl aus seinem Schlupfwinkel zu den Almhütten, sucht und sammelt das, was die Sennen und Hirten weggeworfen, verloren oder zurückgelassen haben. Das Mandl käset die Überreste und lebt davon den ganzen Winter hindurch. Im Sommer, bevor die Herde wieder auf die Alm zieht, verläßt das Käsmandl die Almhütte und flieht wieder in seine einsamen Schlupfwinkel.*

29) Verbrechen des Grenzpfahl- oder Grenzsteinversetzens waren in früheren Zeiten nur schwer nachweisbar. Es entsprach dem damaligen Gerechtigkeitsempfinden, dass solche Missetäter wenigstens in der Ewigkeit dafür zur Rechenschaft gezogen wurden, wenn es die irdische Gerichtsbarkeit nicht konnte.
Daher sind Sagen von Grenzsteinversetzern aus dem ganzen deutschsprachigen Raum und weit darüber hinaus bekannt. Dazu Dr. Bruno Schweizer 1952: *Schon im Muspilli, dem altbairischen Gedichte in Stabreimen, das um 870 niedergeschrieben wurde und den Weltuntergang behandelt, kommen die ergreifenden Worte vor:*
...Denne daz preita wasal allaz verprinnet
(Dann verbrennt die ganze weite Welt)
enti vuir enti luft iz allaz arfuipit
(und Feuer und Sturm fegt alles hinweg)
war ist denne diu marha, dar man dar eo mit sinen magon piehe?
(wo ist dann der Grenzpfahl, um den einer dereinst mit seinen Verwandten stritt?)
diu marha ist farprunnan; diu sela stet pidwungan.
(der Grenzpfahl ist verbrannt; die Seele aber steht geängstigt da.)
... Deshalb glaubt das Volk, daß einer, der den Grenzpfahl versetzt oder verrückt („übermarcht") hat, so lange umgehen muss, bis man ihn erlöst und das kann nur geschehen, wenn das Verbrechen der Grenzsteinveränderung wieder gut gemacht wird.

30) Wilde Jagd = Wütendes Heer**:** Meyer I Bd. 17 v. 1897*: Wütendes Heer (wilde Jagd, örtlich auch Wudesheer, Wuotisheer, Wutheer, Wütenheer, wildes Gjaig oder kurzweg wilder Jäger) nach der deutschen Sage ein von Wodan (Wuotan) angeführtes Heer (daher der Name) oder großes Gefolge von Gespenstern, welches mit schrecklichem Tosen durch die Lüfte fährt und oft gehört, selten gesehen wird. Diese Sage, welche in hohes Altertum hinaufreicht, beruht auf der Vorstellung, daß die Seelen der Verstorbenen in der bewegten Luft einherziehen.*

Noch jetzt verknüpft die Tradition die wilde Jagd mit dem nächtlichen Sturmestosen besonders in waldreicher Gegend. ...statt der gespenstischen Tiere, welche das Gefolge der wilden Jagd bilden, erscheint mitunter auch Kriegsvolk mit Trommeln und Trompeten auf feurigen Rossen und mit flammenden Waffen unter Führung Wodans, des obersten Lenkers des Krieges, oder seiner Stellvertreter, wie Kaiser Karls im Odenwald, und das Volk knüpft daran den Glauben, daß dies nur geschehe, wenn ein Krieg bevorstehe. Leoprechting 1855 über die Wilde Jagd: *Das wilde Gejag fährt in der Adventzeit alle Nacht aus, sonderlich aber in den zwölf Nächten vom Weihnachtsabend bis heil. drei König, inner deren Zeit wütet es am ärgsten. Es gibt sonderbare Orte, wo es länger verweilt, und wo man es deutlich vernehmen kann. Dies sind aber immer enterische Plätze, verwun-*

schene Hölzer, dem Teufel verschriebene Gräben und Schluchten, Wegscheiden die kreuzweis gehen, weitgedehnte einsame Möser und Filzen und dergleichen mehr. Mit dem wilden Gjäg ziehen auch eine große Anzahl von Hunden und von Nachtvögeln, deren Gebell und Gekrächz schauerlich zu vernehmen. Nach Schweizer S. 121 werden auch Hunde, die *ledig herumlaufen, mitgenommen und man weiß von keinem, der wieder gekommen sei.*

31) Über den Wichtelesberg bei Zirgesheim an der Donau bei Donauwörth berichtet F. Panzer II Nr. 155: *Am Gipfel des Berges steht ein Kalksteinfelsen zu Tag, mit einer kleinen Öffnung, welche den Eingang zum Wichtelesloch bildet. Es soll sehr tief und mit einem bis an das Ufer der Donau sich erstreckenden unterirdischen Gang in Verbindung stehen.* Auch dort sollen die Zwerge Brot gebacken haben und von der Urfahrbäuerin ausgelohnt, vgl. Anm. 11, worden sein.

32) Christiane Oldach im Tölzer Merkur vom 20.08.2002 darüber: *Geschichten über Venediger-Männlein finden sich nicht nur im ganzen bayerischen Voralpenland, sondern auch im Bayerischen und Thüringer Wald, im Harz, im Spessart und in Tirol. Die Männlein sollen Alchimisten sein und unter der Erde wohnen. Wen sie mögen, dem schenken sie eine Henne aus Blech, die Goldstücke legt, und wer ihnen einen Dienst erweist, bekommt einen goldenen Hirschen. Manchmal führen sie auch Menschen unter die Erde und lassen sie erst nach einigen hundert Jahren wieder frei.*
Antonie Schuch dazu aus: Die Venedigermandl und ihr geheimes Wissen: *In den an Mineralien und Edelmetallen reichen Alpen und auch im Vorland der Alpen wird oft von den Venedigermandln – auch als Venediger bezeichnet – gesprochen. Meist kamen diese Mandl im Frühjahr nach der Schneeschmelze über die Bergpässe von Venedig her und blieben bis zum Herbst. Oft sah man sie morgens mit ihren Säcken beladen vom Berg in Richtung Tal steigen. Man erzählte sich, dass die Venediger Erdspiegel besäßen. Dies sind Spiegel, die sie aus dem Meer nähmen; in ihnen würden – auch in großer Entfernung – sich die im Berg vorkommenden Schätze, Gold führende Gewässer, Erzgänge usw. spiegeln. Nicht alle Venediger besaßen einen Erdspiegel; manche bedienten sich einer an einem Faden hängenden Kugel, an der ein Zeiger befestigt war. Man hielt den Faden zwischen Daumen und Zeigefinger, so dass die Kugel sich frei drehen konnte, und dort, wo der Zeiger hinwies, war der Schatz zu finden. Diese magischen Fähigkeiten konnten in der „Schwarzen Schule" in Venedig erlernt werden. Die Teilnehmerzahl war immer auf zwölf beschränkt. Nach Abschluss der Ausbildung gehörte der Schüler, der zuletzt durch die Tür ging, dem Meister – dem Teufel. Es war aber wie verhext; wenn die verbliebenen Elf vor der Tür standen, so konnten sie nicht feststellen, welcher Kamerad fehlte. Gelegentlich tarnten sich die Venedigermandl als Hausierer und boten merkwürdige, getrocknete Käfer feil. Wenn ihnen tatsächlich jemand einen solchen Käfer abkaufte und diesen zum Geld legte, so ging das Geld nie aus.*
In Tirol gibt es folgende Überlieferung zu den Venedigern:
Es gibt wohl kein Tal in ganz Tirol, in welchem man nicht von „Venediger Manndln" zu erzählen weiß. Denn das an edlen Metallen und Mineralien reiche Land lockte schon früh, besonders die Venezianer an, um die Schätze der Erde zu

Tage zu fördern. Sie kamen gewöhnlich im Frühjahr, arbeiteten während des Sommers in den Bergen und Schluchten der Gebirge und zogen im Herbst, mit Schätzen beladen, heim nach Venedig. Schiestl. S. 12

Ein Gedicht von Kobell aus dem 19. Jahrhundert dazu:

Die wälschen Venediger
Wissen gar guat
Ein Schatz, wo er z'finden is'
Heben wie man thuat.

Zur Schatzsuche benutzten die Venediger einen Erdspiegel, mit ihm konnte man – nach dem Glauben der Leute – die Schätze im Innern der Erde oder im Gebirge sehen. Die Venediger waren im Besitz von Erd- und Bergspiegeln, darum waren sie so unermesslich reich. Einmal ließen sie einen Zimmermann aus Wackersberg bei Kochel, der eigens deswegen nach Venedig gekommen war, hineinschauen: Da wurden die Berge durchsichtig wie Glas, er sah alle verborgenen Schätze.

Karl v. Leoprechting schreibt im Jahr 1856:

Ist ein wunderbares Ding um einen Erdspiegel, glückt selten einen richtigen zu erhalten, nutzt aber auch dann den wenigsten, die ihn haben. Wer nit an einem goldnen Sonntag in der zwölften Stunde unter einem gar seltnen Zeichen geboren worden, dem nutzen die besten nichts, der aber in solch glücklicher Stellung geboren, der vermag alles zu sehen, was er nur immer begehren will, doch muß man allzeit den Spiegel nach einer Kirchen richten, darinn Sanct Johann der Gottestaufer rastet. Zwischen einem Erdspiegel, der aus einer runden Metallscheiben und einem Bergspiegel, der aus einem Uringlas, darin ein hochgeweihter Weihbrunnen, besteht einiger Unterschied im Gebrauch und im Anrufen, und will letzterer für den besseren gehalten werden...

Der Sagenforscher K. Reiser Nr. 155 im Jahr 1895 zum gleichen Thema: *Unter dem Erd-, Wasser- und Venedigerspiegel ist der letztere der richtige und beste; denn man kann in ihm alles sehen, was man nur wünscht. Man erhält ihn, wenn man einen Spiegel mit dem Blute einer schwarzen Katze, einer schwarzen Henne und eines Bergraben bestreicht und die richtigen Gebete hersagt. In diesem Spiegel sieht aber nur derjenige, der ihn gemacht hat, alles, während im Erd- und Wasserspiegel, zu welch' letzterem man dreierlei Weihwasser braucht, auch andere Leute etwas sehen können.*

33) Eine andere Sage (Blank S. 56), etwas abgewandelt, erzählt, dass der Mann aus dem Fichtelgebirge durch Kriegswirren und erst nach langen Jahren auf See nach Venedig gekommen ist und dort seinen kleinen Freund getroffen hat.

34) Holzweiblein, Holzfräulein, Waldweiblein, Moosfräulein usw. sind wesentlicher Inhalt des Sagenreichtums und verkörpern in manchen Gegenden sozusagen die Seele der Waldbäume. Die Holzweiblein werden von dem Wilden Jäger verfolgt und können sich nur auf Baumstümpfe retten, in die drei Kreuze eingeschlagen sind. Schweizer S. 134: *Man bringt ihnen Opfergaben und man kennt genaue Einzelheiten ihrer Erscheinungen, Sprüche, Tänze, mannigfaches Brauchtum und reichgegliederter Volksglauben hängt mit ihnen zusammen. Sie sind Feen und Holden gleich und sie bringen Glück und Segen, sind mithin wohl als Geister des Wachstums und der Fruchtbarkeit anzusehen. Aber andererseits werden sie auch*

mit den Armen Seelen identifiziert. Früher verstand man unter Holzweiblein vor allem Eule und Käuzchen, und sie galten laut Schweizer S. 135 *als weibliche Gegenstücke zu den Hoimännlein, die bei uns das Zwerggeschlecht vertreten.*
Über die Holzmännchen, Hojemännlen, kleine Kobolde, schreibt K. v. Leoprechting 1856: *Dieser Name rührt wohl allein von ihrem ungewöhnlichen Schrei Hojo Hoje, wenn sie tanzen oder Räder schlagen. Sie zeigen sich oft und vielfältig, obwohl sie sich aus den Häusern und Städeln beinahe ganz zurückgezogen haben, und nur mehr noch eingegangene Höfe und einsame Waldungen bewohnen. Doch scheuen sie den Menschen nicht sehr und diemalen kann man welchen selbst am lichten Tage begegnen. Sie sind sehr klein, allzeit grün angetan und ihr Haar und Bart ist wie ein graulechtes Mies* (grünliches Moos). *Sonderlich im Advent, wo allen Geistern von Allerheiligen Abend bis Dreikönig große Macht gegeben ist sich zu zeigen und vielen Spuk zu treiben, da kann man den Hojemännlen oft begegnen. Sie tun den Menschen nichts zu leide, suchen sie aber zu necken und zu ängstigen. Sie springen dann auf Händen wie auf Füßen und schreien Räder schlagend ihr wehmütig lautendes Hojo, Hoje. Sehen sie jemanden, der darob Furcht zeigt, und das ist bei den Mehrsten der Fall, dann stürzen sie mit ihren Sprüngen demselben oft zwischen den Beinen durch und in so rascher, toller Folge, dass Viele vor Angst vergehen möchten und Manche schon recht krank von diesem Spuk geworden sind.*
Auch verbergen sie sich gerne in der Nähe menschlicher Wohnungen, sonderlich bei viel aufgerichtetem Holze und weinen nun stundenlang so herzdurchdringend, dass die, so es hören, es auf die Läng nit aushalten können, und darüber selbst recht traurig werden. Solcher Erfolg macht den Hojemännlen großen Gspaß, und zeigen sie sich dann gütig, werfen wohl auch denen, die mit dem Weinen ein Mitleid gezeigt, irgendeinen Fund in den Weg, der ihnen wohl nutzbar.
Alterlebte Schäfer und Hueter, die ihrer wohl viele gesehen, behaupten, den Hojemännlen fehle alle Kraft, denn sie seyen ohne Mark geboren und könnten nur im Verborgenen schaden. Dieß ist aber kaum glaubbar, denn sie haben sich noch immer solchen, die sie tratzen wollten oder gar beleidigen, furchtbar an Macht und Stärke gezeigt.

35) Es kommt bei anderen Sagen auch der Begriff „neunmal so alt wie..." vor. Hier handelt es sich um folgende Anschauung, die früher verbreitet war: Mit neunmal ist der ganze Wald von der Pflanzung bis zum Fällen (lange Zeit = hohes Alter des Waldes) gemeint. Dazwischen, also vom Fällen bis zur Aufforstung ist die Fläche lange Zeit Wiese. Und das auch neunmal.

36) Fuß = Altes Längenmaß verschiedener Länge, von der Länge eines Mannesfußes genommenes Maß, etwa 12 Zoll lang, 1 Zoll (preußisch) = 2,82 cm, 1 Zoll (engl.) = 2,54 cm. 1 Fuß entspricht also einer heutigen Länge von etwa 30-35 cm.
37) vgl. „Zwerge, Wichtel und Gnome Bd. I S. 105

38) vgl. Schinzel-Penth: Sagen u. Legenden um Chiemgau u. Rupertiwinkel. S. 153, in der Neuauflage von 2016

39) Bechstein III S. 43: *...der liebliche und schöne Landstrich, welcher den Namen der Goldenen Aue führt und zu beiden Seiten des Helmeflusses sowie am Fu-*

ße des Kyffhäusers sich ausbreitet, war schon im Altertum berühmt... Ursprünglich war die Goldene Aue eng begrenzt und reichte nur von Heringen bis Brücken, dann aber dehnte man sie weiter aus, bis zur Unstrut, nordwestlich bis Nordhausen, südöstlich bis Freyberg.

40) Nach früher weitverbreitetem Glauben galt ein Tag im Reich der Zwerge für hundert Jahre auf der Erde.

41) Wöhlsdorf gehört heute zum Stadteil Beulwitz von Saalfeld in Thüringen.

42) Taxus = Eibe galt früher als Schutz gegen böse Mächte und wurde daher oft am Hut getragen.

43) Goldener Sonntag = Trinitatis, das Fest zur Heiligsten Dreifaltigkeit, wird am Sonntag nach Pfingsten von den Christen der westlichen Kirchen gefeiert.

44) Eine Sage gleichen Inhalts und mit genauer Ortsangabe steht bei Grimm Nr. 161: *Im Februar 1605, unter dem Herzog Heinrich Julius von Braunschweig, trug sich zu, dass eine Meile Wegs von Quedlinburg, zum Tal genannt, ein armer Bauer seine Tochter...* Hier endet die Sage so: *Das Mädchen brachte den Korb voll Silber nach Haus und erzählte, was ihm begegnet war. Nun liefen die Bauern haufenweis mit Hacken und anderm Gerät in das Wäldchen und wollten sich ihren Teil vom Schatz auch holen, aber niemand konnte den Ort finden, wo das Silber hervorgequollen war. Der Fürst von Braunschweig hat sich von dem geprägten Silber ein Pfund holen lassen, so wie sich auch ein Bürger aus Halberstadt, N. Everkan, eins gelöst.*

45) Eine ähnliche Sage wird vom Untersberg in Berchtesgaden erzählt, vgl. Schinzel-Penth: Sagen u. Legenden um das Berchtesgadener Land. 7. Aufl. 2018 S. 94.

46) Andernorts wird dies Hexen zugeschrieben, nicht Wichteln.

47) Arvel = ein Büschel Getreide, das man mit den Armen umfassen kann.

48) Manche behaupten, ungetaufte Kinder, die gestorben seien, müssten als Gütel wieder auf die Erde kommen.

49) Von Menschenhand angebrachte Markierungen, wie hier das Band, können und dürfen Zwerge nicht entfernen. Deshalb die Unkenntlichmachung des bestimmten Platzes durch das Anbringen gleicher Stoffstreifen an vielen Stellen.

50) bearbeitet von Friedrich Günther 1893 und Henninger/v. Harten, wohl um 1946 (1955, 8. Aufl.)

51) Das weithin bekannte Märchen Rumpelstilzchen, kommt in Abwandungen in vielen Gegenden im deutschsprachigen Raum vor. Leander Petzoldt S. 421 dazu: *Das Begehren naturdämonischer Wesen nach menschlichen Frauen hat seinen bekanntesten Ausdruck in dem Grimmschen Märchen vom Rumpelstilzchen gefunden... Es sind besonders Zwerge, die aus irgendeinem Grunde (Spinnhilfe, wie im Märchen; aber auch Verletzung eines Tabus oder eines Verlobungsverspre-*

chens) Gewalt über die Frauen bekommen. Nur durch Aussprechen des Namens des Dämons kann sich das Mädchen aus seiner Gewalt befreien. Anders als im Märchen geht es in der Sage nicht um einen Anspruch auf das Kind, sondern um den Besitz der Frau selbst.
Aber auch Männer konnten sich oft nur durch das Wissen des Namens retten, wie die Sage aus Schleswig-Holstein von Zi dem Baumeister S. 242 zeigt.

52) vgl S. 209, 225

53) Glaskopf ist ein Minerealgestein. Meyers 1897 S. 663: *Glaskopf, brauner, soviel wie Brauneisenerz; roter, soviel wie Roteisenstein; schwarzer, soviel wie Psilomelan; gelber, soviel wie Gelbeisenstein.*

54) Arbeiter in einem Pochwerk. Pochwerke (Stampfwerke) sind Maschinen, die im Bergbau benutzt werden, mit senkrecht von einem Gerüst fallenden Stampfern oder Stempeln zum Zerkleinern von Erzen oder Schlacken.

55) Grimm Nr. 43 gibt sogar die etwaige Zeit an, in der die Sage entstanden ist, denn in seiner Quelle *Winkelmann: Beschr. des oldenb. Horns. Bl.15. Happel (eines geborenen Hessen) Rel.cur.,II,525* steht: *Als Winkelmann im Jahr 1653 aus unserem Hessenlande nach Oldenburg reiste und, über den Osenberg kommend, in dem Dorf Bümmerstedt von der Nacht übereilt wurde, erzählte ihm ein hundertjähriger Krugwirt...*

56) Rehme liegt westlich der Weser, ist heute ein Stadteil von Bad Oeynhausen.

57) Bei Bechstein (Bechstein II S. 156) wird eine ähnliche Sage aus Schweckhausen (Kreis Höxter, Nordrheinwestfalen) erzählt. Da wird beim Dreschen von Erbsen einem Zwerg, der unsichtbar die ausgedroschenen Erbsen in einem Sack auffängt, von einem Arbeiter mit der Schaufel die Nebelkappe vom Kopf geschlagen. Der Zwerg flieht, die Nebelkappe wird noch lange im Schloss aufbewahrt, wohl im Wasserschloss aus dem Jahr 1581 oder dem davor bestehenden Benediktinerkloster.

58) Hier wird das Motiv des Damoklesschwertes aus der griechischen Sage mit einer Schatzsage verknüpft.

59) Frevelhaftes Verhalten der Menschen (vgl. Mordau, übergossene Alm, Roglau im Chiemsee) wird durch Versteinerung bestraft.

60) Ein Matthier = 4 Pfennige (zu Beginn des 20. Jahrhunderts).

61) vgl. S. 306, wo eine ähnliche Sage in Brandenburg spielt.

62) Arminius der Etrusker

63) Vgl. das Märchen der Gebrüder Grimm *„Die ungleichen Kinder Evas“*. Es wird hier als Entstehungssage der Zwerge erzählt, sozusagen vom Märchen auf die Sage übertragen.

64) Eine ähnliche Sage gibt es aus Südtirol, wo es aber nicht um eine Warze, sondern um einen Buckel geht, vgl. S. 151 in „Zwerge, Wichtel und Gnome. Teil I Sagen aus dem deutschsprachigen Raum, Süden.

65) vgl. ähnliche Sagen mit Leihen S. 23,42,258 u. a.

66) Urant oder Orant schützt wie auch Dill vor der Macht der Zwerge.

67) Zu Berchta in „Illustrierte Chronik der Zeit" um 1890: *In den Zwölf Nächten, vom Weihnachtsabend bis Dreikönigstag (6. Januar) treiben nach dem Volksaberglauben die Dämonen und Kobolde ihr Wesen, die ja, wie bekannt, die vom Christentum geächteten Götter unserer germanischen Vorfahren sind. Besonders Wotan zieht zu dieser Zeit als wilder Jäger im Wintersturm über die Lande, und seine Gemahlin Frigga, in Süddeutschland Holda oder Berchta genannt, die Schützerin der Felder und der häuslichen Arbeit, pflegt die Ställe, Scheunen, Küchen und Spinnstuben zu besuchen, um zu schauen, ob Alles in guter Ordnung gehalten ist, und die Säumigen zu bestrafen. Diesen halbverklungenen Erinnerungen an die einstige Herrschaft der germanischen Götter verdanken zahlreiche noch jetzt fortbestehende Volksbräuche ihre Entstehung.* Der Dreikönigstag heißt in Oberbayern und Tirol auch „Berchtentag".

68) Eine Spanne ist bei der gespreizten Hand eines Mannes die Entfernung zwischen Daumenspitze und Spitze des kleinen Fingers, also ca. 20 cm.

69) Eine Ähnliche Sage erzählt man in der Schweiz, vgl. „Zwerge, Wichtel u. Gnome" Teil I S. 255

70) „Wir kommen von Dobbin und wollen nun anderswo hin; in Dobbin gefällt es uns nicht mehr, da war uns das Evangelium zu streng."

71) Die Heilingsfelsen sind nach Hans Heiling, einem sehr reichen, aber gottlosen Mann, so genannt, der einst, wie Faust, einen Bund mit dem Teufel eingegangen sein soll. Ein Mädchen, das er ehelichen wollte, lehnte die Verbindung wegen seines unheimlichen Rufes ab und heiratete einen anderen. Da verwandelte Hans Heiling mit Hilfe des Teufels die ganze Hochzeitsgesellschaft zu Stein. Er selbst aber wurde vom Teufel von der höchsten Felsenspitze in den Fluss Eger hinab in den Tod gestürzt. Seither heißen die markanten Felsspitzen „Heilings Felsen".

72) Arbeitspause um 9 Uhr am Vormittag

73) Es gibt heute im Handel „Aussaatkalender", in denen für die einzelnen Aussaaten die günstigsten Tage und auch Stunden angegeben sind.

74) Den beiden Schwestern Helga und Emilie Werner wurde immer gesagt, wenn sie nicht ihre Sachen aufräumen, dann holen diese die Zwerge.

Literaturverzeichnis

Aick, Gerhard: = Aick
Sagen der verlorenen Heimat.
Verlag Carl Überreuter Wien – Heidelberg 1959

Antz, August: = Antz
Rheinlandsagen. Wilhelm Stollfuß Verlag, Bonn 1961

Arndt, E. M.: = Arndt
Deutscher Sagenschatz. Engelbrecht Verlag 1962

Bartsch, Karl: = Bartsch I o. II
Sagen, Märchen und Gebräuche aus Mecklenburg

Baß, J.: = Baß
Sagen und Geschchten aus deutschen Gauen.
Loewes Verlag Ferdinand Carl, Stuttgart

Baumbach, Rudolf: = Baumbach
Sommermärchen. Verlag A. G. Liebeskind, Leipzig 1892

Bechstein, Ludwig: = Bechstein I
Sagen aus deutschen Landen, 1853. Neu bearb.
1987 Karl Müller Verlag, Erlangen

Bechstein, Ludwig: = Bechstein II
Märchen und Sagen. Bearb. v. Karl Hobrecker.
Th. Knaur Nachf. Verlag Berlin 1940

Bechstein, Ludwig: = Bechstein III
Die Sagen des Kyffhäusers. Verlag G.& M. Donhof. Arnstadt 1990

Biesalski, Kurt: = Biesalski
Die rauhbeinigen Zwerge von Mecklenburg.
Sagen von Ünnerirdischen. Hinstorff Verl. Rostock 1999

Bindewald, Theodor: = Bindewald
Sagen und Märchen aus Oberhessen. Mikado-Verlag, Atzbach 1979

Blank, Hans Friedrich: = Blank
Donausagen. Loewes Verlag Stuttgart 1959

Böckl, Manfred: Das Mysterium der Erdställe. = Böckl
SüdOst-Verlag Regenstauf 2015

Colshorn, Carl und Theodor: = Colshorn
Märchen und Sagen. Hannover 1854

Dettmer, Helge: Sagen, Märchen u. Legenden an Lahn u. Dill. = Dettmer
Hrsg. Zeitungsgruppe Lahn-Dill. Phönix Werbung u. Verlag 1988

Diederichs, Ulf u. Hinze, Christa: Hessische Sagen. = Diederichs/Hinze
Eugen Diederichs Verlag München 1978

Engelschall, J. C.: = Engelschall

Beschreibung der Exulanten- und Bergstadt JohannGeorgenStadt.
Leipzig 1723

Ey, Aug.: = Ey 1862
Harzmärchenbuch oder Sagen u. Märchen aus dem Oberharze. Stade 1862

Firmenich, J. M.: = Firmenich
Germaniens Völkerstimmen Bd. II. Berlin 1846

Frahm, L.: = Frahm
Norddeutsche Sagen von Schleswig-Holstein bis zum Harz.
Altona/Leipzig 1890

Franke, Hermann: = Franke
Sagen aus der Nürnberger Landschaft. L. Böhm/Bayerland 1899

Franke, Lars: = Franke Lars
Spukgeschichten aus Mecklenburg-Vorpommern.
Steffen Verlag, Berlin 2014

Geib, K.: = Geib 1836
Die Sagen und Geschichten des Rheinlandes. 1836

Günther, Friedrich: = Günther 1893
Aus dem Sagenschatz der Harzlande. Hannover, 1893

Gräße, Joh. Georg Theodor: = Gräße
Der Sagenschatz des Königsreichs Sachsen. Dresden 1855/1874

Grimm, Emil: = Grimm Emil
Sagen u. Geschichten aus Oberfranken.
Verlag der Friedr.-Kornschen Buchh. Nürnberg

Grimm, Jakob und Wilhelm: = Grimm Nr.
Deutsche Sagen. Bd. 2 Berlin1816/18 Erstausgabe
Ausgabe Insel Verlag, Frankfurt a. M. 1981

Haas, Adolf: = Haas
Rügensche Sagen und Märchen. 2. Aufl. Stettin, 1896

Happel, E. G.: = Happel
Gröste Denkwürdigkeiten der Welt. Bd. 1-5. Hamburg 1683-1691

Harrys, Herm.: = Harrys 1840
Volkssagen, Märchen u. Legenden Niedersachsens, Celle, 1840

Henniger, Karl u.v. Harten, Johann: = Henniger/Harten
Niedersachsens Sagenborn.
August Lax, Verlagsb. Hildesheim, 8. Aufl. 1955

Hering, Elisabeth: = Hering
Sagen von Donau und Rhein. Boje-Verlag Stuttgart 1971 4. Aufl.

Herrlein, Adalbert v.: = Herrlein
Die Sagen des Spessart. Aschaffenburg 1851

Hoffmann, Heinrich:
Zur Volkskunde des Jülicher Landes.
Sagen aus dem Ruhrgebiet. Eschweiler 1911 = Hoffmann 1911
Sagen aus dem Indegebiet. Eschweiler 1914 = Hoffmann 1914

Hofmann, Friedrich: = Hofmann
Der Kinder Wundergarten. Verlag Abel u. Müller, Leipzig 1890

Hoffmeister, Philipp: = Hoffmeister
Hessische Volksdichtung in Sagen und Mährchen, Schwänken und Schnurren. Marburg 1869

Jahn, Ulrich: = Jahn
Volkssagen aus Pommern und Rügen. Berlin 1886

Jankowiak, Christa u. Johannes: = Jankowiak I
Sagen aus dem Fläming.
Die Lüchtermännchen. = Jankowiak II
Kinderbuchverl. Berlin 1991

Jungbauer, Gustav: = Jungbauer
Böhmerwald-Sagen. Jena 1926

Kapff, Rudolf: = Kapff
Schwäbische Sagen, Jena, 1926 (nach Oberamtsbeschreibung Balingen Stuttgart 1824)

Kühn, Dietrich: = Kühn
Sagen und Legenden aus Thüringen.
Evangelische Verlagsanstalt GmbH Wartburg

Kuhn, Adalbert: = Kuhn
Westfälische Sagen Bd. I. Leipzig 1859
Märkische Sagen und Märchen. Berlin 1843 = Kuhn I

Kuhn, A. u. W. Schwartz: = Kuhn/Schwartz
Norddeutsche Sagen, Märchen und Gebräuche. Leipzig 1848

Landkreis Regen, Der: = Landkreis Regen
Hrsg. Landkreis Regen 1982 Verl. Jena 1990
Bauernbrauch und Volksglaube in Oberbayern
Unveränderter Textneudruck der Originalausgabe v. 1855. Südd. Verlag München 1975

Lemmer, Konrad: = Lemmer
Sagen u. Legenden aus Berlin u. d. Mark Brandenburg
Rembrandt Verlag Berlin 1968

Leoprechting, Karl v.: = Leoprechting
Bauernbrauch und Volksglaube in Oberbayern.
Unveränderter Textneudruck der Originalausg. von 1855.
Südd. Verlag, München 1975

Liebert, Krystin: = Liebert
Rügen. Sagen und Geschichten. Hrsg. Demmler Verlag, 3. Aufl. 2015

Lyncker, Paul: = Lyncker

Deutsche Sagen und Sitten in hessischen Gauen. Kassel 1854

Lesebuch, Neues Bayerisches: = Lesebuch
Für weibliche höhere Lehranstalten Bd. 2. Druck u. Verlag R. Oldenburg 1925

Lothar (Ferdinand Philipp Grimm) = Lothar
Volkssagen u. Mährchen der Deutschen und Ausländer. Leipzig 1820

Lüers, Friedrich: =Lüers
Bayerische Stammeskunde. Eugen Diederichs Verlag Jena 1933

Mackensen, Lutz: = Mackensen
Niedersächsische Sagen II. Sagen aus Hannover und Odenburg.
Leipzig-Gohlis 1925

Mannschatz, H. Chr. u. S. Hrsg.: = Mannschatz
Sagenhaftes Sachsen. Sachsenbuch Verlags GmbH, Leipzig 1990

Meiche, A.:
Sagenbuch der sächsischen Schweiz und ihrer Randgebiete. Leipzig 1894 = Meiche
Sagenbuch des Königreichs Sachsen. Leipzig 1903 = Meiche I

Meier, Ernst: = Meier
Deutsche Sagen, Sitten und Gebräuche aus Schwaben. Stuttgart 1852

Mudrak, Edmund, Hrsg.: = Mudrak
Das große Buch der Volkssagen.
Ensslin & Laiblein Verlag Reutlingen

Müllenhoff, Karl: = Müllenhoff
Sagen, Märchen und Lieder der Herzogtümer Schleswig, Holstein und Lauenburg. Kiel 1845

Neumann, Siegfried: = Neumann I
Sagen Mecklenburg. E. Diederichs Verl. München 1993
Sagen Pommern. E. Diederichs Verl. München 1991 = Neumann II

Niederhöfer, A: = Niederhöfer
Mecklenburg's Volkssagen. 4 Bd. Leipzig 1858-62

Peuckert, Will-Erich, Hrsg.: = Peuckert
Schlesische Sagen. Eugen Diederichs Verlag München 1924
3. Aufl. 1991

Panzer, Friedrich: = Panzer I o. II
Bayerische Sagen und Bräuche. Bd. I u. II 1848-1855

Petzoldt, Leander: = Petzoldt
Historische Sagen. Deutsche Volkssagen. Marix Verlag Wiesbaden 2007

Pinson, Roland W. Hrsg.: = Pinson
Im Zauberreich der Elfen, Zwerge und Kobolde.
Gondrom Verlag Bayreuth 1983

Pracht, Hans-Peter: = Pracht
Sagen und Legenden der Eifel. Verlag J. P. Bachem Köln 1983

Quensel, Paul: = Quensel
Thüringer Sagen. 1930. Neu 1991 bei Diederichs Verlag München

Pröhle, Heinrich:
Unterharzische Sagen. Aschersleben 1856 = Pröhle 1856
Harzsagen. Leipzig. 2. Aufl. 1886. Erstaufl. 1854 = Pröhle 1886

Rölleke, Heinz, Hrsg.: = Rölleke
Das große deutsche Sagenbuch. Artemis u. Winkler Zürich 1996

Rohr, Julius Berhard v.: = Rohr
Geographische und Historische Merckwürdikeiten
des Ober-Hartzes. Frankfurt/Leipzig 1739

Ruhland Wilhelm: = Ruhland
Rheinisches Sagenbuch. Köln 1896

Schell, Otto:
Bergische Sagen. Elberfeld 1897 = Schell I
Sagen des Rheinlandes. Leipzig-Gohlis 1922 = Schell II

Schöppner, Alexander: = Schöppner Nr. I, II, III
Sagenbuch der bayerischen Lande. Bd. I-III, München 1852-1853

Schneider, Emil: = Schneider
Hessisches Sagenbüchlein. Marburg 1905
Neuausg. 1958. Hrsg. W. Heun/H. Obermann

Seibold, Hanns: = Seibold
Sagen aus der Nürnberger Landschaft. Bd. III
Karl Pfeiffer's Buchdruckerei u. Verlag, Hersbruck 1955

Sieber, Friedrich: = Sieber
Harzland-Sagen. Jena 1926/1928

Stadt Regen 1067-1967 = Stadt Regen
Gotthard Oswald u. Raimund Karl Hrsg. Stadt Regen 1967

Seifart, Karl: = Seifart
Sagen, Märchen, Schwänke u. Gebräuche
aus Stadt und Stift Hildesheim. A. Lax, 3. Aufl.1914

Sommer, Emil: = Sommer
Sagen, Märchen und Gebräuche a. Sachsen u. Thüringen. Halle/Saale 1846

Tecklenburg A. Hrsg.: = Tecklenburg
Deutscher Sagenschatz. Engelbert-Verlag, Balwe/Westf. 1962

Trog, C., Hrsg.: = Trog
Rheinlands Wunderhorn. 14. Bd. Bergisches Land, Düsseldorf
Essen/Leipzig, o.J.

Trommer, Harry Hrsg.: = Trommer
Deutsche Heimatsagen. Bd. 3. Kinderbuch-Verlag Berlin

Uther, Hans-Jörg, Hrsg.: = Uther S.
Deutscher Sagenschatz. Sonderausg.

H. Hugendubel Verl. Kreuzlingen 2000
Sächsische Sagen. Eugen Diederichs Verlag, München 1992 = Uther I S.
Sagen Rheinland. Eugen Diederichs Verlag München 1994 = Uther II S.
Sagen aus dem Harz. Eugen Diederichs Verlag München 1994 = Uther III S.

Weddigen u. Hartmann: =Weddigen/ Hartmann
Der Sagenschatz Westfalens. Minden 1884

Wehrhan, Karl: = Wehrhahn
Sagen aus Hessen und Nassau. Bd. 5, Leipzig-Gohlis 1922

Alfred Weitnauer/ Leidinger Hermann, Hrsg.: = Weitnauer
Mein Sagenbuch. Bayer. Schulbuchverlag 1960

Wenzel, Johann: = Wenzel
Sagen von der Hainburger Pforte. Hainburg 1925

Weitershagen, Paul: = Weitershagen
Eifel und Mosel erzählen. Greven Verlag Köln 1968

Weyden, Ernst: = Weyden
Cölns Vorzeit. Geschichten, Legenden und Sagen Cölns, nebst einer Auswahl cölnischer Volkslieder. Köln 1826

Wiegmann, Wilhelm: = Wiegmann 1905
Heimatkunde des Fürstentums Schaumburg – Lippe
H. Heine, Stadthagen 1905

Wolf, Johann Wilhelm: = Wolf
Hessische Sagen. Göttingen und Leipzig 1853

Zaunert, Paul: = Zaunert I-III
Rheinlandsagen. Volksglaube der Gegenwart. Jena 1924
Bd. I Niederrhein bis Köln, Bergisches Land, Eifel
Bd. 2 Rheinland v. Bonn bis Mainz
Bd. 3 Hessisch-Nassauische Sagen . Jena 1929

Zienert:
Sagen u. Mysterien des böhmisch-bayerischen Grenzgebietes = Euregio I
Europäische Union. Europäischer Fonds für regionale Entwicklung

Sagen u. Mysterien des Böhmisch-sächsischen Erzgebirges = Euregio II
Europäische Union. Europäischer Fonds für regionale Entwicklung

Bilder:
Federzeichnungen von Heinz Schinzel: S. 130, 177, 254, 310, 379, 403
Bilder aus Hofmann: Der Kinder Wundergarten: S. 139, 365
Bilder aus Bechstein von 1853
Dazu zahlreiche Abb. aus dem 14.-19. Jahrhundert

Quellenangaben zu den einzelnen Sagen

G = Gisela Schinzel-Penth
A = Antonie Schuch
L = Leonie Weidenbach (1 Sage)

G Über die Zwerge: Gisela Schinzel-Penth nach Kühn S. 176ff, S. 306-309; Aich 276: Meyers 1909 Bd. 20 S. 1040; Uther S. 8; Uther S. 10; Bechstein II S. 182 ff; Pinson S. 327-330, Bechstein I S. 120

G 1. Wie die Wupper entstand: Schell, Otto: Bergische Sagen. Elberfeld 1897; Ruhland Wilhelm 1896; Rölleke Nr. 664

G 2. Der Hammerschmied an der Wupper: Antz August: Mudrak S.15 (8) Rheinlandsagen. Wilhelm Stollfuss Verlag Bonn, 1961. S. 55

G 3. Der Zwerg Goldemar und woher Elberfeld seinen Namen hat: Bechstein I S. 86; Bechstein II S. 167

G 4. Warum die Zwergenhöhle bei Island gemieden wird: Trog S.229; Rölleke Nr. 666

G 5. Das Zwergenloch an der Wupper: Schell II S. 207; Rölleke Nr. 667

G 6. Warum die Zwerge die Leute in Solingen verfluchten: Schell, Otto: Bergische Sagen. Elberfeld 1897

G 7. Die unsichtbaren Hirten in Dierath: Schell II

G 8. Die Schahollen a.d.Wipper: Mudrak S. 39 (37)

G 9. Die Zwerge auf Gut Kollenberg: Rölleke Nr. 675 S. 592

G 10. Ritter Schott von Huneberg und Schwanau: K. Geib 1836

G 11. Siegfried und der Nibelungenhort: Uther S. 23; Uther II S. 38f

G 12. Der Schuster von Immekeppel: Mudrak S.16 (9)

G 13. Die Heinzelmännchen von Köln: Uther II S.11; Gedicht August Kopisch 1836; Uther S. 227 (155); Uther S. 104 nach Weyden, Ernst: Cölns Vorzeit. Geschichten… Köln 1826; Heinzelmännchen Gedicht v. A. Kopisch aus Lesebuch 4. u. 5. Jg. Kath. Volksschulen Bayerns 1928 S.165

G 14. Die verscheuchten Zwerge bei Wildberg: Schell II

G 15. Die Gefangene der Zwerge: Schell II S.54; Rölleke Nr. 651

A 16. Kobold Heinz Hütlein: Uther S. 241 (165)

A 17. Die Rache des Zwergenkönigs: Petzoldt S. 219 Nr.372

G 18. Die zornigen Zwerge von Plattscheid: Zaunert 1924 Bd. 1 S. 195 u. 199; Mudrak S 14 (7)

G 19. Das Gold von Leversbach: Hoffmann 1911, Bd. 1 Nr. 101; Hoffmann 2014 Nr. 193a; Uther S. 65 Nr. 35

G 20. Die versunkene Stadt Gression und die Römermännchen: Zaunert 1924 Bd. 1 Nr.119; Uther S.65 Nr.36; Uther S. 50

G 21. Die Erdmännlein von Wachtendonk: Zaunert 1; Rölleke Nr. 634; Uther II S. 51

G 22. Die Killewittchen im Eschweiler Wald: Uther II S. 52

G 23. Die Nachricht der Zwerge: Zaunert Bd. 1 S.101f; Uther II S. 53

G 24. Warum das Zwergenvolk vom Hülser Berg starb: Antz S.. 57; Rölleke Nr. 635; Uther II S. 53; Zaunert Bd. 1 S.101f; Uther II S. 54

G 25. Die Zwerge unter der Emmaburg von Aachen: Grimm Nr.33; Bechstein I S. 100; Bechstein II S. 149; Uther II S.50

A/G 26. Die Overmännkes im Selfkant: Uther II S. 48**;** Petzoldt S. 229 (386); Uther 53

G 27. Die Övermännkes und die Glocke: Uther S. 53

G 28. Die Heinzelmännchen von Pier: Uther S. 52

G 29. Die Heinzelmännchen bei Harzheim: Zentralarchiv Nr. 801 v. V. J. Hoffmann 1914-1918 in Harzheim; Uther Deutscher Sagenschatz S. 62 (34); Uther II S. 68, S. 69

G 30. Das goldene Pantöffelchen: Antz S. 117; Rölleke Nr. 702

G 31. Das warnende Kräutermännlein an der Kyll: Antz S. 116; Pracht S. 207; Rölleke Nr. 701

G 32. Der Zwerg als Lehrmeister: Weitershagen 55

G 33. Der Tanzberg in der Eifel: Pracht S. 60; Weitershagen 51

G 34. Die Füße der Zwerge: Pracht S. 138: Weitershagen 49

G 35. Der goldene Pflug von Neuenahr: Antz S. 84; Rölleke Nr. 692

G 36. Der Ritter und der Teufelsweg: Antz 120; Weitershagen 72; Rölleke 703

G 37 Die Neunhollen in der Eifel: Pracht S. 164; Weitershagen S. 24

G 38. Das unbarmherzige Bergmännlein in Kall: Weitershagen 50; Pracht S. 57

G 39. Die Leiter am Teufelskadrig bei Lorch: Antz 22; Rölleke Nr. 710; Hering S. 110

A 40. Der Lemberger Zwerg und Ernesti Glück: Schöppner II Nr. 812, nach W. O. v. Horn, Bilder aus dem Nahetale S. 84; Mudrak S. 16 Nr. 23

G 41. Das Bergmännlein und die Geißkamer: Schöppner II Nr. 813 nach W. O. v. Horn, Bilder aus dem Nahetale S. 87

G 42. Das Heinzelmännchen bei Rennerod: Dettmer S.43 Nr. 24

G 43. Das stille Volk bei Schloss Plesse: Grimm Nr. 30 nach Joh. Letzner: Plessisches Stammbuch. Wunderbare Begebenheiten eines göttingischen Studenten auf dem alten Schlosse Plessen, 1744, S. 15ff, S. 34; Bechstein II S. 162; Rölleke Nr. 500

G 44. Der Ritter von Falkenstein und die Zwerge: Bechstein I S. 58; Zaunert Bd. 3S. 147; Firmenich Bd. 2 S. 73-75; Diederichs/Hinze S. 260f; Antz S. 120

G 45. Die Hollen: Wolf S. 52f Nr.81; Diederichs/Hinze S. 302; Rölleke Nr. 572 u. 573

G 46. Wichtelmännchen und Wechselbalg: Lyncker 1854 S. 62 Nr. 65; Diederichs/Hinze S. 15; Dettmar S.169 Nr. 126

G 47. Die Frau unter den Wichtelmännchen: Lyncker 1854 S. 45-47 Nr. 71; Diederichs/Hinze S. 135; Rölleke Nr. 534

G 48. Die Zwege und der verschwundene Bach: Dettmer S. 45 Nr. 25

G 49. Der Riese und die Bergmännlein: Wehrhahn S. 63-65 Nr. 89; Diederichs/Hinze S. 269

G 50. Die Kornmännchen am Vogelsberg: Bindewald S. 93

G 51. Das graue Männchen auf Boyneburg: Bechstein I S. 407

G 52. Die Wichtel als Schuhmacher in Eschwege: Hoffmeister S. 82 Nr. 85; Diederichs/Hinze S. 92; Rölleke Nr. 521

G 53. Das Graumännlein im Gedener Schloss: Bindewald S. 85

G 55. Der Abzug der Wichtel aus dem Dosenberg: Schneider S. 36 Nr. 38; Zaunert S. 37; Diederichs/Hinze S. 107; Rölleke Nr. 526

G 55. Die Eilingsburg bei Kissingen: Panzer I Nr. 202; Schöppner I Nr. 271

A 56. Die Häuschen im Kahlgrund bei Krombach: Rölleke S. 651 Nr.735

G 57. Die Zwerge im Jossagrund im Spessart: Schöppner II Nr. 769 nach A. v. Herrlein S. 101

G 58. Schloss Partenstein: Schöppner II Nr. 776

G 59. Der Zwerg und die betrügerischen Grenzsteinsetzer: Herrlein S. 74; Rölleke Nr. 734

G 60. Der unheimliche Schenkenturm bei Würzburg: Schöppner II Nr. 705; Bechstein I S. 433

G 61. Die Zwerge vom Dollnstein: Panzer I Nr. 179; Schöppner I Nr. 358; Petzoldt S.417 Anmerkung zu „Ausgelohnt"

A 62: Das graue Männlein: Seibold S. 106

A 63. Der Fluch der Zwergin: Kuhn S. 60; Bindewald S. 30

G 64. Die Beschwörung der Bergmännlein: Grimm Nr.38 nach Prätorius: Im Glückstopf; Uther S. 323 Nr. 222

A 65. Das Geschlecht der Segelsburger: Hermann Franke: Sagen aus der Nürnberger Landschaft, S. 73 nach L. Böhm/Bayerland 1899

G 66. Der Zwergbrunnen bei Wonsghai: Panzer II Nr. 153

G 67. Das Zwergloch bei Marlesreuth: Grimm Nr. 34; Bechstein I S. 363; Pinson S. 387; Schöppner I Nr. 184; Panzer I Nr. 157a

G 68. Der stille Gast: Schöppner III Nr. 1034

G 69. Der Ziegel vom Roten Schloss am Großen Waldstein: Bechstein I S. 366; Schöppner I Nr. 175; Baß S. 179

A 70. Die Mausefallenhändler: Tecklenburg S. 136/137; Uther S. 136f; Blank S. 86

G 71. Die seltsamen Kleinen im Zeitelmoos: Grimm S. 73 (46); Schöppner I Nr. 172+173

G 72. Der lustige Zwerg vom Thierstein: Schöppner III Nr.1090; Euregio I

G 73. Moosmännlein und Moosweiblein: Schweizer S. 134 nach Leoprechting

A 74. Das verwunderte Moosweiblein: Petzoldt S. 185 Nr. 310

G 75. Der Kohlenbrenner und der Zwerg: Schöppner III Nr. 1085

L 76. Das freundliche Moosmütterlein am Hengstberg: Schöppner III Nr. 1086

G 77. Die Kellergäste von Rötz: Böckl S. 32

G 78. Das gefangene Holzweiblein: Petzoldt S.182 (304)

G 79. Die kleinen Männlein bei Saalenstein: Schöppner III Nr. 1078

G 80. Das Goldlaiblein und der Lügenstein am Ochsenkopf: Grimm Emil S. 12; Sagen u. Mysterien des böhmisch-sächsischen Erzgebirges. Klaus Welter S. 27; = Euregio II Dialog 2012 Europäische Union

A 81. Der Streit der Zwerginnen: Grimm I S. 135 (91)

G 82. Die Zwerge im Kyffhäuser: Bechstein III S. 5+9

G 83. Der Fuhrmann und der Zwerg: Bechstein III S. 10

G 84. Der Hirte und die Glücksblume: Grimm Nr. 304; Bechstein III S. 8

G 85. Der Schmied von Jüterbog im Kyffhäuser: Bechstein III S. 32

G 86. Der Kampf mit dem Zwerg: Bechstein III S. 29

A 87. Die furchtbare Bestrafung: Mudrak S. 163 (195)

A 88. Der vermeintlich schlaue Bauer: Mudrak S. 167 (199)

A 89. Das versäumte Leben: Mudrak S. 172 (207)

G 90. Frau Percht und die Heimchen im Orlagau: Bechstein II S.165

A 91. Das dankbare Holzweiblein: Petzoldt S. 182 (303 b); Bechstein I S. 292

A 92. Die törichte Bäuerin: Petzoldt S. 183 (Nr. 305)

A 93. Das übermütige Holzweiblein: Petzoldt S. 182 (303 c)

A 94. Die verdiente Strafe: Petzoldt S. 184 (307)

A 95. Die mitleidige Tagelöhnersfrau: Petzoldt S. 184 (308)

A 96. Das traurige Holzweiblein: Petzoldt S. 185 (309)

A 97. Der Zwerg auf dem Heumandl: Petzoldt S. 185 (311); Pinson S.128

A 98. Die Wagendeichsel mit den drei Kreuzen: Petzold S. 155 (250)

A 99. Das gerettete Holzweiblein: Petzoldt S. 156 (252)

A 100. Der belohnte Schuster: Mudrak S. 175 (209); Quensel S. 215; Uther S. 551 (624)

G 101. Der vergrabene Kobold: Bechstein I S. 394

A 102. Die brennende Scheune: Grimm I S. 97 (73)

A 103. Der rücksichtslose Bauer: Grimm 1 S. 73 (47)

A 104. Die Wilde Jagd in Arnsgereuth: Grimm I S. 74 (48)

G 105. Hünschchen: Bechstein I S. 287

A 106. Der Zwerg als Helfer: Bechstein II S. 349

G 107. Die Zwerge der Kammerlöcher: Bechstein I S. 270; Quensel S. 216; Kühn S. 179

A 108. Der Kobold auf Schloss Waltersdorf: Quensel S. 220; Petzoldt S. 246 (414)

A 109. Die Zinselmännchen: Bechstein I S. 376; Quensel S. 209

G 110. Die Böhlersmännchen bei Arnstadt: Bechstein I S. 306

A 111. Das kranke Zwergenkind: Mudrak S. 57 (60)

A 112. Der Lohn der Musikanten: Hofmann S. 139 nach Lausch

G 113. Die schwarzen Männlein von Bernhausen: Quensel S. 209

G 114. Die Hütchen in den Hörselbergen: Bechstein I S. 248; Kühn S. 180

G 115. Das Kellermännchen in Lützen: Kühn S. 176; Grimm 40; Uther II S. 32

G 116. Der Wichtel von Kupfersuhl: Quensel S. 211

G 117. Der fliegende Schäfer: Quensel S. 210

A 118. Der geizige Bauer: Petzold S. 246 (415)

G 119. Das Hütchen am Rennsteig: Quensel S. 216 u. 221

G 120. Die Zwerge unter der Linde in Meura: Quensel S. 213

G 121. Wechselbalg: Quensel S. 214

A 122. Das Futtermännchen von Thiemendorf: Quensel S. 220; Pinson S. 128

G 123. Der Wichtelmann in Möhra: Quensel S. 212

G 124. Das Baumännchen von Großkamsdorf: Quensel S. 222

G 125. Der freundliche Zwerg von Creuzburg: Quensel S. 212

G 126. Bergmännchen bei Botterode: Quensel S. 218

G 127. Die Semmelspende: Quensel S. 219

A 128. Das Mädchen bei den Zwergen: Hofmann S. 215

G 129. Der Kuchen der Zwerge: Quensel S. 211

G 130. Das Kind im Berg: Quensel S. 268

A 131. Der überlistete Knecht: Wundergarten S. 362 nach Pauline Schanz

A 132. Der Kobold im Wirtshaus von Jena: Quensel S. 220; Petzoldt S. 246 Nr. 413

G 133. Der freche Kobold von Liebschwitz: Quensel S. 219

G 134. Das Männchen auf Schloss Blankenhain: Quensel S. 220

G 135. Die große Zwerghöhle an der Elster: Quensel S. 217; Kühn S.180

G 136. Die Magd und das Graumännchen: Quensel S. 213

G 137. Gestohlene Schätze: Quensel S. 216

A 138. Undank: Grimm I S.195 (155)

A 139. Der wütende Schmied: Grimm I S. 196 (156)

A 140. Die Silberquelle: Grimm I S. 199 (161); Bechstein I S. 222

G 141. Der Zug der Zwerge über den Berg: Grimm Nr. 154; Hannoversches Magazin v. 1827 S. 598

G 142. Die Zwerge verlassen Altenbrak: Sieber 1928, S. 61

G 143. Die Zwerge in der Räder-See: Pröhle 1856 Nr. 429; Uther III S.321

G 144. Der Venediger am Brocken: Pröhle 1856 S. 127 Nr. 330; Mudrak S. 53 (55)

G 145. Der Schatz auf dem Bocksberg: Henninger/v. Harten S. 14f nach Ey 1862; Uther S.68 (37)

G 146. Zwerglöcher bei Elbingerode: Grimm Nr. 303

G 147. Der Zwerg als Raubritter: Frahm S. 230; Uther III S. 57

G 148. Der Schatz in Harlingerode: Uther III S.79

G 149. Der Abzug des Zwergvolks über die Brücke: Grimm Nr. 153

G 150. Ein guter Tausch: Henniger/v. Harten Nr. 10 nach Günther 1893

G 151. Der Krieg der Zwerge: Ey 1862, 29-32; Uther III S. 97

G 152. Die Moosweiblein bei Wildemann: Uther III S. 112

G 153. Der Gübich vom Hübichenstein: Uther III S. 73 (39); Uther III S. 121; Harrys 1842 Bd. 2 I

G 154. Der Tannenzapfen aus Silber: Henniger/v. Harten Nr. 11 nach Georg Schulze

G 155. Das weiße Männlein und die Goldzacke: Kuhn/Schwarz 1848 Nr. 220; Uther III S. 128

G 156. Die Strafe des Bergmännleins: Ey 1862 S. 139-141; Uther III S. 137f

G 157. Die Zwerglöcher bei Sachsa: Rohr 1737 S. 179f; Uther III S.234

G 158. Die Zwerge vom Sachsenstein: Uther III S. 236 nach Pröhle 1886 Nr. 229;

G 149. Der Römerstein im Harz: Henniger/v. Harten Nr. 44 zitiert Günther 1893

G 160. Das Hüttenmännchen zu Vogtsfeld: Pröhle 1886 Nr.235; Uther III S. 256

G 161. Der Name des Zwerges: Bechstein II S. 158

G 162. Zirk-Zirk: Kuhn 1859 S. 298; Rölleke S. 420 Nr. 443

G 163. Der Zwerg aus den Schweckhäuser Bergen: Grimm Nr. 43 nachWinkelmann: Beschr. des oldenb. Horns. Bl.15. Happel (eines geborenen Hessen) Rel.cur.,II, 525; Bechstein I S. 113; Bechstein II S. 178; Henniger/v. Harten Nr. 98

G 164. Die Zwerge und die gestohlenen Erbsen: Colshorn 1854; Petzoldt Nr. 381

A 165. Die belauschten Zwerge: Petzoldt S. 228 (385)

A 166. Die Brücke der Bergmännchen: Petzoldt S. 241 (407)

G 167. Wohnung der Zwerge: Petzoldt S. 231 (391) nach Mackensen Nr. 100

G 168. Der Lohn der Zwerge: Mudrak S. 35 (31) nach Adalbert Kuhn

G 169. Die Goldgrube bei Holtensen: Mudrak S. 36 (32) nach Seifart

G 170. Das weissagende Männlein am Almerich: Kuhn 1859 S. 169 Nr. 174 b; Mudrak S. 33 (29)

G 171. Hütchen in Hildesheim: Bechstein I S. 181 zitiert Seifart

G 172. Die Mühlenzwerge bei Hildesheim: Henniger/v.Harten Nr.58

G 173. Der Musikant im Zwergsloch: Henniger/v. Harten Nr. 60 nach Seifart; Pinson n. Julius Ludwig Klee S. 172

G 174. Der gute Zwerg Lehnort: Henniger/v. Harten Nr. 75 nach Seifart u. Colshorn

G 175. Verlefränzchen: Petzoldt S. 235 (398 a)

G 176. Der Zwerg im Willberg: Grimm Nr. 315

A 177. Der Graf von Hoia: Grimm Nr.35; Bechstein II S. 171; Bechstein I S.163;Uther D. Sagenschatz S. 92 (151)

G 178. Die Wichtelkönigin: Henniger/v. Harten Nr. 144 zitiert Wilhelm Wiegmann

G 179. Die Zwerge im Hermannsberg: Henniger/v. Harten Nr. 134 (nach Weddigen u. Hartmann)

A 180. Entstehung der Zwerge: Müllenhoff 1845, 2.Aufl. 1921 S. 279 Nr. 379; Petzoldt S. 219 (370)

G 181. Kobold Hinzelmann: Bechstein I S. 159

A 182. Die Ahnfrau von Rantzau: Grimm S. 67 (41); Rölleke Nr. 54; Pinson S.130

A 183. Zwerge verleihen Geld: Petzoldt S. 228 (384)

A 184. Des kleinen Volkes Überfahrt: Petzoldt S. 240 (405a); Pinson S. 296

G 185. Die Kobolde vom Trommelberg: Pinson S. 322 nach Müllenhoff 1845

G 186. Der Kobold Zi als Baumeister: Mudrak S. 78 (85) nach Müllenhoff 1845, 2. Aufl. 1921 S. 317 Nr. 476

G 187. Der Hüterjunge und der Zwerg: Mudrak S. 60 (65); Lübbing S. 230

G 188. Der Mühlstein am Seidenfaden: Mudrak S. 74 (81) nach Müllenhoff 1845, 2. Aufl. v. 1921 S. 308 Nr. 462

G 189. Die kleinen Helfer im Lande Wursten: Lübbing S. 235; Rölleke Nr. 31

A 190. Klabauter: Müllenhoff S. 338 Nr. 500**;** Tecklenburg S. 203 nach E. M. Arndt S. 203; Mudrak S. 58 (63)

A 191. Ein Klabauter verlässt das Schiff: Petzoldt S. 252 (427)

G 192. Der Puk: Petzold S. 249 (420) nach Adolf Haas

A 193. Niß Puk in der Luke: S. 331 Nr. 446; Petzoldt S. 249 (421 a+b)

G 194. Niskepuk: Mensing 1921 S. 339 Nr. 502 nach Müllenhoff 1845; Mudrak S. 76 (82); Pinson S. 363

G 195. Die Unterirdischen: Mensing 1921 Nr. 445; Mudrak S.83 (91); Rölleke Nr. 50

G 196. Die Zwerge und das Fuhrwerk bei Rendburg: Uther S. 45 (24); Mudrak S. 81 (88)

G 197. Der Kelch in der Kirche von Viöl: Petzoldt S. 238 (403)

G 198. Die Todesbotschaft: Müllenhoff S. 291 Nr. 399; Petzoldt S. 199 (332 b)

A 199. Onnerbänkissen: Mudrak S. 63 (68); Petzoldt S. 219 Nr. 371

A 200. Vater Finn: Petzoldt S. 220 Nr. 372

G 201. Das Zwergenmesserchen: Lübbing S. 229; Mudrak S. 63 (69)

G 202. Die Schmiede der Unterirdischen: Müllenhoff 1845 S. 283 Nr. 380; Petzoldt S. 227 (382)

G 203. Die Unterirdischen bei Schleswig: Müllenhoff 1845 S. 284 Nr. 387; Petzoldt S. 227 (383 a)

G 204. Ekke Nekkepenn: Müllenhoff 1845 S. 309 Nr. 419; Rölleke Nr. 64; Petzoldt S. 236 (398 a+b)

A 205. Urant: Petzoldt S. 234 (395)

A 206. Unterschiedliche Zwerge auf Rügen: Tecklenburg S. 188 nach E. M. Arndt

A 207. Streit unter zwei Klabautermännern: Petzoldt S. 251 (425)

A 208. Der Meineid und die schwarzen Zwerge: Franke Lars S. 68

A 209. Der Puk auf Rügen: Petzoldt S. 249 (420); Liebert S. 20

A 210. Kleine Mühe und großer Dank: Petzoldt S. 232 (392)

A 211. Der Puk bei Göhren: Liebert S. 21

A 212. Die verhinderte Taufe des Kielkrops: Petzold S. 238 Nr. 401

A 213. Selbergetan und die Familie Sülm: Petzoldt S. 222 (377)

A 214. Die verwandelte Erbsenranke auf Usedom: Rölleke S. 169
A 215. Der betrügerische Schäfer: Biesalski S. 97
A 216. Der Zwerg der immer reiten wollte: Biesalski S. 30
A 217. Zwerge feiern gern: Petzoldt S. 229 (387)
A 218. Der Schatz in der Brauerei: Neumann I S. 185 (210)
A 219. Der Prinz vom Gallberg: Neumann I S. 187 (212)
A 220. Die Zwerge im Gallberg bei Plau: Petzoldt S. 230 (388 a)
A 221. Der arme Fischer und der Zwerg: Hofmann S. 131 nach Müldener
A 222. Der gestohlene Kupferkessel: Neumann I S. 188 (214)
A 223. Der Haferverkauf am Bullenberg: Neumann I S. 193 (215)
A 224. Der Kelch in der Kirche von Biestow: Niederhöffer Nr. 92
A 225. Die wiedergefundene Frau: Niederhöffer Nr. 3
A 226. Der nackte Helfer: Uther S. 153 (98)
A 227. Das gestohlene Messerchen: Niederhöffer Nr. 93
A 228. Oh Jemine: Bartsch I S. 468 Nr. 660
A 229. Der Schuhhagenschatz in Greifswald: Uther S. 134 (81)
A 230. Das Messingtöpfchen: Niederhöffer Nr. 254
A 231. Der neugierige Bauer: Mudrak S. 98
A 232. Ein Wechselbalg wird entlarvt: Petzoldt Nr. 400
A 233. Der Kobold und die Frau von Bischdorf: Petzoldt S. 253 (428)
A 234. Die Eierspeise und der Kielkrop: Rölleke
A 235. Der gestohlene Krug: Mudrak S. 101 (113)
A 236. Missglückter Kindsraub: Petzoldt S. 237 (399)
A 237. Das Schwert am feinen Faden: Neumann I S. 183 (207)
A 238. Die räuberischen Zwerge von Malchow: Biesalski S. 112
A 239. Ein Hand voll Milch: Neumann I S. 184 (208)
A 240. Die schlechte Ratgeberin von Brahlsdorf: Mudrak S. 95 (103)
A 241. Gutes Miteinander: Petzoldt S. 228 (384 b)
A 242. Das Petermännchen: Rölleke S. 199 (106); Neumann S. 167ff (191-196)
A 243. Das Männlein bei den Scheuern von Stargrad: Niederhöfer Nr. 24
A 244. Die Geschwister: mündl. Überlieferung durch Prof. Dr. Gerhard Reuter, Rostock
G 245. Die Unterirdischen in Dobbin: Petzoldt S.240 (405 b)
A 246. Ein Zwergenvolk hält Hochzeit: Mudrak S.156 (186); Petzoldt S. 230 (389)
A 247. Der mitleidige Zwerg: Mudrak S. 124 (142)
G 248. Der Kobold von Blankensee: Kuhn I S. 107 Nr. 103; Mudrak S. 127 (146)
A 249. Kloster Chorin: Mudrak S. 125 (144)
A 250. Der Wunschkobold: Mudrak S. 132 (152)

A 251. Der neugierige Holzfäller: Jankowiak II S. 75

A 252. Das merkwürdige Schaf in Rabenstein: Jankowiak II S. 29

A 253. Der böse Wühl: Jankowiak II S.42

A 254. Der vertriebene Kobold vom Spreewald: Jankowiak II S. 106

A 255. Raubritter Jaczko vom Babelsberg: Lemmer S. 49

A 256. Der Kurfürst und die Zwergin: Grimm I S. 205 (169)

A 257. Heiliger Abend im Hause Montag: Lemmer S. 72

A 258. Nächtliches Backen in Rimor: Jankowiak II S. 93

A 259. Der wunderbare Ring: Grimm I S. 92 (68)

A 260. Der unheimliche Fund im Kloster: Rölleke S. 311 (302)

G 261. Die gekauften Kobolde: Sommer S. 33 Nr. 29; nach mündl. Überlieferung aus Petzoldt S. 247 Nr. 416 Mötzlich bei Halle

A 262. Der wüste Kobold von Pausitz: Uther II S. 32

A 263. Zwergenhochzeit auf Burg Eilenburg: Bechstein I S. 320; Rölleke Nr. 298

G 264. Die drei goldenen Brote zu Pomsen: Gräße S. 269 Nr. 374;

G 265. Kobold Mützchen bei Freiberg: Bechstein I S. 324

A 266. Der schwere Stein: Gräße S. 194 Nr. 148; Mudrak S. 154 (183); Uther S. 262

A 267. Der hartnäckige Zwerg: Uther II S. 247; Gräße Nr. 595

A 268. Die törichte Magd: Meiche I Nr. 461; Uther II S. 223

A 269. Der Windberg bei Burgk: Mannschatz S. 24

G 270. Goldkohlen und Goldstengel: Lothar S. 78; Happel Bd. 1 S. 186

A 271. Hutbergzwerge bei Weißig: Meiche Nr. 426; Mudrak S. 152 (181)

A 272. Der Kobold, der nicht mehr arbeiten brauchte: Petzoldt S. 245 Nr. 41

A 273. Der grüne Peter: Tecklenburg S. 209

A 274. Zwergenschelmerei bei Zittau: Bechstein I S. 334**:** Bechstein II S. 179

A 275. Der betrogene Bauer bei Königsbrück: Uther II S. 67

A 276. Ein glücklicher Heiliger Abend in Budissin: Gräße 892; Uther II S. 200 (189)

A 277. Der prophezeiende Zwerg : Meiche Nr. 36; Uther II S. 219 (204)

A 278. Der anhängliche Kobold: Petzoldt S. 250 Nr. 422 a + b

G 279. Der Aufhocker bei Torgau: Bechstein I S. 200

A 280. Mittags erscheint ein Zwerg: Petzoldt S. 197 (326)

A 281. Die Heidigl: Petzoldt S. 247 (417)

A 282. Der Wein liebende Kobold: Baumbach S. 113

A 283. Das dankbare Holzweiblein bei Jöhstatt: Mudrak S. 149 (178)

A 284. Die Gämsen im Erzgebirge: Mudrak S. 232 (281)

A 285. Der getötete Bergarbeiter: Uther II S. 103 nach Zienert 170-172

A 286. Der Dank des geretteten Zwerges: Hofmann S. 140

A 287. Schicht im Schacht: Uther II S. 154 nach Engelschall 1723 S. 28

A 288. Das Zwergloch im Scheibenberg: Gräße 1874 S. 40; Rölleke S. 343 (340)

G 289. Der Goldklumpen im Scheibenberg: Rölleke 1996 S. 343 (340)

G 290. Das graue Männlein im Zinnwald: Uther I S. 182 (178); Uther D. S. 176 (120) nach G. Heilfurth

G 291. Die guten Bergmännlein u. d. bösen Berggeister: Aick S. 227; Rölleke Nr. 874

G 292. Die Wichtlein am Kuttenberg: Grimm Nr. 37 S. 62/63; Aick S. 218; Rölleke Nr. 884; Bechstein I S. 354; Bechstein II S. 311; Petzoldt S. 242 (410)

G 293. Die Heilingszwerge: Grimm Nr. 152; Bechstein I S. 362; Mudrak S. 162 (194); Aick S. 243; Rölleke Nr. 868

G 294. Die versteinerten Zwerge bei Aicha: Grimm Nr. 32; Rölleke Nr. 867; Aick S. 249

A 295. Hipel-Pipel: Aick S. 151

G 296. Die Rüttelweiber: Bechstein I S. 338

G 297. Das Buschweiblein mit dem Zauberkamm: Aick S. 277; Rölleke Nr. 877

A 298. Die Zwerge von Breitenfurt: mündl. überliefert, erzählt von Frau Helga Durchner aus Haag (gest.). Den beiden Schwestern Helga (Durchner, geb. Werner) und Emilie wurde immer gesagt, wenn sie nicht ihre Sachen aufräumen, dann holen diese die Zwerge.

G 299. Die Holzzwerglein und die seltsamen Wesen: Jungbauer S. 29; Mudrak S. 179 (216)

G 300. Die Kohlen der Zwergin: Jungbauer S. 46; Mudrak 181 (219)

G 301. Das Goldhämmerchen von Bergreichenstein: Jungbauer S. 43; Mudrak S. 182 (220)

G 302. Die Waschweibchen: Aick S. 201; Rölleke Nr. 892

G 303. Hühnerdreck und Goldrädchen bei Gojau: Jungbauer S. 97; Mudrak S. 187 (227)

A 304. Die Fenixmännchen: Mudrak S. 139 (164); Petzoldt S. 234 (396)

A 305. Steinmännchen u. Haarwichtelmännchen: Aick S. 151f

A 306. Die Fenichsmännlein verlassen Schlesien: Aick S. 152

A 307. Der bedrohte Bauer von Langenbielau: Peuckert S. 259

A 308. Das Gespenst im Keller: Peuckert S. 316

A 309. Der taubstumme Knecht: Peuckert S. 316

A 310. Der letzte Pfennig: Rölleke S. 409 (432)

A 311. Der Hofnarr der Herzogin: Rölleke S. 387 (402)

A 312. Der Schlossherr von Thamer: W. E. Peuckert S. 219; Rölleke S. 387 (401); Mudrak S. 138 (161)

A 313. Graf Eulenburg und der Zwerg: Aick S. 7; Mudrak S. 117 (133)

A 314. Der Wechselbalg von Pillau: Aick S. 31

A 315. Der Rat des Zwerges: Peuckert S. 226; Rölleke S. 386 (400)

G/A 316. Der rachsüchtige Zwerg: Grimm I S. 289 (274)

A 317. Rache erzeugt Rache: Petzoldt S. 231 (390) nach Jahn 1886 mündl. Überlief.

A 318. Der treue Knecht: Mudrak S. 106 (119) nach Knoop Otto S. 138 Nr. 278

A 319. Leerer Wagen berab, beladener Wagen bergauf: Neumann II S. 175 (182)

A 320. Schwund der Vorräte: Neumann II S. 176 (183)

A 321. Belehrung durch Zwerge: Petzoldt S. 232 (393)

A 322. Der Wechselbalg von Hohenfelde: Neumann II S. 178 (186)

A 323. Die neugierige Frau aus Allenstein: Bechstein S. 152; Bechstein II S. 170

A 324. Der Zwerg im Schlossberg: Bechstein I S. 139; Mudrak 119 (135)

A 325. Die Barstukken von Rastenburg: Bechstein I S. 153; Pinson S. 298

A 326. Das vergessene Kind bei Lomnitz: Weitnauer S. 99

A 327. Eine Hebamme kommt zu Reichtum: Neumann II S. 176 (184)

A 328. Die schlimme Prophezeiung: Aick S. 86

Register der Orte

BÜCHER IM AMBRO LACUS BUCH- U. BILDVERLAG VON GISELA SCHINZEL-PENTH:

Hexeneiche, Schwedenlärchen und Tassilolinde – EAN 9783-921445-28-0
Sagen um berühmte alte Bäume in Altbayern – gebunden – 176 Seiten,
Illustr., 22 Abb. aus „Kreutterbuch“ von 1577 **Preis 19,80 €**

Zwerge, Wichtel u. Gnome – Schinzel-Penth/Schuch – **EAN 9783-921445-34-1**
Sagen aus dem deutschsprachigen Raum, Teil I Süden – gebunden –
1. Aufl. 2011, 320 Seiten, 50 Illustr., davon 10 Federz. v. Heinz Schinzel **Preis 19,80 €**

Zwerge, Wichtel u. Gnome – Schinzel-Penth/Schuch – **EAN 9783-921445-42-6**
Sagen aus dem deutschsprachigen Raum, Teil II Mitte und Norden – gebunden –
1. Aufl. 2018, 432 Seiten, zahlr. Illustr., davon 6 Federz. v. Heinz Schinzel **Preis 25,99 €**

Sagen und Legenden von München – EAN 9783-921445-38-9
Altmünchen u. zu München gehörige Stadtteile u. Vororte – gebunden –
6. erw. Aufl. 2017, 400 Seiten, zahlr. Illustr., davon 31 Federz. v. Heinz Schinzel **Preis 24,98 €**

Sagen u. Legenden u. Fünfseenland u. Wolfratshausen EAN 9783-921445-41-9
Ammersee, Weßlinger See, Pilsensee, Wörthsee, Starnberger See– gebunden –
3. erw. Aufl. 2017, 416 S., zahlr. Illustr., 23 v. Heinz Schinzel **Preis 25,99 €**

Sagen u. Legenden u. Fürstenfeldbruck u Germering – EAN 9783-921445-26-6
Landkreis Fürstenfeldbruck – geb. – 288 Seiten – zahlr. Illustr., 9 v. Heinz Schinzel
Unveränderter Nachdruck 2003 **Preis 19,80 €**

Sagen und Legenden um Tölzer Land u. Isarwinkel – EAN 9783-921445-40-2
Jachenau, Lenggries, Bad Tölz, Reichersbeuern, Dietramszell, Heilbrunn, Penzberg,
Benediktbeuern, Kochel, Walchensee, Schlehdorf, Herzogstand, Heimgarten
3. erw. Aufl. 2016, geb. – 254 Seiten – zahlr. Illustr., 11 v. Heinz Schinzel **Preis 19.99 €**

Sagen und Legenden um das Berchtesgadener Land – EAN 9783-921445-43-3
Watzmann, Jenner, Hoher Göll, Hohes Brett, Hochstaufen, Untersberg, Reiteralpe
Berchtesgaden, Bad Reichenhall, Bischofswiesen, Markt Schellenberg, Piding, Högl,
Teisendorf, Laufen, Freilassing, Salzburg
7. erw. Aufl. 2018 – 288 Seiten – geb. – zahlr. Illustr., 24 v. Heinz Schinzel **Preis 22,99 €**

Sagen und Legenden um Chiemgau u. Pupertiwinkel – EAN 9783-921445-39-6
Siegsdorf, Inzell, Ruhpolding, Marquartstein, Chiemsee, Prien, Rosenheim,
Traunstein, Burghausen – gebunden
5. erw. Aufl. 2016, – 432 Seiten, zahlr. Illustr., 28 v. Heinz Schinzel **Preis 24,99 €**

Sagen und Legenden um Miesbach und Holzkirchen – EAN 9783-921445-24-2
Landkreis Miesbach mit Tegernsee, Schliersee, Spitzingsee, Seehamersee, Kirchsee
2. Aufl. 2004 – geb. – 336 Seiten – zahlr. Illustr., 9 v. Heinz Schinzel **Preis 19,80 €**

Sagen u. Legenden u. Werdenfelser Land u. Pfaffenwinkel – 9783-921445-37-2
Mittenwald, Garmisch, Eschenlohe, Ettal, Oberammergau, Schwangau, Steingaden, Murnau, Schongau, Peiting, Peißenberg, Wessobrunn, Polling, Weilheim
2. erw. Auflage 2015, 292 Seiten – gebunden – zahlr. Illustr., 9 von Heinz Schinzel **Preis 22,98 €**

Die Blaue Kugel – Märchen v. Gisela Schinzel-Penth – EAN 9783-921445-35-8
Abenteuerliche, spannende, zauberhafte, geheimnisvolle Märchen:
Das Rätsel der verwunschenen Burg - Das Geheimnis der strahlenden Insel - Die Blaue Kugel – Das Schwert der Freundschaft - Die Königin mit dem steinernen Herzen – Ariela im Reich der Geister – Das Glas mit der Blume des Friedens – Die Gabe der sieben Könige – Der dicke Sultan – Der unzufriedene Spatz – Zwei gleiche Steine – Die unbarmherzige Prinzessin – Die klugen Fische – Der Palast der Vollkommenheit – Nurabi und das Glück der Welt
20 farbige Bilder v. Norbert Gerstlacher – gebunden – 232 Seiten **Preis 19,80**